suhrkamp taschenbuch
wissenschaft 164

Karl-Otto Apel lehrt heute in Frankfurt Philosophie.

»In ihrer prinzipiellen Abhängigkeit von der *nichthintergehbaren,* wohl aber *rekonstruierbaren* Umgangssprache stellt die unbegrenzte Argumentationsgemeinschaft den Kern und die Voraussetzung eines *transzendentalhermeneutischen* Selbstverständnisses der Philosophie dar. Darin – so scheint mir – liegt die synthetische Einheit der im folgenden belegten Transformation der Philosophie. Die letzte der folgenden Abhandlungen (in Band 2) unternimmt den Versuch zu zeigen, daß im Apriori der Argumentation, das als solches die mögliche Distanzierung von allem praktischen Engagement impliziert, gleichwohl auch die praktische Vernunft die Grundlage einer intersubjektiv gültigen Ethik finden kann.« (Karl-Otto Apel)

Transformation der Philosophie meint die Transformation der Transzendentalphilosophie des Privat-Subjekts in eine Transzendentalphilosophie der Intersubjektivität.

Karl-Otto Apel
Transformation der Philosophie

Band 1

Sprachanalytik, Semiotik, Hermeneutik

Suhrkamp

suhrkamp taschenbuch wissenschaft 164
Zweite Auflage, 7.–8. Tausend 1981

Suhrkamp Taschenbuch Verlag

Druck: Nomos, Baden-Baden
Printed in Germany.
Umschlag nach Entwürfen von
Willy Fleckhaus und Rolf Staudt.

Inhalt

Vorwort

In zwei Bänden gesammelt glaube ich im folgenden diejenigen meiner Abhandlungen vorlegen zu sollen, die sich zu einer fortlaufenden Darstellung der im Titel angezeigten »Transformation der Philosophie« zusammenschließen. Die innere Linie der gemeinten Transformation wird im Einleitungs-Essay versuchsweise verdeutlicht. Der Leser wird freilich schon beim Studium des Inhaltsverzeichnisses beider Bände bemerken, daß die Position des Verfassers selbst eine Transformation durchgemacht hat. Die vorgelegten Arbeiten mögen daher zugleich als Kommentare und als Zeugnisse zu bewerten sein.

Im ersten Band sind diejenigen Abhandlungen vereinigt, die im wesentlichen durch Heidegger inspiriert sind, wenn auch der heuristisch-methodische Impuls nahezu aller dieser Arbeiten von der Konfrontation der Seins-Hermeneutik mit der sprachanalytischen Sinnkritik bestimmt ist.

Im zweiten Band sind diejenigen Abhandlungen vereinigt, von denen der Verfasser glaubt, daß sie nicht mehr in erster Linie durch die Faszination von dem schlechthin unverfügbaren Sinn-Ereignis sprachlicher Welterschließung bestimmt sind, sondern von dem Versuch einer normativen Orientierung im Sinne der transzendentalen Geltungs-Rechtfertigung von Erkenntnis im weitesten Sinn. Der 1. Teil des 2. Bandes vereinigt einige sehr globale und sehr programmatische Umriß-Skizzen zu einer »Wissenschaftstheorie in erkenntnisanthropologischer Sicht«, auf die der Verfasser seit Jahren hinarbeitet, die jedoch bisher keine druckreife Gestalt gefunden hat. Der 2. Teil des 2. Bandes vereinigt solche Arbeiten, die den Ansatz einer im Apriori der Kommunikationsgemeinschaft begründeten neuen Transzendentalphilosophie umkreisen. Der Verfasser glaubt – und man mag dies als seine operative Illusion ansehen –, daß von einer Transzendentalphilosophie, die eine Antwort auf die Frage nach den Bedingungen der Möglichkeit und Gültigkeit von *Konventionen* (Übereinkünften) geben kann, so etwas wie eine Letztbegründung der theoretischen und praktischen Philosophie und der Wissenschaft geliefert werden kann.

Dafür, daß diese Veröffentlichung endlich zustande kam, schulde ich

in erster Linie all denjenigen Dank, die mich seit Jahren drängen, meine Skrupel zu überwinden und meine »Holzwege« dem Publikum nicht vorzuenthalten. Vor allem Jürgen Habermas und dem Suhrkamp Verlag muß ich wohl dafür danken, daß sie mir keine Ruhe gelassen haben; ebenso meinen Studenten, die mich davon überzeugten, daß eine Sammlung der vorliegenden Aufsätze praktischen Bedürfnissen entgegenkomme.
Für das Mitlesen der Korrekturen und für die Herstellung des Personenregisters möchte ich Herrn Dr. Dietrich Böhler und Herrn Wolfgang Kuhlmann meinen Dank aussprechen.

Einleitung: Transformation der Philosophie

Inhaltsgliederung:

1. Aufhebung oder Transformation der Philosophie?

Der Titel »Transformation der Philosophie« könnte heutzutage leicht mit dem aufregenderen – und in den Augen vieler Jüngeren aktuelleren – Titel »Absterben der Philosophie«[1] oder zumindest »Verfall der Philosophie«[2] konfrontiert werden. Sei's drum: »Der Philosoph muß einen langen Atem haben« war einer der besten Sätze von Nikolai Hartmann. Und wer sich mit der Rede vom »Absterben der Philosophie« auf Karl Marx beruft, der sollte bedenken, daß Marx die gelungene »Aufhebung der Philosophie« von ihrer »Verwirklichung«, d. h. vom »Philosophischwerden der Welt«, abhängig machen wollte. Demnach dürfte zumindest eine gelungene »Aufhebung« der Philosophie noch in weiter Ferne liegen. Von einem totalen politischen Engagement ist sie jedenfalls heute weniger denn je zu erwarten.

Ich erinnere mich, daß ein Student – Vertreter der Neuen Linken – eine solche Umfunktionierung der »ohnmächtigen« Philosophie auf dem XIV. Internationalen Philosophenkongreß in Wien empfahl – kurz nach der Besetzung der Tschechoslowakei durch die Truppen

1 Vgl. zuletzt Friedrich O. Wolf, »Philosophie, Wissenschaftsorganisation, Gesellschaftsform. Zum Problem der konkreten Aufhebung der Philosophie als institutionalisierter Wissenschaft«, in: J. Klüver und Fr. O. Wolf (Hrsg.), *Wissenschaftskritik und sozialistische Praxis*, Stuttgart-Bad Cannstatt 1972.

2 Vgl. Claus Grossner, *Verfall der Philosophie*, Hamburg 1971.

des Warschauer Pakts. In diesem Augenblick *erschien* mir die immerhin seit Sokrates leidlich gelungene Institutionalisierung der ohnmächtigen Philosophie als Insel der Kommunikation diesseits bzw. jenseits politischer Parteiergreifung als notwendig und im gewissen Sinne als trostreich.

In diesem *Scheinen* steckte zweifellos auch ein Moment des *Scheins;* denn die hier institutionalisierte Kommunikationsgemeinschaft der Philosophen war ja nicht identisch mit einer Kommunikationsgemeinschaft der Menschen. Nicht nur insofern war eine solche Identität nicht vorhanden, als die quasi »herrschaftsfreie« Insel der philosophischen Kommunikation von jener menschlichen Interaktion umspült war, die soeben wieder einmal ihre Konflikte durch Gewalt austrug: auch insofern war die Identität bloßer Schein, als jeder von uns als Mensch den realen Interessen der streitenden Parteien, und d. h. den Interessen der noch entfremdeten und in Klassen und Parteien gespaltenen Gesellschaft, verhaftet blieb. Welcher Schluß aber ist daraus zu ziehen? – Folgt daraus, daß die Institutionalisierung menschlicher Kommunikation *als Philosophie* auf reine Illusion, ja auf eine Verschleierung der Wirklichkeit hinausläuft? Muß die Konsequenz der redlichen und radikalen Denker dahin gehen, die ohnmächtige und illusionistische Gemeinschaft der Philosophen gegen eine reale Gemeinschaft der totalen Solidarisierung im politischen Engagement einzutauschen? – Auch dieser Schluß, der heute wieder einmal von vielen jungen Intellektuellen gezogen wird, die gewissermaßen die Geduld mit der Philosophie verloren haben, scheint mir auf einer Illusion zu beruhen: er glaubt nämlich insgeheim, die in der Philosophie freilich bloß antizipierte Identität mit der emanzipierten menschlichen Kommunikationsgemeinschaft im totalen Engagement einer realen Solidarisierung festhalten und aktualisieren zu können[3]. Sowenig jedoch die Kommunikationsgemeinschaft der Philosophen sich schon für eine *Verwirklichung* der Philosophie halten darf, sowenig darf sich irgendeine politische Realisierung menschlicher Solidarität für die Verwirklichung der *Philosophie* halten. Denn sie muß, um der politischen Realisierung willen, jene Position des »theoretischen Diskurses« aufgeben, die als Instanz der Geltungs-Rechtfertigung den idealen Konsensus der emanzipierten

3 Vgl. hierzu jetzt J. Habermas, »Einleitung« zur Neuausgabe von *Theorie und Praxis*, Frankfurt 1971; ferner K.-O. Apel, »Wissenschaft als Emanzipation?«, hier Bd. II, S. 128 ff.

Menschheit antizipieren und versuchsweise gegen jede Art von Dogmatisierung ausspielen kann; sie *muß* ihn zugunsten einer politischen Dogmatisierung aufgeben, weil sie den politisch notwendigen Versuch macht, ihn mit dem Standpunkt der gesellschaftlichen Praxis hier und jetzt zu identifizieren. Demgegenüber *muß* die Philosophie ohnmächtig bleiben, weil sie – zumindest bis zu ihrer »Aufhebung« durch ihre »Verwirklichung« – den Standpunkt der kontrafaktischen Antizipation des idealen Konsensus aller Menschen in der Form des bloß »theoretischen Diskurses« festhalten muß.

Mit dem letzten Satz möchte ich allerdings zu verstehen geben, daß hier nicht einer statisch-ontologischen Wesensunterscheidung von Politik und Philosophie, von Theorie und Praxis, das Wort geredet werden soll. Es soll nicht verkannt werden, daß, seit der Übernahme einer durch gegenstandskonstitutive Abstraktionen parzellierten »Theorie« in die Regie der Einzelwissenschaften, eine der wesentlichen Aufgaben der Philosophie darin liegen muß, die Abstraktionen der einzelwissenschaftlichen *Theorie* im Hinblick auf menschliche Erkenntnisinteressen *kritisch* zu begründen, und d. h. zugleich: im Sinne einer *Vermittlung von Theorie und Praxis* rückgängig zu machen. Damit sind wir aber bereits beim Thema »Transformation der Philosophie«. Auch hier mag eine Anekdote die Situation veranschaulichen.

Als ich 1962 meinem ersten Ruf auf einen philosophischen Lehrstuhl gefolgt war und die Neigung zeigte, mich in Vorlesungen und Übungen mit L. Wittgenstein und Ch. S. Peirce zu beschäftigen, wurde mir das Bedenkliche dieses Vorhabens u. a. mit dem Hinweis auf den Umstand vorgehalten, daß jene Philosophen doch wohl kaum zu den »großen Denkern« zu zählen seien – und man muß wissen, daß der Kanon der »großen Denker« damals in Westdeutschland mit Nietzsche abschloß, oder genauer: mit Heidegger, in dessen Namen der inoffizielle Kanon selbst aufgestellt war. Doch der Anachronismus jenes Hinweises lag nicht darin, daß in der Zwischenzeit Peirce und Wittgenstein auch in Deutschland zu »großen Denkern« avanciert sind, sondern darin, daß die Kategorie der »großen Denker« auch 1962 schon durch den internen Transformationsprozeß der Philosophie überholt war.

Doch auch diese Bemerkung gibt Anlaß zu Mißverständnissen: Die großen Denker der Philosophiegeschichte sind nicht etwa überholt; dies trifft nicht einmal auf Heidegger zu, der zur Zeit *bei uns* nicht mehr in der Mode ist – aus allzu leicht verständlichen Gründen. Doch das öffentlich verfügbare Denkpotential der großen Ambivalenten – darunter Hegel, Nietzsche und Heidegger – wird vermutlich unbefangener gewürdigt und genutzt werden können, wenn sie nicht mehr als Repräsentanten von Ein-Mann-Weltanschauungen gesehen werden, für oder gegen die man sich – auch in politischer Absicht – entscheiden muß, um seine Identität im Bereich des Geistes zu gewinnen. Die eingangs zitierte Kommunikationsgemeinschaft der Philosophie müßte es in unserer Zeit fertigbringen, zumindest den »theoretischen Diskurs« der Philosophen so zu organisieren, daß er – im Vorblick auf die »Verwirklichung« der Philosophie als Vermittlung von Theorie und Praxis in der menschlichen Gesellschaft – nicht mehr in die solipsistischen Antizipationen der endgültigen Wahrheit durch die »Weltanschauungen« der »großen Denker« zerfällt. Doch wie soll durch *Transformation* der Philosophie ein Standpunkt jenseits der perspektivischen »Weltanschauungen« der »großen Denker« gewonnen werden?

2. *Transformation der Philosophie durch methodische Rationalität? Kritik am szientistischen Fehlschluß*

Eine erste Vorstellung davon, wie eine Transformation der »Philosophie der großen Denker« selbst noch philosophisch zu denken sei, kann m. E. die Konzeption der Konsensbildung in der »Gemeinschaft der Wissenschaftler« vermitteln, wie sie zuerst von Ch. S. Peirce entwickelt wurde. Diese *Experimentier-* und *Interpretationsgemeinschaft* sollte nach Peirce das Zeitalter des solipsistischen Evidenz-Apriorismus ablösen und – als Konkretisierung des transzendentalen Subjekts von Kant – jenen Wahrheits-Konsens in methodisch kontrollierbarer Form herstellen, der in dem Zeitalter, das nach Peirce der »Apriori-Methode« der großen Einzeldenker voranging, durch die »Methode der Autorität« erzwungen wurde[4]. Der Umstand, daß Peirce das dritte Zeitalter auch einfach durch die »Methode der Wissenschaft« charakterisierte, wobei er an die von ihm selbst praktizierte experimentelle Naturwissenschaft dachte, zeigt freilich, daß er das Problem der Ablösung der öffentlichen und

4 Vgl. Ch. S. Peirce, *Schriften I*, Frankfurt 1967, S. 293 ff., dazu meine »Einführung«, ebda. S. 117 ff.

der privaten Autorität durch den methodisch herbeigeführten Konsens noch in *szientistischer* Verkürzung dachte. Er selbst sah später, daß er die *moralisch relevante Rationalisierung des menschlichen Verhaltens* nicht aus der technologischen Normierung der »Ideenklärung« im Sinne der »pragmatischen Maxime« herleiten konnte, sondern sie im Gegenteil auch schon für die Begründung einer normativen Wissenschaftslogik voraussetzen mußte[5].

Mit dieser Aporie, so scheint mir, ist das zentrale Problem einer Transformation der Philosophie im Zeitalter der Wissenschaft gestellt. Seine Auflösung wurde m. E. in gleichem Maße von denen verfehlt, die Philosophie durch Reduktion auf Wissenschaft oder Wissenschaftslogik »aufheben« wollten, wie durch jene, die, unbekümmert um das große Paradigma wissenschaftlicher Methode und der darin vorausgesetzten (partiellen) Rationalisierung menschlicher Interaktion und Kommunikation, an einem Anspruch der »großen Philosophie« festhielten, der sich im Zeitalter der Wissenschaft ins Irrationale versteigen oder in der privaten Unverbindlichkeit verlieren mußte.

Die Peircesche Aporie des *Szientismus* tritt heute in schärferer Form in der an der Wissenschaftsmethodologie orientierten Philosophie der »offenen Gesellschaft« von Karl R. Popper hervor. Wie Peirce nämlich möchte auch Popper das normative Paradigma der wissenschaftlichen Methode im Sinne einer ethisch und politisch relevanten Philosophie der Gesellschaft und des möglichen geschichtlichen Fortschritts extrapolieren. Da jedoch sein methodologischer Ansatz die Reflexion auf transzendentale Voraussetzungen der Erkenntnis in weit stärkerem Maße als Peirces semiotisch-pragmatistische Kanttransformation abgebaut hat, so berücksichtigt er noch weniger als Peirce, daß die Idee einer kritischen Gesellschaftsphilosophie, in der es u. a. um die interpersonale *Verständigung über Bedürfnisse und Ziele* geht, nicht einfach als Verallgemeinerung des naturwissenschaftlichen Methodenideals und seines technologischen Praxisbezugs zu denken ist. Schon innerhalb der Popper-Schule wurde jedoch bemerkt, daß das Problem der »kritischen Rationalität«, auf der Ebene *kritischer Argumentation* gedacht, ein viel wichtigeres und weiteres Problem darstellt als das der »Abgrenzung« (»Demarkation«) von (empirisch-analytischer) Wissenschaft und Metaphysik[6].

5 Vgl. meine »Einführung« zu Ch. S. Peirce, *Schriften II*, Frankfurt 1970, S. 20 ff.

6 Vgl. die Diskussion zwischen K. R. Popper und W. W. Bartley in: I. Lakatos and A. Musgrave (eds.), *Problems in the Philosophy of Science*, Nord-Holland P. C. Amsterdam 1968, S. 40 ff.

In der Tat sind m. E. in der Popperschen Extrapolationsstrategie zwei Typen von »abstraktiven Fehlschlüssen« anzutreffen, die, wenn ich recht sehe, in ungeklärtem Nebeneinander am Werke sind:
1. Der im engeren Sinn *szientistisch-technizistische Fehlschluß liegt* darin, daß mit dem Methodenideal der *Einheitswissenschaft* zugleich auch die *Sozialtechnologie* (»social engineering«) von Popper zur *Grundlage* der kritischen Rationalität in der Sozialpolitik einer »offenen Gesellschaft« gemacht wird. Nicht als ob »Sozialtechnologie« auf der Grundlage empirisch-analytischer Wissenschaften in der modernen Industriegesellschaft *entbehrlich* wäre; es geht uns hier nicht um (rechte oder linke) Romantik! Aber schon vom wissenschaftstheoretischen Standpunkt aus ist nicht zu übersehen, daß Sozialtechnologie ihre ideale Voraussetzung gerade nicht im Modell der »offenen Gesellschaft« hat, sondern in einer Gesellschaft, die – aufgrund stabiler, quasi-archaischer Herrschaftsstrukturen – in Informierte und Nichtinformierte, Manipulierende und Manipulierte, Subjekte und Objekte der Wissenschaft und Technologie zerfällt. Sozialtechnologie funktioniert nämlich nicht dann am besten, wenn möglichst alle als mündige Bürger an der informierten Diskussion über Ziele und Normen im Sinne des »kritischen Konventionalismus« (Popper) beteiligt werden, sondern zweifellos dann, wenn die Verhaltens-Objekte der Technologie möglichst weitgehend auf den Status stummer Naturobjekte reduziert werden können, die in wiederholbaren Experimenten erforscht und unter festgehaltenen Zielsetzungen instrumentell manipuliert werden können. Unter dieser Voraussetzung der praktisch stabilisierten Subjekt-Objekt-Relation genügt in der Tat das Modell von (wiederholbarem) »Versuch und Irrtum«, um »von der Amöbe bis zu Einstein« alle erfolgreichen Lernprozesse der Lebewesen und damit den Fortschritt im vorwissenschaftlichen Arbeitswissen, in Wissenschaft, Technik und – einer sehr spezifischen Form von – Gesellschaftspolitik zu begreifen.
Wie aber, wenn man tatsächlich eine »offene Gesellschaft« mündiger Bürger will, die möglichst weitgehend an der kommunikativen Verarbeitung wissenschaftlich-technischer Informationen im Hinblick auf alle Norm- und Zielsetzungen zu beteiligen sind? – Offenbar kann es dann nicht mehr in erster Linie darum gehen, auf Verbesserung der Sozialtechnologie durch Ausschaltung oder prognostische Kontrolle des sog. »feed back« der zu gut informierten oder zu spontanen (oder eigenwilligen) Sozialobjekte hinzuarbeiten, und

das Lernen aus den Resultaten des »piece-meal social engineering« kann zumindest nicht mehr durch praktische Stabilisierung der Subjekt-Objekt-Relation allein sichergestellt werden; vielmehr entsteht jetzt das viel schwierigere Problem, die prinzipiell nicht wiederholbare Kommunikation und Interaktion der Bürger als der Subjekte des Fortschritts zur »offenen Gesellschaft« im Sinne des Prinzips »kritischer Rationalität« zu organisieren. Dazu gehört u. a. auch die Organisation der intersubjektiven *Verständigung über* unvermeidliche technisch-szientifische Objektivierung menschlichen Verhaltens im Dienste sozialtechnologischer Maßnahmen, die in ihrer Effektivität kontrollierbar und gleichzeitig von allen Bürgern als virtuellen Subjekten verantwortet sein sollen. Die Organisation der *Verständigung über* notwendige Maßnahmen der Sozialtechnologie ist aber nicht selbst wieder eine Maßnahme der Sozialtechnologie, und sie kann sich nicht lediglich auf die Ergebnisse einer Wissenschaft stützen, welche die Subjekte der Verständigung immer schon zu Objekten der empirisch-analytischen Verhaltens-*Erklärung* gemacht hat; denn es geht ja gerade darum, Sinn und Grenzen aller sozialtechnologischen Maßnahmen selbst noch aufgrund von Argumenten gemeinsam festzulegen. Sollte es nicht erforderlich sein, an dieser Stelle auf Philosophien und Wissenschaftstheorien zurückzugreifen, die in dem Umstand, daß die Menschen zugleich Subjekt und Objekt der Wissenschaft (und Technologie) sind (bzw. sein sollten), nicht nur ein – wiederum technologisches – Problem der optimalen Feedback-Kontrolle sehen, sondern ein prinzipielles Problem transzendentaler Reflexion auf die Bedingungen der Möglichkeit und Gültigkeit einer nicht nur naturwissenschaftlichen Erkenntnis und einer nicht nur technischen Praxis?

2. An dieser Stelle wäre eine zweite Interpretation der Popperschen Extrapolationsstrategie zu berücksichtigen. Man könnte aus der Selbstdarstellung der Schule, zumal im Zusammenhang mit der Ersetzung der (philosophischen) »Letztbegründung« durch das Postulat der virtuell universalen Kritik[7], den Eindruck gewinnen, der Ansatzpunkt der Extrapolation des wissenschaftlichen Methodenideals im »kritischen Rationalismus« liege nicht so sehr bei den objektbezogenen Methoden der Naturwissenschaft und Technolo-

7 Vgl. z. B. William W. Bartley: *The Retreat to Commitment*, New York 1962 (dtsch. *Flucht ins Engagement*, München 1964); ferner Hans Albert, *Traktat über kritische Vernunft*, Tübingen 1968.

gie als vielmehr bei der *Methode kritischer Argumentation*, welche die *Gemeinschaft der Wissenschaftler* zum Paradigma einer »offenen Gesellschaft« erhebt. Der »kritische Rationalismus« wird auf diese Weise nochmals in nächste Nähe zu Peirce gerückt, und andererseits drängt sich der Vergleich mit der von W. Kamlah und P. Lorenzen begründeten »Erlanger Schule« *methodischer Philosophie* auf, die sich um die methodische Einübung des Dialogs im Sinne einer »Rekonstruktion« der Sprache bemüht[8]. Mit einem solchen Ansatz in der Ebene der interpersonalen Kommunikation wäre m. E. in der Tat ein wesentlicher Schritt zur Erweiterung des Rationalitätsbegriffs und damit des Programms einer wissenschaftsbezogenen Transformation der Philosophie getan[9]. Indessen droht hier sogleich eine zweite Form des *Szientismus* in Gestalt eines abstraktiven Fehlschlusses; und die Popper-Schule scheint mir auch diesem Fehlschluß noch weniger als zuvor schon Peirce entgangen zu sein: Wird nämlich die kritische Argumentation in der Gemeinschaft der (Natur-)Wissenschaftler zum Paradigma der »offenen Gesellschaft« erhoben, so wird leicht übersehen, daß damit schon ein Erkenntnisinteresse und eine zugehörige praktische Zielsetzung als *Maßstab* der kritischen Argumentation eingesetzt und damit gleichzeitig der Diskussion entzogen ist. Das »Selfsurrender«, in dem Peirce die moralische Auszeichnung der Gemeinschaft der Wissenschaftler sah[10], liegt ja gerade darin, daß jeder Wissenschaftler die Abstraktion von den individuellen, persönlichen Bedürfnissen und Inter-

8 Vgl. W. Kamlah und P. Lorenzen, *Logische Propädeutik, Vorschule des vernünftigen Denkens*, Mannheim 1967; ferner: P. Lorenzen, *Methodisches Denken*, Frankfurt 1968; ferner ders., *Normative Logics and Ethics*, Mannheim 1969.

9 Es ist sehr beachtlich, daß Popper sogar der »intuitionistischen« Begründung der Mathematik durch Brouwer gegenüber die Unentbehrlichkeit der sprachlichen Argumentation für die Entscheidung der Geltungsfrage in der Wissenschaft betont. So schreibt er in »Epistemology without a knowing subjekt« (in: Rootselaar-Staal (eds.), *Proceedings of the Third Internat. Congr. for Logic, Methodology and Philosophy of Science*, Amsterdam 1968) S. 360: »Once the admissibility of a proposed intuitionist mathematical construction can be questioned – and of cource it can be questioned – language becomes more than a mere means of communication which could in principle be dispensed with: it becomes rather the indispensible medium of discussion« – Vgl. hierzu auch I. Lakatos: *Proofs and refutations*, in: *Brit. J. Phil. of Sci. 14* (1963–64). – Ich möchte diese Argumente durchaus für die später zu verteidigende Konzeption einer *hermeneutischen Transzendentalphilosophie* in Anspruch nehmen und sie z. B. gegen die Zweifel ausspielen, die J. Habermas in letzter Zeit im Namen einer »monologischen Theoriebildung der Wissenschaft« am transzendentalen Primat der sprachlichen Verständigung geäußert hat: *Genetische* Erkenntnisse, wie z. B. die von Chomsky bzw. Lenneberg und Piaget, bezüglich der vorsprachlichen *Disposition* des Menschen zum operationellen Kategoriengebrauch

essen eingeübt hat und sich als austauschbares Subjekt wiederholbarer Experimente und logisch-mathematischer Denkoperationen dem institutionalisierten Fortschritt zur Wahrheit in der »unbegrenzten Gemeinschaft der Forscher« zur Verfügung stellt. Unter dieser Abstraktionsvoraussetzung bezieht sich die »Kritik« in der Argumentationsgemeinschaft der (Natur-)Wissenschaftler ausschließlich auf die Erkenntnis- und Denkoperationen, die immer schon dem selbstverständlichen Erkenntnisinteresse der (Natur-)Wissenschaft unterstellt sind; sie bezieht sich nicht etwa auf die konkreten Bedürfnisse und Interessen der vergesellschafteten Menschen, die – bewußt oder unbewußt – auch noch dem Erkenntnisinteresse der (Natur-)Wissenschaft zugrunde liegen. Das, wovon hier abstrahiert ist, macht nun aber offenbar die Schwierigkeit zwischenmenschlicher Verständigung in der konkreten Gesellschaft aus; und die für das Selbstverständnis der Philosophie relevante Frage ist offenbar die, ob von ihr die Idee der *kritischen Argumentation* – die in der Gemeinschaft der (Natur-)Wissenschaftler in der Tat weltgeschichtlich eindrucksvoll zur Geltung gebracht wurde – so extrapoliert werden kann, daß sie – im Sinne etwa des »Philosophischwerdens der Welt« (Marx) – in der realen Gesellschaft qua Kommunikationsgemeinschaft institutionalisiert werden kann. Es käme hier also darauf an, die reale Gesellschaft selbst, die das Subjekt der materiellen Bedürfnisse und Interessen ist, zugleich als normativ ideales Subjekt der Erkenntnis und der Argumentation zu behandeln. Die Gesellschaft wäre also nicht lediglich *Objekt* der Wissenschaft und Technik, wie im technokratischen Szientismus, der stillschweigend immer schon ein elitäres Subjekt der Wissenschaft und Sozialtechnologie voraussetzt; und sie wäre andererseits auch *noch nicht* das reale *Subjekt* der Wissenschaft; aber sie müßte in der Philosophie und in den kritischen Sozialwissenschaften als Objekt behandelt werden, das zugleich virtuelles Subjekt der Wissenschaft ist.

können niemals allein über die Frage nach der *Kompetenz* menschlichen Regel-Befolgens entscheiden: diese Frage nämlich impliziert auch die Frage nach der – öffentlichen! – *Geltung*, die nur unter der Voraussetzung des *transzendentalen Sprachspiels einer unbegrenzten Kommunikationsgemeinschaft* entschieden werden kann. (Vgl. hierzu Bd. II S. 220 f. – Wenn Popper freilich glaubt, man könne und müsse sich für die kritische Kommunikationsgemeinschaft der Argumentierenden in einer *irrationalen* Wahl entscheiden, so scheint er mir noch nicht die letzten Konsequenzen aus der Einsicht gezogen zu haben, daß die *Sinn-Geltung* menschlichen Handelns a priori eine soziale Funktion der Kommunikation ist. Vgl. hierzu Bd. II, S. 326 ff. und S. 409 ff.

10 Ch. S. Peirce, *Schriften I*, a.a.O., S. 245 ff., dazu »Einführung«, S. 105 ff.

Man könnte m. E. sehr wohl behaupten, daß die Idee der »offenen Gesellschaft« gar nicht anders als in der zuletzt angedeuteten Weise als Extrapolation der Idee einer wissenschaftlichen Argumentationsgemeinschaft gedacht werden kann. Beim Versuch, diesen Gedanken im Sinne der Popperschen Philosophie zu konkretisieren, wird aber zugleich deutlich, daß hier eine Argumentationsgemeinschaft, welche nicht schon auf die objektbezogenen szientifisch-technologischen Methoden festgelegt wäre, nicht vorgesehen ist. Das in diesen Methoden vorausgesetzte Erkenntnisinteresse kann nicht als solches der in der wissenschaftlichen Argumentationsgemeinschaft repräsentierten Gesellschaft am Verfügungswissen reflektiert werden, und eben deshalb kann die Gesellschaft selbst nicht – wie in der Idee der »offenen Gesellschaft« eigentlich postuliert – als »Subjekt« der methodisch angeleiteten Verständigung und Emanzipation, sondern lediglich als »Objekt« von Planungs-»Maßnahmen« im Sinne technologischer »Reformen« gedacht werden. (Ironischerweise trifft sich die Popper-Schule hier – wenn schon nicht in den Lösungsvorschlägen, so doch in der sozialphilosophischen Problemstellung – mit einem zugleich objektivistisch-materialistischen und szientistisch-technokratischen Typ des Marxismus, der sich der Subjekt-Objekt-Dialektik und damit der Philosophie mehr und mehr entledigt.)

Das tiefliegende Vorurteil der Popper-Schule gegen eine *nichtszientistisch* orientierte Erweiterung der Idee *methodischer Rationalität* bezeichnet offenbar die innere Grenze der an sich fruchtbaren Konzeption des »kritischen Rationalismus« als einer möglichen Transformation der Philosophie überhaupt. Diese Grenze kann aber m. E. nicht ohne weiteres mit derjenigen einer wissenschaftsbezogenen, an methodischer Rationalität überhaupt orientierten Philosophie gleichgesetzt werden; vielmehr ist sie letztlich durch das von der Popper-Schule zwar in Einzelkonsequenzen fallengelassene, als Vorurteil aber offensichtlich weiter wirkende Axiom der »Einheitswissenschaft« bzw. »Einheitsmethodologie« bedingt. Es zeigt sich hier m. E., daß Philosophie sich nicht einfach als »Kritik« verstehen kann, ohne sich der eigenen Maßstäbe, und d. h. der Bedingungen der Möglichkeit und Gültigkeit von Kritik zu versichern. Dazu scheint aber der »kritische Rationalismus« der Popper-Schule schon deshalb nicht in der Lage zu sein, weil er sich nicht zu einer prinzipiellen *(transzendentalen) Reflexion* auf die Bedingungen der Möglichkeit und Gültigkeit von Erkenntnis im weitesten Sinne verpflichtet glaubt; statt dessen meint er, ein einleuchtendes Paradigma methodischer Rationalität ohne Zwischenschaltung transzendentaler Besinnung extrapolieren zu können und andere Erkenntnisparadigmata der philosophischen Tradition von vornherein als methodologisch irrelevant oder gar »obskurantistisch« abqualifizieren zu können, so etwa das der »geisteswissenschaftlichen« *Hermeneutik* oder das der sozialkritischen *Dialektik*. Daß diese Paradigmata wissenschaftstheoretisch nicht entfernt so durchgeklärt sind wie dasjenige der naturwissenschaftlich-technologischen Rationalität, wird man leicht zugeben können. Gleichwohl könnten hier diejenigen Denkmittel zu finden sein, mit deren Hilfe die Probleme einer nicht experimentell wiederholbaren, sondern nur als Geschichte rekonstruierbaren *Selbsterfahrung der Gesellschaft* expliziert werden könnten.

Man wird freilich die Geltung bzw. Effizienz einer solchen Explikation, deren praktische Bewährung nicht im jederzeitigen Machenkönnen, sondern im geschichtlichen Fortschritt der gesellschaftlichen Interaktion liegt, nicht mit szientistischen Maßstäben messen können; denn die Rationalität *philosophisch*-wissenschaftlicher Methoden muß sich an der Art und dem Komplexionsgrad der uns *aufgegebenen* Probleme bemessen, und nicht umgekehrt. Die Probleme können aber nicht in jedem Lebensbereich nach Maßgabe verfügbarer Methoden *gestellt oder nicht gestellt* werden – mag immer diese Situation mit der bewährten Methode szientifisch-technologischer Rationalität a priori unverträglich sein. So ist zweifellos die »Herstellung« – wie eine technische Metaphorik uns sagen läßt – einer »offenen Gesellschaft« kein Problem, dem wir uns nur in dem Maße zuwenden könnten oder dürften, als wir diese Aufgabe aufgrund der Denkmittel *szientifischer Verfügung* und *technologischer Herstellung* gesetzmäßig ablaufender Prozesse lösen können. Dies würde – wie angedeutet – sogar auf einen Widerspruch hinauslaufen. Diese Problematik nicht zu durchschauen, scheint mir ein Charakteristikum der orthodoxen Popper-Schule auszumachen und die wachsende Unfruchtbarkeit ihrer Insistenz auf bloßer »Kritik« zu erklären. Anstatt den Transformationsprozeß einer wissenschaftsbezogenen Philosophie mit Hilfe einer differenzierten Wissenschaftstheorie in der schwierigsten Dimension der Sachprobleme voranzutreiben, konzentriert sie sich nur mehr auf die Polemik gegen die *hermeneutisch-dialektischen* Philosophien,[11] die – wie unzulänglich auch immer – das zentrale Problem der modernen Humanwissenschaften und Sozialphilosophie zumindest thematisiert haben: das der Identität und Nichtidentität von Subjekt und Objekt der kommunikativen Erkenntnis und der Handlung qua Interaktion in einer »offenen Gesellschaft«.

Der Fehlschluß, der m. E. z. B. der Polemik von Hans Albert gegen die »Hermeneutik« zugrunde liegt, läßt sich in der Geschichte des Szientismus weit zurückverfolgen. Er zeigt sich z. B. bei J. Dewey[12] in einer ideologiekritischen Argumentation, deren erste Prämisse richtig, deren Konklusion aber grundfalsch ist: Es ist wohl im wesentlichen richtig, daß der Durchbruch zur *ideologiefreien* Rationalität den Menschen zuerst in der Sphäre der experimentellen Erfahrung, des Arbeitswissens und der daran anknüpfenden technologisch relevanten Natur-Wissenschaften, gelungen ist, während die Sphäre der sog. »höheren Kultur«, der Bereich der sozialen Institutionen sowie der durch Theologie, Philosophie und sog. »Geisteswissenschaften« verwalteten bzw. tradierten normativ relevanten Überlieferung, durch den Zwang zur ideologischen Legitimation von politisch-ökonomischen Herrschaftssystemen an einer entsprechenden (»gleichzeitigen«) Rationalisierung gehindert wurde. Aber schon die angemessene Formulierung dieses Phänomens der »Ungleichzeitigkeit« in der sozialkulturellen Entwicklung der »Wissensformen« verrät, daß die beliebte Schlußfolgerung, es müßten daher endlich die technisch (im weitesten Sinn) bewährten Methoden szientifischer Rationalisierung auch auf die Sphäre der normativ relevanten Kulturüberlieferung und Erziehung (Sozialisation)[13] übertragen werden, ein Kurzschluß ist. Daß es sich so verhält, zeigt sich heute erstens daran, daß (Natur-)Wissenschaft und Technologie sehr wohl – und wahrscheinlich sogar weit effektiver als die »hinterwäldlerischen« Geisteswissenschaften (im weitesten Sinn) – in den Dienst praktischer Legitimation von Herrschaftsverhältnissen treten können;

11 Vgl. z. B. Hans Albert, *Traktat über kritische Vernunft*, a.a.O., und ders., *Plädoyer für kritischen Rationalismus*, München 1971.

12 Vgl. z. B. J. Dewey, *Reconstruction in Philosophy*, New York 1920. – Ähnlich argumentiert in der Gegenwart z. B. E. Topitsch (vgl. *Vom Ursprung und Ende der Metaphysik*, Wien 1958, und *Sozialphilosophie zwischen Ideologie und Wissenschaft*, Neuwied 1961).

13 Ein extremes, aber lehrreiches Modell der Erziehungs-Technologie liefert B. F. Skinner in seinem jüngsten Buch: *Beyond Freedom and Dignity*, 1972.

woraus zu folgern ist, daß der Durchbruch zur ideologiefreien Rationalität auf dem Gebiet des szientifisch-technologischen Wissens nicht selbstgenügsam, sondern für erneute Ideologisierung anfällig ist, solange er nicht seine Ergänzung und Vollendung in einer entsprechenden – also z. B. dem Stand der Produktionskräfte zugeordneten – Rekonstruktion und Reorganisation im Bereich der sozialen Institutionen und normativ relevanten Überlieferung gefunden hat[14]. Ein weiterer Hinweis darauf, daß »Aufklärung« nicht durch Reduktion aller Wissensformen auf die des technisch-szientifischen Sektors zu vollenden ist, liegt in dem simplen Umstand, daß die Propagandisten szientifisch-technologischer Rationalität, sofern sie Metaphysikkritik, Kulturkritik, Gesellschaftskritik betreiben, eben nicht Methoden im Sinne der »wertfreien« szientifisch-technologischen Rationalität anwenden, sondern sich, im Gegenteil, tief in die *methodologischen* Probleme *normativer* (also ideologischer?) *Hermeneutik* und *Ideologiekritik* verstricken.

Diese »geisteswissenschaftliche« Verstrickung läßt sich interessanterweise nicht nur an den philosophiekritischen und historischen Arbeiten Poppers und seiner Schule belegen, sondern auch an den im engeren Sinn wissenschaftstheoretischen: diese Arbeiten haben, insbesondere in der Auseinandersetzung mit den Ideen Thomas Kuhns[15], inzwischen ein praktisches *Kontinuum zwischen Wissenschaftstheorie und Wissenschaftshistorie* hergestellt und dabei nahezu alle Probleme der historisch-hermeneutischen Geisteswissenschaften der Jahrhundertwende reproduziert: So etwa stellte sich die *methodologische* Unterscheidung zwischen »Verstehen« und »Erklären« in sehr scharfer Form wieder her als solche zwischen der

14 Vgl. J. Habermas, *Wissenschaft und Technik als Ideologie*, Frankfurt 1968. – Als Gegenstück zum szientistisch-technokratischen Fehlschluß im Problem der »Rationalisierung« könnte man den »linksromantischen« Fehlschluß anführen. Er geht von der richtigen Einsicht aus, daß eine Verabsolutierung der technisch-szientifischen Rationalität analog zur Macht des Menschen über die Natur die Vollendung der Herrschaft des Menschen über den Menschen postulieren muß. Statt nun aber die Auflösung der Paradoxie in einer differenzierten Philosophie der Erkenntnisformen bzw. der Formen der Vermittlung von Theorie und Praxis zu suchen, geht er – zumeist in Anknüpfung an den auch bei Marx anzutreffenden religiös-mystischen Topos von der »Resurrektion der Natur« – zur Kritik von Naturwissenschaft und Technik als legitimer Form der »Ratio« und zum Postulat einer »anderen« Naturwissenschaft bzw. Technik über. – Ich möchte freilich nicht verschweigen, daß mir im Topos des jungen Marx betreffend die »Humanisierung der Natur« und die »Naturalisierung des Menschen« durch Entfaltung aller sinnlichen Wesenskräfte des nicht mehr entfremdeten Menschen ein durchaus rationales Programm für ein nicht szientifisch-technologisches Naturverhältnis des Menschen zu liegen scheint.

normativ relevanten »Rekonstruktion« einer »internen Geschichte« der Wissenschaft, welche dem normativen Wissenschaftsverständnis der Klassiker möglichst gerecht wird, und einer »externen Erklärung« des nicht im Sinne der »internen Geschichte« rational Rekonstruierbaren[16]. Hiermit ist zugleich die innerhermeneutische Problematik des Verhältnisses von universalgültigen Prinzipien des philosophischen »Begreifens« (Hegel, Droysen, Rothacker) zur Korrektur dieser Prinzipien durch das »Verstehen« gerade der »individuellen Komplexionen« des Geistes – z. B. des Platonischen in der Philosophie Platons (Rothacker) – wie andererseits die Problematik des Verhältnisses von Hermeneutik und Ideologiekritik[17] angesprochen. Mit der angedeuteten *methodologischen* Problematik des normativ-rationalen Verstehens stellten sich zugleich auch die seit Dilthey und Troeltsch bekannten Probleme des *Historismus-Relativismus* und damit der Skepsis hinsichtlich einer normativ verbindlichen Idee rationalen Fortschritts in zum Teil extremer Form wieder ein[18] – und dies, wohlgemerkt, bei dem Versuch einer historisch-selbstreflexiven Bewährung der Idee naturwissenschaftlicher Rationalität, die zuvor als beinahe selbstverständliches *Paradigma* methodischer Rationalität überhaupt gedient hatte.

3. Wahrheit versus Methode? Würdigung der transzendentalen Hermeneutik Heideggers und Gadamers

Angesichts dieser historischen Infragestellung eines szientistisch reduzierten Begriffs methodischer Rationalität scheint es nahezuliegen, das *Paradigma der wissenschaftlichen Methode* überhaupt in Frage zu stellen und statt dessen eine *phänomenologische* Denk-

15 Vgl. bes. I. Lakatos and A. Musgrave (eds.), *Criticism and the Growth of Knowledge*, Cambridge University Press 1970.

16 Vgl. bes. I. Lakatos, »History of Science and its Rational Reconstructions«, in: R. C. Buck and R. S. Cohen (eds.), *Boston Studies in the Philosophy of Science*, vol. 8, Dordrecht/Holland 1971.

17 Vgl. unter Bd. II, S. 96 ff.

18 Vgl. z. B. P. K. Feyerabend, »Against Method«, in: *Minnesota Studies for the Philosophy of Science*, 4, 1970. – Vgl. auch K. Hübner, »Duhems historische Wissenschaftstheorie und ihre gegenwärtige Weiterentwicklung«, in: *Philosophia Naturalis*, Bd. 13 (1971), S. 81–97.

weise, welche die vorwissenschaftliche, u.d.h. nicht schon methodisch-abstraktive, Lebens- und Welterfahrung gegen den neuzeitlichen Begriff der *Methode* ausspielt, als maßgeblichen Weg einer *Transformation der Philosophie* ins Auge zu fassen. Neben der vom späten Husserl ausgehenden Phänomenologie der »Lebenswelt« bietet sich hier vor allem die von Heidegger ausgehende »hermeneutische Phänomenologie« an, die von H.-G. Gadamer unter dem charakteristischen Titel *Wahrheit und Methode*[19] als Kontrapunkt der methodologisch orientierten Philosophie eigens entfaltet wurde. Die »hermeneutische Phänomenologie« kann zunächst den Vorzug für sich in Anspruch nehmen, die Emanzipation der Erfahrung von dogmatischer Metaphysik und Weltanschauungsphilosophie mit ihrer Emanzipation von szientistischen Restriktionen zu verknüpfen. In Heideggers Spätphilosophie scheint sogar die kritische Rekonstruktion und Destruktion der abendländischen Metaphysik ein Kontinuum bilden zu können mit der kritischen Distanzierung der modernen Wissenschaft und Technik, in welcher der Mensch die Welt und von ihr her rückwirkend sich selbst »stellt«. Es scheint jetzt deutlich zu werden, warum die in der Auseinandersetzung des Menschen mit der Naturumwelt so progressive Methode der mathematischen und experimentellen Verfügbarmachung des Seienden in der Rückanwendung auf den gesellschaftlichen Bereich zu einem Herrschaftsinstrument von kaum noch zu durchschauender bzw. zu kritisierender Funktionsweise werden kann. Hier läßt sich der Zusammenhang zwischen Heideggers Denken und der neomarxistischen Kritik der »instrumentellen Vernunft« und des »eindimensionalen Menschen« (Horkheimer, Adorno und vor allem H. Marcuse) herstellen.

Gegen die kategorialen Denk- und insofern Verhaltenszwänge, die von dem technisch-szientifischen »Gestell« ausgehen – nicht schon gegen die sozio-ökonomischen Zwänge, die damit verknüpft sein könnten – bietet die hermeneutische Phänomenologie Heideggerscher Provenienz die Freilegung zunächst der *alltäglichen*, dann vor allem der *dichterischen* und der – etwa aus den Fragmenten der Vorsokratiker zu rekonstruierenden – *vormetaphysischen Erfahrung* auf, in der der Seinssinn noch nicht im Hinblick auf das »Gestell« verfügbar gemacht wird. Es liegt nahe, an diesem Punkt mit den sog.

19 H.-G. Gadamer, *Wahrheit und Methode*, Tübingen 1960, 2. Aufl. 1965.

»Sprachdenkern« (Rosenzweig, Buber und Rosenstock-Huessy)[20] auch die existenzielle und z. B. in der biblischen Tradition bezeugte Ich-Du-Erfahrung, sofern sie noch nicht der griechisch-ontologischen Grammatik der gegenständlichen Es-Erfahrung untergeordnet ist, zur Geltung zu bringen. In Gadamers »philosophischer Hermeneutik« tritt das phänomenologische Denken in eine engere, kritische Beziehung zur Idee der *Methode*, wie sie insbesondere im quasi-positivistischen *Historismus* des 19. Jahrhunderts für die Geisteswissenschaften maßgeblich geworden ist. Die Freilegung der Erfahrung bezieht sich jetzt auf die bereits in den historisch-hermeneutischen Methodologien – nicht zu reden von deren neopositivistischen Reduktionen – »vergessenen« Phänomene der existenzialen Bedingungen der Möglichkeit des »Verstehens«: z. B. auf das Phänomen der Einbettung aller subjektiven Akte bzw. Operationen des Verstehens in ein Geschehen der selbst geschichtlichen Traditionsvermittlung, in dem es keine endgültige Bewußtmachung und methodische Vergegenständlichung der existenzialen »Vorstruktur« (des konstitutiven »Vorverständnisses« und somit der unvermeidlichen »Vorurteile«) geben kann.

Ein Hauptverdienst der *hermeneutischen Phänomenologie* insgesamt scheint mir darin zu liegen, daß sie dem Schrumpfungsprozeß, den die Erkenntnistheorie und Erkenntniskritik Kantischer Provenienz in der modernen »Wissenschaftslogik« einschließlich der Popperschen »Methodologie« durchgemacht hat, entgegenwirkt. Sie hat nicht nur verschwiegene transzendentale Voraussetzungen der Wissenschaftslogik als solche der kartesisch-kantischen Subjekt-Objekt-Relation wieder sichtbar gemacht, sondern darüber hinaus durch die Radikalisierung der Reflexion auf das »Verstehen« *quasi-transzendentale* Strukturen entdeckt, die nach dem Schema der kartesisch-kantischen Subjekt-Objekt-Relation überhaupt nicht gedacht werden können. Dazu gehört vor allem die von Heidegger entdeckte sog. »existenziale Vorstruktur« des Verstehens: Als Struktur des »In-der-Welt-Seins« (des Intentionen allererst ermöglichenden »Seins beim innerweltlich begegnenden Seienden«) impliziert sie zugleich die Überwindung des *erkenntnistheoretischen Idealismus*, als Struktur des »Mitseins« zugleich die Überwindung des *methodischen Solipsismus*, als Struktur des immer schon sprachlich

20 Vgl. dazu jetzt W. Rohrbach, *Das Sprachdenken Eugen Rosenstock-Huessys*, Saarbrückener Dissertation, 1970.

und damit geschichtlich geprägten »Vorverständnisses« zugleich die Infragestellung der abstrakten Alternative von Apriorismus und Empirismus durch die Denkfigur des »hermeneutischen Zirkels«, und als Struktur des »Sich-vorweg-Seins« des Daseins im Modus der zukunftsbezogenen »Sorge« impliziert sie die Infragestellung der bei Husserl noch ungebrochenen Idee der *interessefreien* Erkenntnis von etwas *als* etwas[21]. – In der Entdeckung der »Vorstruktur« des Verstehens war von vornherein die Möglichkeit einer weiteren Ausarbeitung von quasitranszendentalen Voraussetzungen einer neuartigen Erkenntnistheorie vorgezeichnet: So vor allem die Thematisierung der *Sprache* als eines nicht hintergehbaren – wenn schon rekonstruierbaren – Verstehensaprioris[22]; ferner – im »Sich-vorweg-Sein« – die Thematisierung der »Ekstasen« der »ursprünglichen Zeit« (Zukunft, Gegenwart, Gewesenheit) und der zugehörigen Modi der Erkenntnis: des zukunftsbezogenen (die Gegenwart *transzendierenden*) *»Verstehensentwurfs«* (der *Phantasie*), der gegenwartsbezogenen Sinneswahrnehmung und der gewesenheitsbezogenen *Erinnerung*; ferner – im In-der-Welt-Sein – das »Leibapriori«, das als Bedingung der Möglichkeit der Erkenntnis (»Gesichtspunkt der Welthabe«) vor allem von M. Merleau-Ponty herausgearbeitet wurde[23]; schließlich die vor allem von Heidegger selbst weiter verfolgte Möglichkeit einer Fundierung der Wahrheit qua Richtigkeit von Urteilen bzw. Aussagen in der zugleich verdeckenden »Entdeckung« bzw. verbergenden »Entbergung« von Sinn aufgrund der – zunächst so genannten – »hermeneutischen Synthesis« von etwas *als* etwas in seiner »Bewandtnis« oder »Bedeutsamkeit«.

Die erkenntnistheoretische Relevanz der von Heidegger eingeleiteten *existenzialontologischen Radikalisierung* der Idee der »Hermeneutik« zeigte sich m. E. vor allem in der Überwindung der Idee des »Verstehens« als einer Konkurrenz-Methode zur kausalanalytischen »Erklärung« als wissenschaftlicher Beantwortung von *Warum*-Fragen. Während etwa die neopositivistische Wissenschaftslogik gerade von dieser (auch von Dilthey so nicht vertretenen) Idee des »Verstehens« als »Methode« ausging und ihr die These von der bloß psychologisch-heuristischen Hilfsfunktion des Verstehens im

21 Vgl. hierzu meine unveröffentlichte Dissertation: *Dasein und Erkennen: eine erkenntnistheoretische Interpretation der Philosophie M. Heideggers*, Bonn 1950.

22 Vgl. hierzu K.-O. Apel, *Die Idee der Sprache in der Tradition des Humanismus, von Dante bis Vico*, Bonn 1963, Einleitung.

23 Vgl. hierzu A. Podlech, *Der Leib als Weise des In-der-Welt-seins*, Bonn 1956.

Kontext der Auffindung einer Verhaltens-»Erklärung« entgegensetzte[24], konnte die neue »Hermeneutik« zeigen, daß das »Verstehen« als Weise des menschlichen In-der Welt-Seins schon für die Konstitution von Erfahrungs-Daten und somit für die Beantwortung der *Was*-Frage in der Erkenntnistheorie vorausgesetzt wird. Damit rückte die Verstehens-Problematik einerseits als transzendentale *Konstitutions*-Problematik zusammen mit der Heideggerschen Problematik der »Wahrheit« als *Sinn-Eröffnung* noch hinter die im »Kritischen Rationalismus« Poppers erkannte Problematik der quasi-transzendentalen *Daten-Konstitution* durch wissenschaftliche *Theorien.* Zum anderen zeigte sich, daß die speziellere Frage des sog. »geisteswissenschaftlichen« *Verstehens* nur dann in angemessener Form gestellt ist, wenn man sie nicht von vornherein der szientifischen *Erklärens*-Problematik unterordnet, sondern sie zusammen sieht mit der in allem Erklärenwollen schon vorausgesetzten, metaszientifischen »Verständigung« der Wissenschaftler[25] über die zu thematisierenden Gegenstände und den methodischen Ansatz ihres jeweiligen Forschungsprogramms. Die hier implizierte quasitranszendentale Funktion der Klärung des *kategorialen Vorverständnisses* der Erfahrung (durch intersubjekte »Vorverständigung« über die Wissenschaftssprache, über theoretische Modelle, über das »Prozessieren« von »Theorien« oder sogar ganzer »Forschungsprogramme« nach Maßgabe des »hermeneutischen Zirkels« von apriorischem »Vorgriff« und empirisch bedingter Korrektur des Verstehens von etwas *als* etwas) rückt die hermeneutische Problematik – so merkwürdig das für viele klingt – in nächste Nähe zu der in der *konstruktiven Semantik* Carnaps thematisierten Problematik der *Sprach-Rekonstruktion* und der *Begriffs-Explikation.* Hier – und nicht in der immer schon vom szientifisch-technologischen Erkenntnisinteresse eröffneten und begrenzten Dimension der *Kausal-Erklärung (Explanation)* – könnte man allenfalls von einem Konkurrenzverhältnis, nämlich zwischen sprachanalytisch-konstruktiver und sprachhermeneutischer Philosophie, reden. Dieses Verhältnis kann sich aber sehr leicht in ein Ergänzungsverhältnis verwandeln, wie insbesondere der Ansatz der Erlanger Schule im Sinne einer Rekonstruktion der sprachlichen Verständigung unmittelbar in der

24 Vgl. Bd. II, S. 51 ff., S. 103 ff. u. ö.

25 Vgl. Bd. II, S. 50 ff., S. 111 ff. u. ö., vgl. auch K.-O. Apel, »Communication and the Foundations of the Humanities«, in: *Acta Sociologica,* 1972, Nr. 1; Erweiterte Fassung in: *Man and World,* vol. 5, No. 1 (1972).

pragmatischen Dimension des dialogischen Sprachgebrauchs zeigt[26]. Gadamers Verdienst scheint mir besonders darin zu liegen, daß er die soeben skizzierte Radikalisierung der Idee der Hermeneutik kritisch auf das philosophische Selbstverständnis der Geisteswissenschaften angewandt hat: So hat er vor allem jene – auch im Neopositivismus wieder aufgegriffene – *objektivistisch* restringierte Konzeption des Verstehens als des einfühlend-nacherlebenden Thematisierens von psychischen Prozessen oder Akten im Anderen in Frage gestellt und sie als phänomenologisch sekundäre, abstraktive Deformation des ursprünglichen hermeneutischen Problems der *Verständigung mit den Anderen über die Sach-Welt*, d. h. über Sinn und Wahrheit der sprachlichen Erschließung von etwas *als* etwas, entlarvt. Das »Verstehen« des Anderen ist in der Tat nur so lange ein *hermeneutischer* Akt, als die Subjekt-Subjekt-Relation der »Verständigung« über etwas, in der man dem Anderen die Wahrheit bzw. die normativ richtige Entscheidung praktischer Fragen zutraut, noch nicht durch eine deskriptive oder gar explanative Objektivierung seiner psychischen Akte oder seines Verhaltens ersetzt wird. Und auch die methodischen Regeln einer Hermeneutik als Kunstlehre der »Interpretation« müssen daher letztlich aus dem lebenspraktischen Kontext der Verständigung ursprünglich begriffen werden[27]. Gadamer glaubt von hier aus allerdings noch zu einem weite-

26 Vgl. W. Kamlah und P. Lorenzen, *Logische Propädeutik*, a.a.O., und K. Lorenz, *Elemente der Sprachkritik*, Frankfurt 1971.

27 Dies nicht einzusehen, scheint mir die *szientistische* Verblendung Hans Alberts auszumachen, der meinen Rückgang aus der Subjekt-Objekt-Relation der szientifischen Erkenntnis in die »komplementäre«, metaszientifische Subjekt-Subjekt-Relation der »Interpretationsgemeinschaft der Wissenschaftler als »trivial« empfindet und sich den *methodischen* Fortschritt einer *wissenschaftlichen* Hermeneutik nur als Fortschritt in der »Erklärung« des »Verstehens« vorstellen kann. Vgl. H. Albert, *Plädoyer für kritischen Rationalismus*, München 1971, S. 106 ff. – Daß *auch* eine szientifische „Erklärung« des »Verstehens« – oder genauer: seiner empirischen, z. B. psychologisch-linguistischen oder physiologischen *conditiones sine qua non* – möglich bzw. wünschenswert ist, wird durch den transzendental-hermeneutischen Ansatz nicht im geringsten bestritten. (Ich selbst habe den wohl modernsten Ansatz in dieser Richtung, Chomskys »Erklärung« der »Sprachkompetenz«, zum Gegenstand einer wissenschaftstheoretischen Fall-Studie gemacht, vgl. Bd. II, S. 264 ff.) Die von Albert trivialisierte »Komplementaritätsthese« besagt vielmehr dies: daß der an sich unbegrenzte Erkenntnisfortschritt in der *Subjekt-Objekt-Dimension* der *Deskription* und *Erklärung* niemals die methodische Verbesserung der *Verständigung* in der *Subjekt-Subjekt-Dimension* ersetzen kann, da er sie gerade voraussetzt. Daraus ergibt sich die gar nicht triviale, sondern prognostisch relevante These, daß im Zeitalter des szientifisch-technologischen Fortschritts die *hermeneutische* Problematik der *methodischen Verständigung* keineswegs auf eine *Erklärungs*problematik reduziert werden wird – wie Albert letztlich immer noch ganz positivistisch suggeriert (Rückfall hinter das Niveau

ren Schritt berechtigt und sogar genötigt zu sein: zur Infragestellung der »methodischen Abstraktion« von der Frage nach der Wahrheit bzw. der normativen Geltung von zu interpretierenden Texten, wie sie in der Hermeneutik seit Schleiermacher vorgenommen wurde. Dementsprechend relativiert er auch die »methodologische« Unterscheidung von »historischer« und »dogmatischer« bzw. »normativer« Hermeneutik, zugunsten einer – merkwürdigerweise selbst normativ neutralen – philosophischen Hermeneutik, die in jedem Fall des Verstehens als Bedingung seiner Möglichkeit die gleiche Struktur einer geschichtszugehörigen »Horizontverschmelzung« und, praktische »Applikation« einschließenden, »Vermittlung« der Gegenwart mit ihrer Vergangenheit feststellt[28]. Ich werde darauf zurückkommen.

Die fundamentalphilosophische Bedeutung der im vorigen skizzierten quasi-transzendentalphilosophischen Entdeckungen der *hermeneutischen Phänomenologie* wird m. E. nicht beeinträchtigt, sondern bestätigt durch den Umstand, daß die meisten von ihnen bei den übrigen, nicht auf Wissenschafts-Logik eingeschränkten, Philosophien des 20. Jahrhunderts eine Entsprechung, zum Teil in genauerer oder jedenfalls wirkungsvollerer Ausarbeitung, gefunden haben: So hat z. B. die *existenzial-phänomenologische* Überwindung des *erkenntnistheoretischen Idealismus* und des methodischen *Solipsismus* ihr Gegenstück in der *sinnkritischen* Widerlegung dieser Ingredienzien neuzeitlicher Erkenntnis-Metaphysik in der pragmatischen *Semiotik* von Ch. S. Peirce[29] und in der *Sprachspiel-Analyse* des späten Wittgenstein[30]. Auch die Entdeckung der erkenntnis-theoretischen Relevanz der »Ekstasen« der Zeitlichkeit und die Infragestellung der abstrakten Disjunktion von Apriorismus und Empirismus hat ihr Gegenstück im amerikanischen Pragmatismus (Peirce) und Neopragmatismus (Quine). Mit dem Hinweis auf die pragmatisch-semiotische und sprachanalytische Sinnkritik ist zugleich angedeutet, daß die Entdeckung des *Sprach-*

der Popper-Schule?) –, sondern im Gegenteil ganz neue Dimensionen annehmen wird (Entstehung neuer wissenschaftsbezogener Verständigungswissenschaften im Umkreis von Wissenschaftstheorie, Wissenschaftsgeschichte, hermeneutisch-kritischer Wissenschaftssoziologie, Hochschuldidaktik und Forschungspolitik!).

28 Vgl. H.-G. Gadamer, a.a.O.; vgl. insbesondere das »Vorwort« und den »Anhang« zur 2. Auflage.

29 Vgl. oben Anm. 4 u. 5 sowie Bd. II, S. 157 ff. und S. 178 ff.

30 Vgl. Bd. I, S. 225 ff. und S. 275 ff.; Bd. II, S. 220 ff. u. ö.

Aprioris – zweifellos in detaillierterer und folgenreicherer Form als in der hermeneutischen Phänomenologie – auch in der sog. »analytischen Philosophie« erfolgte, zum Teil sogar im engsten Umkreis jener restriktiven Wissenschaft-Methodologie, die eigentlich – als logischer Empirismus – außer der formalen Logik und »den« empirischen Tatsachen keine Apriori-Voraussetzungen der Erkenntnis in Rechnung stellen wollte. In dem Maße, in dem die moderne sprachanalytische Philosophie die Abstraktions-Phase der *syntaktisch-semantischen* Konstruktion von *Satz-Systemen* hinter sich läßt, in dem Maße also, in dem *Sinn* und *Wahrheit* primär als Prädikate von *Behauptungen (assertions, statements,*[31] resp. von behaupteten Aussagen[31a]) – nicht aber von »Sätzen« – und die Behauptungen als zu verteidigende bzw. praktisch zu verantwortende *Antworten* auf explizite oder implizite Fragen im Kontext einer realen Problem-Situation (z. B. der des wissenschaftlichen Fortschritts) erkannt werden, in eben dem Maße darf man hier in der Tat eine minutiöse Rekonstruktion der Einsichten der transzendentalen Hermeneutik über die interpersonale Verständigung erwarten. Ansätze dazu finden sich ebenso in der älteren *pragmatistischen Semiotik* (Peirce, Royce, Mead, Morris)[32] – hier insbesondere in der Idee der »Interpretationsgemeinschaft« – wie in der Theorie der »Sprechakte« der *Ordinary Language Philosophy* (Austin, Searle) und ihrer Verknüpfung mit den Ergebnissen der generativen Linguistik[33].

In diesem Zusammenhang dürfte auch die mit der konstruktiven Syntax und Semantik verbundene fragwürdige wissenschaftslogische Abstraktion von der *Pragmatik* der – doch prinzipiell *dreistelligen* – Zeichenrelation qua Erkenntnisrelation zugunsten einer *transzendentalpragmatischen* Wissenschaftstheorie überwunden werden. Diese dürfte die Problematik der Geltung von Erkenntnis *für ein Erkenntnissubjekt* nicht mehr in die empirische Psychologie verbannen; sie müßte sie vielmehr im Sinne einer normativ-semiotischen Transformation der Kantischen Problematik des transzen-

31 So zuerst J. L. Austin, »Truth«, in: *Philosophical Papers*, Oxford 1961.

31a So J. Habermas (»Wahrheitstheorien« erscheint in: *Festschrift f. W. Schulz*, 1972), der Strawsons Argumente gegen »episodische« Sprechakte als Träger der Wahrheit berücksichtigen möchte. Vgl. auch Y. Bar-Hillel »Argumentation in Pragmatic Languages«, in: *Aspects of Language*, Jerusalem 1970, p. 206 ff.

32 Vgl. Bd. II, S. 197 ff.; Bd. II, S. 178 ff.

33 Vgl. J. Habermas, »Vorbereitende Bemerkungen zu einer Theorie der kommunikativen Kompetenz«, in: J. Habermas und N. Luhmann: *Theorie der Gesellschaft oder Sozialtechnologie*, Frankfurt 1971. – Dazu Bd. II, S. 239 ff.

dentalen Subjekts, u.d.h. als Problematik der Konsensbildung in der transzendentalen Kommunikationsgemeinschaft erneut thematisieren[34]. Im Zusammenhang damit würde auch der sog. »Kontext der Entdeckung« nicht mehr als rein empirisch-psychologisches Thema der Einzelwissenschaft behandelt und vom metaszientifischen »Kontext der Rechtfertigung« getrennt werden, sondern eher im transzendentalhermeneutischen Problemzusammenhang der *Konstitution* neuer *Sprachspiele* bzw. *Sinn-Horizonte* zu thematisieren sein. Ansätze hierzu zeigt die sog. »New Philosophy of Science« (N. R. Hanson, St. Toulmin, T. S. Kuhn, M. Polanyi), in der ein Zusammenhang zwischen der Peirceschen Problematik der »synthetischen« Logik »abduktiver« Hypothesenbildung, der Wittgenstein-Kuhn-Problematik der Entsteheung neuer *Sprachspiel-Paradigmata* und der Heideggerschen Problematik der Sinn-Eröffnung als seinsgeschichtlicher Voraussetzung der »Wahrheit« qua »Richtigkeit« von Aussagen sich abzeichnet[35].

Der Zusammenhang zwischen Kontext der »Entdeckung« und Kontext der »Rechtfertigung« oder »Akzeptierung« von naturwissenschaftlichen Erkenntnissen dürfte freilich noch konkreter sich denken lassen, wenn die Problematik der *Sinn-Konstitution* in der bei Heidegger schon angedeuteten Weise mit der des quasi-transzendentalen *Erkenntnisinteresses* (Daseins-»Sorge« als Bedingung möglicher »Bedeutsamkeit«) in Beziehung gesetzt wird. Hier findet sich eine konkretere Ausarbeitung in der Tradition der »Philosophischen Anthropologie« und »Wissenssoziologie«, die seit M. Scheler (*Die Wissensformen und die Gesellschaft*, 1926, und *Die Stellung des Menschen im Kosmos*, 1927) die Anregungen Nietzsches und des amerikanischen Pragmatismus mit denen der Marxschen Ideologiekritik im Sinne einer Lehre von den drei fundamentalen »Wissensformen« oder »Erkenntnisinteressen« zu vereinigen suchte. J. Habermas hat diese Ansätze im Sinne einer Transformation der Philosophischen (Erkenntnis-)Anthropologie[36] in eine erkenntnistheoretische Gesellschaftsphilosophie zu einem vorläufigen Abschluß

34 Vgl. Bd. II, S. 157 ff., S. 178 ff. u. ö.

35 Vgl. hierzu Th. Kisiel, »Zur Hermeneutik naturwissenschaftlicher Entdeckung«, in: *Ztschr. f. Allg. Wissenschaftstheorie*, 2 (1971), S. 195–221.

36 Vgl. H. Plessner, *Die Einheit der Sinne*, Bonn 1923; ders. *Philosophische Anthropologie*, Frankfurt 1970; E. Rothacker, *Philosophische Anthropologie*, Bonn 1964; ders. *Zur Genealogie des menschlichen Bewußtseins*, Bonn 1966. – Vgl. auch meinen Entwurf einer »Wissenschaftstheorie in erkenntnis-anthropologischer Sicht«, Bd. II, S. 96 ff.

gebracht[37]. In der gegenwärtigen wissenschaftstheoretischen Diskussion, in der es vor allem um die Möglichkeit oder Unmöglichkeit einer rationalen Rekonstruktion der Wissenschaftsgeschichte als eines Fortschritts anhand von Kriterien geht[38], wäre der Nachweis eines langfristigen Fortschritts des durch die moderne Naturwissenschaft ermöglichten technologischen Verfügungswissens unter Umständen gegen die relativistische Tendenz des Kuhnschen Paradigma-Wechsels auszuspielen; überhaupt wäre das quasi-transzendentale technische Erkenntnisinteresse als »interne« Bedingung der Möglichkeit und Gültigkeit der experimentell überprüfbaren Theoriebildungen

37 Vgl. J. Habermas, »Anthropologie«, in: A. Diemer und I. Frenzel (Hrsg.), *Philosophie* (Fischer-Lexikon), Frankfurt 1958; ferner ders., *Erkenntnis und Interesse*, Frankfurt 1968. – Hans Albert (a.a.O., S. 111 f.) hat scharfsinnigerweise den Zusammenhang von Habermas' und meiner Theorie der *drei* quasitranszendentalen Erkenntnisinteressen mit Max Schelers Lehre von den drei »Wissensformen« (»Arbeits«- bzw. »Herrschaftswissen«, »Bildungswissen« und »Erlösungswissen«) entdeckt und daraus (insbesondere aus dem Quasi-Säkularisationsverhältnis zwischen »Erlösungswissen« und »emanzipatorischem Erkenntnisinteresse«) ähnlich vernichtende Konsequenzen gezogen wie im Falle der »Hermeneutik«, die ja auch eine theologische Genealogie aufweisen kann. Es steht in der Tat noch schlimmer, als H. Albert wissen konnte, denn ich habe die Schelersche Theorie der drei Wissensformen sogar einmal in nichtsäkularisierter Form gebraucht – freilich um damit eine selbst noch nicht säkularisierte Phase des Wissens, die verschiedenen Typen des Sprach-Wissens zu Beginn der Neuzeit, aufzuschlüsseln. (Vgl. K.-O. Apel, *Die Idee der Sprache in der Tradition des Humanismus*, a.a.O., S. 269 ff.) Doch im Ernst: Was soll diese Argumentation beweisen? – Weder ist M. Schelers Typologie ohne Wahrheitsgehalt noch ist die Lehre von drei quasitranszendentalen Erkenntnisinteressen »nichts als« eine Art Säkularisation der Schelerschen Lehre von den »Wissensformen«. Andererseits möchte ich die Quasi-Säkularisation, die zwischen dem humanistischen »Bildungswissen« und dem »hermeneutischen Verständigungsinteresse« und vor allem zwischen dem »Erlösungswissen« und dem »emanzipatorischen Erkenntnisinteresse« tatsächlich besteht, geradezu für ein Wahrheitsindiz halten, da ich das Säkularisations-Prinzip gewissermaßen als ein normativ-hermeneutisches Verifikationsprinzip ansehe. – Was das »technische Erkenntnisinteresse« der Naturwissenschaft angeht, so besteht – in meinem Fall zumindest – ein wesentlicher Unterschied zu Max Scheler. Dieser orientiert in der Tat sein Verständnis der Naturwissenschaft am reduktionistischen Pragmatismus-Instrumentalismus von W. James und J. Dewey und zieht insofern die Kritik Poppers und Alberts auf sich. Meine Konzeption der apriorischen Verschränkung der Möglichkeit experimenteller Bewährung und technischer Auswertbarkeit von naturwissenschaftlichen Hypothesen orientiert sich dagegen an der Peirceschen Form des Pragmatismus. Die These meiner Peirce-»Einführung« (s. oben. Anm. 5 u. 6) bestand in dem Anspruch, die Identität dieses »Pragmatizismus« mit einem »sinnkritischen Realismus« nachzuweisen. Mit Peirce würde ich auch einer Argumentationsstrategie wie der Alberts, die sachlich begründete philosophische Theorien mit dem Hinweis auf theologisch-metaphysische Genealogien oder Affinitäten glaubt kritisieren zu können, die heuristische Devise entgegenhalten: »Der Weg der Forschung darf nicht blockiert werden.« Meines Wissens hat auch der späte Popper ähnliches gesagt. Soll der »kritische Rationalismus« zum Hindernis philosophischer Forschung werden?

38 Vgl. oben S. 21 f.

mit den bisher vorgeschlagenen, *methodologischen* Rationalitätskriterien (wie induktive Bestätigung, Falsifizierbarkeit, Einfachheit bzw. Eleganz usw.) zu konfrontieren[39].

Der Umstand, daß wir auf dem Umweg über die *hermeneutische Phänomenologie* zu Problemen einer *normativ* relevanten *Wissenschaftstheorie* zurückgekehrt sind, enthält indessen einen Hinweis, der uns zu dem eingangs erörterten Problem einer wissenschaftsbezogenen *Transformation der Philosophie* zurückführt. Die von Gadamer exponierte Alternative von »Wahrheit« und »Methode« scheint nicht so eindeutig und plausibel zu sein, wie sie manchem angesichts des jahrzehntelangen Auseinanderlebens von »Wissenschaftslogik« einerseits, »hermeneutischer Phänomenologie« andererseits erscheinen konnte. Tatsächlich zeigt m.E. das gegenwärtige Aufbrechen einer phänomenologisch-hermeneutischen Problematik in der historischen Dimension der normativen Wissenschaftstheorie, daß die *hermeneutische Phänomenologie* gerade dann – und wohl nur dann – eine Korrektiv-Funktion zur *szientistisch-methodologischen* Verengung der Wahrheits-Problematik erfüllen kann, wenn sie selbst nicht *normativ-methodologisch* irrelevant ist.

Im Kontext der modernen Wissenschaftsgeschichte zeigt sich dieser Umstand darin, daß z. B. *empirische* Beschreibungen und Erklärungen der faktischen Hergänge in der Wissenschaftsgeschichte, für sich allein genommen, für das philosophische Verstehen der Wissenschaft irrelevant sind. Sie werden erst in dem Augenblick relevant, in dem sie als »externe« Ergänzungen »interner« – u.d.h. *normativ* relevanter, *rationaler – Rekonstruktionen* begriffen werden können: *idealiter* sollten sie genau das erfassen und aus heterogenen Ursachen »erklären«, was nicht im Sinne methodologisch-rationaler Rekonstruktion »verstanden« werden kann. Damit ist aber auch schon gesagt, daß der eigentliche Sinn der Wissenschafts-Historie darin liegen muß, die normativ-methodologische »Ratio« der philosophischen Wissenschaftstheorie durch tieferes Verstehen der entsprechenden »Ratio« der »Klassiker« im Sinne des »hermeneutischen Zirkels« sowohl zur Geltung zu bringen wie auch zu korrigieren. M. a. W.: das *Verstehen* menschlicher Handlungen muß, im Gegensatz zum *Erklären* von Naturvorgängen, einen normativen Rechtferti-

39 Für einen Versuch in dieser Richtung vgl. J. Klüver u. W. Müller »Wissenschaftstheorie und Wissenschaftsgeschichte: Die Entdeckung der Benzolformel«, erscheint 1972 in: *Ztschr. f. Allg. Wissenschaftstheorie.*

gungsanspruch implizieren. Das ergibt sich auch schon daraus, daß ohne normatives Engagement im Sinne eines »good reason essays« nicht einmal die »Zweck-Rationalität« menschlichen Verhaltens – und damit überhaupt kein menschliches Verhalten als solches – verstanden werden kann[40]. Der bloß wertfrei beschreibende Beobachter kann sich überhaupt nicht kognitiv in so etwas wie Geschichte einschalten. Nicht einmal die »Erkenntnisinteressen« dürfen – wie schon angedeutet – als Tatsachen im Sinne wertfreier empirisch-analytischer Wissenschaft verstanden werden, sollen sie – im Sinne einer »Erkenntnisanthropologie« oder »Erkenntnistheorie als Gesellschaftstheorie« - für das philosophische Verständnis der Wissenschaft relevant sein; als »externe« Ursachen sind sie für das Verständnis der Wissenschaft nur dann relevant, wenn sie mit den legitimen »internen« Erkenntnisinteressen konfrontiert und im Sinne der »Ideologiekritik« als bewußte oder unbewußte Abweichungen vom rationalen Verhalten »verstanden« werden können[41]. Daraus ergibt sich z. B. die These, daß das als Apriori der Sinnkonstitution für die experimentelle Naturwissenschaft unterstellte technische Erkenntnisinteresse ein normativ-methodologisch legitimierbares Interesse sein muß[42].

40 Dies nicht zu sehen, macht die *szientistische* Verblendung des »Logischen Empirismus« (C. G. Hempel, W. Stegmüller) aus, der die Struktur des *Motivations-Verstehens* überhaupt auf die der *empirisch-analytischen Kausal-Erklärung* nach Gesetzen glaubt reduzieren zu können. Es versteht sich, daß dabei von vornherein das Absehen von der pragmatischen Eigenart der konfundierten methodischen Operationen als Antworten auf Fragen in einer wirklichen Problemsituation die Rolle einer »abstractive fallacy« spielt. – Vgl. zuletzt W. Stegmüller, *Probleme und Resultate der Wissenschaftstheorie*, Bd. I, Berlin – Heidelberg – New York 1969, S. 379 ff. – Ich möchte hier nicht verschweigen, daß mir die gesamte Strategie der »Reduktion« aller wissenschaftlichen »Systematisierung« von Erkenntnis auf das Popper-Hempel-Oppenheim-Modell der »Erklärung«, wie sie den 1. Band des Buches von Stegmüller kennzeichnet, auf der »abstractive fallacy« des Nichtberücksichtigens der »pragmatischen Dimension« zu beruhen scheint. Erst wenn diese rückgängig gemacht würde – natürlich nicht im Sinne einer »psychologischen«, sondern einer »transzendental-normativen« Pragmatik –, wäre m.E. eine Diskussion mit den sog. »Verstehenstheoretikern«, wie sie Stegmüller vorgeblich austrägt (vgl. Kap. VI), überhaupt sinnvoll möglich. Der Verstehens-Theoretiker wird ja z.B. von vornherein nicht zugeben, daß die *Frage* nach Handlungs-*Gründen* mit der nach Verhaltens-*Ursachen* identifiziert werden könnte; für ihn ist daher die Frage »Warum lacht Hans?« systematisch zweideutig. Die Frage andererseits »*Warum* nahm Newton die Existenz eines absoluten Raumes an?«, ist für den »Verstehenstheoretiker« eindeutig verschieden von der Frage »*Warum* fällt ein Stein?« – Vgl. hierzu (vorläufig) K.-O. Apel, »Communication and the Foundation of the Humanities«, a.a.O. – Vgl. auch G.-H. von Wright, *Explanation and Understanding*, Ithaca/N. Y. 1971.

41 Zur ideologiekritischen Denkfigur der dialektischen Vermittlung des Verstehens durch die externe Quasi-Erklärung; vgl. Bd. II, S. 94 ff. und S. 120 ff.

42 Vgl. oben Anm. 39.

Was hier am Beispiel des Verstehens der Naturwissenschaft – und d. h. für den durch das szientifisch-technische Verfügungs- und Erklärungsinteresse eröffneten Sinnbereich menschlicher Erkenntnis – gezeigt werden sollte, das läßt sich nun aber auf den durch das *Verständigungsinteresse* selbst eröffneten Sinnbereich übertragen; m.a.W.: die These von der normativ-methodologischen Relevanz bezieht sich auf das philosophische Verstehen aller Formen menschlicher Erkenntnis einschließlich seines Selbstverständnisses. Demnach darf auch Gadamers Versuch einer philosophischen Verständigung über Wesen und Sinn des »hermeneutischen Verstehens« nicht normativ-methodologisch irrelevant sein, wenn er philosophisch relevant sein will. Dies scheint im Widerspruch zu stehen zu Gadamers Selbstverständnis, wie es insbesondere in den Antworten auf seine Kritiker sich darstellt[43]. Er hält es dort für möglich, Kants transzendentale Fragestellung für sich in Anspruch nehmen und zugleich alle Ansprüche im Sinne einer philosophischen »Rechtfertigung« der »Geltung« von Erkenntnis abweisen zu können. Der Argumentations-Topos ist in unserem Zusammenhang wichtig genug, um ihn in extenso zu zitieren:

»So scheint es mir ein bloßes Mißverständnis, wenn man hier die berühmte kantische Unterscheidung von *quaestio iuris* und *quaestio facti* einmengen will. Kant hatte wahrlich nicht die Absicht, der modernen Naturwissenschaft vorzuschreiben, wie sie sich verhalten müsse, damit sie vor dem Richterstuhl der Vernunft bestünde. Er hat eine philosophische Frage gestellt, d. h. er hat gefragt, welches die Bedingungen unserer Erkenntnis sind, durch die moderne Wissenschaft möglich ist, und wie weit sie reicht. In diesem Sinn stellt auch die vorliegende Untersuchung eine philosophische Frage ... sie stellt sie an das Ganze der menschlichen Welterfahrung und Lebenspraxis. Sie fragt, um es kantisch auszudrücken: Wie ist Verstehen möglich? Das ist eine Frage, die allem verstehenden Verhalten der Subjektivität, auch dem methodischen der verstehenden Wissenschaften, ihren Normen und Regeln, schon vorausliegt. Heideggers temporale Analytik des menschlichen Daseins hat, meine ich, überzeugend gezeigt, daß Verstehen nicht eine unter den Verhaltensweisen des Subjektes, sondern die Seinsweise des Daseins selber ist. In diesem Sinne ist der Begriff ›Hermeneutik‹ hier verwendet worden. Er bezeichnet die Grundbewegtheit des Daseins, die seine Endlichkeit und Geschichtlichkeit ausmacht, und umfaßt daher das Ganze seiner Welterfahrung[44].«

43 Vgl. insbesondere das »Vorwort« zur 2. Auflage von *Wahrheit und Methode*, a.a.O.
44 H.G. Gadamer, a.a.O., S. XV f. – Ähnlich argumentiert Gadamer auch in seiner Verteidigung gegen E. Betti (a.a.O., S. 483): »Im Grunde schlage ich *keine* Methode vor, sondern ich beschreibe, *was ist*. Daß es so ist, wie ich es beschreibe, das, meine ich, kann man nicht im Ernst bestreiten . . . ich halte es allein für wissenschaftlich, *anzuerkennen*,

4. *Für eine methodologisch relevante Transzendentalphilosophie: zur Kritik Heideggers und Gadamers*

Eine Kritik der Gadamerschen Argumentation aus der Perspektive des Problems einer heute maßgeblichen Transformation der Philosophie kann m.E. von den folgenden drei Thesen ausgehen:
1. Gadamer beruft sich zu Unrecht auf Kant und die Idee der Transzendentalphilosophie; 2. Gadamer beruft sich mit historischem Recht auf Heideggers Begriff des »Verstehens« und die zugehörige Idee der »Wahrheit« als »Erschlossenheit« des »Daseins«; 3. Heidegger hat einen nicht rückgängig zu machenden Beitrag zum transzendentalhermeneutischen Problem der *Sinn-Konstitution* erbracht; er hat aber andererseits – nach eigenem Eingeständnis – das Problem der *Wahrheit* (und damit zugleich das der *Geltung* für uns!) verfehlt; daher muß die Philosophie wieder einmal zu Kant zurückkehren, – freilich in der Weise einer *Transformation der Transzendentalphilosophie*, welche u. a. auch die durch Heidegger – und Gadamer – erbrachte *transzendentalhermeneutische* Horizonterweiterung berücksichtigt.
Zu 1: Das Argument, das sich auf die *quaestio iuris* beruft – also auf das von Kant gegen die britische Erkenntnispsychologie aufgeworfene Problem der *Geltungs-Rechtfertigung* von Erkenntnis –, kann m.E. nicht im Ernst mit dem pragmatisch-plausiblen Hinweis darauf entkräftet werden, daß Kant der Naturwissenschaft keine Vorschriften machen wollte, bzw. darauf, daß ein solches Unterfangen absurd sei[45]. In der Tat hat der Philosoph allen Grund, der praktizierenden Wissenschaft bei der *Auffindung* methodischer Prinzipien den Vortritt zu lassen; daraus folgt aber keineswegs, daß er auch bei seiner *ex post factum-Reflexion* den Anspruch auf normativ relevante Geltungsrechtfertigung aufgeben müßte oder sollte. Würde er dies im Ernst tun, so könnte er aus seiner philosophischen Reflexion auf das, was die Wissenschaft tut, nichts mehr über das Wesen der Wissenschaft lernen; denn er vermöchte zwischen Gültigem und bloß faktisch Unterlaufenem (bloß »Erklärbarem«) nicht zu unterscheiden. Kurz: das Geschäft der normativ relevanten »Kri-

was ist, statt von dem auszugehen, was eben sein sollte oder sein möchte. In diesem Sinne versuche ich, über den Methodenbegriff der modernen Wissenschaft (der sein begrenztes Recht behält) hinauszudenken und in prinzipieller Allgemeinheit zu denken, was *immer* geschieht.«

45 So Gadamer a.a.O., S. XV.

tik« kann gewiß nicht zugunsten der bloßen *Beschreibung* dessen, *was ist*, geschenkt werden; und eine Berufung auf die *Kritik der reinen Vernunft* ist nicht möglich, ohne mit der Frage nach den Bedingungen der *Möglichkeit* der Wissenschaft auch die nach den Bedingungen der *Gültigkeit* stellen und beantworten zu wollen. Kant unterscheidet sich gewiß von den modernen Vertretern einer »methodologischen Philosophie« – aber nicht dadurch, daß er die Beantwortung der methodologisch relevanten *quaestio iuris* abweist, sondern dadurch, daß er sie (noch) auf eine transzendentale Deduktion der Bedingungen der *Möglichkeit* und *Gültigkeit* von Erkenntnis überhaupt gründen möchte[46].

Wenn andererseits die modernen Vertreter einer *methodologischen* Philosophie – sowohl die Popper-Schule wie H. Dingler und die Erlanger Schule – sich auf Kant berufen, so können sie Gadamer gegenüber immerhin die Frage nach den Bedingungen der *Gültigkeit* als Legitimation für sich in Anspruch nehmen. Und wenn tatsächlich der Versuch der Popper-Schule, das Rationalitätsprinzip der Naturwissenschaft durch Rekonstruktion ihrer »internen Geschichte« auszuweisen, zugunsten bloß *historischer Hermeneutik* (Feyerabend, Th. Kuhn, Hübner) scheitern sollte, dann läge darin auch ein Scheitern der transzendentalen Geltungs-Reflexion überhaupt im Sinne des *Historismus*. Freilich könnte die neuerdings zu beobachtende *historisch-hermeneutische* Auflösung des Rationalitätsprinzips der Popper-Schule – wie früher schon angedeutet[47] – damit zusammenhängen, daß ihre *transzendental-hermeneutische Reflexion* auf die *Bedingungen der Möglichkeit* der Naturwissenschaft unzureichend war. Darin würde aber ein Hinweis darauf liegen, daß *transzendentale Hermeneutik* die Frage nach den Bedingungen der Möglichkeit[48] allen Verstehens gerade nicht beantworten

46 Vgl. in diesem Zusammenhang insbesondere das »Opus Posthumum«. Dazu H. G. Hoppe, *Kants Theorie der Physik*, Frankfurt 1969.

47 Vgl. oben S. 22.

48 Es ist nicht uninteressant zu bemerken, daß selbst die empirisch-theoretische Wissenschaft, die heutzutage die Beantwortung der Fragen nach den (bloßen) Bedingungen der *Möglichkeit* sogar im Falle des (sprachlichen) Verstehens übernommen hat, im Falle der Rekonstruktion von menschlichen »Kompetenzen« auch in die Problematik der Bedingungen der *Gültigkeit* verwickelt wird. In paradigmatischer Form zeigt sich dies im Falle der Sprach- (und Geist-) Theorie Noam Chomskys, die sich genötigt sieht, mit der »Kausal-Erklärung« der Bedingungen der Möglichkeit der »grammatischen Kompetenz« *zugleich* eine *normativ richtige* Rekonstruktion gültiger Regeln als Teilbedingungen menschlichen Verstehens und Redens überhaupt zu liefern. Vieles spricht dafür, daß diese merkwürdige wissenschaftstheoretische Struktur der Chomskyschen »Universal-Grammatik« sogar auf

kann, indem sie mit dem späten Wittgenstein – »alles« läßt, »wie es ist.«[49]. Gadamers Berufung auf Wittgensteins phänomenologische Haltung[50] ist in diesem Zusammenhang ebenso treffend wie systematisch fragwürdig; denn eben Wittgensteins Postulat der »reinen Beschreibung« der Sprachspiele als letzter Tatsachen (die gleichwohl für die »Möglichkeit« zu beschreibender »Erscheinungen« vorausgesetzt sind[51]) illustriert die *empiristische* (im Falle Wittgensteins sogar zu *behavioristischen* Mißverständnissen Anlaß gebende) Aporie einer philosophischen Phänomenologie, die sich kritisch-normativen Anspruchs entschlagen möchte. Tatsächlich gerät Wittgenstein in einen eklatanten Widerspruch zu seiner niemals aufgegebenen Intention der »Sprach-Kritik«, auch wenn diese im Spätwerk auf die Kritik der philosophischen Leerlauf-Sprachspiele eingeschränkt wird. Und die Wittgensteinianer und andere Vertreter der *Ordinary Language Philosophy* haben denn auch spätestens in dem Augenblick, wo sie der Konkurrenz empirischer Linguisten (z. B. J. Fodor und J. J. Katz) ausgesetzt wurden, auf den »transzendentalphilosophischen« und »normativen« Anspruch ihrer Sprachanalyse sich besonnen[52].

Mit diesen Bemerkungen soll indessen nicht der – früher bereits angedeutete[53] – gute Sinn eines phänomenologisch-hermeneutischen *Korrektivs* gegenüber normativ-methodologischen Vorurteilen, wie z. B. dem des *Szientismus*, bestritten werden. Die schon erwähnten Verdienste der hermeneutischen Phänomenologie bei der reflexiven

dem noch zu eruierenden Feld einer »Universal-Pragmatik« ihr Analogon findet: Diese würde einerseits als Theoriebildung – durchaus auf Ergebnisse empirischer Wissenschaft sich stützen müssen, andererseits aber doch zu Aussagen führen, deren *Universalität* – im Sinne einer transzendentalen Pragmatik – a priori einsehbar sein muß, wenn sie überhaupt soll eingesehen werden können. – Vgl. hierzu Bd. II, S. 264 ff., sowie J. Habermas, »Vorbereitende Bemerkungen zu einer Theorie der kommunikativen Kompetenz«, a.a.O.

49 Lediglich in dem Sinne muß von der Philosophie gesagt werden, daß sie alles läßt, wie es ist, in dem wir eingangs (vgl. oben S. 10) die Reflexionsdistanz des »theoretischen Diskurses« vom praktisch-politischen Engagement unterschieden haben. Diese notwendige Engagement-Enthaltung aber geschieht ja gerade im Interesse der Möglichkeit universaler *Geltungs-Kritik*.

50 Gadamer, a.a.O. S. XXII.

51 Vgl. z.B. L. Wittgenstein, *Philosophische Untersuchungen*, I, § 90 und § 654.

52 Vgl. hierzu jetzt den aufschlußreichen Sammelband von C. Lyas, (ed.), *Philosophy and Linguistics*, London 1971 (darin besonders die Beiträge von Lyas, St. Cavell, R. Henson, G. Ryle, R. Searle und Z. Vendler). – Es versteht sich beinahe von selbst, daß K. Lorenz (*Elemente der Sprachkritik*, a.a.O.) Wittgenstein normativistisch interpretiert und für die Erlanger Schule in Anspruch nimmt.

53 Vgl. oben S. 23 ff.

Freilegung der Bedingungen der *Möglichkeit* der Erkenntnis sind hier tatsächlich in einem positiven Sinne mit denen des späten Wittgenstein und seiner Nachfolger zu vergleichen. Aber gerade eine »transzendentale Hermeneutik« hat hier m.E. keinen Anlaß, sich für *ihre* Methode auf Wittgenstein zu berufen; vielmehr kann sie umgekehrt mit Hilfe des »hermeneutischen Zirkels« klar machen, wie es möglich ist, ein normativ relevantes Vorverständnis durch das Aufschließen normativ relevanter Phänomene – wie z. B. des »Verstehens« in allen vorwissenschaftlichen und wissenschaftlichen Bereichen – ebensowohl zu bewähren wie zu korrigieren. Eben dies sollte am Beispiel der Wissenschaftsgeschichte verdeutlicht werden. *Zu 2*: An dieser Stelle ist es freilich erforderlich, auf Gadamers Berufung auf Heidegger einzugehen, auf die These nämlich, daß das »Verstehen« überhaupt »nicht eine der Verhaltensweisen des Subjekts, sondern die Seinsweise des Daseins selber ist«. Es ist leicht ersichtlich, daß dieser Grundgedanke der Heideggerschen Philosophie im wesentlichen identisch ist mit der von uns bereits exponierten »Vorstruktur« des Verstehens, von der gesagt wurde, daß sie dem Schrumpfungsprozeß der Erkenntnistheorie Kantischer Provenienz zur »Wissenschaftslogik« bzw. »Methodologie« erfolgreich entgegengewirkt hat. Ich möchte diese Charakteristik hier zunächst noch einmal unterstreichen: Gerade angesichts der gegenwärtig bestehenden Tendenz, Heidegger totzuschweigen und aus außerphilosophischen Gründen sich auf Husserls Phänomenologie der »Lebenswelt« zu beziehen, wenn im Grunde Heideggers radikalere »Daseinsanalyse« gemeint ist, muß m. E. festgestellt werden, daß die Möglichkeit, menschliche Grundstrukturen (wie z. B. Leibgebundenheit, Arbeit, Sprache) in ihrer quasitranszendentalen Funktion zu reflektieren – eine Sehweise, die über die philosophische Anthropologie bis tief in den Neomarxismus[54] (z. B. in die quasitranszendentalphilosophische Interpretation der »Arbeit« beim jungen Marx) hineinge-

54 Die Neoorthodoxie, die gegenwärtig mit dem Neomarxismus »abrechnet«, hat dies ohnehin längst bemerkt; und es ist von ihrem Standpunkt aus nur konsequent, wenn sie mit dem Heideggerianismus zugleich auch die quasi-transzendentalphilosophischen Aspekte des Neomarxismus als »bürgerlich« entlarvt; andererseits scheint mir die Wiederherstellung eines dogmatischen Objektivismus, der sich selbst durch die Tabuisierung der Frage nach den Bedingungen der Möglichkeit und Gültigkeit (!) gegen Kritik immunisiert, kein philosophisches Interesse zu verdienen. – Zur Kritik der objektivistisch-dogmatischen Tendenz schon bei Marx selbst vgl. D. Böhler, *Metakritik der Marxschen Ideologiekritik*, Frankfurt 1971.

wirkt hat –, im wesentlichen durch Heidegger ermöglicht wurde. Es war die für *Sein und Zeit* charakteristische, heuristisch-suggestive Denkfigur der Reflexion auf das »apriorische Perfekt« des »je schon Sich-vorweg-Seins« des Daseins als befindlich-verstehendes In-der-Welt-Sein, die einen neuen Stil transzendentaler Reflexion auf die Bahn gebracht hat; und diese Sehweise erlaubte es nicht mehr, das von Husserl gestellte Problem der transzendentalen »Konstitution« als ein Problem subjektiver »Leistungen« eines »reinen Bewußtseins« zu explizieren[55]. Es ist in der Tat transzendentalphänomenologisch falsch, von der »Konstitution« als einem subjektiven Akt zu sprechen: die Phänomene *konstituieren sich* bzw. *haben sich für uns immer schon konstituiert.* Wir haben in unseren subjektiven Akten immer schon auf die konstituierte Welt – die »Lichtung« des »Da« – zu antworten. Diese Grundsituation des »Sich-vorweg-Seins« – in die sich die quasitranszendentalen Faktoren der »Vorstruktur« des Verstehens, wie z. B. das Sprachapriori, eintragen lassen – ist in der Tat »nichthinterhergehbar«[56]. Ist sie deshalb auch nicht *rekonstruierbar* als etwas, an das wir verantwortlich anzuknüpfen haben? – Besagt das »immer schon« des *apriorischen Perfekts* nicht auch, daß hier Bedingungen der Möglichkeit des Verstehens vorliegen, die als Bedingungen der *Geltung* des Verstehens selbst noch zu rechtfertigen sind, so daß sie als Grundmomente der »Endlichkeit« bzw. »Geworfenheit« des Daseins nicht nur einem »Seins-Geschehen« bzw. »Seins-Geschick« zugerechnet werden können?

Zu 3: Schon in dem Ausdruck »*Sich*-vorweg-Sein« zeigt sich m.E., daß Heidegger in *Sein und Zeit* die Beziehung zu einer Transzendentalphilosophie der »Subjektivität« im Sinne Kants noch nicht völlig abgebrochen hatte. Daher konnte er in *Kant und das Problem der Metaphysik* den »Entwurf-Charakter des *sich* und alles Seiende transzendierenden »Verstehens« noch mit der »Spontaneität« der »transzendentalen Einbildungskraft« im Sinne Kants zusammenbringen. Auch die »Interpretation« des »Sich-vorweg-Seins« als »Sorge« im Sinne der Bezogenheit auf ein »Worumwillen« des In-der-Welt-Seins, vor allem die Rede vom immer schon »Schuldig-

55 Allenfalls kann man hier in Diltheys These, daß hinter das Leben nicht zurückgegangen werden könne, eine Vorwegnahme der Pointe Heideggers sehen.

56 Ich halte daher auch an der 1963 (s. oben Anm. 22) exponierten These über die »Nichthintergehbarkeit der Umgangssprache« fest, sehe darin allerdings – wie schon damals – keinen Gegensatz zur Möglichkeit der Sprach-*Rekonstruktion*, sondern deren *Bedingung der Möglichkeit.* – Vgl. hierzu Bd. II, S. 422 ff.

sein« des Daseins bezeugt, daß es damals nicht abwegig sein konnte, die »Vorstruktur« des Verstehens zumindest *auch* als ein Problem der noch zu übernehmenden oder aber zu verwerfenden Identität des Menschen mit sich selbst zu verstehen. Darin konnte man aber durchaus das – auch mit wissenschaftlichen Mitteln aufzulösende – Problem einer zugleich *empirischen und normativen Rekonstruktion* der in der »Vorstruktur« involvierten Bedingungen der Möglichkeit und Gültigkeit des Welt- und Selbstverständnisses erblicken. Und warum sollte in diesem Programm nicht die hermeneutisch-ideologiekritische Rekonstruktion der Gattungs-*Geschichte* ebenso impliziert sein wie die neuerdings (wieder) in den Vordergrund tretende Rekonstruktion generativer Regel-Mechanismen angeborenen, instinkthaften Verhaltens[57]?

Heidegger hat indessen keine Beziehung der von ihm entdeckten »Vorstruktur« des Verstehens zu einer vorbewußten Subjektivität hergestellt[58]; er hat vielmehr aus dem apriorischen Faktum der »Erschlossenheit des Daseins« die Konsequenz einer »Kehre« von der noch quasi-transzendentalphilosophischen Daseins-Analyse zu einem, keiner *normativ-methodologischen* Bindung mehr unterliegenden, Denken aus der Zugehörigkeit zur Seinsgeschichte gezogen. Interpretiert man schon die »Erschlossenheit des Da-seins« in *Sein und Zeit* als ein anonymes Geschehen der »Lichtung«, das mit einem hinsichtlich seiner begrifflichen Geltung zu reflektierenden »Sichvorwegsein« des »vorontologischen Seinsverständnisses« nichts zu tun hat, so kann man die »Kehre« als konsequente Entfaltung eines von vornherein nicht im Sinne Kants transzendentalphilosophischen Ansatzes verstehen. Ihre phänomenologische Plausibilität gewinnt die »Kehre« allerdings weit mehr durch die nach *Sein und Zeit* in den Vordergrund tretende Orientierung Heideggers an den Phänomenen der *Sinn-Eröffnung* im »Kunstwerk«. Von diesen Phänomenen kann mit einem gewissen Recht gesagt werden, daß sie das subjektiver Verfügbarkeit Entzogene der »Vorstruktur« des

57 Ich denke hier ebenso an die ethologischen Forschungen wie an diejenigen der Piaget-Schule über angeborene kognitive »Vorstrukturen« wie schließlich insbesondere an die Rekonstruktion des Humboldtschen Vernunft-Instinkts der Sprache im Sinne der »generativen Grammatik«.

58 Es ist – nebenbei bemerkt – recht interessant, daß nicht nur die Kantische, sondern mehr noch die, von Schelling wiederaufgenommene, Leibnizsche Metaphysik der (unbewußten) Subjektivität bzw. Spontaneität bei der gegenwärtigen Rekonstruktion »generativer Mechanismen« als heuristischer Leitfaden dient.

Daseins, das Phänomen der »Lichtung« als solches, repräsentieren. Somit hätte Heidegger im Zusammenhang mit der »Kehre« gewissermaßen nur die in der »Vorstruktur« des Verstehens enthaltene Problematik der *Welt-Sinn-Konstitution* entfaltet, die Problematik der von uns zu verantwortenden Sinn-*Geltung* jedoch als solche einer subjektiven Transzendentalphilosophie der zu verwindenden »Metaphysik« zugerechnet. Dies würde in der Tat der Ausnahmestellung Hölderlins in der von Heidegger entworfenen Seinsgeschichte entsprechen. Die Auszeichnung der Sinn-Konstitution hätte ihr Korrelat in Hölderlins Auszeichnung des Dichterischen gegenüber den Leistungen der Subjektivität gemäß dem – auf Fichtes Freiheitsmoralismus reagierenden – Vers: »Voll Verdienst, doch dichterisch wohnet der Mensch.« Man braucht m.E. die phänomenologische Relevanz dieser Akzentuierung des unverfügbaren und gleichwohl Welt-Geschichte mitbegründenden »Sinn-Ereignisses« in allen traditionell als »schöpferisch« (in der modernen Wissenschaft als »kreativ«) bezeichneten Prozessen[59] keineswegs zu leugnen oder zu unterschätzen, um gleichwohl die Einseitigkeit und Bedenklichkeit einer Philosophie zu empfinden, die schließlich ihre eigene Legitimation aus dem »Kairos« des sich ereignenden Seins-Geschicks herleiten möchte. Und wenn diese Philosophie die auf die Autonomie des denkenden, wollenden und handelnden Subjekts gegründete Metaphysik der Neuzeit (ebenso wie zuvor schon die durch Aristoteles begründete Ontologie der »Vorhandenheit«) glaubt überwinden oder »verwinden« zu können, so ist demgegenüber zumindest der Verdacht erlaubt, daß hier die »Selbst-Ständigkeit«, die der Mensch durch »Aufklärung« im Zeichen der Vernunft-Autonomie gewonnen hat, zugunsten einer neuen »Entfremdung« (so J. P. Sartre über den späten Heidegger) in einer neuartigen Schicksalsgläubigkeit verspielt werden könnte[60].

Man kann jedoch die innere Notwendigkeit der Heideggerschen »Kehre« bzw. – in unserem Problemzusammenhang – der Trennung der Sinn-*Konstitutions*-Problematik des Verstehens als eines Wahrheits-Geschehens von der Sinn-*Geltungs*-Problematik mit guten Gründen bezweifeln. Neues Licht auf diesen Problemzusammen-

59 Daher in jüngster Zeit die Heidegger-Rezeption der »New Philosophy of Science« aus der Perspektive des »context of discovery«; vgl. oben Anm. 35.

60 An dieser Stelle kann – und zwar aus *philosophischen* Gründen – auch die merkwürdige Gleichzeitigkeit der Heideggerschen Wendung zum Seinsgeschick als Sinn-Ereignis *und* als Sinn-Legitimation mit dem politischen Irrtum von 1933 nicht unberücksichtigt bleiben.

hang hat die bedeutende Untersuchung von E. Tugendhat über den »Wahrheitsbegriff bei Husserl und Heidegger« geworfen[61]. Sie hat gezeigt, daß Heidegger die ursprünglich von E. Husserl übernommene Definition der Aussagen-Wahrheit (nach dem Schema: Eine Aussage ist wahr, wenn sie Seiendes *so* aufzeigt oder »entdeckt«, »wie es an ihm selbst ist«) nur dadurch im Sinne seines Begriffs der »Erschlossenheit« des Da-seins bzw. der »Lichtung« des Seins erweitern konnte, daß er sie stillschweigend durch die einfachere Bestimmung ersetzte: eine Aussage ist wahr, wenn sie »entdeckt«. Aus dieser Rekonstruktion wird deutlich, daß Heidegger seine große Entdeckung der »Sinn-Eröffnung«, die aller Aussagen-»Richtigkeit« in der Tat im Sinne der hermeneutischen Erschlossenheit des Daseins bzw. einzelner »Bedeutsamkeits«-Horizonte vorausgehen muß, von vornherein falsch eingeschätzt hat, als er sie mit »Wahrheit« im Sinne der ursprünglich – nämlich als »Unverborgenheit« – verstandenen »Aletheia« gleichsetzte[62]. Er übersah, daß Sinn-Eröffnung, die immer zugleich Sinnverbergung ist, sich von der Aussagen-Wahrheit, die sie unter Umständen ermöglicht, dadurch wesentlich unterscheidet, daß nur die letztere, nicht aber die erstere, im aufgezeigten und ausgesagten Ansichsein des Seienden ihr »Maß« hat. Nur im Falle der Aussagen-Wahrheit besteht eine »Differenz« zwischen subjektiver und objektiver Instanz, die es möglich macht, das von uns Behauptete an der Sache *auszuweisen* bzw. zu *rechtfertigen*; im Falle der »Lichtung«, die als »Entbergung« von Sinn zugleich »Verbergung« möglichen Sinns impliziert, fehlt diese *Subjekt-Objekt-Differenz* und damit die Möglichkeit der unmittelbaren *Rechtfertigung*, obwohl der »Spielraum« möglicher Aussagen-Wahrheit und Falschheit durch sie »immer schon« eröffnet ist. So kann die Wahrheit, wenn sie mit der Sinn-»Lichtung« gleichgesetzt wird, als Sache des nicht mehr zu verantwortenden »Geschicks« erscheinen.

Nach dieser, durch Tugendhat erreichten Klärung liegt es nahe, die Bedeutung der Heideggerschen Philosophie vor dem Hintergrund

61 E. Tugendhat, *Der Wahrheitsbegriff bei Husserl und Heidegger*, Berlin 1967. Vgl. dazu die Rezensionen von O. Pöggeler in: Philos. Jb. 76 (1969), S. 376–85, und von G. Brand in: *Philos. Rdsch.*, 17. Jg. (1970), S. 77–94.

62 Heidegger hat diese Analyse inzwischen durch eine Selbstkritik bestätigt: »Die Frage nach der Aletheia, nach der Unverborgenheit als solcher, ist noch nicht die Frage nach der Wahrheit. Darum war es nicht sachgemäß und demzufolge irreführend, die Aletheia im Sinne der Lichtung Wahrheit zu nennen.« (*Zur Sache des Denkens*, Tübingen 1969, S. 76 f.)

der Gegenwartsphilosophie erneut und prinzipiell zu bedenken: In unserem Problemzusammenhang einer möglichen – wissenschaftsbezogenen – Transformation der Philosophie lassen sich m.E. die folgenden Konsequenzen aus der skizzierten Klärung ziehen:

1. Heideggers Entdeckung, welche die von Husserl aufgeworfene phänomenologische *Konstitutions-Problematik* wesentlich vertiefte bzw. erweiterte, lag nicht in einem neuen Wahrheitsbegriff, sondern in der Freilegung einer »Vorstruktur« der Wahrheitsproblematik, die im wesentlichen identisch ist mit der von uns im vorigen skizzierten Vorstruktur des »Verstehens« als der »Erschlossenheit des Daseins«, die – um mit Gadamer zu reden – »allem verstehenden Verhalten der Subjektivität ... schon vorausliegt«. Insofern waren alle die recht beraten, welche die Fruchtbarkeit des Heideggerschen Ansatzes in der Richtung einer *hermeneutischen Phänomenologie* oder *philosophischen* Radikalisierung der Hermeneutik[63] glaubten entfalten zu sollen. Auch konnte man eine Illustration der Heideggerschen Problematik der Sinn-Lichtung in der Frage nach dem Wahrheits-Bezug der sprachbedingten »Weltansichten« im Sinne W. v. Humboldts und der »inhaltsbezogenen Sprachwissenschaft«, und wiederum in der Erneuerung der sinnkonstitutiven Potenz der Sprache in der Dichtung, erblicken[64].

2. Da jedoch die von Heidegger entdeckte, allen subjektiven Erkenntnis-Operationen zuvorkommende »Erschlossenheit des Daseins« nicht schon selbst *Wahrheit* ist, wohl aber mögliche Wahrheit und Unwahrheit im Sinne eines Spielraums präjudiziert, liegt kein Grund vor, Heidegger in seiner »Kehre« zu folgen und die *Konstitutions*-Problematik von der *Rechtfertigungs*-Problematik im Sinne Kants völlig loszureißen. M.a.W.: Die Transzendentalphilosophie im Sinne Kants dürfte kaum durch eine Philosophie des Seinsgeschicks zu überwinden sein, sondern eher im Sinne einer »transzendentalen Hermeneutik«[65] zu erweitern bzw. zu vertiefen sein. Damit dürfte auch die von Gadamer für möglich und nötig ge-

63 Vgl. Bd. I, S. 275 ff.

64 Vgl. die im 1. Teil des I. Bandes abgedruckten Arbeiten, die freilich der Heideggerschen Verwechslung bzw. Vermengung der Problematik der *Sinn-Eröffnung* mit derjenigen der *Wahrheit* weitgehend verfallen sind. – Es ist übrigens bezeichnend, daß auch W. von Humboldt die durch die einzelnen Sprachen geleistete bzw. durch sie repräsentierte Sinn-Lichtung, welche einen Spielraum der Aussagen-Wahrheit eröffnet, selbst schon als »Entdeckung« von Wahrheit interpretiert. Vgl. Bd. I, S. 106 ff.

65 Vgl. Bd. II, S. 178 ff. und S. 330 ff.

haltene Trennung der im Sinne der phänomenologischen *Konstitutions*-Problematik akzentuierten Frage nach den Bedingungen der *Möglichkeit* des Verstehens von der im Sinne der Kantischen *Geltungs*-Problematik akzentuierten Frage nach der methodologisch relevanten *Rechtfertigung* der Resultate des Sinn-Verstehens kaum zu empfehlen sein. Die – auch von Heidegger selbst als voreilig erkannte – Rede vom »Wahrheits-Geschehen« ist jedenfalls zurückzunehmen zugunsten der phänomenologisch treffenderen und transzendentalphilosophisch fruchtbareren Rede vom »Sich-vorweg-Sein« des Verstehens in der »Erschlossenheit des Daseins«.

3. Die vom späten Heidegger akzentuierte Dimension der geschichtlichen Sinn-»Ereignisse«, welche die »öffentliche Ausgelegtheit« des Daseins als »Vorstruktur« unseres Welt- und Selbstverständnisses immer schon geprägt haben, ist damit freilich noch nicht eigens berücksichtigt. Hier – d. h. in der »Historizität« der hermeneutischen Vorstruktur des Verstehens – dürfte die eigentliche Herausforderung der Entdeckungen Heideggers an die zu transformierende Transzendentalphilosophie liegen[66]. Dem entspricht auch die neuerdings entdeckte Aktualität gerade des späten Heidegger für die mit dem »context of discovery« verbundene Problematik der Wissenschaftsgeschichte[67].

Versuchen wir, die soeben angedeuteten Konsequenzen eines kritisch revidierten Heidegger-Verständnisses auf die von Gadamer exponierte Frage »Wie ist Verstehen möglich?« anzuwenden. Diese Frage, sofern sie mit Gadamer »an das Ganze der menschlichen Welterfahrung und Lebenspraxis« zu stellen ist, scheint mir in der Tat die Grundfrage einer »transzendentalen Hermeneutik«, u.d.h.: einer die »Vorstruktur« des Verstehens für alle wissenschaftlichen und vorwissenschaftlichen Erkenntnisformen reflektierenden *Transzendentalphilosophie* zu sein. Damit ist aber auch schon gesagt, daß die Frage nach der Möglichkeit des Verstehens nicht expliziert werden kann, ohne zugleich die methodologisch relevante Frage nach der *Gültigkeit* des Verstehens mit aufzuwerfen. Auf Gadamers Problematik angewandt, besagt dies: Es kann a priori nicht genügen, die Frage nach der *Möglichkeit des Verstehens* dadurch beantworten zu wollen, daß man die Struktur eines Seinsgeschehens (der Horizontverschmelzung oder der Vermittlung der

66 Vgl. hierzu auch die Rezension Tugendhats durch O. Pöggeler, a.a.O.
67 Vgl. die Arbeit von Kisiel, a.a.O.

Gegenwart mit der Vergangenheit) aufzeigt, die im Mißverstehen ebenso wie im adäquaten Verstehen als Geschehens-Struktur realisiert werden muß. Vielmehr muß ein Kriterium dafür angegeben werden, wie sich das adäquate Verstehen vom Mißverstehen unterscheidet, um die Frage nach der Möglichkeit des *Verstehens* zu beantworten. Daraus folgt, daß im Hinblick auf die – von Gadamer betonte – *Geschichtlichkeit* des Verstehensprozesses ein *Kriterium möglichen Fortschritts* im Verstehen sich muß angeben lassen. Diese Forderungen im Sinne einer *normativ-methodologisch* relevanten philosophischen Hermeneutik sind offenbar unabhängig davon zu erfüllen, ob die *Grenzen* der Möglichkeit des Verstehens weit oder eng bzw. in welcher Form sie aufgezeigt werden; denn eine Beantwortung der Möglichkeitsfrage ohne Angabe der angedeuteten Kriterien wäre überhaupt nicht mehr als *transzendental-hermeneutische* Einsicht von einer *empirisch-analytischen* »Erklärung« der Möglichkeit eines Ereignisses zu unterscheiden; eine solche »Erklärung« kann aber – wie früher schon gezeigt – allenfalls für das Mißlingen[68] des Verstehens die *zureichenden* Bedingungen angeben, für das gelungene Verstehen dagegen nur die *notwendigen* Bedingungen im Sinne der naturgesetzlichen Bedingungen.

Schon diese Explikation des Sinnes der Frage nach den Bedingungen der Möglichkeit des Verstehens ist m.E. geeignet, die innere Schwie-

68 Auch im Falle des Mißlingens können hermeneutisch verstehbare Gründe (z. B. »Vorurteile«) als Bedingungen anzugeben sein; sie müssen freilich, im Hinblick auf das Mißlingen der Verstehensleistung, partiell wie eine (nicht bewußte, zwanghafte) *Ursache* gewirkt haben, sonst – nämlich als voll durchschaute *Gründe* – hätten sie das adäquate Verstehen nicht *verhindern* können. Daher hat Ideologie-Kritik stets zugleich die wissenschaftstheoretische Struktur des tiefenhermeneutischen Verstehens *und* der *quasi-naturalistischen Kausalerklärung*. Gleichwohl ist diese Quasi-Erklärung von der Erklärung der notwendigen, naturgesetzlichen Bedingungen im Falle des gelungenen Verstehens zu unterscheiden. Im letzteren Fall ist *alles* Verstehbare auch zu rechtfertigen; was noch zu »erklären« ist, kann also mit verstehbaren Gründen nichts zu tun haben; es kann sich nur noch um die naturgesetzlich funktionierenden *conditiones sine qua non* aller kognitiven Akte handeln. – Aus diesen Distinktionen folgt u. a., daß man den *Fortschritt* der Wissenschaft niemals *zureichend* aus Ursachen und Gesetzen »erklären« kann (das können nur *szientistische Marxisten*, für die alle Ideologiekritik am Verhältnis von Basis und Überbau nichts ändert und gleichwohl das »Reich der Freiheit« erreicht wird). Der Grund, warum dieses entscheidende Argument der normativ orientierten Hermeneutik auf Szientisten keinen Eindruck zu machen pflegt, scheint mir darin zu liegen, daß Szientisten die triviale Tatsache, daß man die »Realisierung« jeder Handlung, sofern sie an Naturbedingungen geknüpft ist, kausal (oder statistisch) erklären kann, schon als positive Antwort auf die Frage interpretieren, ob man *Handlungen als Handlungen* kausal (oder statistisch) erklären kann. – Vgl. hierzu jetzt vor allem G. H. v. Wright, *Explanation and Understanding*, a.a.O.

rigkeit der Position Gadamers zu verdeutlichen: Entweder sind nämlich die Antworten Gadamers auf die von ihm gestellte Frage tatsächlich normativ-methodologisch irrelevant; dann bezeichnet die Rede von *Seinsgeschehen* oder *Wahrheitsgeschehen* eine »naturalistic fallacy«, und es liegt überhaupt keine Antwort auf eine transzendentale Frage vor. Oder die Feststellungen Gadamers über das, was »immer geschieht«, wenn *verstanden* wird, setzen stillschweigend voraus, daß es sich um die Voraussetzungen des *adäquaten* Verstehens handelt; dann aber sind sie zumindest unvollständig. Dem Text von *Wahrheit und Methode* ist in dieser Frage kaum eine *eindeutige* Antwort zu entnehmen: Wenn Gadamer dem Hegelschen Verstehens-Begriff der reflexiven »Selbstdurchdringung des Geistes« eine prinzipielle Überlegenheit gegenüber dem Schleiermacher-Dilthey-Konzept des identischen Nachvollzugs von Erlebnissen zugesteht, dann scheint er damit implizit auch ein methodologisch relevantes Fortschrittskonzept der Hermeneutik zu bejahen[69]; wenn er andererseits das Prinzip, *»einen Autor besser zu verstehen, als er sich selbst versteht«*, auf die Feststellung des immer nur *anders Verstehens*[70] reduziert, dann scheint er damit auch Hegels progressive (reflexiv überholende) Selbstvermittlung des Begriffs auf ein nor-

69 So in *Wahrheit und Methode*, S. 161 f.

70 Vgl. *Wahrheit und Methode*, S. 280: »Verstehen ist in Wahrheit kein Besserverstehen, weder im Sinne des sachlichen Besserwissens durch deutlichere Begriffe, noch im Sinne der grundsätzlichen Überlegenheit, die das Bewußte über das Unbewußte der Produktion besitzt. Es genügt zu sagen, daß man *anders* versteht, *wenn man überhaupt versteht.*« – Ich möchte nicht verhehlen, daß es dieser Satz war, an dem mein Widerspruch gegen die Grundkonzeption der »Hermeneutik« Gadamers sich zuerst entzündet hat und an dem er sich mehr und mehr geklärt und befestigt hat. Einerseits nämlich ist leicht zu sehen, daß Gadamer für jeden geschichtlich vorliegenden Fall zeigen kann, daß tatsächlich ein »anders Verstehen« vorliegt und daß ein »besser Verstehen« wegen der Endlichkeit des Daseins niemals endgültig erwiesen werden kann. Andererseits folgt daraus keineswegs, daß es in einer »philosophischen Hermeneutik« *genügt* zu sagen, daß man anders versteht, wenn man überhaupt versteht. Genau hier zeigt sich der Verlust der normativ-transzendentalen Problematik Kants. Soll nämlich die Voraussetzung, *daß man überhaupt versteht,* sinnvoll aufrechterhalten werden, dann muß auch das *Postulat* aufrechterhalten werden, daß man nur dann – und insofern! – überhaupt versteht, wenn man – bzw. insofern man – besser versteht. Von hier aus wird man dann auf die beiden traditionellen, von Gadamer verworfenen Kriterien bzw. Bedingungen der Möglichkeit des Besserverstehens, die m. E. enger zusammenhängen, als bei Gadamer zugestanden wird, in einem durchaus positiven Sinn zurückgreifen können. – Es sei nur am Rande erwähnt, daß auch diese Problematik in der gegenwärtigen Diskussion um die Rationalitätskriterien in der Wissenschaftsgeschichte eine zwar einseitige, aber nichtsdestoweniger illustrative Explikation erfährt. Auch hier läßt sich niemals endgültig beweisen, daß eine Theorie eine frühere definitiv aufgehoben hat; gleichwohl muß ein *Postulat* in diesem Sinne aufrechterhalten werden, und man hat in der Tat sehr gute Gründe für die Behauptung, daß

mativ neutrales Geschehen der Vermittlung vermöge der »Produktivität der Zeit« zu reduzieren.

Gadamer würde hierauf vermutlich antworten, daß die Hermeneutik in dem Augenblick, wo sie Hegels quasi-endgeschichtlichen Standpunkt des »absoluten Wissens« aufgibt und die unaufhebbare Geschichts-*Zugehörigkeit* jedes *Interpreten* eingesteht, grundsätzlich auch jedem *Interpretandum* (Autor, Text usw.) das Privileg des Sich-besser-Verstehens und überhaupt der »Überlegenheit« gegenüber dem Interpreten durch den heuristischen »Vorgriff der Vollkommenheit« zurückerstatten muß[71]. Diese Konsequenz aus der Einsicht in die Unhaltbarkeit des Hegelschen Standpunktes scheint mir indessen nur die halbe Wahrheit zu enthalten: Gewiß nämlich gehört es zu den konstitutiven Voraussetzungen der Hermeneutik, dem *Interpretandum* – aus welcher Zeit es auch immer uns anspricht – die Wahrheit zuzutrauen, u.d.h. von der *Möglichkeit* auszugehen, von einer überlegenen Instanz sich belehren zu lassen. Wenn aber Gadamer daraus eine »konstitutive Unterlegenheit dessen, der versteht, gegenüber dem, der sagt und zu verstehen gibt«, folgert und diese These durch den Hinweis auf den »unerforschlichen Götterwillen oder die Heilsbotschaft oder die Werke der Klassiker« stützt, so wird hier das *normative* Charakteristikum einer mythologischen, theologischen oder klassisch-humanistischen Hermeneutik *vor* der europäischen Aufklärung wieder zur Geltung gebracht. (Und es ist doch merkwürdig, daß Gadamer schon in *Wahrheit und Methode* die quasi-wertneutrale Charakteristik der immer vorliegenden Formalstruktur des Verstehens als Traditions-Vermittlung nur nach der konservativen Seite, z. B. der »Rehabilitierung der Autorität«, normativ transzendiert!) Soll die Hermeneutik das Erbe der Aufklärung kritisch bewahren, so muß sie m.E. neben der Unterstellung der *virtuellen Überlegenheit des Interpretandum* auch die Einsicht Hegels in den prinzipiellen Anspruch der *reflexiven Selbstdurchdringung des Geistes* im Verstehen bewahren und daraus einen prinzipellen *Beurteilungsprimat des Interpreten* herleiten: Wenn dieser nicht *sich* das Recht auf kritische Beurteilung des zu Verstehenden und insofern *sich* die Wahrheit zutraut, hat er

z. B. Newtons Theoriebildung durch Einstein »aufgehoben«, und insofern besser verstanden, wurde. (Gleichwohl vertritt hier z. B. Th. Kuhn – wenn auch unter Skrupeln – eine Position, die derjenigen Gadamers nahekommt.)

71 Vgl. z. B. H. G. Gadamer, »Replik«, in: *Hermeneutik und Ideologiekritik*, Frankfurt 1971, S. 301 f.

sich noch nicht auf den Standpunkt einer *philosophischen* Hermeneutik gestellt, sondern beharrt auf dem einer Hermeneutik im Dienst eines dogmatischen Glaubens[72].

Mancher könnte nun vielleicht meinen, in dem soeben postulierten »sowohl als auch« müsse a priori ein Widerspruch stecken. In der Tat scheint es ja die kaum zu erschütternde Überzeugung der szientistischen Marxisten wie auch der »kritischen Rationalisten« zu sein, die »seinsfromme« *Hermeneutik* müsse, wegen ihrer theologischen bzw. bürgerlich-humanistisch-romantischen Herkunft, eine konservative Dogmatik implizieren und infolgedessen ein gebrochenes Verhältnis zur *kritischen* Reflexion unterhalten. Darauf ist zu antworten: Hermeneutik kann in der Tat nicht von der gegenwärtig wieder so beliebten Voraussetzung ausgehen, man könne umstandslos zur »objektiven Analyse« oder zur »Kritik« der gesellschaftlichen Verhältnisse schreiten und brauche dabei keinen Gedanken daran zu verschwenden, daß man selbst, sofern man überhaupt über kritische Gesichtspunkte verfügt, zur Gesellschaft und ihrer Geschichte in einem Verhältnis der intersubjektiven Kommunikation und der Traditionsaneignung steht. Darüber hinaus kann man es in einer »offenen Gesellschaft« zu den nützlichen, weil heuristisch oft unentbehrlichen »deformations professionelles« der historisch-hermeneutischen Experten rechnen, wenn diese eher geneigt sind, die Vorurteile der Vergangenheit der Gegenwart gegenüber zur Geltung zu bringen als umgekehrt. Damit ist aber keineswegs die Möglichkeit einer vom *regulativen Prinzip* des *Erkenntnisfortschritts* geleiteten philosophischen Hermeneutik bestritten. Eine solche »normative« Hermeneutik wird vielmehr, wie ich zeigen möchte, von der transzendentalphilosophischen Idee des Verstehens gefordert: sie ist in der angemessenen Antwort auf die Frage nach der *Möglichkeit* des *Verstehens* impliziert.

72 Es versteht sich, daß mein Begriff einer »philosophischen Hermeneutik« hier nichts mit jenem Begriff wertneutral-objektiver Methode des Verstehens zu tun hat, gegen den Gadamer (a.a.O. S. 162, 186 f. u. ö.) mit Recht die Unvermeidlichkeit dogmatischer Voraussetzungen ausspielt. Allein diese Unterscheidung und Konfrontation ist m. E. nicht die wesentliche: Wie Gadamers Berufung auf Hegel zeigt, muß ja das Eingeständnis eigener Voraussetzungen gerade nicht zum Prinzip der einseitigen Unterstellung der »Überlegenheit« des *Interpretandums* führen. Der Glaube an die eigene Vernunft ist nicht einfach ein dogmatischer Glaube unter anderen; er kann nicht auf einen Topos der Geschichtszugehörigkeit unter anderen reduziert werden, wenn das auch vielleicht in der Konsequenz Heideggers liegt. – Vgl. hierzu auch meine Auseinandersetzung mit Karl Poppers Rede von einem »irrationalen Akt des Glaubens« an die Vernunft, in Bd. II, S. 326.

Die Einsicht des Deutschen Idealismus nämlich, daß Verstehen *Selbstdurchdringung des Geistes, Selbsterkenntnis auch im Anderen* ist, braucht m. E. keineswegs aufgegeben zu werden, wenn man der Endlichkeit und Geschichtlichkeit des Interpreten und der *möglichen* Überlegenheit des *Interpretandum* Rechnung tragen will; und sie kann nicht etwa zugunsten einer rein »temporalen« Vorstellung der im Verstehen liegenden »Vermittlung« im Sinne eines »Wahrheits«- oder auch nur »Sinn«-*Geschehens* aufgegeben werden, wenn das Moment der transzendentalen *Geltungs-Reflexion* in allem Verstehen gerettet werden soll. Insofern scheint mir Heideggers Ansatz die Begrifflichkeit des Deutschen Idealismus, die es zum ersten Mal möglich gemacht hat, kommunikative Erfahrung und damit »geisteswissenschaftliche« Erkenntnis philosophisch zu begreifen[73], nicht überwunden zu haben. Sofern aber Heidegger – und in seinem Sinn Gadamer – die Endlichkeit und Geschichts-Zugehörigkeit des Verstehens gegenüber Hegel mit Recht zur Geltung gebracht haben, insofern muß Hegels Begriff der substanziellen Selbstdurchdringung des Geistes auf ein *regulatives Prinzip* im Sinne Kants reduziert werden, das mit dem hermeneutischen »Vorgriff« der virtuellen Überlegenheit des *Interpretandums* vereinbar ist. Daß eine solche Lösung möglich, ja unausweichlich ist, möchte ich an dem zentralen Topos der Hermeneutik-Tradition[74] verdeutlichen, demzufolge es gilt, *einen Autor besser zu verstehen, als er sich selbst versteht.*

M. E. läßt sich dieser Topos als normativ relevantes Prinzip im Sinne der postulierten Reduktion des Hegelschen Verstehens-Begriffs interpretieren. Er besagt dann, *daß jedes Verstehen, sofern es überhaupt gelingt, den Autor des zu verstehenden Sinns besser versteht als dieser sich selbst versteht;* dies folgt aus dem reflexiv über-

73 Und heute geht es m. E. darum, gegenüber einer Wissenschaftstheorie, die bloß externe Systematisierungen von Daten (»Beschreibung« bzw. »Erklärung« mit Hilfe von Regeln, die von außen an den Gegenstand herangetragen werden und nur durch Beobachtung getestet werden können) als methodisch relevante Erkenntnis-Operationen anerkennt, die Einsicht des Deutschen Idealismus in das *Sich-wissen des Geistes im Anderssein* als Bedingung der Möglichkeit von so etwas wie *Sinn-Verstehen* festzuhalten und darüber hinaus wissenschaftstheoretisch-methodologisch zur Geltung zu bringen. Dies wird – so hoffe ich – in dem Moment gelingen, wo die Selbstreflexion der analytischen Wissenschaftstheorie zu der Einsicht kommt, daß sie selbst als *Sprach-* bzw. *Sinn-*Analyse keineswegs im Sinne ihrer *Methodologie* verfährt, sondern *interne* Sinn-Relationen reflexiv-hermeneutisch erfaßt. Vgl. hierzu Bd. II, S. 28 ff. – Vgl. jetzt auch G. H. v. Wright, *Explanation and Understanding*, a.a.O.

74 Ich sehe hier absichtlich von der verschlungenen Geschichte des Topos ab; vgl. dazu auch H. G. Gadamer, *Wahrheit und Methode*, a.a.O., S. 180 ff.

holenden Charakter des Verstehens, wobei das Selbstverständnis ebenso wie seine reflexive Überholung als Sich-in-der-Welt-Verstehen immer das Verstehen der *Sachen*, um die es geht, einschließt. Da man jedoch niemals davon ausgehen kann, daß man einen Autor hinreichend verstanden hat, so folgt aus dem obigen Postulat keineswegs, daß man ihm nicht zutrauen kann bzw. sollte, daß er sich besser versteht, als man ihn versteht; vielmehr bleibt diese *Voraussetzung der Überlegenheit des Autors* solange erhalten, als man überhaupt vor der *Aufgabe des Verstehens* steht. Zugleich damit aber bleibt die Forderung bestehen, ihn besser zu verstehen, als er sich selbst versteht. Ich möchte annehmen, daß dieses Postulat sogar in dem Grenzfall des Verstehens mathematischer Theorien anwendbar ist. Sofern nämlich auch dieses Verstehen als historisches Verstehen zur Geistesgeschichte überhaupt gehört, wird auch hier nicht lediglich der mathematische Gedanke identisch nachvollzogen, sondern – sofern er verstanden wird – auch schon in einen umfassenderen Zusammenhang der Mathematik einbezogen. Unter diesem Gesichtspunkt könnte man vielleicht sagen, daß die euklidische Geometrie von den vielen Mathematikern, die sie bloß reproduzierten, im Grunde überhaupt nicht voll verstanden wurde, während sie von denen, die sie später relativierten, im ganzen besser verstanden wurde als von Euklid. Einstein hat in diesem Sinne einmal pointiert geäußert, daß er in der Physik immer nur das verstanden habe, was er habe verbessern können. In dem Maße, in dem der zu verstehende Sinn nicht in logisch-mathematischen Strukturen sich explizieren läßt, dürfte es freilich schwieriger zu entscheiden sein, ob und *inwiefern* ein Sinngebilde (etwa ein Kunstwerk, ein Gesetz oder eine Institution) von den Interpreten verstanden u. d. h. besser verstanden wurde als von seinen Urhebern. Homers Epen z. B. und Platons Dialoge werden in ihrer einzigartigen Sinn-Komplexion immer ein Geheimnis für sich behalten und uns insofern als *Interpretandum* noch »bevorstehen« – um mit Heidegger zu reden. Das hindert aber m. E. nicht, daß in vielen *Hinsichten* die moderne Geisteswissenschaft und Philosophie Homer bzw. Platon besser verstehen kann, als diese sich selbst als Kinder ihrer Zeit verstehen konnten – z. B. durch Rekonstruktion ihrer sozial-historischen Situation im ganzen der Sozialgeschichte der euro-asiatischen Hochkulturen, oder durch Rekonstruktion von Argumenten im Lichte der Logik-Geschichte. Und nur in solchen Hinsichten, in denen zugleich Überholung möglich ist, kann eben von Verstehen überhaupt die Rede sein.

Von Gadamer her gesehen, scheint diesem Postulat vor allem der Hinweis auf den »Zeitenabstand« entgegenzustehen: Dieser Abstand läßt, wie früher schon zugestanden, die Forderung einer »Identifizierung mit dem Autor« im Sinne des Nachvollzugs von Erkenntnisakten im psychologischen Sinn als utopisch erscheinen und scheint daher erst recht die Vorstellung einer Überholung seines Selbstverständnisses zur Illusion herabzusetzen. Mir scheint jedoch, daß gerade aus der von Gadamer eingeleiteten Überwindung der psychologistischen Theorie Schleiermachers und Diltheys folgt, daß die Idee des überholenden Verstehens unausweichlich ist. Dabei setze ich allerdings voraus, daß die Idee der *Identifizierung* nicht in jedem Sinn entbehrlich ist. Identifizierung muß vielmehr im Sinne Hegels als Vermittlung der raum-zeitlich getrennten intentionalen Akte im »Gedanken« gedacht werden[75]. Ein Substitution dieser idealistischen Begrifflichkeit durch temporale Geschehens-Begriffe kann hier jedenfalls unser Selbstverständnis nicht fördern; denn ohne die Vermittlung durch das Identische des Gedankens läßt sich überhaupt keine Überbrückung des raum-zeitlichen Abstandes zwischen Menschen im Sinne der Verständigung denken; und die sprachliche Vermittlung kann selbst nur als Medium der Identifikation im Gedanken begriffen werden. Dabei scheint mir allerdings der »dialektische« Umstand, daß in der Synthese des Verstehens qua zeitlicher Vermittlung immer zugleich *Identität und Andersheit* vorausgesetzt wird, nicht allein vom Gedanken her begründbar zu sein: Der »Gedanke« fällt nicht allein von sich aus in die Zeit, sondern durch seine vom menschlichen Selbstverständnis nicht zu hintergehende Vermittlung mit der Natur als dem anderen seiner selbst. So jedenfalls muß das dialektische Sprachspiel Hegels m. E. korrigiert werden, wenn es

75 Dieser Hegelsche Ansatz führt bei Collingwood zu der extremen These, daß der Historiker es nur mit den »Gedanken« der Menschen zu tun habe. Das früher schon erörterte Beispiel der Wissenschaftsgeschichte als »interner Rekonstruktion« zeigt m. E., inwiefern Collingwood recht und zugleich Unrecht hat; denn der Historiker hat es eben immer zugleich mit der hermeneutischen Rekonstruktion einer »internen« Geschichte der verstehbaren Sinn-Intentionen *und* mit der »Beschreibung« und »Erklärung« der »externen« Geschichte bloßer Raum-Zeit-Ereignisse zu tun; und beide Momente lassen sich in der Praxis der politischen Historie verständlicherweise noch viel weniger leicht unterscheiden als in der Wissenschaftsgeschichte. Dennoch besteht das Postulat der Unterscheidung m. E. zu Recht; es entspringt dem Postulat einer Geschichtsdialektik, welche Idealismus und Materialismus vermittelt.

phänomenologisch und als Sprachspiel konsistent sein soll. Es fällt dann die m. E. nicht dialektische, sondern idealistisch-metaphysische Notwendigkeit fort, mit Hegel – und d. h. in diesem Fall: mit der neuplatonischen Theologie – den Gehalt einer dialektisch systematisierten Phänomenologie durch den »Entschluß« der Idee, ins Anderssein zu treten, mythologisch zu erschleichen. Eine dialektisch systematisierte Phänomenologie kann und sollte auch dialektisch beginnen, u. d. h.: im Punkt der Vermittlung der für uns »gleichursprünglichen« Momente von Geist und Materie. Damit würde sie der von Heidegger entdeckten »Vorstruktur des Verstehens« entsprechen. Jene »Produktivität des Zeitenabstandes«, die nach Gadamer letztlich das immer nur »anders Verstehen« bedingt, scheint mir dann durch das *materialistische* Moment der weder vom Autor noch vom Interpreten durchschauten Interessen-Motivation aller menschlichen Akte konkretisierbar zu sein. – Insofern kommt es m. E. in der philosophischen Hermeneutik nicht etwa darauf an, zu Hegels idealistischer Dialektik zurückzukehren, sondern darauf, für das Verständnis der Geschichte überhaupt eine Dialektik diesseits von metaphysischem *Idealismus* und *Materialismus* ins Auge zu fassen.[76]

5. Der dialektische Ansatz der Transzendentalphilosophie und die Vermittlung von Hermeneutik durch Ideologiekritik

An dieser Stelle setzt nun freilich der Widerstand Gadamers noch entschiedener ein als gegenüber der vermeintlichen Rückkehr zum idealistischen Sprachspiel, und er richtet sich in beiden Fällen gegen die Vermessenheit eines übersteigerten Aufklärungs- und Emanzipationsanspruchs.[77] Und in der Tat besteht der Anspruch einer radikalen Dialektik, welche Ideelles und Materielles schon im Ansatz vermittelt, in einer Vertiefung des schon in der Hermeneutik angelegten Anspruchs der reflexiven Überholung vermöge einer Vermittlung von Hermeneutik durch Ideologiekritik.[78] Der hier zur Diskussion stehende Zusammenhang liegt in der dialektischen Denkfigur einer Vermittlung des hermeneutischen Verstehens durch eine *quasi-*

76 Für einen sehr vorläufigen und unzureichenden Versuch in dieser Richtung vgl. Bd. II, S. 9 ff.; ferner S. 220 ff.

77 H. G. Gadamer, »Replik«, a.a.O., S. 294 ff. und 302 f.

78 Vgl. hierzu Bd. II, S. 96 ff. und S. 220 ff.

erklärende Methode, welche überall da legitimerweise ansetzen kann, wo menschliches Dasein sich selbst nicht als bewußt intendiertes und verantwortetes »Handeln«, sondern als zwanghaft verursachtes »Verhalten« darbietet. Selbstverständlich ist in der Lebenspraxis, die der »condition humaine« genügt, immer *intern Verstehbares* und *extern Erklärbares* verflochten; aber der pathologische Grenzfall der Neurose, mit dem es die Psychoanalyse zu tun hat, zeigt doch, daß beides so scharf auseinandertreten kann, daß eine entsprechende methodische Differenzierung des kognitiven Zugangs unumgänglich wird. Für die Philosophie ergeben sich nun an dieser Stelle zwei Probleme: erstens die Frage, wie das methodische Verfahren der Psychoanalyse wissenschaftstheoretisch zu deuten ist, und zweitens die Frage, ob bzw. inwiefern aus der Möglichkeit des psychoanalytischen Verfahrens Konsequenzen für das Selbstverständnis der Menschen überhaupt im Sinne einer ideologiekritischen Gesellschaftswissenschaft zu ziehen sind.

Es ist hier nicht der Ort, diese Fragen, die in den letzten Jahren erneut als Problem entdeckt wurden, in extenso zu behandeln.[79] Im Hinblick auf die hier leitende Frage einer möglichen Transformation der Philosophie und im Hinblick auf Gadamers Verteidigung des *Universalitätsanspruchs der Hermeneutik* sei nur das folgende angedeutet: Das Erkenntnis-Verfahren der Psychoanalyse ist Jahrzehnte hindurch sowohl als solches naturwissenschaftlicher Erklärung (etwa im Sinne einer womöglich auf Physiologie reduzierbaren Psycho-Energetik) wie andererseits als solches einer die Grenzen der historisch-philologischen Interpretationsmethode überschreitenden »Tiefenhermeneutik« reklamiert worden; andererseits hat aber sowohl die rein szientistisch orientierte »Wissenschafts-Logik« wie auch die im emphatischen Sinn hermeneutische Philosophie ihr Unbehagen an der Psychoanalyse geäußert. Die Wissenschaftslogik stieß sich an der Schwierigkeit, die psychoanalytischen »Erklärungs-Hypothesen« unabhängig vom individuellen Fall zu überprüfen; die Hermeneutik andererseits empfand schon das Hinterfragen der normalen Verständigungssituation durch den Analysator und den entlarvenden Charakter der biographisch bezogenen Erklärungshypothesen

79 Vgl. Bd. II, S. 56 ff. u. S. 123 ff. Vgl. zur jüngsten Problementwicklung J. Habermas, *Erkenntnis und Interesse*, S. 262 ff.; A. Lorenzer, *Sprachzerstörung und Rekonstruktion*, Frankfurt 1971; P. Ricoeur, *Die Interpretation*, Frankfurt, 1969. – Vgl. auch K.-O. Apel, »Communication and the Foundations of the Humanities«, a.a.O.

als Störung der interpersonalen Kommunikation.[80] Schon diese Umstände deuten darauf hin, daß man schwerlich die These vertreten kann, durch die Psychoanalyse werde der *methodische* Anspruch der *Hermeneutik* nicht überschritten. Andererseits folgt daraus nicht, daß das Erkenntnisverfahren der Psychoanalyse bzw. ihrer ideologiekritischen Extrapolation mit einem transzendentalhermeneutischen Grundansatz der Philosophie unvereinbar sein müsse:

Die dialektische Denkfigur der *Vermittlung* und provokativen Vertiefung des menschlichen Selbstverständnisses – und damit virtuell auch der interpersonalen Verständigung – *auf dem Umweg* über eine tiefenhermeneutisch umsetzbare *Quasi-Erklärung* des zwanghaften Verhaltens aus verdrängten (»exkommunizierten«) Sinn-Motiven bietet nun in dieser Problemsituation zunächst einmal eine neuartige *wissenschaftstheoretische* Lösung an; diese unterscheidet sich in charakteristischer Weise sowohl vom Popper-Hempel-Oppenheim-Modell szientifischer »Erklärung« wie andererseits von jenem Paradigma der Hermeneutik, in dem die *Symmetrie* der interpersonalen Gesprächssituation prinzipiell *vorausgesetzt* ist:

1. Die Unterscheidung vom szientifischen *Erklärungs*-Modell liegt hauptsächlich darin, daß die »Quasi-Erklärung« nicht in der Unterstellung einer von *universalen Gesetzen* definitiv geregelten Natur ihre transzendentale Rahmen-Voraussetzung hat, sondern eher in der Unterstellung einer noch im Werden befindlichen *Quasi-Natur* des Menschen (bzw. der Gesellschaft), die im Rahmen der menschlichen Gattungsgeschichte in den individuellen Lebensgeschichten ihren verschiedenartigen, teils adäquaten, teils pathologisch verzerrten Ausdruck findet. Die Quasi-Erklärung zielt daher von vornherein nicht auf ein theoretisches Verfügungswissen, aus dem sich sozialtechnologisch relevante Prognosen herleiten lassen, die strikt unabhängig vom individuellen Fall überprüfbar wären; vielmehr bezieht sie ihre Kraft einer *narrativen Quasi-Erklärung* aus einer *Quasi-Theorie* der individuellen *Lebensgeschichte* (im Rahmen der selbst individuellen *Gattungsgeschichte*); deren Praxisbezug liegt nicht primär in der sozialtechnologischen Prognosenbildung, sondern vielmehr in der *Emanzipation* des Individuums bzw. der Gesellschaft von solchen Zwängen der Quasi-Natur, die einer vernunftgeleite-

80 So insbesondere Karl Jaspers in seiner *Allgemeinen Psychopathologie* (4. Aufl. Berlin-Heidelberg 1946) – H. G. Gadamer spricht davon, daß die »Einmischung psychoanalytischer Kompetenz einen Störungsfaktor im sozialen Umgang bedeutet« (»Replik«, a.a.O., S. 294).

ten Entfaltung der menschlichen Gattungsnatur im Wege stehen. Daher liegt die eigentliche »Verifikation« der narrativen Quasi-Erklärung nicht in Beobachtungsdaten, die in strikt wiederholbaren Experimenten produziert und von strikt austauschbaren Beobachtern getestet werden könnten bzw. sollten, sondern – im Sinne des dialektischen Vermittlungsmodells – in der Wiederherstellung der intra- und interpersonalen Verständigung (und Interaktion) in der (geschichtlichen) Lebens-Situation – und zwar auf einer Ebene der *Kommunikation*, die zumindest auf Seiten des durch eine Psychoanalyse und Therapie hindurchgegangenen Patienten durch eine Reintegration zuvor *exkommunizierter* (»verdrängter«) Sinnmotive ein höheres Niveau erreicht hat. – Daß ein solches Modell von einer Wissenschafts-Logik, die a priori auf strikt kontrollierbares, objektives Verfügungswissen (im Rahmen einer – eingestandenen oder uneingestandenen – transzendentalen Voraussetzung universaler, geschichtsneutraler Naturgesetze) festgelegt ist, kaum akzeptiert wird, kann m. E. nicht überraschen.

2. Das skizzierte Modell muß aber, aus leicht verständlichen Gründen, auch beim reinen Hermeneutiker Anstoß erregen; zumal dann, wenn dieser die Tendenz hat, die idealiter in der Verständigungssituation implizierte *Symmetrie*-Voraussetzung im Falle der Traditions-Vermittlung zugunsten der »Überlegenheit« des *Interpretandums* zu suspendieren. Zu einer Suspendierung der Symmetrie-Voraussetzung ist nämlich auch derjenige – der Psychoanalytiker oder der Ideologiekritiker – gezwungen, der im Sinne unseres Modells die Verständigung mit dem Andern, wenn schon im Hinblick auf eine Verbesserung dieser Verständigung, durch eine Methode narrativer Quasi-Erklärung vermittelt. In diesem Fall wird aber die Symmetrie-Voraussetzung der interpersonalen Kommunikation entschieden zugunsten des *Interpreten*, u. d. h. auf Kosten der kommunikativen Kompetenz des partiell zum Objekt der Quasi-Erklärung herabgesetzten Patienten, suspendiert. In einer derartigen wissenschaftlichen Vergegenständlichung des Kommunikationspartners liegt – aus hermeneutischer Perspektive gesehen – zweifellos zunächst einmal ein Skandalon.

Dies gilt – existential-hermeneutisch gesehen – bereits für den Fall, wo die skizzierte Prozedur im Rahmen einer medizinischen Institution stattfindet, die (eben deshalb?) von alters her durch Tabus und Sanktionen von der Gesellschaft abgegrenzt ist. Das Skandalon wird aber erst dann voll sichtbar, wenn der Versuch unternommen wird, das Modell der Psychoanalyse bzw. der Psychotherapie im Sinne einer ideologiekritischen Gesellschaftswissenschaft zu extrapolieren. Jetzt nämlich muß die skizzierte Prozedur der partiellen Suspendierung der Kommunikation darauf hinauslaufen, daß Einzelne oder ein Teil der Gesellschaft für sich die Rolle des Analysators bzw. des Therapeuten in Anspruch nehmen. Dabei fehlt ihnen nicht nur das Einverständnis der Gesellschaft, das den Arzt oder Psychotherapeuten normalerweise legitimiert: das offizielle Einverständnis der Gesellschaft muß von den Ideologiekritikern sogar als »falsches Bewußtsein« denunziert werden, das der landesüblichen Verständigung mit Argumenten den Boden entzieht und ihre – zumindest partielle und zeitweilige – Suspendierung zur Folge haben muß. Ein Teil der Gesellschaft verweigert also dem anderen (dem herrschenden und ideologisch maßgebenden Teil) das Gespräch – auch das Streitgespräch – auf der Ebene unmittelbar sachbezogener Argumentation und bestreitet zumindest partiell seine kommunikative – und insofern auch seine politisch-sachliche – Kompetenz. Sofern *Philosophie* auch im Zeitalter von »science« und »technology« das Wissen um die Subjekt-Objekt-Dialektik im Bereich der Geisteswissenschaften und kritisch-emanzipatorischen Sozialwissenschaften wachzuhalten hat, kann es wahrlich nicht ihre Sache sein, das angedeutete Skandalon zu trivialisieren.[81]

Gleichwohl läßt sich m. E. zeigen, daß die angedeutete dialektische Vermittlung der unmittelbaren Verständigung durch ihre zeitweilige und partielle Suspendierung zugunsten der Ideologiekritik nicht nur unvermeidlich, sondern auch im Sinne eines *transzendentalhermeneutischen* Ansatzes der Philosophie legitim sein kann. Insbesondere kann sie zeigen, daß die in der Ideologiekritik implizierte partielle und zeitweilige Ersetzung der unmittelbaren Kommunikation durch quasi-naturalistische Vergegenständlichung und Erklärung des menschlichen Verhaltens bzw. der menschlichen Lebensgeschichte

81 Insofern weist Gadamer (a.a.O., S. 295) mit Recht darauf hin, daß eine »hermeneutische Kritik an tiefenpsychologischer Legitimität« möglich ist und daß es sich im Falle der psychoanalytischen und der hermeneutischen Reflexion um zwei verschiedene »Sprachspiele« handelt, die nicht »verwirrt« werden sollten. Freilich enthält diese Bemerkung auch das Zugeständnis, daß das Sprachspiel der Psychoanalyse nicht auf das der Hermeneutik reduziert werden kann und *insofern* zumindest der Universalitätsanspruch der Hermeneutik nicht zurecht besteht. Andererseits ist darauf hinzuweisen, daß in der von mir erörterten dialektischen Denkfigur einer *Vermittlung* des Verstehens durch Quasi-Erklärung doch wohl eine Alternative zur bloßen *Verwirrung* zweier Sprachspiele liegt.

gerade vom hermeneutischen Standpunkt aus einen Fortschritt bedeutet gegenüber zwei Alternativen: 1. gegenüber der von alters her üblichen »Fortsetzung der Politik mit anderen Mitteln« (Clausewitz), d. h. gegenüber dem Umschlag der unmittelbaren Kommunikation und Interaktion in die kriegerische Auseinandersetzung; und 2. gegenüber der sozusagen stillschweigenden Manipulation eines Teils der Gesellschaft durch den anderen aufgrund einer szientistisch-technokratischen Unterbindung der praktisch-politisch relevanten Kommunikation.

Daß die Vermittlung der Verständigung – auch der schon im Sinne der humanistischen Philologie hermeneutisch erweiterten und verbesserten Verständigung – durch *Ideologiekritik* einen Fortschritt im Sinne der transzendentalen *Hermeneutik* bedeuten kann, ist freilich nur unter einer *Voraussetzung* einsehbar. Es muß unterstellt werden, daß überhaupt von der Geschichte legitimerweise ein *Fortschritt* in der zwischenmenschlichen Verständigung und im Selbstverständnis der Menschen erwartet werden kann und erwartet werden soll. Wenn man von der Geschichte letzten Endes nur die Wiederholung dessen erwartet, »was immer geschieht«, wenn verstanden wird – wenn man, um es deutlicher zu sagen, bereits in dem in der antiken »Polis« vorausgesetzten »Einverständnis« unter Staatsbürgern das Paradigma möglicher Verständigung erblickt – im Sinne eines immer wiederherzustellenden »Gleichgewichts« in einem quasikosmischen »Spiel« –, dann muß man freilich im Anspruch der Ideologiekritik, wie zuvor schon im Anspruch eines reflexiv überholenden Verstehens, eine »Hybris« sehen, die mit der »condition humaine« nicht zu vereinbaren ist.[82] Wie aber läßt sich zeigen, daß wir mit Recht von der Geschichte einen Fortschritt in der Verständigung erwarten können, wenn wir bereit sind, unter Umständen die gesellschaftlichen Ursachen der Verständigungshindernisse einer quasi-naturalistischen Erklärung im Sinne der Ideologiekritik zu unterziehen?

Viele werden in der soeben postulierten Voraussetzung eines geschichtlichen Fortschritts in der menschlichen Verständigung mit Karl Löwith einen bloßen Glauben sehen, der letztlich »nichts als« eine »Säkularisation« des Christentums darstellt[83]. Dem könnte ich

82 Vgl. Gadamer, »Replik«, a.a.O., S. 312.

83 Vgl. K. Löwith, *Weltgeschichte und Heilsgeschehen*, Stuttgart, 4. Aufl. 1961. Dazu J. Habermas, »Karl Löwiths stoischer Rückzug vom historischen Bewußtsein«, in: J. Habermas, *Philosophisch-politische Profile*, Frankfurt 1971, S. 116 ff.

einmal – wie schon zuvor Hans Albert[84] – entgegenhalten, daß *Säkularisation* nicht ohne weiteres eine Kategorie ideologiekritischer Entlarvung, sondern eher eine Kategorie der hermeneutischen Rettung des »Vorscheins« (E. Bloch) von Wahrheit ist. Auf der Linie solcher »Hochinterpretation« jüdisch-christlichen Geschichtsverständnisses könnte dann Hegels Konzeption des »Fortschritts im Bewußtsein der Freiheit« und K. Poppers Idee des Fortschritts von der geschlossenen Gesellschaft der antiken Polis zur offenen Gesellschaft der modernen Demokratie gegen eine an Platon und Aristoteles orientierte Vorstellung des Menschen möglichen »Einverständnisses« ausspielen.

(In der Tat »glaube« ich, daß die von Hegel interpretierte Tradition christlichen Geschichtsverständnisses, ebenso wie die nur scheinbar ihr entgegengesetzte liberale Tradition des Popperschen Geschichtsverständnisses, der von Gadamer und anderen in unseren Tagen rehabilitierten Aristotelischen Idee der *praktischen Vernunft* in einem wesentlichen Punkt überlegen ist: Sie hat die innere Grenze einer Idee des menschlichen *Einverständnisses* erkannt und überschritten, die an der institutionellen Ordnung und Tradition des *Stammes* oder der *Polis* orientiert ist und die Funktion der Verständigung – auch sofern sie durch kunstgemäße *Interpretation* vermittelt wird – nur »in einer dem Absinken und Verfallen von Wissen entgegengestellten Leistung«[85] erblicken kann. – Nicht als ob diese, vom Humanismus tradierte, konservative Idee der Hermeneutik keinerlei Berechtigung hätte. Aber sie hat diese Berechtigung m. E. nur, wenn sie als bewahrendes Moment innerhalb der Idee einer allererst herzustellenden unbegrenzten »Interpretationsgemeinschaft«, u.d.h. innerhalb der Konzeption des unbegrenzten Fortschritts menschlicher Verständigung, ihr ideologiekritisch begrenztes Recht sich zuweist. Die – von Ch. S. Peirce und J. Royce ausgearbeitete – Idee der unbegrenzten »Interpretationsgemeinschaft«[86] hat jedoch selbst ihre Wurzeln nachweisbar in zwei antiken Motiven, die zur platonisch-aristotelischen Idee des Einverständnisses in der Polis in einem dialektischen Spannungsverhältnis stehen: erstens in der sokratischen Idee des Dialogs[87], die, als Konkretisie-

84 Vgl. oben Anm. 37.

85 Vgl. Gadamer, »Replik«, a.a.O., S. 299.

86 Vgl. Bd. II, S. 157 ff.; S. 178 ff. u. ö.

87 Daß diese Idee bei Platon in einen prinzipiellen Konflikt mit der Idee der politischen Restauration der »Polis« gerät, scheint mir K. Popper richtig gesehen zu haben.

rung des philosophischen *Logos* überhaupt, die Idee der klassischen Polis a priori transzendiert[88]; und zweitens in der christlichen Vorstellung der *Gemeinde* als der real-idealen Gemeinschaft der zur Vereinigung mit Gott Berufenen, die nach Augustinus als »civitas dei« ihren Gang durch die Geschichte zu nehmen hat).

Doch scheint mir auch unabhängig von der historisch-hermeneutischen Interpretation der Säkularisation christlichen Geschichtsverständnisses die reale Möglichkeit und vor allem die transzendental-logische und ethische Notwendigkeit des geschichtlichen Fortschritts in der Verständigung einsehbar: sie kann m. E. aus der trans zendentalhermeneutischen »Vorstruktur« des Verstehens auf dem Wege eines Postulats »transzendentaler Sinnkritik« hergeleitet werden. Ich komme damit zur *Grundfigur* jener *Transformation* der Philosophie, die – wie ich glaube – in den folgenden Studien schließlich als eine Art Resultat erreicht worden ist[89].

Es handelt sich um die hermeneutische »Vorstruktur« einer Transzendentalphilosophie, die nicht, wie der transzendentale Idealismus Kants, von der Hypostasierung eines »Subjekts« oder »Bewußtseins überhaupt« als des metaphysischen Garanten der intersubjektiven Geltung von Erkenntnis ausgeht, sondern von der Voraussetzung, daß wir – da »einer allein und nur einmal« nicht einer Regel folgen kann (Wittgenstein)[90] – a priori zur intersubjektiven *Ver-*

88 Daß es sich so verhält, ist nicht erst im hellenistischen »Kosmopolitismus«, sondern zuvor schon von Euripides und einigen »Sophisten« bemerkt worden.

89 Vgl. Bd. II, 2. Teil, insbesondere S. 215 ff. und S. 224 ff. und S. 428 ff.

90 Es geht hier nicht darum zu behaupten, eine Person könne von sich aus nicht die Fähigkeit (das »Vermögen«, eventuell die angeborene »Disposition«) mitbringen, bestimmten Regeln zu folgen; es geht um die These, daß die *Sinn-Geltung* der Rede vom *Regelbefolgen* von der Voraussetzung eines »transzendentalen Sprachspiels« abhängig ist. – Vgl. Bd. II, S. 162 ff. und S. 220 ff. – Insofern ist die Rede von »Kompetenzen« freilich niemals *allein* durch den Hinweis auf angeborene Vermögen (etwa im Sinne Chomskys und Lennebergs), sondern notwendigerweise auch durch die Voraussetzung des »transzendentalen Sprachspiels« zu begründen. (Vgl. Bd. II, S. 330 ff.) – Die Transzendentalphilosophie im Sinne Kants scheint heute einer Transformation nach zwei Seiten hin zu unterliegen: Einerseits unterliegt sie einer *erkenntnisanthropologischen* Transformation; diese kann wiederum einerseits rein philosophisch im Sinne einer Transformation der Philosophie in »Proto-Wissenschaft« (H. Dingler – P. Lorenzen) verstanden werden; das »methodische Apriori« der Erkenntnis, auf das sich philosophische Protowissenschaft stützt, kann aber heutzutage offenbar auch zum Gegenstand einzelwissenschaftlicher »Theorien« über angeborene Vermögen des Menschen gemacht werden, die einerseits normativ richtige *Regel-Rekonstruktionen* leisten müssen, andererseits als anthropologische *Erklärungen* zu einer Relativierung des »methodischen Apriorismus« der philosophischen Protowissenschaft führen können. Erst in solchen »Theorien« scheint sich die *erkenntnisanthropologische* Transformation der Transzendentalphilosophie zu voll-

ständigung verdammt sind, wenn auch nur jeder einzelne sich in der Welt verstehen und aufgrund dieses »Vorverständnisses« zu gültigen Erkenntnissen über die Dinge und über die Gesellschaft kommen soll. In dieser Einsicht, die eine *Konsens*-Theorie der sprachlichen *Sinn-Verständigung* und der möglichen *Wahrheit* impliziert, liegt m.E. die Überwindung des »methodischen Solipsismus«, der mindestens von Ockham und Descartes bis Husserl und B. Russell die philosophische Erkenntnistheorie irregeführt hat[91]. Es kann einer nicht über etwas *als* etwas, oder über *sich* als Person, die durch die Ich-Deixis identifiziert werden kann, zu einem kognitiven Bewußtsein gelangen, ohne mit der »intentionalen Leistung« zugleich schon an einem interpersonalen, sprachlichen Verständigungsprozeß beteiligt zu sein. »Evidenz« für mich kann daher nur im Rahmen des interpersonalen Konsensus als »Wahrheit« *gelten.* Insofern geht die hermeneutisch transformierte Transzendentalphilosophie vom Apriori einer *realen Kommunikationsgemeinschaft* aus, die für uns praktisch mit der *menschlichen Gattung* oder Gesellschaft identisch ist[92].

Wenn aber jeder einzelne die Notwendigkeit einer Verständigung in der realen Kommunikationsgemeinschaft mit »Evidenz« soll *einsehen* können – und diese Forderung kann Philosophie nicht aufgeben –, dann muß offenbar vorausgesetzt werden, daß er in gewisser Weise in seiner denkenden Selbstverständigung den Standpunkt einer *idealen Kommunikationsgemeinschaft*, der in der realen Kommunikationsgemeinschaft immer noch erst herzustellen ist, muß antizipieren können: In gewisser Weise muß jeder »mündige« Mensch, jeder, der im Sozialisierungsprozeß mit der Spracherlernung zugleich die »kommunikative Kompetenz« erworben hat, schon *in der Wahrheit sein* und sich dieses Umstandes auch durch »transzendentale Reflexion« versichern können[93]. (Darin liegt m.E.

enden. Selbst diese Theorien aber können nur aufgrund des »transzendentalen Sprachspiels« der unbegrenzten Kommunikationsgemeinschaft in Geltung gesetzt werden. Insofern erfolgt die eigentliche, radikale Transformation der Transzendentalphilosophie, die selbst noch durch das *erkenntnisanthropologische Apriori der Reflexion* möglich gemacht wird, in der *semiotisch-hermeneutischen* Richtung des *Aprioris der Kommunikationsgemeinschaft.*

91 Vgl. Bd. II, S. 220 ff. u. ö.

92 Ch. S. Peirce geht in seiner *semiotischen* Transformation der Transzendentalphilosophie (vgl. Bd. II, S. 156 ff.) davon aus, daß etwaige Bewohner anderer Sterne, die mit uns in Zeichen-Kommunikation treten können, automatisch zu jener »indefinite Community« gehören, die das Subjekt des Wahrheits-Consensus »in the long run« darstellt.

93 Vgl. Bd. II, S. 311 ff.

die »aufgehobene« Wahrheit jener Tradition christlich-neuplatonischer »Logosmystik«[94], die noch Kants Lehre vom »transzendentalen« (und »intelligiblen«) Ich, vor allem aber Hegels Vollendung der transzendentalen Reflexion in der Beanspruchung des *sich wissenden Wissens* getragen hat.) Die transzendentale Selbstvergewisserung der Wahrheit, die für die »großen Denker« der aprioristischen »Subjekt-Philosophie« charakterisisch ist[95], kann aber, unseren Voraussetzungen zufolge, gerade nur soweit a priori gültig sein, als sie zu der Einsicht führt, daß jeder von uns für alle substanziell gehaltvollen Erkenntnisse auf empirische Erfahrung und unbegrenzte Verständigung mit anderen über Sinn und Wahrheitsgeltung der Erfahrung angewiesen ist[96]. Und selbst diese »Einsicht« kann nur insofern als »Wahrheit« *gelten*, als sie von allen Teilnehmern am »theoretischen Diskurs« der Philosophie allen weiteren Erörterungen a priori zugrunde gelegt werden kann und muß. Auch die sog. stillschweigenden »Konventionen«, die unser Welt-Vorverständnis gemäß den Spielregeln der so verschiedenartigen menschlichen Sprachspiele bestimmen, können offenbar *als Konventionen* nur unter der transzendentalhermeneutischen Voraussetzung des Aprioris der unbegrenzten Verständigung bewußt gemacht und verantwortet werden. Im Apriori der Verständigungsgemeinschaft gewinnt demnach die menschliche Gattung als quasi-transzendentales Subjekt der Wahrheit den Sinn-Ereignissen der Seinsgeschichte gegenüber – mögen diese als *Sinn-Ereignisse* noch so *unverfügbar* sein – ihren Selbststand solidarischer Verantwortung zurück, den sie in Heideggers Philosophie zu verlieren scheint.

94 Zur Tradition der »Logosmystik« vgl. K.-O. Apel, *Die Idee der Sprache . . .*, a.a.O., Register.

95 Vgl. hierzu Heidegger und andererseits Peirces Charakteristik der »a priori method« (oben S. 12 f.).

96 Insofern hat Gadamer völlig recht, wenn er das Scheitern des Hegelschen Welt-Systems als das notwendige Scheitern eines Versuchs bestimmt, »im großen Monolog der neuzeitlichen ›Methode‹ das Sinnkontinuum zu umgreifen, dessen je partikulare Realisierung das Gespräch der Sprechenden leistet« (*Wahrheit und Methode*, a.a.O., S. 351). Gadamers Verdikt entspricht freilich selbst noch einer transzendentalhermeneutischen Reflexion auf die Bedingungen der Möglichkeit und Gültigkeit des Verstehens, die von jedem Einzelnen auf der *noologischen Reflexionsstufe* des sich wissenden Wissens muß nachvollzogen werden können. Der – zweifellos auch hier noch bestehende – Spielraum des Anders- oder Besserverstehens ist jedenfalls nicht groß genug, um die Rede von einer geltungsmäßigen Relativität oder Historizität der Einsicht in das Apriori der Verständigungsgemeinschaft zu rechtfertigen. Darin liegt das Recht eines idealistischen Neuhegelianismus, wie er von Th. Litt vertreten wurde.

Damit haben wir m.E. durch *transzendentale Reflexion* auf die *Bedingungen der Möglichkeit und Gültigkeit des Verstehens* so etwas wie einen kartesischen Punkt der *Letztbegründung* von Philosophie erreicht[97]. Wer nämlich überhaupt an der philosophischen Argumentation teilnimmt, der hat die soeben angedeuteten Voraussetzungen bereits implizit als *Apriori der Argumentation* anerkannt, und er kann sie nicht bestreiten, ohne sich zugleich selbst die argumentative Kompetenz streitig zu machen. Insofern möchte ich die These vertreten, daß das Apriori der argumentativen Verständigung (in der unbegrenzten realen Kommunikationsgemeinschaft) eine ausgezeichnete Stellung innerhalb der transzendentalhermeneutischen »Vorstruktur« des Verstehens einnimmt: Alle übrigen – materiellen und existenziellen – Voraussetzungen der realen Verständigung, mag ihre vitale Signifikanz noch so oft gegen alle Spielregeln der Argumentation sich durchsetzen, müssen prinzipiell dem *Apriori der Argumentation* bzw. der *Argumentationsgemeinschaft* untergeordnet werden; denn nur unter der Voraussetzung dieses letzteren können auch alle anderen in ihrer Bedeutung *erkannt* bzw. *diskutiert* werden. Auch wer im Namen des existenziellen Zweifels, der durch Selbstmord sich verifizieren kann, oder im Namen des Konfliktes der Klasseninteressen das Apriori der Verständigungsgemeinschaft zur Illusion erklärt, bestätigt es zugleich dadurch, daß er noch argumentiert; und er bestätigt es übrigens auch dann, wenn er sich im Namen einer unterdrückten und von der Kommunikation praktisch ausgeschlossenen Klasse gegen das in der institutionalisierten Kommunikation vorausgesetzte Einverständnis sperrt und insofern die Argumentation scheinbar verweigert; denn auch in diesem Fall *begründet* er sein Verhalten durch die Solidarisierung mit einer realen Kommunikationsgemeinschaft, die für ihn die Möglichkeit der Realisierung der idealen Kommunikationsgemeinschaft verkörpert[98].

97 Zur Auseinandersetzung mit der These der Popper-Schule über die Unmöglichkeit der »Letztbegründung« vgl. Bd. II, S. 326 ff. und S. 405 ff.

98 Es gibt freilich heute eine marxistische Neo-Orthodoxie, welche eine solche Begründung für überflüssig, genauer: für ein Relikt »bürgerlicher« (Transzendental-)Philosophie hält. »Materialistische Analyse« der gesellschaftlichen Verhältnisse – einschließlich der zum »Überbau« gehörigen Philosophie – erscheint dann nicht mehr als ein ideologiekritisches Vermittlungsmoment auf dem Wege zur »Verwirklichung« der Philosophie, sondern als einzig legitime Methode, die über ihre Bedingungen der Möglichkeit und Gültigkeit nicht mehr Rechenschaft zu geben braucht. Der angestrebte »Sozialismus« erscheint dann nicht mehr als letzte Konsequenz der »Demokratie« bzw. der sie philosophisch

Dennoch ist der zuletzt unterstellte Fall des reflektierten Revolutionärs geeignet, die a priori *dialektische* Struktur unseres Aprioris zu verdeutlichen, aufgrund deren es m.E. möglich ist, die Notwendigkeit der ideologiekritischen Vermittlung der menschlichen Verständigung selbst noch transzendentalhermeneutisch zu begründen. Unser Verständnis der transzendentalen »Vorstruktur« des Verstehens unterscheidet sich in der Tat radikal von jenem *Common sense*-Apriori, demzufolge ein konkretes Einverständnis in einer bereits institutionalisierten sozialen Lebensform mit all seinen unvermeidlichen Deformationen durch Ignoranz, Repression von tabuisierten Sinnmotiven und ideologische Verschleierung von Machtinteressen den prinzipiell unüberschreitbaren Spielraum der praktisch relevanten Verständigung unter Menschen darstellt[99]. Zwar ist es nicht möglich, sich auch nur mit sich selbst zu verständigen, ohne ein faktisch funktionierendes, mit einer Lebensform »verwobenes« Sprachspiel vorauszusetzen; und insofern kann man sich auch aus der geschichtlichen Tradition nicht in kartesischem Stil herausreflektieren[100]. Aber nicht nur kann im Bereich der *Wissenschaft* der universale Zweifel als *virtuell universaler Fallibilitäts-Vorbehalt* in einer *kritischen* Grundhaltung auf Dauer gestellt werden: auch im Bereich der *praktischen Vernunft* kann neben die im engeren Sinn hermeneutische Einsicht in die Notwendigkeit eines geschichtlichen Sprachspielkontinuums der *prinzipielle ideologiekritische Vorbehalt* gegenüber der *realen* Kommunikationsgemeinschaft treten. Dieser

tragenden Idee der menschlichen *Kommunikationsgemeinschaft*, sondern als Herabsetzung der Massen zum Kollektiv-Objekt fürsorglicher Manipulation durch eine Elite, welche die Methoden der objektiven Wissenschaft und Sozialtechnologie materialistisch-dialektisch integriert und die dabei immer noch vorausgesetzte Ziel-Verständigung im Sinne des Großinquisitors monopolisiert und der öffentlichen Kritik praktisch entzieht. – Die Geschichte lehrt, daß ein solcher Weg zum Sozialismus kaum rückgängig zu machen ist: Zur »Verwirklichung« der Philosophie kann er bestenfalls im Sinne Platons und Innozenz' III., nicht aber im Sinn der von Karl Marx 1843 erhobenen Forderung führen. – Hier scheiden sich die Geister.

99 Vgl. hierzu meine Auseinandersetzung mit P. Winchs sozialphilosophischen Konsequenzen aus Wittgensteins Konzeption der Sprachspiele qua Lebensformen: Bd. II, S. 83 ff. und S. 250 ff. Gadamers Konzeption der – quasitranszendentalen – Funktion des »Einverständnisses« scheint mir heute von den Aporien des sozialphilosophischen Wittgensteinianismus weniger weit entfernt zu sein als früher.

100 Insofern ist auch »Vertrauen« – z. B. in die Wahrhaftigkeit menschlicher Rede und Überlieferung – ein transzendental-hermeneutisches Apriori, noch bevor es im Sinne Gehlens als anthropologischer »Entlastungs«-Mechanismus oder mit N. Luhmann als »Mechanismus der Reduktion sozialer Komplexität« entdeckt werden kann. (Vgl. N. Luhmann, *Vertrauen*, Stuttgart 1968.)

Vorbehalt wird – genauso wie der dem hermeneutischen »Vorgriff der Vollkommenheit« polar entgegengesetzte Vorbehalt der sprachanalytischen *Sinnkritik*[101] – zum Postulat der praktischen Vernunft, wenn man das *Paradigma des menschlichen Einverständnisses* nicht mehr in einem traditionell vermittelten, an bestimmte Institutionen und Lebensformen gebundenen Sprachspiel erblickt, sondern im *transzendentalen Sprachspiel* der *idealen Kommunikationsgemeinschaft*, das freilich als reale Möglichkeit in allen konkreten Sprachspielen muß antizipiert werden können. Diese Situation war in der griechischen Aufklärung zusammen mit dem Paradigma philosophischer Argumentation zum ersten Mal gegeben, und sie ist seitdem immer dann gegeben, wenn nicht einfachhin ein pragmatisch zureichendes Einverständnis angestrebt wird, sondern ein »Einverständnis« mit den Mitteln philosophischer Argumentation.[101a]

Wird ein solches Einverständnis gesucht, so wird das vorphilosophische – mit den Mitteln der »Rhetorik« erreichbare, »stamm«- oder »polis«-bezogene – Einverständnis ein für allemal in seiner Zweideutigkeit erkannt; denn es wird jetzt jenes Ineinander von »Überzeugung« und »Überredung«, von Argumenten und erfolgversprechenden Suggestionen, welches die Klugheit (*prudentia*) oder gar Weisheit (*sapientia*) des antiken Rhetors ausmacht, als Reflex des

101 Vgl. Bd. I, 2. Teil. – Es ist übrigens bemerkenswert, daß der Stachel einer sprachanalytischen Sinnkritik am spekulativen Sprachgebrauch in dem Augenblick, wo das Paradigma sinnvollen Sprachgebrauchs nur mehr in den *pragmatisch* bewährten Sprachspielen des Alltags gesucht wird, sich auch gegen die radikale Ideologie- und Gesellschaftskritik richten kann. H. Marcuse hat diese Möglichkeit ganz richtig erkannt, ohne freilich die »progressiven« Möglichkeiten der sprachanalytischen Sinnkritik zu würdigen. (Vgl. H. Marcuse, *Der eindimensionale Mensch*, Neuwied und Berlin 1967, Kap. 7.)

101a Freilich muß auch derjenige, der durch Argumente überzeugen will, von einem Punkt des *Einverständnisses* mit der *realen* Kommunikationsgemeinschaft ausgehen: Es genügt für ihn nicht, von *wahren Prämissen* auszugehen (d. h. von solchen, die in der idealen Kommunikationsgemeinschaft durch Konsens bestätigt *würden*), sondern er muß von *hier und jetzt akzeptierten Prämissen* ausgehen, die er zugleich für wahr halten kann. Insofern ist es praktisch unmöglich, mit Theophrast und Carnap die »Pragmatik« der Argumentation der Rhetorik bzw. der Psychologie zu überlassen und der Philosophie nur die logische (syntaktisch-semantische) Klärung der Wahrheitsfrage vorzubehalten. Vielmehr muß es darum gehen, die *Rhetorik der Überzeugung* von der *Rhetorik* der *bloßen Überredung* zu trennen und die erstere im Rahmen einer transzendentalen Pragmatik der Rede mit der philosophischen Logik der Argumentation zu verknüpfen. Dies scheint mir die philosophisch relevante Pointe der Kritik des rhetorischen Humanismus an der formalen Logik – etwa bei Cicero und G. B. Vico – auszumachen. – Vgl. hierzu Ch. Perelman und L. Olbrecht-Tyteca, *Traité de l'Argumentation*, Bruxelles ²1970; ferner K.-O. Apel, *Die Idee der Sprache in der Tradition des Humanismus von Dante bis Vico*, Bonn 1963.

dialektischen[102] Widerspruchs zwischen der immer schon antizipierten idealen Kommunikationsgemeinschaft und der immer noch – auch im Argumentieren selbst – anzusprechenden realen Kommunikationsgemeinschaft durchschaut. In der Neuzeit verknüpfte sich diese fundamentale Erfahrung philosophischer Aufklärung mit der Erfahrung der »objektiven« Naturwissenschaft, in der – durch szientistische Abstraktion von den menschlichen Interessen – die ideale Kommunikationsgemeinschaft scheinbar mühelos als »Community of Investigators« (Peirce) realisiert werden konnte. Hier lag nun der Kurzschluß nahe, man brauche nur die Gesellschaft ganz einfach zum Objekt szientifisch-technologischer Rationalität zu machen, um die Misere der rhetorisch-humanistisch-ideologischen Pseudoargumentation endgültig überwinden zu können[103]. Wir haben im vorigen bereits die Struktur dieses szientistischen Fehlschlusses zu durchleuchten versucht[104]. Die angemessene Antwort auf diese – auch in der Gegenwart wieder als Refugium der Sachlichkeit in Ost und West auftretende – Empfehlung kann und darf nun aber nicht einfach in der Restauration der praktischen Vernunft im Sinne des rhetorischen Humanismus gesucht werden; die Antwort müßte vielmehr in der *Ergänzung* der szientistisch orientierten Phase der Aufklärung durch eine, am Apriori der Kommunikationsgemeinschaft orientierte, hermeneutisch-dialektische *Aufklärung* liegen, – eine Aufklärung, wie sie bis heute nur in Ansätzen, zwischen der Skylla des szientistisch-technokratischen Fehlschlusses und der Charybdis des vor- oder gegenaufklärerischen Rückfalls in den rhetorischen Humanismus, sich hat zu Gehör bringen können.

Das entscheidende, wenn immer unzureichend entwickelte, Denkmittel, mit dessen Hilfe philosophische Aufklärung dem skizzierten dialektischen Grundwiderspruch zwischen der idealen und realen Kommunikationsgemeinschaft Rechnung tragen kann, ist m.E. die *dialektische Rekonstruktion der Sozial-Geschichte.* In dem Augenblick nämlich, in dem das Paradigma des menschlichen Einverständnisses in der nur im unbegrenzten Annäherungsprozeß zu errei-

102 Vgl. hierzu Bd. II, S. 429 ff.

103 Im Lichte dieser Illusion wäre die von Charles Snow 1959 entfesselte Diskussion des Problems der »two cultures« zu analysieren – einschließlich der jüngsten Beiträge zu dieser Diskussion von K. Steinbuch (*Falsch programmiert,* Stuttgart 1968).

104 Vgl. oben S. 20 f. – In der Gegenwart scheint *de facto* eine nur zu erfolgreiche Kombination von Rhetorik und technokratischer Steuerung als Synthese der »two cultures« sich durchzusetzen.

chenden idealen Kommunikationsgemeinschaft und das fundamentale Hindernis eines umfassenden menschlichen Einverständnisses im Widerspruch zwischen der idealen und der realen Kommunikationsgemeinschaft erkannt wird, – in dem Augenblick muß die Möglichkeit *historischer Objektivation* der realen Kommunikationsgemeinschaft als *dritte Möglichkeit* des menschlichen Erkenntnis-Interesses, gewissermaßen zwischen den idealiter komplementären Erkenntnisinteressen an szientifisch-technologischer Objektivität und interpersonaler Verständigung, ins methodologische Bewußtsein treten[105]. Der *dialektische* Charakter der hier postulierten *historischen Objektivation* der Gesellschaft als der *realen* Kommunikationsgemeinschaft ist darin begründet, daß nur die Geschichte als Dimension der *objektiven Entfaltung* und zugleich der möglichen *Auflösung* des dialektischen Widerspruchs zwischen realer und idealer Kommunikationsgemeinschaft ins Auge gefaßt werden kann; in der Geschichte nämlich fällt der Geist in die Zeit (Hegel), aber nicht allein von sich aus, sondern deshalb, weil er in Gestalt der »Quasi-Natur« der realen Kommunikationsgemeinschaft mit den materiellen Interessen der menschlichen Gattung verflochten ist. Daraus ergibt sich als *methodologisch* relevantes Erkenntnisinteresse das Bedürfnis nach einer Rekonstruktion des gesellschaftlichen Interaktions- und Kommunikationsprozesses, die einerseits eine Verfremdung der primären Verständigungssituation durch *empirische* Objektivation der »Quasi-Natur« in der Zeit, andererseits eine *normativ*-hermeneutische Rekonstruktion der gesellschaftlichen Realisierung der immer schon antizipierten idealen Verständigung zum Ziel haben müßte. Eben dies kann die *Sozialgeschichte* – und nur sie – leisten[106]; und zwar durch dialektische Vermittlung des hermeneutischen Verstehens menschlicher Handlungen und Institutionen durch das quasiszientifische »Erklären« der als Quasi-Natur verdinglichten Aspekte sozialer Interaktion, die der umfassenden Verständigung bisher im Wege standen. Das hier gemeinte Erkenntnis-Verfahren ist ersichtlich von der Fragestellung methodisch reiner Verständigung her sowenig zu verstehen wie vom transzendentalen Apriori der Verfügbarmachung des »Daseins der Dinge, sofern sie einen gesetz-

105 Vgl. Bd. II, S. 120 ff.

106 Insofern ist es ein bedenkliches Zeichen wissenschaftstheoretischer Konfusion, wenn im Namen gesellschaftlicher Relevanz die Ablösung historischer Bildung durch empirisch-sozialkundliche Information gefordert wird.

mäßigen Zusammenhang bilden« (Kant): Es verharrt nicht in der Subjekt-Subjekt-Relation der ursprünglichen Verständigungssituation; aber es darf sich auch nicht im Sinne der totalen naturalistischen Entlarvung menschlicher Sinn-Intentionen mißverstehen[107]; vielmehr muß es die Antizipation der idealen Kommunikationsgemeinschaft in der objektiv-empirischen Rekonstruktion der Sozialgeschichte als transzendentalhermeneutische Bedingung der Möglichkeit und Gültigkeit des eigenen Erkenntnisanspruchs festhalten. Insofern eröffnet das Verfahren der rekonstruktiven Sozialhistorie eine eigene Dimension der *Erfahrung* »zwischen« der szientifischen experimentellen Erfahrung der gesetzmäßigen Wiederholbarkeit der Naturprozesse und der rein hermeneutischen Erfahrung der kommunikativen Intersubjektivität: es handelt sich einerseits um eine reflexive Erfahrung des Bewußtseins mit sich selbst im Sinne der Hegelschen Phänomenologie des Geistes, andererseits aber um die empirische Objektivation solcher Tatbestände der sozialen »Basis«, die im sprachlich objektivierten Geist nicht vollständig und unverzerrt zum Ausdruck gekommen sind und gleichwohl ins Selbst-Bewußtsein der gegenwärtigen Kommunikationsgemeinschaft eingeholt werden sollen.

Es mag aus diesen Andeutungen verständlich geworden sein, inwiefern die – in einem wichtigen Aspekt ihrer Struktur als Extrapolation der Psychoanalyse verstehbare[108] – Methode der *Ideologiekri-*

107 Dem Marxismus in formaler Parallelisierung mit Nietzsche und Freud ein solches Selbstverständnis schlechtweg zu unterstellen (so z. B. H. Kuhn, »Ideologie als hermeneutischer Begriff, in: *Hermeneutik und Dialektik*, hrsg. von R. Bubner u. a., Tübingen 1970), halte ich für abwegig. Damit soll freilich nicht die starke Tendenz zu einem objektivistischen Reduktionismus, der das emanzipatorische Anliegen unverständlich macht, bei Marx selbst und in der marxistischen Orthodoxie und Neo-Orthodoxie geleugnet werden. – Vgl. hierzu D. Böhler, *Metakritik der Marxschen Ideologiekritik*, Frankfurt 1971.

108 Daß eine Rekonstruktion der von K. Marx intendierten Ideologiekritik aus der Perspektive der Psychoanalyse sich vor zusätzliche Probleme gestellt sieht, die sich z. B. daraus ergeben, daß keine subjektiv erfahrene Neurose vorliegt und infolgedessen auch keine Institution im Sinne des Verhältnisses von Patient und Arzt Analyse und Therapie legitimiert, sei gerne zugegeben. Dennoch muß auf der heuristischen Analogie der Fragestellung insistiert werden; denn die Lebensgeschichten neurotischer Patienten und die Entfremdungsgeschichte der menschlichen Gattung können letzten Endes nicht unabhängig voneinander »erklärt« bzw. »tiefenhermeneutisch« verstanden werden. Auch die Problematik der Psychoanalyse kann nicht radikal entfaltet werden, ohne die Kindheit des Patienten als, selbst noch sozialhistorisch bedingte, Wiederholung der Entfremdungsgenese in der menschlichen Gattung zu verstehen; und die ökonomisch bedingten Klassengegensätze in der Gesellschaft können nur dann als kausale »Basis« für die Erklärung »falschen Bewußtseins« in Anspruch genommen werden, wenn sowohl bei der herrschenden Klasse, die ihre Interessen ideologisch verklärt, wie auch bei der unterdrückten

tik als Bedingung der Möglichkeit eines philosophisch relevanten Fortschritts in der menschlichen Verständigung bezeichnet werden konnte – und inwiefern die methodische Vermittlung der Hermeneutik durch Ideologiekritik selbst noch als Postulat einer *transzendentalen Hermeneutik* begriffen werden kann. Die philosophische Begründung dieser These ergibt sich m.E. aus einer systematischen Entfaltung der »internen« *Erkenntnisinteressen,* die in der »Vorstruktur« des Verstehens »immer schon« impliziert sind.

6. *Erkenntnisanthropologische Orientierung der Transzendentalphilosophie: Apriori der Erkenntnisinteressen und Apriori der Geltungsreflexion*

Als *Grundfigur* dieser Systematik zeigt sich, bei Unterstellung einer idealen Kommunikationsgemeinschaft (wie z. B. im Falle der Peirceschen »community of investigators«), die unaufhebbare *Komplementarität*[109] zwischen den transzendentalen Sprachspiel-Horizonten des objektiven, szientifisch-technologischen Verfügungswissens und des dabei notwendig vorausgesetzten intersubjektiven (hermeneutischen) Verständigungswissens. In der Dimension des Praxisbezugs der Erkenntnis entspricht dem u. a. die unaufhebbare Komplementarität zwischen der Voraussetzung instrumentell ausnutzbarer, kausaler oder statistischer Gesetzmäßigkeiten und der Voraussetzung freier, verantwortlicher Handlungsentscheidungen aufgrund

Klasse, solange sie sich im Sinne der herrschenden Ideologie versteht, ein »Verdrängungs«-Prozeß unterstellt wird, der durch »Anamnese« rückgängig gemacht werden kann. Insofern macht es auch keine ernsthaften Schwierigkeiten, die »Entfremdung« und »Verdinglichung« der sozialen Interaktions- und Kommunikationsbeziehungen als Krankheits-»Symptome« zu thematisieren. Schwierigkeiten bereitet offenbar eher der praktische Teil der Analogie: die Frage nach der »Kompetenz« der Sozial-»Therapeuten« und nach dem berechtigten oder nicht berechtigten »Widerstand« auf seiten der Patienten. Hier muß allerdings berücksichtigt werden, daß die Kampf-Situation zwischen den »Klassen«, hinter der noch Hegels »Kampf um die Anerkennung bis zum Tod« zwischen Gleichen verborgen sein dürfte, die sexualtheoretische Grundlage der Freudschen Theorie prinzipiell transzendiert. – Diese Unterschiede lassen jedoch, wie mir scheint, die in unseren Problemzusammenhang zentrale Analogie der *methodologischen* Struktur von »Ideologiekritik« und Psychoanalyse als dialektischer Vermittlung von hermeneutischem *Verstehen* durch quasi-naturalistische *Erklärung* unberührt. – Vgl. zu dieser Problematik die Diskussionsbeiträge von H. J. Giegel und H. G. Gadamer in *Hermeneutik und Ideologiekritik,* Frankfurt 1971, sowie J. Habermas, »Einleitung«, zur Neuauflage von *Theorie und Praxis,* Frankfurt 1971.

109 Vgl. Bd. II, S. 53 f.; S. 111 ff.

»praktischer Syllogismen«, die Zielsetzungen und Mittelinformationen im Situationskontext verknüpfen. (Insofern sind Handlungs-Freiheit und Kausaldetermination der makrophysikalisch objektivierten Umweltprozesse nicht logisch unvereinbar, sondern setzen sich wechselseitig voraus im Sinne *komplementärer* Sprachspiele.) – Diese *ideale Komplementarität* erweist sich jedoch unter dem Reflexions-Gesichtspunkt des dialektischen Widerspruches zwischen idealer und realer Kommunikationsgemeinschaft als Resultat einer Abstraktion. Sie ist solange gültig, wie man von der *geschichtlichen* Dimension der Wirklichkeit als Dimension der Entfremdung und des Fortschritts in der Realisierung der Freiheit absieht. Die geschichtliche Dimension der Wirklichkeit kann freilich in der *Komplementaritäts-Situation* der mit wiederholbaren Naturphänomenen befaßten Erfahrung der Kommunikationsgemeinschaft nicht ohne weiteres zum Bewußtsein kommen; sie eröffnet sich erst als Erfahrungshorizont, wenn eine menschliche Gemeinschaft auf ihre Schicksale zurückblickt und diese (z. B. die genealogische) Selbst-Erfahrung zum Paradigma (des Sprachspiels) der Welterfahrung einsetzt – statt umgekehrt die Erfahrung des eigenen Lebens nach dem Paradigma der zyklischen Naturprozesse zu denken[110]. Man darf heute wohl sagen, daß sich die Erfahrung der Welt als Geschichte erst sehr spät gegen das, im Mythos wie in der klassischen Philosophie der Chinesen, Inder und Griechen vorherrschende, Natur-Paradigma zur Geltung gebracht hat, und noch heute hat sie es schwer, sich z. B. als mögliches Paradigma der Geschichts-Wissenschaft gegen das – im Zeichen der nomothetischen Wissenschaft erneuerte – Paradigma der Natur-Erfahrung durchzusetzen[111].

Unter dem Gesichtspunkt der *geschichtlichen Selbsterfahrung* der Kommunikationsgemeinschaft – ebenso wie unter dem Gesichtspunkt der lebensgeschichtlichen Selbsterfahrung der Person – konstituiert sich nun das *dritte* Erkenntnisinteresse als das einer dialek-

110 Für den Gegensatz der beiden Erfahrungs-Paradigmata vgl. einerseits M. Eliade, *Der Mythos der ewigen Wiederkehr,* Düsseldorf 1953, andererseits A. Borst, *Der Turmbau zu Babel,* 6 Bde., Stuttgart 1958–63.

111 Es ist in diesem Zusammenhang bemerkenswert, daß K. Popper einerseits klar erkennt, daß die historische Selbsterfahrung der Wissenschaft als eines Innovations-Prozesses das Paradigma eines nicht prognostizierbaren Prozesses liefert, daß er aber gleichwohl als Methodologe der Geschichtswissenschaft am szientistischen Einheits-Paradigma nomothetischer Erfahrungswissenschaft glaubt festhalten zu sollen. – Es kann daher auch nicht überraschen, daß viele Historiker sich auf das Paradigma des Erfahrungsbegriffs der empirisch-analytischen Sozialwissenschaft glauben festlegen zu müssen.

tischen Selbstvermittlung der hermeneutischen Verständigung durch eine historische Objektivierung ihrer Quasi-Natur mit dem Ziel einer Emanzipation ihrer selbst. Dies besagt m.E., daß sich der Funktionssinn des *dritten* Erkenntnisinteresses erst unter der systematischen Voraussetzung der *Komplementarität* von Naturerkenntnis und interpersonaler Verständigung explizieren läßt: er liegt einerseits in der Aufhebung aller kausalen Zwänge der inneren Quasi-Natur des Menschen bzw. der Gesellschaft, und er liegt andererseits in der Vertiefung des menschlichen Selbstverständnisses, das immer schon vorausgesetzt ist, um der Entfremdung innewerden zu können[112]. Allerdings eröffnet sich – wie schon angedeutet – unter dem transzendentalen Gesichtspunkt des dritten Erkenntnisinteresses ein Erfahrungshorizont *sui generis*, der es z. B. möglich macht, auch die Natur – zumindest die Evolution der Organismen – als *Vorgeschichte* der menschlichen *Quasi-Natur* zu studieren. Sie wird dann nicht unter dem transzendentalen Rahmen-Gesichtspunkt der Verfügbarmachung gesetzmäßig wiederholbarer Prozesse, sondern eher unter dem Gesichtspunkt einer hermeneutisch und ideologiekritisch relevanten Verfremdung der gegenwärtigen Lebenssituation des Menschen thematisiert: Der eigentliche Sinn der *Ethologie* (z. B. des ethologischen Vergleichs von Mensch und Tier, z. B. des »moral-analogen« Verhaltens der durch Hemmungsinstinkte geleiteten Tiere und des instinktreduzierten Verhaltens der Menschen im Zeitalter der Technologie der Waffensysteme) scheint mir nur unter diesem Gesichtspunkt verständlich zu werden; und auch die Probleme einer zugleich funktionalistischen und evolutionistischen *System*-Theorie der Organismen und eventuell der gesellschaftlichen *Quasi-Systeme* (die als *Systeme* durch hermeneutische Selbst-Explikation und Selbst-Definition vermittelt sind) sind m.E. nicht im Sinne der kausalanalytischen und statistischen Erklärungsmodelle der nomothetischen Naturwissenschaft aufzulösen, sondern erhalten ihre Bedeutung im Rahmen einer Objektivation der Vorgeschichte der menschlichen Quasi-Natur[113].

112 Hier scheint mir eine gewisse »architektonische« Differenz zwischen Habermas' Analyse der Erkenntnisinteressen und der meinigen zu bestehen, die ursprünglich vom Motiv der Vermittlung und Vertiefung des Verstehens durch Quasi-Erklärung ausging. Vgl. Bd. II, S. 56 ff.

113 In diesem Sinne scheint mir die Auseinandersetzung von J. Habermas mit der System-Theorie von N. Luhmann (*Theorie der Gesellschaft oder Sozialtechnologie*, Frankfurt 1971) paradigmatisch zu sein. Ich würde freilich schon die biologische Systemtheorie

Mit den soeben in ihrem systematischen Zusammenhang charakterisierten drei fundamentalen Erkenntnisinteressen sind m.E. die grundlegenden Praxisbezüge menschlicher Erkenntnis genannt; und das besagt zugleich: die charakteristisch unterschiedenen Weisen des leibhaft-praktischen Engagements, durch das der Mensch der Welt eine Bedeutsamkeit abgewinnen kann. Die Husserlsche Problematik der »Sinnkonstitution«, die bei Heidegger auf der Linie der unverfügbaren Sinn-Eröffnung durch »Ereignisse« der Seinsgeschichte radikalisiert wurde, ist damit auf eine erkenntnisanthropologische Erweiterung der Transzendentalphilosophie bezogen. Darin liegt selbstverständlich keine »Reduktion« der unverfügbaren »Sinn-Eröffnung«, wohl aber eine *erkenntnisanthropologische Grundorientierung der transzendentalen Frage* nach den Bedingungen der Möglichkeit der Sinn-*Konstitution* und der Sinn-*Geltung*. Die möglichen Paradigmata bzw. Sprachspiel-Horizonte menschlichen Welt- und Selbstverständnisses müssen sich, unseren Voraussetzungen zufolge, entweder *innerhalb* der von den drei Erkenntnisinteressen eröffneten Sinnhorizonte oder aus ihrer geschichtlichen Konstellation konstituieren[114].

Mit der erkenntnisanthropologischen Grundorientierung der Transzendentalphilosophie wird es m.E. möglich, die *Frage nach der Möglichkeit des Verstehens* (Gadamer) im weiten Sinne der uneinholbaren »Vorstruktur« des Verstehens und doch zugleich in einem *normativ* und *methodologisch* relevanten Sinn zu beantworten: Die vom frühen Heidegger und von Gadamer in »formaler Anzeige«

(Bertalanffy) keineswegs auf das Hempel-Oppenheim-Modell der empirisch-analytischen Erklärung reduzieren wollen und daher zwischen ihr und einer normativ-analytischen Systemtheorie sozialtechnologischer Planung keinen unüberbrückbaren Gegensatz sehen; eher dürften sich beide Betrachtungsweisen wechselseitig voraussetzen. Das Novum der sozialen Quasi-Systeme besteht freilich in ihrer Vermittlung durch soziale Kommunikation und Interaktion; dennoch muß die menschliche Gattung dieses Problem der System-Bildung und System-Stabilisierung – z. B. ihrer ökologischen Selbstbehauptung als planetare Zivilisation – zweifellos lösen, um überleben zu können. Und darin liegt eine notwendige Bedingung auch der Emanzipation. – Vgl. hierzu Bd. II, S. 431 ff.

114 So konstituieren sich z. B. alle »Paradigmata« der wissenschaftlichen Revolutionen im Sinne Th. Kuhns a priori innerhalb des vom szientifisch-technologischen Verfügungsinteresse eröffneten Horizonts möglicher Erkenntnis und möglichen Erkenntnis-Fortschritts. Erkennt man nun an, daß das technische Erkenntnisinteresse eine interne Bedingung der Möglichkeit und Gültigkeit (nämlich Überprüfbarkeit) experimenteller Wissenschaft ist, dann muß die Tatsache, daß von Galilei bis zur Quantenphysik ein Fortschritt im technischen Verfügungswissen auf der Basis der Physik erreicht wurde, als Argument gegen die These von der – auch *in the long run* unaufhebbaren – »Inkommensurabilität« der wechselnden »Paradigmata« in der Entwicklung der Wissenschaft gewertet werden.

der existenzialen Struktur fixierten Antworten auf das, »was immer geschieht«, wenn verstanden wird, werden nicht falsch, aber sie erweisen sich als unzureichend angesichts der auch in der *kognitiven* Weltorientierung im weitesten Sinn immer schon implizierten *praktischen* Frage: Wie *sollen* wir in unserer Weltorientierung verfahren? D. h.: nach welchen Kriterien und im Sinne welcher Fortschrittserwartungen sollen wir die *Geltung* der »immer schon« vorgefundenen und von uns fortzusetzenden Weltauslegung einschätzen? – Nach Maßgabe der drei angeführten Erkenntnisinteressen, die einerseits von der faktischen Existenz der menschlichen Gattung abhängen, andererseits, im Sinne des *apriorischen Perfekts* der »Vorstruktur« des Verstehens, als *Bedingungen der Möglichkeit* allen Verstehens einen *transzendentalen Stellenwert* besitzen[115], wird es möglich, *regulative Prinzipien* des möglichen – und praktisch zu postulierenden – Erkenntnisfortschritts aufzustellen. Dies gilt für den szienti-

115 Insofern ist die – auch von Habermas bevorzugte – Rede von den *quasi-transzendentalen* Erkenntnisinteressen keineswegs »mysteriös« – wenn sie auch ein weites Feld noch ungeklärter Probleme eröffnet. Völlig abwegig ist es jedenfalls, sie als Versuch einer dogmatischen Abschirmung der Philosophie gegenüber einer empirischen Soziologie und Psychologie der Interessen-Motive hinzustellen – so, als sei die – in der »modernen« *logic of science* stillschweigend vorausgesetzte – Monopolisierung des »Erklärungs«-Interesses keine Präjudizierung der Frage nach den Erkenntnisinteressen. Die Verdeckung des hier stillschweigend vorausgesetzten Erkenntnisinteresses läßt sich allerdings nur dadurch rückgängig machen, daß man den Unterschied zwischen »internen« (d. h. ihrem erkenntnistheoretischen Stellenwert nach *quasi-transzendentalen*) und »externen« Erkenntnisinteressen deutlich macht. Die letzteren, die in ihrer kontingenten Vielfalt *nur* empirisch zu erheben sind, mögen als »context of discovery« vom »context of justification« in der Weise getrennt werden, daß man sie als bloß psychologisch relevante *conditiones sine qua non* oder sogar als mögliche Störung der legitimen Erkenntnis-Einstellung behandelt. Dies ist jedoch – wie durch *transzendentale Reflexion* auf die Bedingungen der Sinnkonstitution von Erkenntnis gezeigt werden kann – im Falle der drei »quasi-transzendentalen« Erkenntnisinteressen nicht möglich. Dies besagt aber keineswegs, daß die Explikation der quasi-transzendentalen Erkenntnisinteressen von den empirischen Wissenschaften nichts lernen könnte oder gegen Kritik immun wäre. Die Situation der Transzendentalphilosophie im Zeitalter der Wissenschaften scheint mir heute generell durch den Umstand bestimmt, daß die Philosophie keinen *Gegenstand* (weder das Bewußtsein noch die Sprache noch die Gesellschaft qua Kommunikationsgemeinschaft) schlechthin als ihren Gegenstand reklamieren kann. Wohl dagegen kann und muß sie *virtuell alle* Gegenstände der vorwissenschaftlichen und wissenschaftlichen Erkenntnis auf ihren transzendentalen Stellenwert als Bedingungen der Möglichkeit und Gültigkeit von Erkenntnis hin untersuchen: so z. B. die Sprache, oder den Körper qua »Leibapriori«, oder sogar die »Naturkonstanten« der Physik als materielle »Paradigmata« wissenschaftlicher »Sprachspiele«. Was in diesem Sinn »transzendentalen Stellenwert« hat, kann freilich durch die Philosophie als Verwalterin der transzendentalen *Geltungsreflexion* auch distanziert und möglicherweise relativiert werden. Dadurch ergibt sich die Sonderstellung des *theoretischen Diskurses* der philosophischen Geltungsreflexion, von dem im folgenden (S. 75) die Rede ist.

fisch-technologischen Fortschritt ebenso wie für den Fortschritt in der interpersonalen – die Tradition hermeneutisch einbeziehenden – Verständigung über den Lebens-Sinn (einschließlich des Sinns der szientifischen Erkenntnisresultate und der technologischen Projekte des Machenkönnens); und es gilt vor allem für den emanzipatorischen Fortschritt im Sinne des dritten Erkenntnisinteresses, der auf eine Veränderung der Quasi-Natur der Gesellschaft als realer Kommunikationsgemeinschaft abzielt und dadurch den praktischen Fortschritt in der Sinn-Verständigung *in the long run* allererst möglich macht. (Wenn man diese Möglichkeit einer Veränderung des Aggregatszustandes der Kommunikationsgemeinschaft im Sinne der Aufhebung von Entfremdung nicht ins Auge fassen könnte, so könnte man m.E. allerdings keinen Fortschritt im Sinne des »Besserverstehens« für möglich halten.)

Auch hinsichtlich der wechselseitigen Voraussetzung des Erkenntnisfortschritts innerhalb der drei transzendentalen Sinnhorizonte lassen sich versuchsweise regulative Prinzipien aufstellen, die sich als Voraussetzung einer zugleich empirischen und normativen Rekonstruktion der Gattungsgeschichte zu bewähren haben: So läßt sich z. B. unterstellen, daß erst ein gewisses Maß an Emanzipation der Gesellschaft (etwa die griechische »Freiheit weniger« im Sinne Hegels) eine Verständigungsgemeinschaft ermöglichte, die ihrerseits die Voraussetzung einer Ablösung des bloßen Arbeitswissens und seiner »Prognosetechniken«[116] durch philosophisch inspirierte »Theorie«-Bildung im Sektor des objektiven Verfügungswissens sein kann. (Allerdings scheint historisch wiederum eine gewisse Abwendung vom scholastischen und humanistischen »Bildungswissen« zugunsten einer Auswertung des kumulierten »Arbeitswissens« der Künstler-Techniker der Renaissance – von Leonardo über Tartaglia bis Galilei – die Bedingung der Möglichkeit der definitiven Konstitution der experimentellen Naturwissenschaft gewesen zu sein.) Andererseits ist – wie Habermas gezeigt hat – die Emanzipation der Kommunikationsgemeinschaft von institutionellen Zwängen im Sinne herrschaftsbedingter Repressionen nur in dem Maße möglich, in dem die technologische Herrschaft über die Natur die ökonomische Mangel-Situation aufhebt. Hinsichtlich des Verhältnisses von szientifisch-technologischem Verfügungswissen und hermeneutischem Verständigungswissen könnte man heutzutage als Prinzip unterstellen, daß

116 Vgl. St. Toulmin, *Voraussicht und Verstehen*, Frankfurt 1968.

einerseits politisch-moralisch relevante Sinn- und Zielverständigung in der Gesellschaft ohne Berücksichtigung des Verfügungswissens der sog. »Experten« nicht mehr möglich ist[117]; daß aber andererseits die Spezialisierung der Experten derart fortgeschritten ist, daß die Kommunikationsgemeinschaft der Wissenschaftler ihre interne Verständigung mehr und mehr durch historisch-hermeneutische Methoden – z. B. Wissenschaftsgeschichte im Zusammenhang mit Wissenschaft-Methodologie, Forschungsplanung und Wissenschafts-Didaktik – vermitteln muß[118].

Es eröffnet sich hier das Programm einer anthropologisch und sozialphilosophisch fundierten Erkenntnis- und Wissenschaftstheorie, die aus der Reflexion auf die möglichen Sinnhorizonte der Vermittlung von Erkenntnis und Lebenspraxis *regulative Prinzipien* für den *methodischen* Fortschritt der menschlichen Weltorientierung insgesamt aufstellt und diese Prinzipien unausgesetzt an der Rekonstruktion der Geschichte bewährt – u.d.h. auch: im hermeneutischen Zirkel des Verstehens korrigiert. Es ist m.E. nicht einzusehen, inwiefern durch ein solches Programm *normativ* und *methodologisch* relevanter Transzendentalphilosophie die Kompetenz der Philosophie gegenüber den Wissenschaften oder gar ihre Gebundenheit an die »condition humaine« im Sinne der menschlichen Endlichkeit (Gadamer) überschritten wird. Wenn von Emanzipation als Voraussetzung des »Besserverstehens« die Rede ist, so besagt dies ja nicht, daß die Erwartung gehegt würde, es könnte jemals ein Zustand der menschlichen Gesellschaft angetroffen werden, in dem die Entfremdung völlig beseitigt und die totale Transparenz des Selbstverständnisses realisiert wäre. Dies widerspricht schon dem Kantischen Sinn der aufgestellten »regulativen Prinzipien«. Der in ihnen implizierte *Fortschrittsgedanke* – und hierin liegt allerdings die Quintessenz der Kantischen Transformation der platonischen Ideenlehre – zeigt viel-

117 Hier ist der Ort der »intelligent mediation of means and ends« im Sinn des Pragmatismus von J. Dewey und der sog. »Brückenprinzipien« von H. Albert.

118 Hier scheint mir der Ort des von H. Törnebohm entwickelten Konzepts der »Wissenschaftswissenschaft«, der »Traditionskritik« im Sinne der Popper-Schule und der Thematisierung des »context of discovery« im Sinne der »New Philosophy of Science« (s. oben S. 30, Anm. 35) zu sein. – Vgl. hierzu auch G. Radnitzky, *Contemporary Schools of Metascience*, Göteborg, 2. Aufl. 1970; ferner ders., »Der Praxisbezug der Forschung. Vorstudien zur theoretischen Grundlegung der Wissenschaftspolitik, in: *Studium Generale* 23 (1970) S. 817–55. Ferner: H. Törnebohm und G. Radnitzky, »Forschung als innovatives System«, in: *Ztschr. f. Allg. Wissenschaftstheorie*, II/2, 1971. Vgl. hierzu jetzt: D. Böhler, »Metascience als Wissenschaft und Reflexion«, in: Philosoph. Rdsch. 1972.

mehr dadurch seinen Charakter eines moralischen Postulats, daß er *nicht* damit rechnet, daß den *Ideen* jemals etwas Empirisches korrespondieren könnte. Dies wird freilich wiederum all denen nicht genügen, die von der »Zerschlagung der Institutionen« die Herbeikunft des Reiches Gottes erwarten. – Das führt uns zum Schluß noch einmal auf die Frage nach dem Verhältnis der – zu transformierenden – Philosophie zum materiell-praktischen Engagement im Sinne der Erkenntnis-Interessen zurück.

Eine quasi-transzendentale Grundorientierung liefert die Lehre von den drei Erkenntnis-Interessen nur unter der Voraussetzung, daß *philosophische Erkenntnis* als transzendentale *Geltungs-Reflexion* in einer prinzipiellen *Differenz* zu den Weisen des leibhaft-engagierten Weltverständnisses gemäß den drei Erkenntnisinteressen sich zu organisieren vermag. Dies besagt nicht, daß Philosophie von den drei Erkenntnis-Interessen unabhängig wäre und etwa ohne Interessen-Engagement zu einer Welt-Sinnkonstitution gelangen könnte. Alle Erkenntnis entspringt, ihrer Sinnkonstitution nach, aus dem praktischen Erkenntnis-Interesse und mündet, ihrer möglichen Anwendung nach, in eine Vermittlung der Lebenspraxis[119]. (Daher kann man zwar den »context of discovery« vom »context of justification« in der Wissenschaftstheorie unterscheiden, darf aber nicht die Frage nach der *Geltung* unabhängig von der Frage nach der Art der zugehörigen *Sinnkonstitution* beantworten wollen[120].) Alle Erkenntnis muß jedoch, um ihrer spezifischen Sinnkonstitution gemäß als gültige Erkenntnis gewürdigt bzw. kritisiert werden zu können, durch einen vom Interessen-Engagement und seinen leibvermittelten Standpunkten prinzipiell distanzierten Bereich der Geltungsreflexion sich vermitteln. Dieser Bereich hat sich seit Sokrates im »theoretischen Diskurs«[121] der Philosophie als Sprachspiel institutionalisiert; und wir haben seit Kant Anlaß, diese Institution der kritischen Geltungs-Reflexion »Transzendentalphilosophie« zu nennen [121a].

119 Vgl. hierzu jetzt J. Habermas, »Einleitung« zur Neuauflage von *Theorie und Praxis,* a.a.O.

120 Dies geschieht im »Szientismus« z. B., wenn die Geltung eines historischen »good reason essay« wie eine Kausalerklärung des Verhaltens durch *Beobachtung* und *Daten* induktiv bestätigt oder falsifiziert werden soll; – oder wenn die Geltung der psychoanalytischen Theoriebildung durch sozialtechnologisch bedingte Prognosen geprüft werden soll; oder (umgekehrt) wenn man sich von Wenn-dann-Regeln der »Science« und »Technologie« moralisch oder auch nur wissenschaftslogisch gültige Normen erwartet.

121 Vgl. oben S. 10 ff.

121a Im Sinne einer »Transformation der Transzendentalphilosophie« möchte ich diesen

Sofern auch im »theoretischen Diskurs« der Philosophie noch inhaltliches Wissen sich konstituiert, muß die philosophische Erkenntnis durch alle drei sinnkonstitutiven Erkenntnisinteressen sich vermitteln: So stellt z. B. ihre objektive Thematisierung der Probleme unleugbar eine Sublimation des theoretischen *Verfügungswissens* auf höchster Reflexionsstufe dar[122]; ihre *Selbstverständigung* muß sich als prinzipiell dialogische durch die Interpretationsergebnisse aller *hermeneutischen* Wissenschaften vermitteln, und ihre *reflexive Selbstkritik* muß seit K. Marx die eigene Zugehörigkeit zum Gesellschaftsprozeß *ideologiekritisch* mitdenken. Gleichwohl findet die Philosophie in der Selbstreflexion das eigene Sprachspiel als eine ausgezeichnete Struktur innerhalb jener »Vorstruktur« vor, der gemäß wir nach Heidegger im Verstehen immer schon uns selbst »vorweg« sind. Wir haben diese ausgezeichnete Vorstruktur im vorigen bereits als *das Apriori der Argumentationsgemeinschaft* charakterisiert. In ihrer prinzipiellen Abhängigkeit von der *nichthintergehbaren,* wohl aber *rekonstruierbaren* Umgangssprache stellt die unbegrenzte Argumentationsgemeinschaft den Kern und die Voraussetzung eines *transzendentalhermeneutischen* Selbstverständnisses der Philosophie dar[123]. Darin – so scheint mir – liegt die synthetische Einheit der im folgenden belegten Transformation der theoretischen Philosophie. Die letzte der folgenden Abhandlungen unternimmt den Versuch zu zeigen, daß im Apriori der Argumentation, das als solches die mögliche Distanzierung von allem praktischen Engagement impliziert, gleichwohl auch die praktische Vernunft die Grundlage einer intersubjektiv gültigen Ethik finden kann[124].

Vorschlag vertreten, obwohl Kant in seiner Konzeption der Transzendentalphilosophie die sprachlichen Bedingungen seines »theoretischen Diskurses« ebensowenig berücksichtigt hat wie die sprachlichen Bedingungen der Möglichkeit einer intersubjektiv gültigen Sinn-Konstitution von Gegenständen *als etwas.*

122 Vgl. hierzu Bd. II, S. 20 ff.

123 Vgl. Bd. II, Teil II.

124 Vgl. Bd. II, S. 358 ff.

I. Sprache und Welterschließung

Die beiden Phasen der Phänomenologie in ihrer Auswirkung auf das philosophische Vorverständnis von Sprache und Dichtung in der Gegenwart

Die folgende Betrachtung unternimmt den Versuch einer dialektischen Konstruktion. Sie geht aus von der historisch-psychologischen Grundtendenz der Geisteswissenschaften im 19. Jahrhundert, die in extremer Zuspitzung ihrer philosophischen Leitprinzipien als Thesis verstanden werden soll, gegen die sich die klassische Phänomenologie (des frühen Edmund Husserl) und ihre Ausstrahlung in die Geisteswissenschaften als Antithesis abhebt. Mit aller Vorsicht soll dann versucht werden, eine zweite Phase der Phänomenologie, deren Auswirkungen noch kaum abzusehen sind, als mögliche Synthese der Errungenschaften des historisch-psychologischen Denkens und des Anliegens der objektivistisch-deskriptiv gerichteten ersten Phase der Phänomenologie aufzuzeigen. Als Beispiel und gleichsam als Brennspiegel der jeweils vorherrschenden philosophischen Einstellung soll dabei immer die Auffassung von Dichtung und Sprache dienen.

I. Thesis: Die Methode der ontischen Reduktion

Wenn wir heute die phänomenologische Bewegung im ganzen, sozusagen aus der geistesgeschichtlichen Ferndistanz betrachten, so treten die zahlreichen Streitpunkte und Unterschiede in der methodischen Ausbildung, die den Mitlebenden oft den Horizont verstellen, weitgehend zurück, und die Phänomenologie erscheint als eine mindestens in Deutschland grundlegende Umorientierung des Denkens von der Prima Philosophia bis in die Einzelwissenschaften hinein. Nicht zufällig erscheinen die Logischen Untersuchungen Husserls um das Jahr 1900. Sie sind repräsentativ für eine Wende im Denken, die das 20. Jahrhundert gegen das 19. absetzt. Dies wird besonders deutlich, wenn wir die verschiedenen philosophischen Richtungen und methodischen Einstellungen der Geisteswissenschaft, die sich im 19. Jahrhundert bekämpften, in ein Verhältnis zur Grundtendenz der Phänomenologie setzen:

Die Phänomenologie bedeutet zunächst eine Antithese nicht nur gegen Positivismus und Naturalismus, sondern auch gegen den »Psychologismus« und »Historismus«, wie er etwa bei W. Dilthey sich findet. Dies gilt, obgleich gerade Diltheys Lebens-Hermeneutik schließlich, gleichsam in geläuterter Form, die methodische Entwicklung der Phänomenologie selbst befruchten und in eine zweite Phase führen sollte. Um das einheitliche Grundmotiv der Phänomenologie zu erfassen, muß man jedenfalls so weitgehend verschiedene Richtungen, wie die eben erwähnten der zweiten Hälfte des 19. Jahrhunderts, geradezu auf einen Nenner zu bringen versuchen.

Der gemeinsame Nenner der wissenschaftlichen Einstellung des 19. Jahrhunderts zu geistigen Phänomenen wie Sprache und Dichtung, Kunst, Religion, Philosophie, Recht läßt sich, wie mir scheint, als *ontische Reduktionstendenz* begreifen. Es wird hier nötig, etwas weiter auszuholen, auf die Gefahr hin, allzu Bekanntes zu wiederholen. Der Grundzug dessen, was die Neuzeit seit der Renaissance als Wissenschaft ausgebildet hatte, liegt darin, daß man ein *Seiendes* in seinem faktischen Auftreten aus einem anderen *Seienden* erklärt. Als kausal-analytische Forschungsmethode der Naturwissenschaft hat dieses Denken seine klassische Ausprägung gefunden. Sein Grundmotiv und seine Bewährung liegt in der technischen Beherrschung der Natur als Mittel, in der Vorausberechnung, im »savoir pour prévoir«. Hier hat es seinen legitimen Ort. Um etwas als Mittel zum Zweck einsetzen zu können, muß ich den Zweck in seinem eventualen Eintreten in der Zeit als Kausalwirkung eines mir schon bekannten Faktums auffassen, d. h. ich muß überall *Seiendes auf Seiendes zu reduzieren* suchen. So reduziert man zunächst innerhalb der materiellen Natur alle Erscheinungen auf Körperbewegungen im Raum und demgemäß alle Sinnesqualitäten auf ihnen zugrunde liegende quantitative Veränderungen; so etwa die Druckqualität bei der Berührung eines Tisches mit der Hand auf den meßbaren Geschwindigkeitsunterschied beider beteiligter Körper. Wenn der Tisch sich mit derselben Geschwindigkeit in derselben Richtung wie die berührende Hand bewegte, so könnte er nicht mehr als Druck-Qualität in Erscheinung treten. Das »Sein« des »Druckhaften« ist damit auf die Tatsache einer bestimmten Bewegungskonstellation von Körpern zurückgeführt. Das genaue Gegenstück zur physikalischen Reduktion der Phänomene bildet die englische Assoziationspsychologie – seit Hobbes und vor allem D. Hume das Rückgrat aller positivistischen Erkenntnistheorie. Das Problem, wie ich »etwas als etwas« wahrnehmen kann, wird hier reduziert auf das Problem, in einem Unbekannten etwas Bekanntes wiederzuerkennen. Also auch hier handelt es sich nur darum, Faktisches nach den Gesetzen der Vorstellungsassoziation als der psychischen Kausalmechanik auf einen faktischen Ausgangspunkt zurückzuführen. So etwa meine »Baumvorstellung« als Assoziationskomplex, der sich um ein individuelles Ersterlebnis eines bestimmten Baumes gebildet hat. Warum ich diesen als »Baum« verstehen konnte, also das Wesen »Baum«, das Baumsein als Vorbedingung aller faktischen Erfahrung, wird so wenig problematisch wie das aller Empfindungstheorie vorausgehende Sein von Gelb, Grün usw. Es interessiert überhaupt nicht die Wesensfülle der sinnlich erlebten Welt, sondern die kausal-analytische Erklärung des einzelnen Faktums in seinem Auftreten. Unter diesem *ontischen* Gesichtspunkt kann und muß möglichst weitgehend der Phänomenreichtum der Welt auf wenige Elemente reduziert werden, die sich der Axiomatik der klassischen Mechanik unterwerfen lassen.

Mit dem Entstehen der Geisteswissenschaften wurde die Methode der erklärenden Reduktion, wie zuvor auf Sinnesqualitäten und Bedeutungsgestalten, so jetzt auf ganze sinnhafte Gestaltkomplexe wie Religion, Kunst, Recht, Staat usw. angewandt. So etwa wird Recht und Staat bei Hobbes als mechanisches Ergebnis aus Furcht und Gewalt soziologisch erklärt. Die Religion wird bei Hume in ähnlicher Weise auf die Angst psychologisch reduziert.

Hier zeigt sich nun wegen der gleichsam geballten Lebensbedeutsamkeit, als welche sich die genannten Phänomene im Gefüge unserer Welt geltend machen, viel deutlicher als bei den Sinnesqualitäten bzw. den einzelnen Wortbedeutungen, daß phänomenales Welt-sein übersprungen, von vornherein auf etwas anderes reduziert ist. Das Erklären wird als Wegerklären, als Entlarven nach der Formel »nichts als ...« empfunden.

Man könnte dem bisher Gesagten entgegenhalten, es sei nur die naturalistisch-nominalistische Tendenz der modernen Geistesgeschichte, nicht aber die sogenannte rationalistisch-idealistische im Naturrecht, bei Leibniz usw. berücksichtigt. Darauf läßt sich zweierlei antworten: Erstens geht es uns ja nicht darum, ein Bild der philosophischen Lehrmeinungen zu geben, sondern vielmehr eine Charakteristik dessen, was die Neuzeit als Methode der empirischen

Wissenschaft ausgebildet hat. Um zu verstehen, wie – trotz der großen Bewegung des deutschen Idealismus – die seit Herder und der Romantik aufblühenden historischen Geisteswissenschaften im 19. Jahrhundert wieder der positivistischen Reduktionstendenz verfielen, gilt es vor allem zu bemerken, daß die kausalanalytische Methode der Erklärung die einzige ausgebildete Methode empirischer Forschung war. Sie mußte sich nach dem Zusammenbruch der idealistischen Spekulation der Entwicklungsidee der deutschen Geisteswissenschaft einschließlich der Sprachwissenschaft bemächtigen und ihr selbst da, wo sie antimaterialistisch sein wollte, den Stempel der positivistischen Methode aufdrücken. Zweitens: Darüber hinaus läßt sich nachweisen, daß selbst innerhalb der Systematik der großen idealistischen Systeme (trotz der Programmatik der »intellektuellen Anschauung«) die Methode der erklärenden Reduktion eine entscheidende Rolle spielte und das Sein der Phänomene verdeckte.
Als Beispiel sei nur angedeutet, daß Kant und besonders Fichte das Verhältnis der sogenannten »Außenwelt« zum denkenden »Ich« nicht anders als vermittels der Kategorien der Kausalität (Affektion) oder aber der »Setzung« des Nicht-Ich durch das Ich fassen konnten[1]. Wenn später die Phänomenologie das Anliegen des deutschen Idealismus einschließlich Humboldts in gewissem Sinne wiederholt, so tut sie es unter einer grundlegend neuen Voraussetzung: der von Brentano entdeckten (oder wiederentdeckten) Struktur der Intentionalität. Erst jetzt wird völlig durchsichtig, daß das in aller Erkenntnis waltende Verhältnis von »Ich« und »Außenwelt« nichts mit einem Kausalverhältnis zwischen innerweltlich seienden Dingen zu tun hat, da diese einander niemals »begegnen« können.
Um das alte Anliegen der idealistischen Philosophie, die geistige Welt aus sich selbst zu verstehen, radikal in Angriff nehmen zu können, bedurfte es anscheinend des Rückschlages auf den deutschen Idealismus, der im Positivismus des 19. Jahrhunderts noch

1 Daß überhaupt die idealistische und materialistische »Dialektik« letztlich auf ontische Erklärung qualitativer Phänomene hinausläuft, müßte die zweite Phase der Phänomenologie vom Standpunkt der ihr zugehörigen Logik des hermeneutischen Zirkels aus zeigen können. – Besonders charakteristisch für die innere Abhängigkeit auch des Idealismus von der Methode ontischer Reduktion ist Schelling, dessen großartige phänomenologische Ansätze meist in einer Art von Gnosis durchgeführt werden, d. h. mit Mitteln einer mythischen, jedenfalls vorwissenschaftlichen Reduktionsmethode, die sein eigentliches Anliegen gerade bei der empirischen Wissenschaft in Mißkredit brachten. Vgl. hierzu besonders K. Jaspers, *Schelling, Größe und Verhängnis,* München 1955.

einmal in aller Prägnanz die Struktur, die gewaltige Leistungsfähigkeit, aber auch die Grenzen der kausalanalytischen Reduktionsmethode offenbar machte. Nur dadurch wurde es möglich, die Unklarheiten und Problemvermengungen etwa bei Herder, Humboldt u. a. zu sehen, sie vielleicht einmal besser zu verstehen, als sie sich selbst verstanden.

Im folgenden soll diese These am Beispiel der Auffassung von Sprache und Dichtung verdeutlicht werden. Im 19. Jahrhundert interessiert uns dabei gerade diejenige Richtung, die den Anschluß an den deutschen Idealismus niemals ganz verlor, d.h. also nicht sosehr die ausgesprochenen Positivisten oder gar Materialisten, etwa die Milieutheorie der Kunst oder die materialistische Auffassung der Sprache bei Schleicher und den Verfechtern der exakten Lautgesetze, auch nicht einmal die darwinistische Uminterpretation der idealistischen Entwicklungsidee im Biologismus, sondern vor allem Männer wie Steinthal, H. Paul oder Dilthey, die mehr oder weniger ausdrücklich die idealistische Tradition fortführen bzw. wie Dilthey dem naturwissenschaftlichen »Erklären« ausdrücklich das »Verstehen« als Methode der Geisteswissenschaften entgegenstellten. Gerade bei ihnen zeigt sich die Reduktionstendenz der modernen Wissenschaft in ihrer verstecktesten, sublimsten und daher wirksamsten Form, der des Psychologismus und Historismus.

Hier muß ich eine Zwischenbemerkung einschalten:

Sowenig wie zuvor durch die Charakteristik der positivistischen Erklärungsmethode, soll etwa durch die Charakteristik der historischen und psychologischen Reduktion einer Abwertung dieser wissenschaftlichen Methode als solcher oder einer Verkennung der außerordentlichen Fruchtbarkeit gerade der Einsichten des »Historismus« auch noch für unsere Zeit das Wort geredet werden. Für Dilthey muß außerdem betont werden, daß er besonders in seiner Spätphase, in seinem Lebensbegriff, der Herausarbeitung der »Lebensbezüge« und des »objektiven Geistes«, den Psychologismus weitgehend überwunden und direkt auf die zweite Phase der Phänomenologie eingewirkt hat.

Worauf es in unserem Zusammenhang ankommt, läßt sich an folgendem Beispiel klarmachen: Dilthey hat es wiederholt ausgesprochen, daß er den entscheidenden Fortschritt in der Auffassung der religiösen Phänomene von Lessing bis Schleiermacher darin erblickt, daß man sie als Erlebnistatsachen eines geschichtlichen Seelenlebens zu verstehen gelernt habe. Hier wird also der geistige Bedeutungskomplex nicht wegerklärt wie in der Aufklärung, wohl aber wird er auf die Immanenz seelischer Erlebnisse überhaupt reduziert. Gerade darin liegt für Dilthey die einzige Möglichkeit, ein geistiges Phänomen wissenschaftlich, d. h. frei von Dogmatismus, aufzufassen. Man muß es als seelische Tatsache, d. h. nicht objektiv direkt, wie es sich dem naiven Erleben zeigt, sondern unter Reflexion auf seine Gegebenheit in der Ebene der geschichtlich sich wandelnden Subjektivität, verstehen. Dem entspricht genau Diltheys Behandlung der Philosophie in einer »Philosophie der Philosophie« oder empirisch-historischen Weltanschauungslehre und endlich im Zusammenhang unseres Themas die Begründung der geistesgeschichtlichen Methode der Kunstwissenschaft, die im Kunstwerk die Seele des Künstlers bzw. der Epoche sucht (vgl. den Titel: *Das Erlebnis und die Dichtung*). In dieser Phase seines Denkens erschien ihm »verstehende Psychologie« als systematische Grundlage aller Geisteswissenschaften.

Um die Reduktionstendenz der geistesgeschichtlichen Methode, die bei dem vorsichtigen und rastlos sich selbst korrigierenden Dilthey immer zugleich durch hermeneutische Würdigungstendenzen gekreuzt wird, in aller Schärfe zu fassen, muß man zu einem Extremfall wie Spenglers »Untergang des Abendlandes« greifen. Hier ist die historische und psychologische Relativierung des objektiven Geistes einschließlich der Mathematik und exakten Wissenschaft radikal und konsequent durchgeführt, und dabei zeigt sich in aller Klarheit die Struktur des Reduktionsschemas: Die romantische Ausdruckskategorie dient dazu, alle Bedeutungskomplexe, die unsere Welt ausmachen, als Erscheinungen eines dahinterstehenden real Psychischen bzw. Biotischen (Spenglers »Kulturseelen« sind beides) physiognomisch zu reduzieren[2]. Eines läßt sich an Spenglers Übertreibung besonders gut erkennen: Das 19. Jahrhundert erkennt nur zwei Formen der Wirklichkeit überhaupt an: Psychisches und Physisches, beides real in der Zeit ablaufend. Will man das, was unsere »Welt« ausmacht, nicht gleich materialistisch reduzieren, so hält man sich um so eifriger an das Psychische, das sogar meist nicht anders als das Physische,

2 Aus der Perspektive unserer Untersuchung heraus wird hier das Reduktionsschema Spenglers einseitig akzentuiert. Daß gerade Spenglers Morphologie der Geschichte eine Fülle wertvollster Wesensbeschreibungen aufweist, die besonders für das Verständnis der Geschichtlichkeit von Raum und Zeit in der zweiten Phase der Phänomenologie wichtig sind, steht auf einem anderen Blatt.

nämlich als (innerzeitlicher) Prozeß kausalanalytisch erklärt werden soll.

Besonders leicht fällt der Zeit die Auffassung der Dichtung als Dokument historischen Seelenlebens, und das aus folgendem Grund, der wiederum bei Dilthey deutlich hervortritt: Dilthey spricht einmal von der Natur als der »Kulisse« der geschichtlichen Lebenswelt. Dabei wird eines klar: Hinter der bedeutungsgeladenen Lebenswelt, die ja jederzeit subjektiv reduzierbar, Ausdruck eines historischen Seelenlebens ist, steht für das Bewußtsein des 19. Jahrhunderts »die« Welt der exakten Naturwissenschaft, »das Dasein der Dinge, sofern sie einen gesetzmäßigen Zusammenhang bilden«, wie Kant formulierte, und man könnte hinzufügen: »unbekümmert um die zeitgebundenen Meinungen und seelischen Erlebnisse der Menschen, sinnindifferent, ein in sich kreisender Mechanismus[3]«. Die so mehr oder weniger bewußt eingestandene Voraussetzung »der« Welt erlaubte es der Zeit, die gesamte menschlich bedeutsame Situationswelt, in der man doch faktisch lebte, nurmehr als »Dokument«, »Ausdruck«, »Symptom« dahinterstehender real-psychischer Prozesse zu behandeln. So ist Kunst und insbesondere Dichtung, radikal gedacht, ein schönes Scheingebilde in der Seele des Dichters oder aber wie das Geglaubte der Religion und Weltanschauung eine zeit-, generations-, klassen- usw. bedingte Einfärbung der Welt (der Naturwissenschaft) durch die subjektive Einbildungskraft. Entsprechend mußte in der Sprachwissenschaft, sofern sie sich überhaupt mit der Bedeutungsseite der Sprache befaßte (und nicht lediglich mit der Geschichte der Lautform), die Sprache als Summe der realpsychischen Sprechakte erscheinen, die Bedeutungen aber mußten, wie schon für Locke, zu »innerseelischen Vorstellungen« werden, die zwecks Verständigung beim Gesprächspartner assoziativ erregt werden sollen. So etwa definiert noch heute der Marty-Schüler Funke und – nebenbei bemerkt – der größte Teil der Sprachpsychologen, die damit die Linie des englischen Empirismus des 18. Jahrhunderts fortsetzen. Aber auch für diejenigen Sprachforscher, die wie Stein-

3 Diese Charakteristik gilt in gleicher Weise vom Standpunkt der Realisten wie der Kantianer her; erst die Relativitätstheorie und die Mikrophysik zerstören den objektiv vorstellbaren Naturbegriff der Neuzeit, der auf der von Descartes grundgelegten Subjekt-Objekt-Relation basiert. Die philosophische Deutungsproblematik dieser grundlegenden Wandlung wird erst von der zweiten Phase der Phänomenologie zureichend berücksichtigt. Vgl. hierzu besonders C. Fr. Weizsäcker in *M. Heideggers Einfluß auf die Wissenschaften*, 1949, S. 172 f.

thal und Wundt ausdrücklich an die romantische Tradition anknüpfen, ist die Sprache nur ein psychischer Tatbestand, und das Humboldtsche Programm einer vergleichenden Sprachgeschichte als Geschichte der Weltentdeckung[4] verwandelt sich in das Programm einer »Völkerpsychologie«. Strittig war in diesem Punkt zwischen Marty und H. Paul einerseits, Steinthal und W. Wundt andererseits nur die Frage, ob die Sprache als unmittelbarer, unbewußter Ausdruck einer Volksseele oder aber als zweckmäßiger Kommunikationsakt einzelner Individuen aufzufassen sei; ersteres war romantisch, letzteres sozusagen westeuropäisch gedacht. Daß sich in der Sprache und am Ende gar vorzüglich in der Sprache der Dichtung die »Welt«, in der man jeweils lebt, quer zur Zeit gesehen, ja einschließlich der Zeit selbst als Ganzes darstellt, als ein Gefüge auseinanderbreitet, daß man diese Welt überhaupt nur durch die Sprache und primär in ihr hat, konnte unbeachtet bleiben, weil ja »die Welt« der exakten Naturwissenschaft, selbstverständlich geworden, den Blick auf die muttersprachlich erschlossene Lebenswelt verstellte.

Der dialektische Umschlag zur Antithesis

Das Paradoxe einer Reduktion alles gehaltvollen Weltseins auf psychophysische Realität, die letztlich kausalanalytisch zu erforschen ist, konnte erst dann ganz bemerkt werden, als man sich klar darüber wurde, daß alles, was an dem Weltbild der psychophysischen Realität, d. h. also der exakten Naturwissenschaft, überhaupt verstehbar ist, selbst wiederum nicht Faktum, sondern Weltgehalt ist. Mögen immer die errechneten Vorgänge unabhängig von menschlicher Erkenntnis ablaufen: was von ihnen deutbar ist, muß sich in den Horizont der sprachlich erschlossenen Welt zurückstellen, in der überhaupt erst das Phänomen, das zur exakten Erklärung den Anstoß gab, als solches entdeckt wurde. Anders gefaßt: Ohne die fachterminologischen, und sei es nur mathematischen, Bedeutungsgefüge wird auch das psychophysisch Reale der exakten Naturwissenschaft überhaupt nicht sichtbar. Zugespitzt: Will man »Welt« als Inbegriff verstehbarer Sinngehalte restlos auf psychophysisch Reales reduzieren, so zeigt sich plötzlich, daß auch psychophysische

4 Vgl. hierzu L. Weisgerber, »Die Wiedergeburt des vergleichenden Sprachstudiums«, in: *Lexis*, Bd. II, 2.

Realität ein Sinngehalt ist und als solcher nur in einer sinnhaft konstituierten Welt anwesend sein kann. Will man nichts stehen lassen als psychophysisch Reales, also innerweltlich Seiendes, wie es der Grundzug des Positivismus im weitesten Sinne ist, dann bleibt auch dieses gerade nicht mehr stehen, weil es nicht mehr im Lichte des Sinngefüges einer Welt begegnen kann. Am konkreten Beispiel: Soll Sprache nichts sein als der innerzeitliche Sprechvorgang, dann ist der Sprechvorgang selbst nicht mehr entdeckbar, weder als Sprechvorgang noch überhaupt als Vorgang. Er muß ja selbst in einer sprachlich gelichteten Welt als Sprechvorgang sich konstituieren.

Derselbe circulus vitiosus ergibt sich, wenn man das Sein der Dichtung im Ernst restlos als Ausdruck psychischer Erlebnisse verstehen will. Es zeigt sich, daß selbst noch das »Psychische Erlebnis« (nicht als faktisches – hier und jetzt –, wohl aber in seinem So-Sein, – »Wesen –) gewissermaßen eine Dichtung ist. Soll endlich alles religiös Geglaubte nur eine Tatsache des geschichtlichen Seelenlebens sein, so erweist sich am Ende das geschichtliche Seelenleben als ein letzter weltöffnender Gehalt religiösen Glaubens.

Dieser dialektische Umschlagspunkt des 19. Jahrhunderts wurde so eingehend erörtert, weil nur an ihm die Maxime der Phänomenologie aufleuchtet, daß »Sein« nicht auf »Seiendes«, »Welt« nicht auf »innerweltlich Vorkommendes«, »Sinn« bzw. »Wesen« nicht auf »Tatsachen« reduzierbar ist (sowenig wie das Umgekehrte, wogegen sich zur Wehr zu setzen, das eigentliche Anliegen des Positivismus gegenüber dem deutschen Idealismus war).

II. Phänomenologie, 1. Phase = Antithesis

Praktisch entzündet hat sich die Überwindung des Psychologismus bei Husserl bekanntlich an dem Punkt, wo auch noch Logik und Mathematik auf psychische Realvorgänge reduziert werden sollten. Im Problemzusammenhang der Gültigkeit des mathematisch-logischen Sinnes mußte für Husserl aber das Phänomen der Bedeutungen überhaupt in seiner Unterschiedenheit von den faktisch erlebten Vorstellungen brennend werden. Damit aber befinden wir uns bereits mitten in der Husserlschen Sprachphilosophie:

Die Bedeutung des Pythagoräischen Lehrsatzes etwa kann nicht dasselbe sein wie die Vorstellungen, die durch die sprachliche Mitteilung in den verschiedenen Köpfen assoziativ erregt werden. Der eine wird sich eine bestimmte Figur in seinem Schulbuch, der andere etwa den Menschen Pythagoras usw. vorstellen. Gegenüber diesen psychischen Vorgängen (die freilich alle selbst noch in Bedeutungen fundiert sind) ist die Bedeutung des Satzes des Pythagoras streng, und wie es scheint, überzeitlich dieselbe für alle, die jemals ihn denken.

So argumentiert Husserl und legt damit den Grund auch zu einer Auffassung der Sprache als eines Bedeutungsganzen, unterschieden von den psychischen Sprechakten. Verständlich, daß sich seine philosophische Analyse mit den Unterscheidungen de Saussures (in *langue, parole, langage)* verbinden und der inhaltlich gerichteten Sprachwissenschaft bedeutende Impulse geben konnte[5]. Aber die Sache hat doch eine Schwierigkeit: Die Sprache steht im geschichtlichen Wandel und mit ihr die »sprachlichen Inhalte«.

Gerade den Wandel des Bedeutungsgehalts aber kann Husserl gemäß seiner Konzeption nicht anerkennen, will er das Identische des Sinns als Fundament aller intersubjektiv gültigen Urteilswahrheit und damit die Bedingung der Möglichkeit aller Wissenschaft gegen den psychologischen wie den soziologischen Relativismus retten. Man muß sich diese Problemlage und das Rechtfertigungsmotiv Husserls klarmachen, um die nun folgende platonische Argumentation Husserls und mit ihm der ganzen ersten Phase der Phänomenologie zu würdigen. Genau wie Sokrates–Platon im Kampf gegen die mit den sprachlichen Bedeutungen im relativistischen Sinne manipulierenden Sophisten, verfährt auch Husserl. Er unterscheidet die reinen »idealen Bedeutungen« als einen überzeitlichen Fixsternhimmel (wenngleich bei Husserl nicht metaphysisch hypostasiert) von den zufällig im Fluß der geschichtlichen Sprachen realisierten Bedeutungen. Diese, die Sprachinhalte, sind genau wie bei Platon (7. Brief) nur durch Teilhabe (μέθεξις) an den ewigen reinen Bedeutungen überhaupt funktionsfähig. M. Scheler und N. Hartmann, welche diese platonische Position besonders bei den ethischen Wertbegriffen ausbauten, verwendeten später für den Gedanken der Teilhabe das Bild vom Scheinwerfer des geschichtlich bedingten Interesses, welcher am ewigen Ideenhimmel jeweils den Bereich anstrahlt, der sich in den geschichtlichen Sprachen bezeichnet

5 Vgl. L. Weisgerber, »Sprachwissenschaft und Philosophie zum Bedeutungsproblem«, in: *Blätter für deutsche Philosophie*, Bd. 4, 1930–31.

findet: eine grandiose Konzeption von wiedererwachter, echt platonischer Faszinationskraft, besonders wenn man bedenkt, daß die Überwindung des logischen und des ethischen Relativismus daran geknüpft wird. Aber ziehen wir auch in aller Schärfe die Konsequenzen für die Sprachphilosophie: Die Sprache ist hier doch nur ein sekundäres Bezeichnungs- und damit Befestigungsmittel dessen, was vor aller Zeit und Geschichte als Sinngefüge der Welt feststeht. Die psycho-physische Realität, die für die Wissenschaft des 19. Jahrhunderts »die« Wirklichkeit war, aus der aller Sinngehalt »erklärt« werden sollte, ist jetzt ganz äußerlich und zweitrangig für die Konstitution des Weltsinnes. Der Philosoph – dies gilt für Platon wie für die moderne Wesensschau – kann prinzipiell unabhängig von den geschichtlichen Sprachen ein bereits distinktes Gefüge von Ideen, Wesenheiten, reinen Bedeutungen erschauen, das er prinzipiell erst nachträglich mit den Mitteln der Sprache im Bewußtsein befestigt. Die Frage erhebt sich, ob diese Konzeption überhaupt vermieden werden kann, wenn man nicht in Nominalismus und alle Sinngültigkeit zerstörenden Psychologismus zurückfallen will. Bemerkenswert ist jedenfalls, daß noch jedesmal, wenn in einer Kulturkrise ein allgemeiner Sinnrelavitismus drohte, die platonische Konzeption wiederholt wurde.

Die zweite Phase der Phänomenologie (in gewisser Hinsicht schon der späte Husserl) hat gleichwohl eine neue Antwort zu geben versucht, die der Geschichtlichkeit auch des Sinnes und dem Schöpferischen der Sprache gerecht zu werden versucht. Bevor wir uns dieser zuwenden, vergleichen wir aber zunächst die Auffassung vom Sein der Dichtung, wie sie von der klassischen Phänomenologie her entwickelt wurde. Die allgemeine Umorientierung der Fragestellung zu Beginn des 20. Jahrhunderts verlief parallel zu der in der Sprachwissenschaft. So wie dort die Frage aufkommt nach der Wirklichkeit der Sprache, wie sie quer zur Zeit als Ganzes für uns da ist, so will man auch die Dichtung nicht lediglich als Bedingtes im Zeitstrom erklären, sondern sie auch wissenschaftlich so begreifen, wie sie den Dichter und den Leser primär interessiert. Eine Dichtung wird ja nicht deshalb geschaffen und nicht deshalb gelesen, weil sie ein Produkt und Zeugnis zahlreicher historischer Ursachen ist. Sie ist für uns nicht sogleich ein Bedingtes, sondern vielmehr zunächst ein Absolutes, wie überhaupt die Welt, in der wir uns finden, vor aller Erklärung ein Absolutes ist.

Es sei hier daran erinnert, daß wir das Seiende der Natur nur deshalb und erst dann als bedingt auffassen, wenn wir es unter dem Gesichtspunkt einer Zweck-Mittel-Beziehung, d. h. also kausalanalytisch verfügbar machen wollen. Davon kann aber bei der Dichtung wie bei der Sprache, so wie sie in der Situation für uns wirklich sind, keine Rede sein. Weit eher könnte es so sein, daß die Dichtung jenen Bereich des Unbedingten sichtbar und fühlbar zu machen hätte, aus dem her Zwecke für technisch seligierbare Kausalprozesse allererst ins Auge gefaßt werden können. Dies schließt natürlich nicht aus, daß vieles an der Dichtung selbst der Kausalanalyse zugänglich ist. Sollte es aber nicht möglich sein, Dichtung in gerade dem Moment ihrer sinnhaften Struktur zu begreifen, das allem Interesse des Menschen an Welt»erklärung« vorausliegt? Für die Wissenschaft käme es somit darauf an, das dichterische Werk einmal nicht zu relativieren, sondern es in der Linie unseres primären Interesses an ihm, so wie es in unserer Lebenswelt wirklich ist, in den Griff zu bekommen. Dies die Fragestellung.

Die theoretische Grundlegung im Zeichen der klassischen Phänomenologie entspricht ihr zunächst in einer allgemeinen Distanzierung von all dem, worauf Dichtung bisher reduziert worden war. Bei Roman Ingarden[6], G. Müller[7] und noch bei W. Kayser[8], überall kehrt der Satz wieder, zum dichterischen Gebilde, zum Werk gehören nicht die Erlebnisse des Schöpfers bzw. des Lesers. Weiterhin wird das dichterische Gebilde losgelöst von der Realität der Welt und von der konkreten geschichtlichen Zeit.

So erklärt G. Müller: »Weder das Erleben des Dichters noch die Realität sind in der Dichtung darin. Seinsweise von Dichtung = Satzgefüge, Lautgefüge, Bedeutungsgefüge sind die einfachsten literaturwissenschaftlichen Grundbegriffe«. Und an anderer Stelle heißt es: daß die »Ruhe über allen Gipfeln«, wie sie im Gedicht »vorkommt«, nicht datierbar und lokalisierbar ist, »kommt daher, daß sie nicht in die irdische Landschaft und ihre Zeit gehört, sondern in ein Bedeutungsgefüge« (a.a.O. S. 147). Entsprechend sagt R. Ingarden: »Im Wesen des literarischen Kunstwerks selbst gibt es nichts, was die Notwendigkeit einer Veränderung mit sich führt«

6 R. Ingarden, *Das literarische Kunstwerk*, Halle 1931.

7 G. Müller, »Über die Seinsweise von Dichtung«, in: *Deutsche Vierteljahresschrift*, Bd. XVII, 1939.

8 W. Kayser, *Das sprachliche Kunstwerk*, Bern 1948.

(a.a.O. S. 358). Das dichterische Werk gehört demnach überhaupt nicht zu der einen konkreten Welt, in der wir leben; es ist »irreal«, wie es noch bei Kayser heißt.

Wie aber soll man das verstehen?

R. Ingarden sowohl wie auch, ihm folgend, G. Müller, erkennen, daß Dichtung nicht »seinsautonom« (wie etwa ein Naturorganismus) ist; sie ist ein sprachgetragenes intentionales Gebilde, das seine Intentionalität von den wirklichen Urteilen, die auf Reales bezogen sind, zu Lehen trägt. Sowohl von der Realität als auch von den realen Urteilsakten ist es durch die »als-ob«-Fiktion, die »Quasi-Modifikation« all seiner tragenden Sätze geschieden und dennoch nicht autonom. Worin soll aber nun seine Identität mit sich selbst und Andersheit gegenüber den realen Erlebnissen in der realen Zeitwelt überhaupt fundiert sein?

Hier steht R. Ingarden offenbar vor demselben Problem, auf das sich in Husserls Sprachphilosophie alles zuspitzte, und die Lösung ist denn auch die gleiche: die platonische, d. h. die Fundierung des sprachlichen Bedeutungsgefüges im Ideal-seienden. Mit Ingardens Worten: »Die Tatsache, daß die idealen Sinnelemente der Begriffe dem Autor bei der Aktualisierung nur als Vorbild der Bestandteile der aktualisierten Sinngehalte dienen, macht das besondere, mit nichts anderem zu vergleichende Wesen der seinsheteronomen Existenzweise des literarischen Werkes ... aus« (a.a.O. S. 377).

Und an anderer Stelle heißt es: Es ist »klar, daß die Fundierung der Schicht der Bedeutungseinheiten in den idealen Begriffen sowohl das Werk ontisch vor der Subjektivierung bewahrt, als auch seine Rückverwandlung in seine ursprüngliche Gestalt wenigstens im Prinzip möglich macht«.

Auch die sprachphilosophische Fundamentalthese spricht Ingarden selbst aus: »Eine Wortbedeutung ist nichts anderes ... als eine Aktualisierung des in den entsprechenden idealen, seinsautonom existierenden Begriffen enthaltenen Sinnes. Und zwar ist sie jeweilige Aktualisation nur eines Teiles des Sinnes« (a.a.O. S. 376).

Dichtung fördert demnach nicht eigentlich etwas Neues zutage, sondern begründet sich in der Teilhabe am Sinn der idealen Begriffe, welche der Philosoph etwa, abgelöst vom empirischen Zufall der sprachlichen Bezeichnung, unmittelbar in der Reinheit ihres apriorischen Gefüges begreift. Ist es bei dieser Voraussetzung ein Wunder, daß die leibhaft-sinnliche Gestalt des einmaligen Werkes sooft nicht metaphysisch ernst genommen wird, daß man sie nur als schöne Hülle eines idealbegrifflichen Sinnes wertet, der an sich auch ohne das Werk erfaßbar ist! Platon war ja nur konsequent gewesen, wenn er vom Standpunkt der direkten Ideenschau des Philosophen die sprachgebundenen Dichter aus seinem Staat austreiben wollte. Dies alles ist nicht die Meinung R. Ingardens; aber es ist die ontologische Schwierigkeit, in welche die platonisierende erste Phase der Phänomenologie hineingerät, wenn man ihre Konsequenzen zieht. Und man bedenke weiter: in dem unabhängig von aller Realität, konkreter Geschichte und menschlichen Akten zeitlos bestehenden Reich des Idealen soll doch andererseits auch die Gestaltganzheit des Werkes begründet sein; denn sie ist das Identische des Werkes selbst. Kann ich nun wirklich das Identische des Werkes dadurch gewinnen, daß ich von seinen Konkretisationen abstrahierte? Sind die menschlichen Akte, in denen das Bedeutungsschema der intentionalen Sätze je aus der einen wirklichen Welt heraus und je aus dem geschichtlichen Weltverständnis des jeweiligen Lesers heraus erfüllt wird, tatsächlich zufällig für das Werk? Wenn dies richtig wäre, so müßte auch ohne irgendeinen Menschen und ohne die Wirklichkeit der Dinge dies bestimmte Werk »sein« können. Das verstößt aber gegen den von Ingarden selbst aufgestellten Satz der Seinsheteronomie des Werkes. Ingarden sagt: »Das einmal geschaffene Werk selbst, von sich aus und sozusagen abgeschnitten von seinen Konkretisationen, kann sich nicht verändern ...« Muß man nicht dagegen einwenden: Das Werk, abgeschnitten von seinen Konkretisationen, »ist« überhaupt nicht, gerade *in* seinen Konkretisationen aber ist dasselbe als Möglichkeit und Anspruch, so zwar, daß es sich auch schon in ein und derselben Konkretisation (etwa in der ersten durch den Autor), als Möglichkeit und Anspruch identisch bleibend, doch ständig verändert in der wechselnden Perspektive der es vollziehenden Akte? Muß man nicht sagen: »Einheit«, »Ganzheit«, »Identität« eines Sinngebildes gibt es überhaupt nur für die besonderen einigenden Akte des konkreten menschlichen Daseins, das im Gegensatz zur »Natur« von Hause aus gerade nicht »einig«, »ganz« und mit sich »identisch« ist, sondern alles dies erst und immer erneut über die Sinngebilde der selbst mit zu schaffenden »Kultur« erringen muß? Gerade darum kann das Kunstwerk nicht als isoliertes Bedeutungsgefüge seine Einheit und unveränderliche Identität besitzen, weil der Mensch ja in der schöpferischen oder nachvollziehenden Mitverwirklichung des Werkes

seine eigene existenzielle Einheit und Selbstidentifikation suchen muß (wie er dies auf andere Weise etwa im Mitvollzug einer öffentlich-sittlichen »Institution« oder aber in einer verantwortlichen, selbst Kultur stiftenden »Tat« erreicht).
Mit dieser Formulierung habe ich bereits vorgegriffen.
Es sollte die Problemlage angedeutet werden, aus der die zweite Phase der Phänomenologie (zu der in gewisser Hinsicht und in manchen Äußerungen schon Ingarden selbst und vor allem der spätere Husserl gehören) zu verstehen ist. Es geht darum, dem bezughaften Sein von Sprache und Dichtung, seiner Verwobenheit in die Kultur, gerecht zu werden, ohne dabei in die Reduktionstendenz des 19. Jahrhunderts zurückzufallen. Dichtung und Sprache können offenbar nicht einfach als fertige Gegenstände außerhalb der Zeit, neben der Realität der Dinge und der menschlichen Akte phänomengerecht beschrieben werden, sondern ihre Eigenständigkeit ist aus den Bezügen selbst, so wie sie erlebt wird, zu erfassen. Es fragt sich aber, ob die Philosophie, gesetzt, daß sie es nicht wie die empirischen Wissenschaften mit dem *Seienden* als faktisch vorkommenden, sondern mit dem *Sein* des Seienden zu tun hat, dieses überhaupt, wie bisher geschehen, nach der gegenständlich isolierenden und alternativisch setzenden Weise denken darf.
Konkreter gefragt: Ist das Sein der Dichtung oder der Sprache – sofern sie »wirklich« sind, nicht sofern sie zum Thema der Wissenschaft erhoben werden – das von Gegenständen? Wäre nicht der Sprecher im Augenblick, wo er seine Muttersprache faktisch zum Gegenstand distanzieren könnte, genauso aus der Energeia der Sprache entlassen wie umgekehrt die Sprache, aus ihrer Zeitlichkeit und damit Geschichtlichkeit herausgeschnitten, zur fixierten Momentaufnahme ihres im Leben wohl wirksamen, aber nicht distanziert sichtbaren Gefügecharakters erstarrt[9]?

9 Auf die Unmöglichkeit, die Sprache phänomengerecht zu vergegenständlichen, stieß in besonders krasser und darum lehrreicher Form die logische Analyse des von L. Wittgenstein inspirierten »Wiener Kreises«. Der Wille, die Sprache unter die Kontrolle des exakten Denkens zu bringen, führte dazu, daß die eigentliche »Wirklichkeit« (Energeia, vgl. W. von Humboldt!) der Sprache zur Gänze aus der beschriebenen bzw. konstruierten Sprache verschwand und in der beschreibenden bzw. konstruierenden Sprache, d. h. als »Metasprache«, wieder auftauchte. Als letzte »Metasprache« erweist sich aber die nicht exakt und d. h. rein gegenständlich denkbare »Umgangssprache«.
Die Sprache des lebendigen, schöpferischen Denkens auf theoretische Distanz zu bringen, läuft für uns auf dasselbe hinaus wie der Versuch, die eigene Existenz und damit »Sein« zum »Objekt« zu machen.

Und mit Rücksicht auf die Dichtung gefragt: Ist wohl Dichtung dann in ihrer Seinsweise wirklich, wenn der Leser auf sie als einen seinsheteronomen, vielschichtigen Gegenstand, als Satzgefüge, Lautgefüge, Bedeutungsgefüge reflektiert? So richtig die Ergebnisse solcher Konstruktion auch sein mögen, kann ein solches gegenständliches Aufbauen aus Elementen die Wirklichkeit der Dichtung, ihr In-der-Welt-Sein überhaupt erreichen?
Alle diese Schwierigkeiten hatte bereits Hegel gesehen und sie durch seine dialektische Methode, die er der gegenständlich-isolierenden sogenannten »Reflektionsphilosophie« entgegenstellte, zu bewältigen versucht.

III. Phänomenologie, 2. Phase = Synthesis

M. Heidegger geht an diesem Punkt bis auf Platon und den Beginn der abendländischen Metaphysik zurück, um das Sein in seiner Unterschiedenheit vom Seienden denken zu lernen. Es ist hier erforderlich, zunächst einmal einige der Fundamentalthesen Heideggers, unerachtet ihres Ärgernischarakters angesichts aller abendländischen Wissenschaftstradition, im groben Umriß einfach hinzusetzen. Wir hatten einleitend die Maxime der Phänomenologie in die Worte gekleidet: Sein ist nicht auf Seiendes, Welt nicht auf innerweltlich vorkommende Gegenstände zu reduzieren. Husserl und die klassische Phänomenologie waren in der begrifflichen Fassung des Seins des Seienden praktisch auf Platons Ideenlehre zurückgekommen und dabei in die angedeuteten Schwierigkeiten geraten. Heidegger kritisiert nun gerade die platonische Konzeption des Seins als Wurzel der Metaphysik, und das heißt: aller Vergegenständlichung des Seins. Das Sein des Seienden ist für Heidegger von vornherein verfehlt, wenn man es als ein Reich von Ideen oder Wesenheiten, deutlicher noch in der modernen Fassung: von ideal Seiendem auffaßt. So verführerisch und praktikabel besonders für die griechische Sprache (dank des Artikels τό!) die Vorstellung der Sinnsphäre als des wahrhaft Seienden (ὄντως ὄν) sich anbot und damit die Menschen wohl zum erstenmal in den Stand setzte, das Apriorische zum Thema des Denkens zu machen, so ist doch gerade mit dieser ersten Verfügbarmachung des Seins auch schon das kategoriale Schema eines innerweltlich vorkommenden Seienden auf es angewandt.

Es war nur die notwendige Folge dieser Vergegenständlichung von etwas, das alles Begegnen von Gegenständen doch erst möglich macht, daß (spätestens und endgültig) seit Platon die ἀ-λήθεια, d. h. die Wahrheit als Lichtung des Seins (praktisch) zur ὀρθότης (später: ὁμοίωσις bzw. adaequatio intellectus ad rem), d. h. zum Sich-Richten des Urteils nach dem im Offenen des Seins in einer Gestalt (εἶδος) anwesenden Seienden wurde[10].

Damit aber war das Phänomen der Offenbarkeit von Sein, das allem Sich-Richten des Urteils vorangehen muß, so gründlich verdeckt und vergessen, daß wir heute alle Mühe haben, es in seiner fundamentalen erkenntnistheoretischen Wichtigkeit überhaupt zu bemerken. Für Heidegger ist das offenbare Sein überhaupt kein Gegenstand, weder ein innerweltlich-innerzeitliches Vorkommnis wie für die Naturalisten bzw. Positivisten, noch ein überweltlich-außerzeitliches Ideenreich, sondern es ist, wenigstens unter dem hier in Frage stehenden Aspekt: die als Horizont sich öffnende »Welt« oder die sich ekstatisch zeitigende »Zeit« selbst. Die Fundamental-Differenz der Philosophie, die Unterscheidung von a-priori und a-posteriori, betrifft nicht den Unterschied eines innerweltlichen Werdens und eines überweltlich starren idealen Seins, wie in der Tradition vorge-

10 Vgl. M. Heidegger, *Platons Lehre von der Wahrheit*, Bern 1947, ferner: *Einführung in die Metaphysik*, Frankfurt 1953, und: *Vom Wesen der Wahrheit*, Frankfurt 1949.
Heideggers Deutung der »Metaphysik« und insbesondere Platons ist wie alle seine »gewaltsamen« Versuche, die öffentliche Selbstverständlichkeit der ausgelegten Tradition in Frage zu stellen, heiß umstritten. In der Tat gibt es ja bei Platon (wie bei Aristoteles) Stellen, die seiner Interpretation zu widersprechen scheinen, ja in Platons Äußerungen über das jenseits aller οὐσία und aller Aussagbarkeit liegende ἕν ἀγαθόν (im *Staat* wie im *7. Brief*) scheint vielmehr Heideggers »ontologische Differenz« vorweggenommen. In gleicher Weise könnte man Aristoteles, die neuplatonische Mystik, Augustinus (besonders die Illuminations-Theorie!), Eckhart, Böhme, Fichte und Schelling (die intellektuelle Anschauung als praereflexives Seinsverstehen!) für eine noch nicht geschriebene Herkunftsgeschichte der Philosophie Heideggers in Anspruch nehmen.
Diese Ansätze scheinen mir indessen eher die Bedeutung seines Anliegens »von der Sache her« zu stützen, als daß sie ausreichten, die auf Entlarvung maßgeblicher Denkgeleise abzielende Charakteristik des historischen »Platonismus« (Ideenkonzeption – Reich der ewigen Werte) wie der im reflexiven »Gegenstandsbewußtsein« (seit Descartes ausdrücklich!) gegründeten abendländischen Metaphysik zu entwerten. Daß die abendländische »Metaphysik« seit Platon der »Logik« des gegenständlichen Denkens verhaftet ist und daher in der Gegenstände herstellenden »Technik« ihren höchsten Triumph (der Methode!) feiert, – diese These Heideggers wird man nicht so leicht entkräften können. Demgegenüber könnte freilich das eigentliche Anliegen der »Metaphysik«, das sich früher nur via negationis et eminentiae (im Zusammensturz der Logik, wie Jaspers sagt!) an den höchsten Punkten der gegenständlichen Spekulation zur Sprache brachte, in Heideggers »Denken des Seins« aufgehoben sein.

stellt, sondern die ontologische Differenz von Sein und Seiendem. Das Sein lichtet sich zur Welt zugleich zeitlich und räumlich, indem es im Da-sein des Menschen zu sich selbst ein Verhältnis, das Selbstverständnis im und als Seinkönnen, gewinnt. In der diesem Verhältnis entsprechenden Lichtung des Seins, das jeder Mensch als je seiniges aus der Zukunft empfängt, begegnen dem Menschen die Dinge, die Anderen und er selbst.

Die letzte Strukturverklammerung, die von Sein und Seiendem, ist also selbst noch dialektisch: Ohne den faktisch seienden Menschen kann das Sein sich nicht zur Welt lichten, andererseits findet der Mensch sich selbst schon im Lichte des Seinsverständnisses. Dieses Grundverhältnis hat nun in jeder echten Wahrnehmung sein Analogon: Kein Seiendes kann uns als Faktum überhaupt begegnen, das nicht je schon »als etwas«, d. h. auf sein Sein hin a-priori verstanden wäre, umgekehrt kann das allgemeine Sein (das ein jeder als seines zu sein hat), sich nur bei Gelegenheit einer faktischen Begegnung als Sosein (oder Wesen) eines Seienden überhaupt lichten. Existenziell bezogen: Jedes Seiende, soll es überhaupt begegnen können, muß in den »Weltentwurf«, die Daseinsperspektive eines Menschen in einer »Bewandtnis« oder »Bedeutsamkeit« hineinstehen können. Umgekehrt gilt: jedes Seiende, das mir faktisch begegnet, kann mir sozusagen monadisch eine Perspektive für die Betrachtung des Weltganzen vermitteln; in jedem Seienden, das mir wesenhaft (d. h. in einer so seltenen echten »Wahr-nehmung«) begegnet, muß sich meine Welt und von ihr her der Entwurf meines In-der-Welt-Seins (meine Haltung, mein Lebensstil) neu gründen. Dieser »hermeneutische Zirkel« – das erkenntnistheoretische Gegenstück zur »ontologischen Differenz« – ist unzerreißbar und ist das »Grundgeschehen«, in dem für uns »Wahrheit« geschieht[11].

Betrachten wir nun die Konsequenzen für die Auffassung von

11 a) Der »Hermeneutische Zirkel«, der als »ontologische Differenz«, »geworfener Entwurf«, später als »Streit von Erde und Welt« bzw. »Erde und Himmel« sich ausprägt, ist das logische und heuristische Grundprinzip in Heideggers Phänomenologie. Von ihm aus müßte die Begegnung und Auseinandersetzung mit Hegels »Phänomenologie des Geistes« erfolgen, d. h. mit der »Dialektik« als dem anderen großen Versuch, die Weltsinn-Phänomene zu retten und doch zugleich als geschichtlich zu verstehen.

b) Zu den Begriffen »Bedeutsamkeit«, »echte Wahr-nehmung«, »Haltung«, »Lebensstil«, »Wahrheit« im Unterschied von bloß sachlicher (auf Tatsachen zutreffender) oder formallogischer »Richtigkeit« vgl. auch das philosophische Lebenswerk E. Rothackers, das wir, im Blick auf das Wesentliche seines durchaus eigenständigen Ansatzes, ebenfalls der zweiten, existenzial-hermeneutischen Phase der Phänomenologie zuordnen möchten.

Dichtung und Sprache: In jeder echten Wahrnehmung wird nicht schon ein »Fall« unter einen »Begriff« subsumiert, sondern ein einmaliges, einzigartiges Seiendes wahrgenommen, und dieses Seiende doch zugleich »als etwas« wahr-genommen. Das erstere dialektische Moment entspricht dem ontischen Gesichtspunkt, kantisch gesprochen: der sinnlichen Affizierung, das zweite Moment dem Seinsverstehen, der Lichtung des Seins zu einer allgemeinen Wesensfülle. Dieses zweite Moment ist nun offenbar der systematische Ort der Sprache. Diese setzt nicht, wie im Platonismus, ein schon fest gefügtes Reich von idealen Bedeutungen voraus, an dem sie nur Teil hat, sondern das »Allgemeine«, der Sinn des Seins, gewinnt durch sie und in ihr allererst die Form eines festen Bedeutungsgefüges. Immer wenn der Mensch aus seinen Lebensbezügen heraus das Verständnis eines Seienden in seinem Wesen gewinnt, hat sich das Sein schon in das Haus einer Sprache gefügt. Und wäre auch, psychologisch analysiert, das intuitiv geschaute Wesen zunächst noch nicht aussprechbar, so ist es doch, im Maße es überhaupt als distinktive Bedeutung aus dem einen »Sein« sich entfaltet, schon in den Bannkreis eines Sprachgefüges gekommen. Dies tritt besonders in den paradoxen Formulierungen der Mystik hervor, wo das Unaussprechliche via negationis et eminentiae zum Aufleuchten gebracht wird. So kann Heidegger im Ernst von der Sprache als »Haus« des Seins oder auch als der »lichtend-verbergenden Ankunft des Seins«[12] reden. In dieser letzteren dialektischen Formulierung ist zugleich aller Sprachkritik Rechnung getragen und doch wiederum betont, daß die Sprache nur durch die Sprache bekämpft, kritisiert und korrigiert werden kann. Wir können das hier leider nicht bis in die Ausbildung der wissenschaftlichen Terminologien, ja bis in die Kalkülsprache der Mathematik verfolgen, die immer noch, wenngleich ein Grenzfall von Sprache ist (in der sich Sein sozusagen systematisch und planmäßig, dafür aber mit eng begrenzter Tragweite lichtet). Wir fassen zunächst noch einmal zusammen:

Die Sprache gilt Heidegger als Artikulationsgefüge des Seins, das sich in den Bezügen des geschichtlichen In-der-Welt-Seins des Menschen zu seiner Wesensfülle lichtet. Sie ist nach alledem kein innerweltlich vorkommendes Seiendes, sondern, wie Jaspers sagen würde, ein Umgreifendes; sie »ist« eigentlich überhaupt nicht – nur Seiendes »ist« –, sondern sie »zeitigt« sich wie das Sein selbst, sie gehört zum

12 Heidegger, *Brief über den Humanismus,* Bern 1947.

Sein und seiner Geschichte, sie ist in der Phase der menschlichen Eksistenz das Analogon zur instinkthaften Lebensstruktur der auslösenden Schematismen in der Tierwelt, wahrhaft der »Vernunftinstinkt des Menschen«, wie Humboldt sagt. Sie teilt daher alle Strukturen der geschichtlichen Eksistenz, sie ist zugleich fest und flüssig, natürlich und künstlich (φύσει u. θέσει), organisch abgeschlossen und doch offen im Überstieg zu den Möglichkeiten der Zukunft hin, zugleich ein Ganzes dem Einzelnen gegenüber und wiederum in diesem je individuell entspringend.

Um uns von hier aus den Weg zum Problem der Dichtung zu bahnen, müssen wir zunächst das über die Sprache Gesagte einschränken. Man könnte ja aus nüchterner Besinnung heraus fragen: ist es denn wahr, daß in der alltäglich gebrauchten Sprache das Sein des Seienden sich zu einer Wesensfülle lichtet? Trifft auf die Alltagssprache nicht viel eher zu, was Leibniz über die Worte als »Rechenzettel des Verstandes«[13] sagte?

Mit Heidegger ist darauf zu antworten: Allerdings ist im alltäglichen Sprachgebrauch wenig von Lichtung des Seins zu merken, aber nicht deshalb, weil die Sprache ihrem Wesen nach bloß ein Gebrauchszeug, ein Mittel der Verständigung wäre, sondern weil das sprachlich gelichtete Wesen der Dinge hier immer schon vorausgesetzt wird, weil die Sprache nur noch als Mittel bewußt interessiert, so wie auch das Seiende jetzt nicht mehr in seinem Sein, sondern nur noch in seinen faktischen Kausalverhältnissen, und d. h. als Mittel oder Umstand im Kampf ums Dasein interessiert. Die Seins-Lichtung durch die Sprache geschieht hier nur mehr als Nachwirkung (z. B. in der Weise der Subsumption der »Fälle« unter »Klassenbegriffe«), ins Selbstverständliche abgesunken und daher unbemerkt, so daß es den Anschein hat, als sei die Sprache bloßes Bezeichnungsmittel, das einer auch ohne sie offenbaren und bekannten Welt zugeordnet wird. Halten wir aber jetzt (in der modernen Welt) Ausschau nach einem Phänomen, wo die Lichtung des Seins durch die Sprache und in der Sprache noch eigens geschieht, so werden wir sogleich auf die Dichtung geführt und treffen auch unmittelbar ihr Wesen. Heidegger nennt die Dichtung »worthafte Stiftung des Seins«[14]. Dabei ist nicht etwa der Mensch als Schöpfer des Seins

13 Vgl. Leibniz, *Unvorgreifliche Gedanken betreffend die Ausübung und Verbesserung der deutschen Sprache.*

14 Heidegger, *Erläuterungen zu Hölderlins Dichtung*, Frankfurt o. J. S. 43.

gemeint, sondern das Sein ist Stifter und Gestiftetes zugleich. Dem Menschen gebührt zwar das Verdienst des Bemühens und Ringens um das Wort; aber im Gelingen des Werks schenkt sich die Gunst des Seins, es geschieht in der Dichtung das »Sich-ins-Werk-Setzen der Wahrheit des Seienden«[15].

Hier meldet sich ein Einwand zu Wort: Die beiden eben angeführten Definitionen der Dichtung sagen nicht dasselbe. Die letztere trifft nicht nur auf Dichtung, sondern auf Kunst überhaupt, und zwar auf Werke der Kunst zu. Die erstere dagegen erreicht noch nicht den Werkcharakter einer »Dichtung« im substantivischen Sinne, sie scheint dagegen Dichtung und Sprache zu identifizieren. Ist aber Sprache wirklich dergestalt mit Dichtung identisch, daß Sprachwissenschaft mit Ästhetik zusammenfällt, wie Benedetto Croce lehrt?

Dies ist keineswegs die Meinung Heideggers. Als »worthafte Stiftung von Sein« ist Dichtung noch nicht im Sinne des Werkschaffens gemeint, sondern in einem fundamentalen Sinne das Verständniskonstituens, das in jeder echten Wahrnehmung, Kants transzendentaler Einbildungskraft entsprechend, am Werke ist, und ohne das faktisch keine Welt wäre. Im expliziten Werkschaffen der Sprachkunst aber hat sich gleichsam die ursprüngliche Dichtungspotenz der Sprache »hochstilisiert«[16], um dem Weltzerfall, wie er im praktisch-technischen Sprachgebrauch eintritt, entgegenzuarbeiten.

Wie steht es aber mit der anderen Abgrenzung der Dichtung gegen die übrigen Künste? Geschieht nicht auch in ihnen das Ins-Werk-Setzen der Wahrheit des Seienden? In seinem Aufsatz »Der Ursprung des Kunstwerks« (*Holzwege* S. 7 ff.) hat Heidegger gezeigt, wie ein Tempel eine Landschaft als Welt erschließt und somit erst »sein« läßt[17].

Aber in demselben Aufsatz sagt er (S. 60): »Gleichwohl hat das Sprachwerk ... eine ausgezeichnete Stellung im Ganzen der Künste ... Weil die Sprache jenes Geschehnis ist, in dem für den Menschen überhaupt erst Seiendes als Seiendes sich erschließt, deshalb ist die Poesie, die Dichtung im engeren Sinne, die ursprünglichste Dichtung im wesentlichen Sinne ... Bauen und Bilden dagegen geschehen immer schon und immer nur im Offenen der Sage und des

15 Heidegger, »Der Ursprung des Kunstwerkes«, in: *Holzwege*, Frankfurt 1950. S. 25.

16 Vgl. zum Begriff der »Hochstilisierung« E. Rothacker, *Probleme der Kulturanthropologie*, Bonn 1948.

17 Vgl. neuerdings Heidegger, »Bauen, Wohnen, Denken«, in: *Vorträge und Aufsätze*, Pfullingen 1954.

Nennens. Von diesen werden sie durchwaltet und geleitet. Aber gerade deshalb bleiben sie eigene Wege und Weisen, wie die Wahrheit sich ins Werk richtet. Sie sind ein je eigenes Dichten innerhalb der Lichtung des Seienden, die schon und ganz unbeachtet in der Sprache geschehen ist« (S. 61)[18].

Kommen wir von Heidegger her noch einmal auf die Schwierigkeiten R. Ingardens zurück, auf das Verhältnis des Werkes zur Zeit, zur Realität der Dinge und der menschlichen Akte:

In der Lichtung des Seins zur Welt, die durch das Werk selbst geschieht, hat Heidegger jenes umgreifende Ganze, den Bereich gefunden, in den das Werk hineingehört und der doch nicht ihm fremd und ein anderes wäre, auf das es reduziert werden könnte. Es selbst, das Werk, eröffnet ja allererst diesen Bereich. Solange man das Werk als Gegenstand, als geschichtetes Gefüge von Lautlichem und Bedeutungen und schließlich ästhetischen Werten begreifen will, kann man die Lebensbezüge zu Mensch, Geschichte und Natur, in denen das Werk steht, wenn es seine Eigenwelt aufrichtet, deshalb nicht verstehen, weil man diese Bezüge durch diejenigen der theoretischen Subjekt-Objekt-Distanz ersetzt hat. Damit ist aber nicht das dichterische Gebilde in seinem Eigensein vorgestellt, wie man sich schmeichelt, sondern es ist aus der von ihm selbst eröffneten Welt herausgerissen. Machen wir uns das von einer praktischen Konsequenz aus klar: Es lag in der Tendenz der ersten Phase der Phänomenologie, sich gegen das Kunsterlebnis des Dilettanten zu wenden, der die Dichtung mit seinen durch sie angeregten Vorstellungen, Wünschen und Stimmungen verwechselt. Dagegen stellte sie das Eigensein des Werkes als Gebilde und wiederholt immer wieder den Satz: Die Dichtung ist ein Bedeutungsgefüge und sonst nichts.

18 Die ausgezeichnete Stellung des Sprachwerks im Ganzen der Künste könnte ernsthaft angezweifelt werden angesichts der Entwicklung der bildenden Künste im 20. Jahrhundert. Hat nicht die Malerei in konsequent aufeinanderfolgenden Schritten von Manet über Cézanne bis Kandinsky ihre thematische und strukturelle Abhängigkeit vom Weltvorstellungsbild der Sprache überwunden, sozusagen ihren eigenen Wortschatz und ihre eigene Grammatik zur Erschließung von SEIN begründet?

Zumindest liegt in dem neuen und eigenartigen Verhältnis der modernen »gegenstandslosen« Kunst zur »Muttersprache« überhaupt ein wesentlicher Ansatzpunkt für ein philosophisches Verständnis des ganzen Phänomens. Malerei rückt hier – von Kandinsky und Klee bewußt erstrebt – in die Nähe der Musik, die ja nicht zufällig in Heideggers Sätzen unerwähnt bleibt. Gleichwohl ist das von ihm festgelegte Fundierungsverhältnis auch jetzt noch gültig. Es tritt sozusagen in seinen Grenzfall, wird zu einem bloß dialektischen Absprung aus einer Sinnwelt zur reaktiven Gründung einer neuen mit relativ eigenständigen Sprachmitteln.

Sie hat mit dieser radikalen Antithese gegen den Psychologismus aber nur aus einem Katalysator subjektiver Stimmungen einen Gegenstand wissenschaftlicher Abstraktion gemacht. (Daß die Wirklichkeit des Werkes hier übersprungen ist, zeigt sich am klarsten in den Fällen, wo der Versuch gemacht wird, Sprachstil und ästhetischen Wert zu beurteilen, ohne vorher »verstanden« zu haben, d. h. ohne die »Welt« des Werkes zuvor haben »walten« zu lassen.) In Wahrheit wirklich ist das dichterische Werk immer dann, wenn einer es weder als Stimmungsanreger mißbraucht, noch sogleich zur wissenschaftlichen Reflexion auf seine Elemente übergeht, sonderen sich dem Werk aussetzt, d. h. es aus der eigenen bisherigen Erfahrungswelt her intentional erfüllt, so zwar, daß dabei die Eigenwelt der Dichtung aufgeht und in Streit gerät mit der zuvor bekannten und anerkannten Welt; wenn er diesen Streit weder subjektivistisch verzerrt, ihm ausweicht zugunsten des Erwünschten, des Gewohnten und Bekannten, noch ihn durch ästhetische Reflexion abbricht[19], sondern ihn austrägt und durchsteht. Geschieht dies, dann geschieht zugleich das Sich-ins-Werk-setzen der Wahrheit des Seienden. Die Dichtung steht dann in ihren Bezügen, in der durch sie selbst eröffneten Welt, dergestalt, daß die Realität des Realen allererst neu aufgeht, die Zeit als geschichtliche Weltzeit neu gegründet, der vollziehende Mensch, sei es der schaffende Dichter oder auch der bewahrende Leser, durch das Werk in eben dem Maße ein anderer und neuer wird, als er dem Werk, es vollziehend, zu konkretem Sein verhilft. Die Dichtung ist jetzt »geschichtlich«, aber nicht »historisch«, wie sie für die Wissenschaft des 19. Jahrhunderts war. Ihre

19 Nicht nur die kausalwissenschaftliche Reduktion des Kunstwerkes auf seine historischen und psychologischen Bedingungen, auch die ästhetische Reflektion auf seine formalen Bedingungen, welche die Beziehungen zum Menschen und zur konkreten Geschichte scheinbar um des Werkes willen abschneidet, nimmt diesem in Wahrheit die Möglichkeit, zu »sein«, d. h. sich welt- und geschichte-gründend zu verwirklichen. Nicht nur der bloße Kunsthistoriker, auch der »Kenner« und »Liebhaber« von »Kunst überhaupt«, der sofort auf die allgemeinen formalstilistischen Reize hin abstrahiert, entlastet sich von dem durchaus dogmatischen Stoß, der von dem gestalteten Gehalt des einzelnen Werkes ausgeht (vgl. Rilkes »Archaischer Torso des Apoll«!). Statt »diesem« Werk seine Welt einzuräumen, weist er es, die »ewigen Werte« rasch und schmerzlos von der realen Lebenswirklichkeit trennend, ins »imaginäre Museum« für »Kunst überhaupt«. Damit aber hört die Kunst eigentlich auf, für das menschliche Leben im Ernst etwas zu bedeuten.
Über das jedem »Werk« implizit zugehörige »Dogma« als schöpferischen Ursprung existenzieller »Wahrheit« vgl. E. Rothacker, »Die dogmatische Denkform in den Geisteswissenschaften«, Mainz 1954. (*Abhandlung der Mainzer Akademie der Wissenschaften und der Literatur.*)

Geschichtlichkeit besteht nicht darin, daß sie als Bedingtes auf ein in der Zeit schon Vorgekommenes reduziert werden könnte, sondern darin, daß in ihr und durch sie das absolute Sein sich aus seiner Zukünftigkeit her »zeitigt« und damit Geschichte gründet, indem einem Menschentum seine Welt neu aufgeht.

Mag die Intentionalität der dichterischen Sätze, ontisch gesehen, d. h. im Hinblick auf das Faktisch-Zufällige, nur eine Fiktion sein gegenüber den Urteilen des Alltags, der Lebenspraxis und der empirischen Wissenschaften (vgl. R. Ingarden und G. Müller) – im Hinblick auf das *Sein* des Seienden ist das Fundierungsverhältnis gerade umgekehrt: Hier gründet gerade das im sogenannten Tatsachenurteil wie selbstverständlich vorausgesetzte Seinsverständnis in der Lichtung der Wesensfülle des Seins, die in der Dichtung geschieht.

Während die Dichtung gerade durch ihre fiktive Freiheit (nicht etwa völlige ontologische Unabhängigkeit!) gegenüber dem Faktischen das Sein in die Wahrheit hebt, wird dem Faktischen, dem Warum des Hier und Jetzt des Seienden, auf welches das praktische Mittel-Zweck-Interesse des Menschen gerichtet ist, in den empirischen Wissenschaften Rechnung getragen, die ihrer Natur nach auf technische Beherrschung des innerweltlich Vorkommenden angelegt sind und daher scheitern müssen, wenn sie das weltkonstituierende Sein irgendeines Phänomens »erklären« wollen. Eine solche Erklärungstendenz liegt aber selbst noch in dem Denkansatz der klassischen Phänomenologie; denn schon die Vergegenständlichung des Seinssinnes in einem starren Ideenreich, das als Maßstab vorausgesetzt wird für das geschichtliche Sich-öffnen des Sinn»himmels« am Gestaltriß der sinnlich-leibhaftigen »Erde« (der Wortmaterie!), wie es in der Dichtung geschieht, ist ein Versuch, das Sein von Welt auf Seiendes (in einer Überwelt) zu reduzieren. Nicht das Kunstwerk ist eine zufällige Komplexion ewiger Wesenheiten, die der platonische Philosoph unabhängig von der Sprache und geschichtlichen Situation als System des Möglichen erschaut[20], sondern jede echte philosophische Wesensschau ist ein fundierter Modus des Aufleuchtens einer Sinnwelt am sinnlichen Leib, wie es im Kunstwerk gesteigert geschieht. Vollends ist der Aufriß des Dichtwerkes als Schichtengefüge aus Lauten, Bedeutungen und schließlich ästhetischen Werten eine »Er-

20 Leibniz konnte von dieser platonischen Konzeption aus den Gedanken einer Ideenkombinationsmaschine erwägen, die irgendwann auch die *Bibel* oder die *Ilias* produzieren würde.

klärung«. Er ist bezeichnenderweise sehr wohl geeignet, dem »technischen« Vorgang der phonographischen (und kulturpolitischen) Konservierung eines Gedichts als Leitfaden zu dienen, nicht aber dazu, die Konstitution einer Welt durch das Kunstwerk, die nicht mit ihren technischen »conditiones sine qua non« identisch ist, zu verstehen.

Aus der technischen Grundorientierung der traditionellen Metaphysik stammt auch das Kategorienpaar »Stoff« und »Form«, das bisher alle Versuche, das Wesen von Dichtung und Sprache zu verstehen, bestimmt und, wie sich zeigen wird, fehlgeleitet hat.

Sofern Philosophie auf das wissenschaftliche Verfahren der Vergegenständlichung um der systematischen Kontrolle ihrer Methode willen nicht ganz verzichten kann, sieht sie sich doch genötigt, diese Vergegenständlichung gleichsam umzubiegen in die Dimension des Seins, wie es von Hegel versucht, von vielen schon postuliert, von Heidegger erneut in Angriff genommen worden ist.

Wir stehen damit aber vor einer Frage, die sich nach der bisherigen Charakteristik von Dichtung und Philosophie einerseits, Lebenspraxis und empirischer Wissenschaft andererseits, aufdrängen muß: Wie steht es mit dem Unterschied des philosophischen Seinsdenkens zur werkschaffenden Dichtung? Wenn schon beide auf die Seite des Weltöffnens und Sinnfindens gehören, welche dem Mittelfinden der Lebenstechnik die Voraussetzung gibt und zugleich das Gegengewicht hält: gibt es gar keinen Unterschied zwischen beiden oder kann gar die Philosophie die Kunst geschichtlich ablösen und ersetzen, wie Hegel meinte?

Eine Antwort wurde bei der Erörterung des gegenständlichen Denkens im Grunde schon angedeutet: alle Vorzüge der Begriffsschärfe und Systematik, welche die Philosophie der Dichtung gegenüber besitzt, machen sie doch auch wiederum zur späteren und abhängigen Gestalt des Lebens; denn die »Gestalt« ist ursprünglicher als die »Form«, der »Begriff« immer schon fundiert in einer »Bedeutung«. Zwar bestehen manche Parallelen: Die »phänomenologische Reduktion« Husserls etwa klammert das Faktische des Seienden ein, um die Wesensformen um so klarer in den Blick und Griff zu bekommen. Ähnlich verfährt die Dichtung durch die freie Fiktion des Faktischen. Aber eben an dieser Ähnlichkeit zeigt sich auch der tiefe Unterschied: die Dichtung will das Sein nicht als ein Gefüge von reinen Wesensformen verfügbar machen, sie greift intuitiv in die Fülle der konkreten Wirklichkeit und läßt das Sein so aufleuchten, wie es sich selbst für die echte Wahrnehmung auftut, sich gleichsam um das konkrete Seiende herum lichtet, das selbst erst in seinem Lichte »als etwas« begegnet.

Weil dies in jedem dichterischen Satz geschieht, deshalb kann auch das Werkganze nicht mit Hilfe des Kategorienpaares Stoff-Form verstanden werden[21]. »Form« ist ein Fertiges, Klares, Verfügbares, das der »Materie« äußerlich gegenübertritt, diese in ihren Dienst zwingt, sie verbraucht, ohne sich selbst im geringsten zu wandeln. Mit Stoff und Form haben wir es bei der Zeugherstellung, in extremer Klarheit bei der fabrikmäßigen Fertigung von Präzisionsinstrumenten und Maschinen zu tun. In der Sprache entspricht dem das wissenschaftliche Ideal von »Zeichen«, die sich ohne jede Eigenmächtigkeit in den Dienst eines ohne sie fertigen Begriffs stellen und in dieser Dienlichkeit unauffällig aufgehen.

Die Sprache als Ganzes hinwiederum, als Einheit von Lautleib und Bedeutung wird als Stoff verbraucht von der festen Zweckform etwa einer Vertragsurkunde und allenfalls dort, wo ein Dichter in oberflächlicher Routine eine überkommene Versform, die einmal als Gestalt geschichtlich entstand, nur eben ausfüllt. »Gestalt« – um diese handelt es sich in echter Kunst – ist dem Schaffenden gerade nie verfügbar und im voraus klar, sie wird allererst in der Auseinandersetzung mit dem faszinierenden Motiv errungen, so zwar, daß sie in eben dem Maße sich bildet, als der den Künstler faszinierende Motivgehalt am Gestaltriß gleichsam aufsteigt, wie der Himmel, der zugleich mit der Landschaftskontur der Erde aufleuchtet. »Himmel« und »Erde«, das Offene der Zukunft und das Gestalthaft-Entschiedene, sind im Kunstwerk im Streit, eins überspielt das andere; so zwar, daß am Chaotischen die Notwendigkeit des Maßes und doch zugleich am Anspruch des festen Maßes das Offene der Situation erscheint. Das Aufscheinen der Wahrheit als Harmonie dieses Streites ist die Schönheit des Werkes. Indem es solchermaßen gerade keine begrifflich faßbaren Ideen und keine moralischen Anweisungen gibt, sondern den Urstreit von Erde und Himmel, von dem sich der Mensch im Alltag entlastet hat, erneut entfacht, enthüllt es die »Bahnen des Schicksals«, Geburt und Tod, Segen und Fluch, Haß und Liebe, Krieg und Frieden, das, was in Wahrheit »ist« und worum es dem Menschen je schon geht.

21 Vgl. Heidegger, »Der Ursprung des Kunstwerkes«, a.a.O.

In alledem ist die Dichtung dem philosophischen Begriff, der gleichwohl notwendig ist, voraus, jedoch so, daß der Begriff die gestaltgebundene Bedeutung nie einholen und ersetzen kann. Der Philosoph kann nur die in schöpferischer Tat und Dichtung (besonders auch in der anonymen der Muttersprache) gelichtete Welt in die Systematik des Begriffs heben, wodurch zweifellos eine neue und eigenartige Weltöffnung sich vollzieht. Geschieht ursprüngliche Lichtung in der Ebene der Philosophie, so ist es die Kraft der Dichtung, die auch hier am Werk ist. Das z. B., was über alle einzelnen Thesen hinaus durch das Ganze eines Systems an Weltoffenbarung geschieht, läßt sich sehr wohl mit der Vorwegnahme und Sammlung des Weltganzen im Kunstwerk vergleichen.

Stellen wir zum Schluß von Heidegger her die Frage (vgl. »Erläuterungen zu Hölderlins Dichtung«): ist Dichtung ein Spiel, das »unschuldigste aller Geschäfte«, wie Hölderlin einmal an seine Mutter schreibt, oder ist sie eine so ernsthafte Sache, daß der Mensch ohne sie nicht existieren könnte?

Beides ist wohl richtig und nicht einmal ohne tieferen Zusammenhang. Wenn aber einmal der Künstler selbst in schamhafter Ironie und trotziger Selbstbehauptung von seiner Arbeit als selbstgenügsamem Spiel der reinen Form spricht, die mit der realen Welt nichts zu tun habe[22], so ist es nicht Sache des Philosophen, ihm dies zu glauben.

Gerade der drohenden Gefahr der Tendenzkunst kann nicht durch die resignierende l'art pour l'art-Formel begegnet werden, sondern nur dadurch, daß man der direkten Zwecktendenz unserer alltäglichen Anstrengung, welche auch die Sprache als Mittel zu verbrauchen drängt, das uns so notwendige Wunder der echten Weltdichtung entgegenstellt, die sich dem Dichter schenkt, wenn er sie der Sprache als »dem gefährlichsten aller Güter« abringt.

Denn so heißt es in einem anderen Hölderlin-Wort: »Voll Verdienst, doch dichterisch wohnet der Mensch auf dieser Erde.«

22 Vgl. etwa Gottfried Benn.

Der philosophische Wahrheitsbegriff als Voraussetzung einer inhaltlich orientierten Sprachwissenschaft

1. Exposition der Wahrheitsfrage bei W. von Humboldt und L. Weisgerber

In seiner Akademieabhandlung von 1820 »Über das vergleichende Sprachstudium« sagt W. v. Humboldt an entscheidender Stelle: »Durch die gegenseitige Abhängigkeit des Gedankens und des Wortes voneinander leuchtet es klar ein, daß die Sprachen nicht eigentlich Mittel sind, die schon erkannte W a h r h e i t (vom Verf. gesperrt) darzustellen, sondern weit mehr, die vorher unerkannte zu entdecken. Ihre Verschiedenheit ist nicht eine von Schällen und Zeichen, sondern eine Verschiedenheit der Weltansichten selbst« (a.a.O. § 20). Im anschließenden Textzusammenhang dieser Stelle, in der nach Humboldts eigenen Worten »der Grund und der letzte Zweck aller Sprachuntersuchung« ausgesprochen ist, begegnet noch mehrfach das Wort »Wahrheit«. Zunächst wird dem nur denkbaren All des Erkennbaren, das »zwischen allen Sprachen und unabhängig von ihnen in der Mitte« liege, die Art und Weise gegenübergestellt, in welcher der Mensch sich desselben als Welt bemächtigen kann: »Der Mensch kann sich diesem rein objektiven Gebiet nicht anders als nach seiner Erkennungs- und Empfindungsweise, also auf einem subjektivem Wege, nähern«. Hier wird nun der subjektiven Erkenntnisweise des Menschen erneut der Wahrheitsbegriff zugeordnet, und zwar unter vorheriger Zurückweisung des rein logischen »Subjekts überhaupt« als des zur Wahrheit gehörigen menschlichen Korrelats: »Gerade da, wo die Forschung die höchsten und tiefsten Punkte berührt, findet sich der von jeder besonderen Eigentümlichkeit am leichtesten zu trennende mechanische und logische Verstandesgebrauch am Ende seiner Wirksamkeit, und es tritt ein Verfahren der inneren Wahrnehmung und Schöpfung ein, von dem so viel deutlich wird, daß die objektive W a h r h e i t (vom Verf. gesperrt) aus der ganzen Kraft der subjektiven Individualität hervorgeht. Dies ist nur mit und durch Sprache möglich«. Einige Zeilen weiter resümiert Humboldt dann seine ganze Sprach- und Erkenntnismetaphysik, nach der die

Sprachen zugleich subjektive Wege der Erkenntnis und zugleich – der Subjektivität des einzelnen Menschen gegenüber – objektive Instanzen (»Spiegel« könnte man sagen) der immer erstrebten allgemeingültigen Wahrheit sind, in einem beziehungsreichen und andeutungsschweren Kernsatz: »Die ursprüngliche Übereinstimmung zwischen der Welt und dem Menschen, auf welcher die Möglichkeit aller Erkenntnis der W a h r h e i t (vom Verf. gesperrt) beruht, wird also auch auf dem Wege der Erscheinung stückweise und fortschreitend wiedergewonnen«. Auch hier steht noch einmal der Begriff der Wahrheit im Mittelpunkt der sprachphilosophischen Problematik. L. Weisgerber, der die soeben aufgeführten Humboldt-Stellen wiederholt als Gründungsurkunde einer erst noch zu schaffenden, inhaltlich orientierten Sprachwissenschaft bezeichnet hat[1], vergleicht an einer Stelle insbesondere die zuletzt zitierte Metaphysik einer stückweisen Wiedergewinnung der Übereinstimmung des Menschen mit dem All auf dem Wege der Erscheinung mit der Erkenntnistheologie des Apostels Paulus: »Stückwerk ist unser Wissen und Stückwerk ist unser Weissagen ... Jetzt sehen wir wie durch einen Spiegel, rätselhaft ... jetzt erkenne ich nur stückweise, dann aber werde ich ganz erkennen ...« »Es ist kein weiter Weg«, schreibt Weisgerber, »von diesem cognoscere ex parte, per speculum, in aenigmate zu dem Grundgedanken der stückweise in der Zeichenwelt der Sprache zu fassenden W a h r h e i t (vom Verf. gesperrt)«[2]. Hier möchten wir ansetzen und die Frage stellen: Wie ist der philosophische Begriff der »Wahrheit« ausdrücklich zu fassen, der jener bei Humboldt und wiederum bei Weisgerber aufspringenden Frage nach der ein »Weltbild« stiftenden und somit kognitiven Leistung der Sprache bzw. der Sprachen zugrunde liegt? Soviel kann jedenfalls bereits nach den wenigen angeführten Stellen vermutet werden, daß die Wahrheitsproblematik – um es zunächst ganz unbestimmt zu sagen – für die Grundkonzeption einer inhaltlich orientierten (d. h. nach dem in der Sprache konstituierten »Weltbild« fragenden) Sprachwissenschaft nicht gleichgültig ist, sondern als immer wiederkehrende Voraussetzung möglicherweise das faszinierende Motiv, die geheime Philosophie dieses neuen Programms einer empirischen Wissenschaft in sich birgt.

1 Vgl. L. Weisgerber, *Vom Weltbild der deutschen Sprache*, Düsseldorf 1950, S. 21 f.
2 L. Weisgerber, *Die Sprache unter den Kräften des menschlichen Daseins*, Düsseldorf 1949, S. 38.

II. Wahrheitsbegriff und Sprache in der philosophischen Tradition

Wir wollen im folgenden den zunächst vielleicht pedantisch anmutenden Versuch machen, zur Erläuterung der von Humboldt und Weisgerber gemeinten Beziehung von Sprache und Wahrheit die traditionellen philosophischen Definitionen der Wahrheit und ihre Anwendung auf die Sprache heranzuziehen. Es mag sein, daß dabei das, was uns zunächst ohne weiteres verständlich erschien, dunkel zu werden scheint. Dann werden wir den Grund nicht nur auf Seiten des unreflektierten Sprachgebrauchs (bei Humboldt und Weisgerber), sondern auch auf Seiten des philosophischen Wahrheitsbegriffs zu suchen haben. Jedenfalls wollen wir nicht ruhen, bis wir sowohl der philosophischen Pedanterie als auch dem (vollen) Sinn des für eine inhaltlich orientierte Sprachwissenschaft vorausgesetzten Wahrheitsbegriffs einigermaßen Genüge geleistet haben.

1. Sprachliche Wahrheit als ὀρθότης ὀνομάτων

Der Versuch, die traditionelle Wahrheitsdefinition auf die Sprachwissenschaft zu beziehen, führt uns zunächst auf das Problem, die Rolle der Sprache beim Zustandekommen einer »wahren Rede« zu bestimmen. Den ersten Versuch in dieser Richtung unternahmen schon die Griechen, für die ja im Begriff des »Logos« die erkenntnistheoretische und die sprachphilosophische Problematik zunächst ungeschieden auftrat. Noch vor der ausdrücklichen Definition der Wahrheit als ὀρθότης der Aussage (des Urteils) ergab sich ihnen die Problematik der ὀρθότης ὀνομάτων, in der die Wahrheitsbeziehung der Sprache in der Lautgestalt der einzelnen Wörter gesucht wurde. Als spekulative »Etymologie« ist dieser erste Versuch, eine ursprüngliche Weltentdeckung der Sprache aufzuspüren, bis heute aktuell geblieben. Noch bei der Suche nach der von Humboldt postulierten »inneren Sprachform« bildete er lange den einzigen Gesichtspunkt. Trotzdem ist er bis heute in seiner letzten Tragweite umstritten und ungeklärt.

Wir wollen hier nicht auf die Schwierigkeiten einer empirisch richtigen Lautgenealogie reflektieren; diese wurde im 19. Jahrhundert weitgehend sichergestellt, und durch Einblick in die ursprünglichen bildhaften Wortbedeutungen konnten gewiß (schon seit Vico und Leibniz, erst recht nach Bereitstellung der empirischen Grundlagen durch Pott) wertvolle Hinweise auf sprachliche »Weltansichten« gewonnen werden. Dennoch blieb die letzte philosophische Auswertung fragwürdig. Das Problem der Lautsymbolik etwa, auf das man doch zuletzt zurückgeworfen wird, ist als Tummelplatz des Dilettantismus fast berüchtigt, und selbst die Frage, wieweit die metaphorischen Hinweise oder das, was Marty »figürliche innere Sprachform« nannte, erkenntnistheoretisch, und das meint in diesem Fall zugleich: geistesgeschichtlich, ernst zu nehmen sei, entbehrt noch immer entscheidender Kriterien der Beantwortung. Sollte hier vielleicht die Frage nach der inhaltlichen Wahrheit der Sprache im ganzen und damit auch der philosophische Begriff dieser Wahrheit vorausgesetzt sein?

Hier seien nur einige Hinweise versucht, die im Zusammenhang der späteren Ausführungen vielleicht rückwirkend verständlicher werden: Wenn »Wahrheit« als »Richtigkeit« im Sich-Richten der Namen nach »den« – als bekannt vorausgesetzten – »Dingen« (πράγματα, res) bzw. »der« Natur (φύσις) verstanden wird, so läuft das in der spekulativen Etymologie etwa darauf hinaus, daß man die Lautgestalt der Wörter als natürliche Angleichung (ὁμοίωσις, adaequatio) an das, was sich im Sinneseindruck zeigt, verstehen will. Wie sollen aber dann deutsch »Welle« und lateinisch »unda«, »Blitz« und »fulgur« jeweils beide »richtig« sein? Man kommt zwar sehr bald auf die Unterscheidung von Naturaspekten, verliert damit aber auch mehr und mehr die von den Griechen vertrauensvoll vorausgesetzten Maßstäbe »der« Natur. Durch unmittelbaren Rekurs auf vermeintlich jederzeit von jedermann belegbare Naturaspekte (etwa in einem internationalen psychologischen Experiment zur Verifikation der sprachlichen Lautsymbolik) ist jedenfalls nicht zu klären, wonach die Lautgestaltung der Sprachen sich faktisch gerichtet hat (gesetzt, daß sie, bei aller prinzipiellen Konventionalität ihrer letzten Anerkennung durch den Menschen als intersubjektiv gültige Institution der Verständigung, doch »nicht ohne natürliche und moralische Gründe«, wie Leibniz einmal sagt, sich konkret ausgebildet hat). Sollte am Ende dasjenige, wonach die Lautbildung der Sprache sich richtet, selbst schon bzw. erst im Lichte der Sprache entdeckt sein und nicht ohne die Voraussetzung der inneren Sprachform bzw. der Weltansicht einer Sprache im ganzen zu bestimmen sein?

Bis zu diesem Punkt hat W. v. Humboldt das Problem der Etymologie schon vorgetrieben. Hier liegt aber für uns ein Hinweis auf einen fehlenden philosophischen Wahrheitsbegriff, denn die Instanz, nach der die Lautbildung einer Sprache sich gerichtet hat, um im Sinne dieser Sprache richtig zu sein, muß schon etwas mit der Wahrheit überhaupt zu tun haben; dies wurde zu allen Zeiten gefühlt. Es fehlt in der – noch heute nicht erkenntnistheoretisch überwundenen – griechischen Problematik der ὀρθότης ὀνομάτων offenbar die prinzipielle Berücksichtigung der Instanz, welche das geschichtliche Sich-Richten und damit die innere Richtigkeit der Lautartikulation einer Sprache begründen könnte. Oder genauer: diese Instanz zeigt sich wohl bei Platon in den »Ideen«; aber indem diese »Gestalten des Seins« als das »wahrhaft Seiende«, d. h. also wiederum: als die ewige Natur der Dinge verstanden werden und ihr Zusammenhang in der systematischen Dialektik des νοεῖν begründet wird, werden sie von allem Zusammenhang mit der geschichtlichen Sprache gelöst (vgl. besonders den 7. Brief Platons). Eine Beziehung der Ideen zur Lautsprache als ihrem ὄργανον, wie sie im »Kratylos« erwogen wird, kann so weder von Seiten der linguistischen Etymologie noch von Seiten der philosophischen Grundlegung der ἔτυμα hinreichend begründet werden. Indem schon hier die »Wahrheit« als »Richtigkeit« im Hinblick auf eine logische Ordnung der Dinge verstanden wurde, mußte der Versuch, mit Hilfe der Etymologie den Nachweis der kognitiven Funktion der Sprache zu erbringen, scheitern.

Freilich lebte das spekulative Anliegen der platonischen Organon-Theorie der Sprache weiter. Es wurde z. B. von N. v. Cues ausdrücklich erneuert[4], ebenso von Jakob Böhme und G. B. Vico; und in dem Maße, in welchem dabei, durch den Kunstgriff des symbolischen Perspektivismus, der sprachlich inkarnierten Mannigfaltigkeit der »Ideenabschattungen« (Cusanus, Bruno) und endlich ihrer Geschichtlichkeit als »phantasiegeschaffener Universalien« (Vico) Rechnung getragen wurde, in dem Maße zeigte sich auch bereits die Wichtigkeit einer philosophischen Etymologie für die Eruierung der »Weltansichten«, die nach Humboldt in den Sprachen geschichtlich erarbeitet sind. In eben dem Maße wurde aber auch der traditionelle Begriff der »Wahrheit« als »Richtigkeit« (im Sinne einer Anmessung

4 Vgl. vom Verf. »Die Idee der Sprache bei Nik. v. Cues«, in: *Arch. f. Begriffsgesch.*, Bd. I, Bonn 1955, S. 200 ff.

an eine jedermann sinnlich gegebene bzw. in starrer logischer Ordnung vorausgesetzte Natur) praktisch überholt: Bei Cusanus wird zum Maßstab der Wahrheit die »mens« des Menschen, sofern diese als »imago dei« die schöpferische Selbstoffenbarung Gottes in der Welt repräsentiert. Bei Vico gilt der Satz: verum et factum convertuntur, wobei unter factum das vom Menschen im Sinne der künstlerischen »Poiesis« im Zusammenwirken mit der göttlichen »Vorsehung« Geschaffene zu verstehen ist. Ein solches Geschaffene, das zugleich Offenbarung ist, findet nach Vico der Geschichtsforscher z. B. in den »phantasiegeschaffenen Universalien« der Mythologie und in den Zeugnissen der Etymologie, die als Metaphern und letztlich als Lautsymbole auf die dichterische Weltstiftung, die zugleich theologische Offenbarung ist, zurückweisen als auf den gemeinsamen Ursprung von Lautgestalt und welthaftem Sinn.

Hier bahnt sich offenbar ein neuer Begriff der Wahrheit an, der dem Umstand Rechnung trägt, daß die Natur (um von der spezifisch geistigen Wirklichkeit nicht zu reden) uns nur und erst im geschichtlichen und immer schon sprachlich entfalteten und fixierten Medium der menschlichen Kultur begegnen und verständlich werden kann: wir verstehen, indem wir wiedererkennen, was wir irgendwie selbst mitgeschaffen haben. Dieser Satz gilt bei Cusanus vornehmlich im Sinne der Mathematik als explicatio mentis, bei Vico, in Analogie zu dem cusanischen aus der Renaissancephilosophie überlieferten Topos gedacht, auch und vor allem für das Verständnis der geschichtlichen Welt, zu der die Natur, soweit sie durch uns verstehbar ist, notwendig mitgehört.

Mit Vicos Wahrheitsbegriff wäre die Stelle bei Humboldt zu vergleichen, wo es heißt: ». . . es tritt ein Verfahren der inneren Wahrnehmung und Schöpfung ein, von dem soviel deutlich wird, daß die objektive Wahrheit aus der ganzen Kraft der subjektiven Individualität hervorgeht . . .«. Auch für die von dem Apostel Paulus zu Humboldt und Weisgerber führende Vorstellungsweise eines »cognoscere ex parte, per speculum, in aenigmate« (s. oben) können der Cusaner und G. B. Vico als wichtige Durchgangspunkte angeführt werden. Vico geht in seiner Frühschrift »De nostri temporis studiorum ratione« von der kreationistischen Interpretation der Wahrheit der Mathematik aus, wie sie von Cusanus her überliefert war. Mit Fr. Sanchez und anderen Humanisten folgt er dabei im Hinblick auf die Naturwissenschaft der skeptischen Tendenz, die in des

Cusaners »De docta ignorantia« angelegt war, sofern die Natur eben Gottes Schöpfung und daher vom Menschen, der auf seine geistigen Maßstäbe angewiesen ist, nicht »praecise« zu erkennen ist. Hier entspringt zugleich mit dem Präzisionsideal der modernen Naturwissenschaft, die im Experiment die Natur gleichsam auf die mathematischen Maßstäbe des Menschen antworten läßt (vgl. unten auch das Wahrheitsideal der modernen logistischen Semiotik), bei Cusanus die Idee einer symbolischen Wahrheit der sprachlichen Weltentdeckung, sofern der Mensch hier nicht »praecise« bezeichnet, was er selbst gesetzt hat (wie in der Mathematik), sondern »im farb'gen Abglanz« (Goethe) die göttliche Selbstoffenbarung als »Rede Gottes für die Geschöpfe durch die Geschöpfe« (Hamann) vernimmt.

Ehe wir jedoch über diese Hinweise hinaus von den abendländischen Fortbildungen der platonischen Organon-Theorie der Sprache (eine solche liegt nachweislich überall da vor, wo der Symbolbegriff in seinem mystisch-romantischen Sinn verwendet wird) her eine Beziehung zu dem bei Humboldt und Weisgerber vorausgesetzten Wahrheitsbegriff herzustellen versuchen[5], wollen wir noch einmal auf die klassischen Ausprägungen der Wahrheits- und Sprachproblematik bei den Griechen zurückgreifen. Man könnte nach dem bisher Vorgebrachten ja mit einigem Recht einwenden, die Beziehung zwischen Sprache und Wahrheit sei überhaupt erst vom »Satz« her, und nicht schon durch die Frage nach der Richtigkeit der einzelnen »Wörter« philosophisch aufzuklären. Zu eben dieser Auffassung gelangte auch die griechische Denkentwicklung, die von Parmenides' und Heraklits Unterscheidung des einen, maßgebenden λόγος und der täuschenden bzw. widerspruchsvollen ἔπεα über Platons »Sophistes« zu Aristoteles führt.

2. *Sprachliche Wahrheit als »richtige« Repräsentation der Wirklichkeit durch ein Zeichensystem*

a. Die empirische Verifikation der Zeichenrepräsentation (Ockhams Suppositionstheorie)

Bei Aristoteles kommt es zu der für die Folgezeit maßgeblichen Fassung des Wahrheitsbegriffs als ὁμοίωσις des λόγος in bezug auf

5 Parallel zu Vico hätten wir auch die Sprach- und Erkenntnisphilosophie Lockes als

die πράγματα (»adaequatio intellectus ad res«). Die »Richtigkeit« der Rede wird jetzt im λόγος als Wirklichkeits-Aussage (ἀποφαντικὸς λόγος) gesucht; zugleich ist für ihn das sprachliche Wort nicht mehr ὄργανον der Idee, sondern »σύμβολον« oder »σημεῖον« des »λόγος σημαντικός«. Das bedeutet: Die »Richtigkeit« des Sprachlichen wird nicht mehr in der materiellen Angemessenheit des Namens an den »Wesensanblick« des Seienden gesucht, sondern in der Eindeutigkeit des Meinens im Zusammenhang der Auslegung (ἑρμηνεία) des Seienden »als etwas« durch die zugleich analytische und synthetische Funktion des λόγος als Zusammenspiel von ὄνομα und ῥῆμα. Wenn hier eine Wahrheitsproblematik der Sprache (und nicht nur des Denkens) sich zeigen sollte, so lag es nahe, diese in dem logischen Aufbau des Zeichensystems als Repräsentation des logischen Gefüges der Natur zu suchen.

In der Tat hat Aristoteles diesen Gedanken bereits ausdrücklich in Erwägung gezogen und dabei auch schon die Auffassung des Wortes als »Rechenstein« (ψῆφος) ausgesprochen, von der aus später bei Hobbes und vor allem bei Leibniz die Mathematisierung der Logik und der Sprache ihren Ausgang nehmen sollte: »Da man nämlich die Dinge nicht in die Diskussion bringen kann, gebrauchen wir statt ihrer Worte als Zeichen; deshalb glauben wir, daß, was für die Worte gilt, auch von den Dingen gelten werde, wie bei den Rechensteinen der Rechnenden.« Aristoteles zeigt aber sogleich auch die grundlegende sprachphilosophische Schwierigkeit an, der die logische Repräsentationsvorstellung begegnet; denn der zitierte Text fährt fort: »Aber es ist nicht ähnlich: denn die Worte und die Menge der Reden sind (der Zahl nach) begrenzt, die Dinge aber sind der Zahl nach unbegrenzt. Es ist also notwendig, daß eine Rede und (daß ein Wort) vieles bedeute«.[6]

In diesem letzten Satz ist der Ausgangspunkt der umfangreichen und scharfsinnig ausgebauten Sprachlogik und spekulativen Gram-

Vorbereitung und historische Ermöglichung des Humboldtschen Begriffs der sprachlich ausgedrückten »Weltansicht« vorführen können, eine historische Relation, die gewöhnlich in den Vordergrund gestellt wird. Indem aber Locke durch den Psychologismus seiner »ideas« alle Beziehungen zur logischen Allgemeingültigkeit und überindividuell maßgeblichen Sachintentionalität aus den sensualen Bausteinen der Sprache entfernt hat, kann von ihm her gerade nicht gezeigt werden, inwiefern in der Sprache vor allem Sprechen des Einzelnen und über dessen aktuelle Erkenntnis weit hinausreichend »Wahrheit« entdeckt ist.

6 Aristoteles, *Soph. El.* 1, 165a 2–13 (Zitat nach Bocheński, *Formale Logik*, Freiburg, München 1956, S. 644 f.).

matik der Scholastik zu erblicken: der »tractatus de modis significandi«, der Analogielehren und vor allem der Suppositionstheorie.[7] Insbesondere diese letztere kann als »der« große Versuch einer empirischen Verifikation der Richtigkeit der lebenden Sprache als Zeichenrepräsentation der Wirklichkeit gelten.

Wir wollen nicht verfehlen, von vornherein die Einseitigkeit dieses Verifikationsversuchs der Sprache anzudeuten. Sie ist schon durch den erwähnten Schritt des griechischen Denkens, insbesondere des Aristoteles, von der »ἰδέα« zum »λόγος« als Urteil und von der ὄργανον – zur σημεῖον-Auffassung der Sprachgebilde vorgezeichnet. Denn wenn in der Folgezeit das von Aristoteles aufgeworfene Problem der »Vieldeutigkeit« der Worte gelöst werden soll, so geschieht dies immer nur im Sinne der Funktion des aristotelischen Zeichenbegriffs, d.h. auf der Linie der Zuordnung von Zeichen und (fertig vorausgesetztem) Bezeichnetem. Diese innere kategoriale Schematik setzt sich selbst da durch, wo eigens zwischen »significatio« (»Bedeutung« oder »Bezeichnung«?) und »suppositio« unterschieden wird. Überspitzt: es wird wohl – im Hochmittelalter – eine »Bezeichnung« von »Wesenheiten« und entsprechend: ein Universalien-»Realismus« als Alternative zur Bezeichnung des Individuellen (suppositio personalis) in Erwägung gezogen, aber es gibt keine Problematik der Vieldeutigkeit der Worte als einer etwa in der Sprache aufgehobenen, geschichtlich offenbarten Wesensfülle des Seins. Das Universalienproblem – das vielleicht nur von den sprachontologischen Voraussetzungen her verstanden werden kann – liegt insofern von vornherein auf der Linie einer empirisch-ontischen Verifikation der Sprache als Zeichensystem; auch die »Wesenheiten« und »species intelligibiles« sind kategorial immer schon als »zu bezeichnendes«, »abzubildendes« usw. »Reales« aufgefaßt, das es gibt oder nicht gibt. Aufgrund dieser Auffassung sind sie umstritten und schließlich konsequenterweise gleichsam als sprachrealistische Mythologeme von Ockham entlarvt worden. Es ist sprachphilosophisch sehr bezeichnend, daß bei W. v. Ockham nicht nur das Universalienproblem im Sinne des Konzeptualismus entschieden wurde, sondern parallel hierzu auch in seiner Modifikation der Sprachlogik die von der Zeichenrepräsentation ausgehende Tendenz der Suppositionstheorie sich so rein durchsetzt, daß die »significatio« als eigenständige »proprietas terminorum« im Sinne der »Bedeutung« auf

7 Vgl. Bocheński, a.a.O. S. 65.

die »suppositio« (hier wiederum auf die suppositio personalis des Individuellen) reduziert werden kann[8].

Als letzte Basis der Zeichenrichtigkeit mußte bei Ockham schließlich die intuitive Auffassung des individuellen Seienden, d. h. also: die reine Wahrnehmungs»tatsache«, übrigbleiben, womit in erster Annäherung jener spezifische Grundbegriff des modernen, vornehmlich englischen Empirismus gewonnen war, der auch im 20. Jahrhundert wieder (seit Wittgensteins Einleitungssatz im *Tractatus logico-philosophicus*: »Die Welt ist alles, was der Fall ist«) die Verifikationstheorie der Semantik als regulatives Prinzip beherrscht.

In diesem von Ockham erreichten Verifikationsfundament ist nun aber die ganze Wahrheitsproblematik der Muttersprache im Sinne W. v. Humboldts und Weisgerbers schon vorausgesetzt; denn jene »intuitiven Wahrnehmungen« der individuellen Dinge, die Ockham zum Ausgangspunkt seiner Erkenntnistheorie nimmt, enthalten bereits die ganze Sinnfülle der von Weisgerber so genannten, durch die Gefügekraft der verschiedenen Sprachen je spezifisch ergliederten »Wortinhalte« (Ockhams Beispiele sind unter anderem »Feuer«, »Wärme«, »Schmerz«): Ockham vermag über diese »Inhalte« nichts anderes zu sagen, als daß sie (man beachte die Konsequenz der Problematik der »Wahrheit« als »Richtigkeit« bzw. »Übereinstimmung«!) wiederum »Zeichen« der draußen in der »Außenwelt«[9] befindlichen »individuellen Dinge« seien. Diese Zeichenbeziehung hat aber nach Ockham nichts mit der künstlichen »Bezeichnung« (»impositio nominum ad placitum«) durch die Sprache zu tun, sondern geht ihr als »natürliche Zeichenrelation« voraus: »quoddam est universale naturale quod est signum naturale praedicabile de pluribus, ad modum quo fumus naturaliter significat ignem et gemitus infirmi dolorem et risus interiorem laetitiam«.[10]

Mit dieser naturalistischen Interpretation der Zeichenrelation (die zugleich eine naturalistische Radikalisierung des im Begriff der Wahrheit als »Richtigkeit« bzw. »adaequatio« verborgenen, meist ungedacht bleibenden ontologischen Schematismus ist!) hat W. v.

8 Verf. hofft, dies demnächst genauer zeigen zu können.

9 Für diese für die erkenntnistheoretische Problematik der Neuzeit so wichtige Schematik dürfte der aus der Sprachreflexion der Stoa her gewonnene Begriff des Wirklichen als des τυγχάνον ἐκτός ὑποκείμενον vorbildlich sein. Vgl. E. Arnold »Zur Geschichte der Suppositionstheorie«, in: *»Symposion«*, Bd. III, 1952.

10 W. v. Ockham, *Summa totius logicae . . .*, pars I, cap. 12.

Ockham den Durchbruch eines als sprachfrei angesetzten neuzeitlichen Denkens durch das sprachbefangene Weltbild der mittelalterlichen »Wesenheiten« ermöglicht[11]. Die erkenntnistheoretische Problematik der Folgezeit (von Descartes bis Hume und Kant) kann die »Wahr-nehmung« von »etwas als etwas« nur als naturalistisch-kausale »Affizierung« von Seiten der Außenwelt (bzw. – bei positivistischer Reduktion der Kausalrelation – als »Ideen-Assoziation«) oder aber als apriorische Konstitution durch die Spontaneität eines menschlichen »Bewußtseins überhaupt« verständlich machen. Eine eigenständige Problematik der »significatio« (als Bedeutung und nicht nur »Bezeichnung«) bzw. der »intentio« (die freilich ebenfalls im Mittelalter bereits im Sinne des Universalienrealismus und seiner ungeschichtlich starren Vorstellung einer »Abbildung von Wesenheiten« im ontologischen Schema naturalisiert war) ist durch Ockham nahezu völlig aufgehoben, – »aufgehoben« freilich nicht im Hegelschen Sinne, sondern verdeckt; denn der bedeutete Weltgehalt, der etwa in dem von Ockham zitierten Begriff »Rauch« (bzw. im lateinischen »fumus«) gefaßt ist, kann ja durch die »Erklärung« seines faktischen Auftretens im Bewußtsein durch die Verursachung in der Außenwelt (auch das »unbewußte« Psychische gehört per definitionem zur verursachenden »Außenwelt« des Bewußtseins) nicht »verstanden« werden. Die »Erklärung« als Kausalreduktion der Tatsache »Rauch« auf eine andere Tatsache wäre ja auch dann »richtig«, wenn der »Rauch« als »conceptus« (»Empfängnis«) von »Welt-sinn« vom Menschen gar nicht erlebt bzw. auf einen allgemeinen Begriff hin verstanden werden könnte. Freilich würde es dann (z. B. bei dem Rauch, auf den ein Tier oder eine Pflanze reagiert) kein Bedürfnis nach einer Kausalerklärung geben; das bedeutet aber: die Ockhamsche Kausalrelation des »natürlichen Zeichens« macht zwar das »Hier-und-jetzt-Auftreten« des »conceptus« im Bewußtsein verständlich; um aber diese »Tatsache« auch nur als solche zu bemerken, erst recht aber um ihre Erklärung in einer bestimmten Richtung zu versuchen, ist der im »conceptus« empfangene Weltgehalt schon vorausgesetzt. Das Problem der in der Sprache entdeckten Wahrheit ist also durch die Ockhamsche

11 Eine »intensionale« – wenn man so sagen darf — Problematik der Wesensformen als Gegengewicht gegen die nominalistische Reduktion der hochscholastischen »Welt« bleibt zu Beginn der Neuzeit offenbar nur auf der Linie eines humanistischen oder mystischen Neuplatonismus erhalten: so bei N. v. Cues, Böhme, G. B. Vico. Sie führt zum symbolischen Aspektivismus der sprachlichen Weltoffenbarung.

Verifikation der im Urteil verknüpften Termini nicht aufgelöst, sondern vielmehr übersprungen.

An dieser Stelle sei daran erinnert, daß ja sogar die »erklärenden« Naturwissenschaften in ihren Grundbegriffen (etwa »Materie«, »Masse«, »Energie«, »Bewegung« usw.) ein der Alltagssprache entnommenes Weltverständnis voraussetzen; auch dieses Verständnis kann nicht durch Tatsachen-Erklärung, d. h. durch die Arbeit der empirischen Physik ersetzt oder auch nur abgelöst werden, sondern allenfalls in einer terminologisch präzisierenden Neu-Ausdeutung der sprachlichen Grundlagen im Hinblick auf mögliche Tatsachenerklärung neu angeeignet werden. Wenn man nun dieser in der Tat fortwährend durch die Tatsachen provozierten sprachkritischen Grundlagenrevision der Naturwissenschaft eine Wahrheitsfunktion zugesteht, die – wohlgemerkt – nicht die einer Tatsachenentdeckung ist, so wird man – gleichsam in der Verlängerung nach rückwärts die Sprachkritik fortsetzend – von selbst auf die Wahrheitsfunktion der muttersprachlichen »Urworte« im ganzen des muttersprachlichen Weltzugriffs geführt. Was meinen wir nun eigentlich, wenn wir von der Wahrheit reden, die in den Gehalten der Worte entdeckt ist?

Der hier vorausgesetzte Wahrheitsbegriff kann offenbar nicht der des Sich-Richtens des Urteils nach Tatsachen sein; denn es gibt für uns so viele verschiedene Tatsachen »in der Welt«, als es Horizonte des ursprünglichen Verstehens von »etwas als etwas« gibt; und ohne die »Wahrheit« dieser sprachlich ausgespannten Horizonte gäbe es kein Verständnis reiner »Tatsächlichkeit« und somit auch keine »Tatsachen« (die es in einem gewissen sprachlich zugeschärften Sinn auch tatsächlich noch nicht sehr lange für den Menschen gibt).

Hiermit soll nicht etwa das Eigengewicht der Tatsachenwahrheit geleugnet oder diese auf die – sagen wir vorläufig – »Wesenswahrheit« der sprachlich ausgespannten Verständnishorizonte zurückgeführt werden. Eine solche (idealistisch-ontologistische) Reduktion ist sowenig statthaft wie umgekehrt die (naturalistisch-positivistische) Reduktion der Wesens-Wahrheit auf Tatsachen-Wahrheit. Das »wahre« Verhältnis dieser beiden Dimensionen der Wahrheit dürfte vielmehr im »hermeneutischen Zirkel« der geisteswissenschaftlichen Textinterpretation erstmals in den Blick und Griff der Erkenntnistheorie gekommen sein[12]: Alle faktische Begegnung des

12 Von den Anfängen der geisteswissenschaftlichen Hermeneutik bei Fr. Ast, Fr. A. Wolf,

Menschen mit ontischen Tatsachen findet schon im Lichte eines sprachlich vorgreifenden Seinsverständnisses statt, gleichwohl kann solche Begegnung in einem gewissen Sinne »unvoreingenommen« und »ursprünglich« sein (und eben diese im alltäglichen Leben seltene echte »Wahr-nehmung«, die nicht »Fälle« unter Klassenbegriffe subsumiert, sondern dem Individuell-Einzigartigen gegenüber aufgeschlossen ist, wird ja in der Kunst der Interpretation eingeübt oder hochstilisiert); ist dies aber der Fall, gelingt das Eindringen in das Eigenartige eines besonderen Textes, so wird in eben dem Maße, als sich der Text dem sprachlich vorartikulierten Verständnis erschließt, dieses selbst in seiner Begrifflichkeit korrigiert. Dieser Vorgang einer intensiven »Sprachverwendung« verwandelt zunächst nur den Horizont des Weltverständnisses, das zum »Sprachbesitz« des einzelnen Interpreten gehört, aber niemand wird leugnen, daß unser aller sprachliches »Weltbild« heute bereits in erheblichem Maße in seiner inhaltlichen Gliederung z. B. durch die zurückliegenden hundertfünfzig Jahre moderner geisteswissenschaftlicher Hermeneutik in Alt- und Neuphilologien, Kunst-, Staats-, Rechts- und Religionsgeschichte usw. mitbestimmt ist, und zwar gilt dies nicht nur für die Gebildeten, sondern merkwürdigerweise auch für diejenigen, welche in dem muttersprachlich gefügten »Haus des Seins« (Heidegger) gleichsam nur zur Miete wohnen. Durch eine Bedeutungsfeld-Forschung etwa im Bereich: »Gemeinschaft, Gesellschaft, Verband, Verein, Gruppe, Masse ...« oder »Staat, Volk, Nation, Stamm ...« würde sich die Arbeit der Geisteswissenschaft am Gefüge der Alltagssprache zweifellos nachweisen lassen.

Dies nur als Beispiel dafür, daß die Macht des Tatsächlichen sehr wohl ein Konstituens der im Sprachinhalt aufgehobenen Wahrheit genannt werden kann, aber doch nicht ohne dabei selbst schon die Verständnishorizonte der Sprache als Medium der Offenbarkeit vorauszusetzen – selbst da, wo dieses Medium durch die zirkelhafte Auseinandersetzung mit dem Tatsächlichen verwandelt wird. Die

A. Boeckh und Schleiermacher bis W. Dilthey läßt sich die allmähliche Bewußtmachung des hermeneutischen Zirkels als identische Struktur in seinen zahlreichen empirisch vorkommenden Gestalten verfolgen. J. Wach in seiner Geschichte des Verstehens (*Das Verstehen*, 3 Bde., 1926–33) bietet zahlreiche Belege dieses Vorgangs. Zuletzt hat dann bekanntlich M. Heidegger den »Zirkel im Verstehen« ausdrücklich als methodisches Grundprinzip seiner Fundamentalontologie als Hermeneutik des Daseins zugrundegelegt (*Sein und Zeit*, Halle 1941, 5. Aufl., S. 153), ein Punkt, der seltsamerweise in der logischen Auseinandersetzung mit Heidegger kaum Beachtung gefunden hat.

Tatsachen sind jedenfalls, sofern sie uns in der Welt entgegentreten, immer schon ausgelegte Tatsachen. Und hier bleibt das Problem der sprachlich entdeckten Wahrheit bestehen.

b. Die rationale Verifikation der Zeichenrepräsentation

Wir haben im vorigen die Möglichkeiten der Adäquationstheorie der Wahrheit, angewendet auf die Zeichentheorie der Sprache, soweit verfolgt, als sie in der scholastischen Sprachlogik, d. h. beim Versuch einer Verifikation der konkreten (lateinischen) Alltagssprache entwickelt wurden. Dieser Versuch endete bei Ockham mit einer empiristisch-naturalistischen Verifikation der Wortinhalte als natürlicher Zeichen von Außenwelttatsachen, womit, wie wir feststellten, das Problem des Welt-»Verstehens« und seiner Wahrheit, welche die Tatsachen als so oder so beschaffene erst sehen läßt, übersprungen war. Es ist kein Zufall, daß die im Abendland seit dem spätmittelalterlichen Nominalismus entwickelte Wissenschaft im Hinblick auf die Sinngehalte der Kultur eine Methode der »ontischen Reduktion« (auf physische, psychische und soziale »Realitäten«) darstellt, die in ihrer weltanschaulichen Pointe auf Entlarvung hinausläuft (von Hobbes bis Marx und Freud)[13].
Die bereits von Aristoteles nahegelegte Auffassung der sprachlich formulierten Sätze als Zeichenrepräsentation der Wirklichkeit enthielt aber noch eine andere Möglichkeit der Verifikation: Hatte Ockham die zu repräsentierenden »res« (πράγματα) mit der ganzen irrationalen Qualitätenfülle in der Außenwelt vorausgesetzt, mit der sie in unserem sprachlichen Weltverständnis vorgestellt sind, wodurch das Problem der Sinnwahrheit der Sprache zur Gänze ins Außersprachliche der natürlichen, individuellen Ursachen unserer Aussagen verschoben ist, so konnte man andererseits auch die »adaequatio intellectus ad res« vornehmlich in den rationalen, syntaktischen Relationen der Sprache erfüllt sehen mit der spekulativen Voraussicht, die eindeutige Bezeichnung der Außenwelt durch die Sprache sei dann erreicht, wenn auch der Bedeutungsgehalt der Wörter restlos als Kombination allgemeiner Ideen logisch-syntaktisch aufgelöst ist. Hiermit dürfte die Sprach- und Wahrheitsidee der »mathesis universalis« im wesentlichen gekennzeichnet sein.

13 Vgl. vom Verf. »Die beiden Phasen der Phänomenologie . . .«, in: *Jahrbuch f. Aesthetik u. allg. Kunstwiss.*, Bd. III, Stuttgart 1958, S. 54 ff.

Descartes sah die Schwierigkeit dieses Programms noch darin, daß man die »wahre Philosophie«, d. h. die aller Kombination zugrundeliegenden »einfachen Ideen« (simplices) zuvor kennen müsse[14]. Leibniz dagegen störte der Gedanke, daß alle rationale Kombination ihre irrationalen Elemente bzw. alle definitorische Bedeutungsanalyse wiederum undefinierte Bedeutungen voraussetzt, nicht. Der Erfinder des Infinitesimalkalküls sah in der Sprachanalyse eine unendliche Aufgabe progressiver Auflösung aller anschaulich-bedeutsamen Gehalte in rationale Relationen. Darin lag für ihn gleichzeitig eine notwendige Entwicklung des menschlichen Bewußtseins zur klaren Erkenntnis aller sinnlich-bedeutsamen Komplexphänomene, die sich als solche nach Leibniz nur der unbewußten Auffassung der Wahrheit darstellen (so z. B. die Musik als unbewußte Mathematik).

Um die hier vorausgesetzte Wahrheitsidee der relationalen Repräsentation mit dem Programm einer inhaltlich orientierten Sprachwissenschaft im Sinne W. v. Humboldts und Weisgerbers in Beziehung zu setzen, wollen wir eine der zahlreichen Anwendungen der Leibnizschen Grundgedanken in der Sprachanalyse des modernen logischen Positivismus näher ins Auge fassen:

Eine bemerkenswerte These des logischen Positivismus lautet: Die Sprache als intersubjektives Verständigungsmittel kann überhaupt keine anschaulich-bedeutsamen »Inhalte« mitteilen, sondern ausschließlich »Strukturen« (d. h. sie ist »relationale Repräsentation« im Sinne von Leibniz); die in der Sprache auftretenden deskriptiven Zeichen (die im Sinne Weisgerbers auf »Wortinhalte« zu beziehen sind) stellen bloße »Variable« dar, d. h. sie müssen (was in der Praxis automatisch geschieht) vom Kommunikationsteilnehmer erst im Sinne seiner privaten Bewußtseinswelt als Erlebnisinhalte ausgefüllt werden; das Sprachsystem muß durch die einzelnen jeweils in der Situation »interpretiert« werden. Diese individuelle und okkasionelle Interpretation ist aber für das Sprachsystem bedeutungslos, sie tritt an seinem semantischen Gehalt nicht in Erscheinung[15].

Diese logistische Konstruktion des Sprachgehaltes als intersubjektiv-allgemeingültige, reine »Struktur« scheint zunächst überhaupt nichts mit dem Programm der konkreten linguistischen Erforschung der Sprach-»Inhalte« zu tun zu haben. Tatsächlich ist sie aber geeignet,

14 Descartes, *Brief an Mersenne vom 20. 11. 1629.*

15 Vgl. V. Kraft, *Der Wiener Kreis*, Wien 1950, S. 38 ff.

auf einige Hauptprobleme der inhaltlichen Sprachwissenschaft ein helles Licht zu werfen: Die überindividuelle »Bestimmtheit der Sprachinhalte« in der Muttersprache und damit die relative Eindeutigkeit der Wortbedeutung in der »Sprachverwendung« hängt auch nach Weisgerber von dem Gefügecharakter der »langue« ab. Genauer: Die inhaltliche Aneignung von Welt in der Sprache gelingt durch die »Gerichtetheit der Sprachzugriffe«, deren wichtigste Formen für den »Wortschatz« die folgenden sind: »a. unmittelbare Wechselbeziehung zu den ›Sachen‹, b. zeichengebundene Zusammenordnung, c. Ausgliederung aus einem übergeordneten Sinnganzen, d. abgeleitete Bestimmtheit aus dem Wortstand, e. dazu die besondere Stellung der stehenden Wendungen«[16].

In der Sprache des logischen Positivismus würde dies etwa so zu interpretieren sein: Um in unzweideutiger Weise über Weltinhalte sprechen zu können, muß der Inhalt selbst strukturell gekennzeichnet sein, d. h. durch seine Beziehungen zu Gegenständen und anderen Inhalten, z. B. eine bestimmte Farbe durch ihre Beziehung zu den Gegenständen, welche diese Farbe besitzen (in etwa Punkt a bei Weisgerber) oder durch ihre Ähnlichkeit oder Verschiedenheit zu anderen Farben (in etwa Punkt c bei Weisgerber, z. B. im »Wortfeld« der abstrakten Farbbegriffe). Der Inhalt wird also sprachlich dargestellt »durch die Stellung, die er innerhalb einer Mannigfaltigkeit besitzt«[17] (nach Leibniz: durch »relationale Repräsentation«, nach Weisgerber: durch »Ausgliederung aus einem Sinnganzen«). Nur dieses strukturelle Merkmal des Inhalts kann intersubjektiv, d. h. durch das System der »langue« mitgeteilt werden. Die Farbe selbst hat jeder Sprachteilnehmer nur für sich.

Es läßt sich wohl kaum leugnen, daß durch diese Theorie ein wesentliches Moment am inhaltlichen Weltbild der Sprache und seiner geschichtlichen Führkraft getroffen ist. Allerdings erhebt sich sogleich auch eine Reihe von Bedenken:

Wie soll bei der soeben durchgeführten dualistischen Unterscheidung von »Struktur« und »Inhalt« die geschichtliche Dynamik der Muttersprache begriffen werden? Es ist in der lebendigen Sprache ja gerade nicht so, daß die »Interpretation der Struktur« durch den

16 L. Weisgerber, »Die Erforschung der Sprach›zugriffe‹, I Grundlinien einer inhaltbezogenen Grammatik«, *Wirkendes Wort Bd. 7*, 1957/58, S. 68.

17 W. Stegmüller, *Hauptströmungen der Gegenwartsphilosophie*, Wien 1952, S. 376 (über R. Carnap).

einzelnen Sprecher bzw. Versteher keine Rückwirkung auf das Struktursystem hat, oder, wenn man will: es ist nicht ganz so. Der geheimnisvollen Offenheit der Struktur zum Welterlebnis des Einzelmenschen entspricht es, daß diese Struktur auch in der Richtung der Sachintentionalität offen und der Anpassung prinzipiell fähig ist. Ja mehr noch: Die relationale Struktur der Muttersprache setzt, auch statisch betrachtet, jederzeit die besonderen qualitativen Gehalte, die doch nur der Einzelne erlebt, voraus: soviel besondere erlebbare Inhalte, soviel besondere Sprachstrukturen, wobei freilich die Strukturen stets den Gehalt in Richtung auf das Ideal der Allgemeingültigkeit, die Inhalte wiederum stets die bestimmende Struktur in Richtung auf die mystische Einzigartigkeit und Unaussprechlichkeit menschlichen Erlebens transzendieren. (Leibniz würde diesen Tatbestand wohl als entwicklungsgeschichtlich bedingt und die beiden Pole mit zunehmender Bewußtseinshelligkeit des Menschen und struktureller Durchbildung der Sprache aufeinander konvergieren sehen.)

Ferner ist zu bemerken, daß die Formen der »Gerichtetheit der Sprachzugriffe« (bzw. bei statischer Betrachtung: »Bestimmtheit der Inhalte«) weitgehend die Erlebnisweisen und sogar die ausgesprochen existentiellen Gesichtspunkte der Menschen in der Sprachstruktur zum Ausdruck bringen: z. B. können die Satzbaupläne für: Wunsch, Befehl, Frage, Behauptung, Vermutung, die dahinterliegenden Haltungen von Staunen, Neugier, Zweifel, Gewißheit, Glaube, Hoffnung, Befürchtung, Sehnsucht usw. in ihr Strukturgefüge aufnehmen und in den einzelnen Sprachen sehr verschiedenartig zum Ausdruck bringen. Hier entspringt ja erst unser geisteswissenschaftlich-hermeneutisches Interesse an der von Humboldt so genannten »inneren Sprachform«.

Die lebendigen Sprachen sind eben keine starren »Methoden«, sondern »Stile« der Weltaneignung und des Verhaltens in der Kommunikation, zugleich offen für alle menschlichen Verhaltensstile und diese selbst weitgehend normierend (dies ist z. B. ein Zentralgedanke der humanistischen Sprachideologie von Cicero bis Petrarca und B. Castiglione).

Auf der anderen Seite hat aber auch der Einzelmensch seine Erlebnisinhalte keineswegs als strukturfreie Privatqualitäten. Die Annahme des logischen Positivismus, selbst bei idealer Verständigung könnten trotzdem alle Menschen grundverschiedene Weltinhalte erleben[18], ist eine bloße Fiktion. Alle hermeneutischen Erfahrungen des Menschen sprechen dafür, daß die Erlebnisgehalte der Menschen zugleich mit der besseren Verständigung ähnlicher werden.

(Sie werden freilich so wenig jemals gleich, als die formale Struktur, welche die Erlebnisse vermittelt, in der lebendigen Sprache jemals so intersubjektiv identisch ist, wie etwa Wittgenstein dies von der logischen Struktur der Sprache voraussetzt. Dies dürfte übrigens der Grund sein, warum die lebendige Muttersprache sogar über sich selbst, d.h. über die Form des Redens, in gewissem Sinn reden kann, weshalb sie ihre eigene Metasprache ist, was die eindeutige, in der Form starr mit sich identische Kunstsprache freilich per definitionem nicht sein kann. Auch Wittgenstein bringt es – eben weil er in der Muttersprache redet – doch fertig, über die Sprache manches Tiefsinnige zu sagen, was seiner Theorie nach eigentlich nicht sinnvoll sein kann gemäß seinem Satz: »Worüber man nicht reden kann, davon muß man schweigen«. In Wahrheit dürfte das Reden der Sprache über sich selbst in eben dem Verstande möglich sein, in dem auch das Reden des Menschen über sich selbst – trotz der »Paradoxie des Lügners« – möglich ist: keinesfalls als gegenständlich fixierende Behauptung eines Soseins – dies hat Kierkegaard ein für allemal gezeigt –, wohl aber z.B. als Bekenntnis, das einen gläubigen Entwurf des zukünftigen Seinkönnens oder aber auch dessen Verneinung einschließt. Im Sinne eines Bekenntnisses der Verzweiflung ist z.B. der »Satz«: »Ich glaube an nichts«, der sich für den Logiker selbst widerlegt, sehr wohl möglich; ja sogar der Satz: »Ich bin ein Lügner«. In eben dem Sinne erlaubt die lebendige Sprache, in der es neben der objektivierenden Feststellung auch Bekenntnis, Frage, Preis und Dank gibt, die für die Strukturtheorie der Mitteilung unverständliche Existenzmitteilung. Die dialektische Identität der Sprachstruktur mit sich selbst entspricht offenbar dem geschichtlichen »Verhältnis« des Menschen zu sich selbst und darin zum Sein, einem Verhältnis, das zugleich Identität und Offenständigkeit als Situationsraum und Situationszeit in lebendiger Einheit ist und das Heidegger »Ek-sistenz« nennt.)

Die Struktur der Muttersprache folgt also dem Einzelmenschen gleichsam in seine Erlebnisse hinein. In der Tat sind alle »Erlebnisse« des Menschen schon im Keim und gleichsam im technognomen Ansatz (denn der Mensch hat niemals rein physiognome Erlebnisse ganz ohne eigenen Welteingriff, der ihm den Gesichtspunkt und damit bereits so etwas wie Strukturrelation schafft[19]) »Verständnisse«, d.h. aber: sie sind aus der Sprache her und auf sprachliche »Veröffentlichung« hin mitkonstituiert. Dies gilt sogar für den Grenzfall der sogenannten Sinnesempfindungen (z.B. das oben angezogene Beispiel der Farben), obwohl hier vielleicht so etwas wie das Erlebnis des Weltbodens oder der unverständlichen reinen Fak-

18 W. Stegmüller, a.a.O., S. 376.

19 Vgl. vom Verf. »Technognomie, eine erkenntnisanthropologische Kategorie«, in: *»Konkrete Vernunft«, Festschr. f. E. Rothacker,* Bonn 1958, S. 61 ff.

tizität des Seienden möglich ist[20]. Der Erlebnisinhalt des Einzelnen ist – um mit Hegel zu reden – nicht das »unbestimmte Unmittelbare«, sondern er eröffnet sich als Weltgehalt erst, wenn er sich über das Sinnallgemeine zu vermitteln vermag – eine Feststellung, die man bei jedem Menschen in erster Linie auf die muttersprachliche »Wortung der Welt«[21] beziehen muß. Andererseits lassen sich auch die Gefügestrukturen der lebendigen Sprache nicht ohne die Vermittlung des Erlebnisinhaltes verstehen, ohne ihn hängen sie gleichsam in der Luft. Es ergeben sich also hier dieselben Verhältnisse, die Dilthey für den »Aufbau der geschichtlichen Welt in den Geisteswissenschaften« feststellte: Individuelles Erlebnis der Welt und Verständnis im Sinnmedium des »objektiven Geistes« setzen sich wechselseitig voraus, d. h. aber bei dynamischer Betrachtung: sie korrigieren einander auch; denn bei aller wechselseitigen Durchdringung von Anschauung und Begriff, Inhalt und Struktur herrscht doch eine polare Spannung zwischen beiden Richtmaßen der Wahrheit (worauf wir noch zurückkommen müssen).

Damit wären wir zu unserer Frage nach dem Wahrheitsbegriff, der zur Würdigung der sprachlichen Weltaneignung vorausgesetzt wird, zurückgeführt. Wie schon zuvor bei der »empirischen Verifikation« der Idee der Sprache als Zeichenrepräsentation (Ockham) sind wir auch bei ihrer rationalen Verifikation (Leibniz bzw. logischer Positivismus) aporetisch auf den »hermeneutischen Zirkel« als weltöffnende Verklammerung von Wahrheitsdimensionen oder Richtmaßen verwiesen worden. Weder die »Suppositionstheorie« der Bezeichnung noch die relationale Analyse der Bedeutung (welche im Falle des Gelingens, wie er Leibniz vorschwebte, die »Semantik« der Sprache in »logische Syntax« auflösen würde) konnten dem Problem der Wahrheit, wie es in der Welterschließung der lebendigen Sprache aufgegeben ist, gerecht werden. Beide Verifikationen

20 Vgl. hierzu die Phänomenbeschreibungen – z. B. des »Klebrigen« – in Sartres Roman: *Der Ekel*. Man müßte vielleicht treffender sagen: die »Wortung« der Erlebnisse, die keimhaft auf Sprache hin angelegt sind, ist für den Menschen existenziell notwendig, damit sie ihn nicht zerstören, sondern von ihm repräsentativ für die Mitmenschen »bewältigt« (oder »beweltigt«) werden können. Nicht jeder ist den Einbrüchen des Sinnlos-Absurden, die aber vielleicht zugleich die des Numinos-Ungeheuren sind, in denen »der Gott die Zeiten (und die Sprachen) erneut« (Hölderlin, Elegie »Heimkunft«), in gleichem Maße ausgesetzt, nicht jeder ihnen gewachsen. Hier beginnt die Not und der Ruhm derer, die in der Sprache als dem »Haus des Seins« nicht nur als Mieter wohnen.

21 Vgl. L. Weisgerber, »Das Worten der Welt als sprachliche Aufgabe der Menschheit«, *Sprachforum*, Jg. 1/1955, S. 10–19.

der Zeichen-»Richtigkeit« entspringen, historisch gesehen, der abendländischen Onto-Logik und sind in dem oben zitierten Aristoteles-Text eigentlich bereits gefordert. Beide suchen ein Maß der Richtigkeit im geschichtslosen Bereich, einmal in den Dingen (bzw. subsumierbaren »Fällen« oder »Tatsachen«), die es (immer) gibt, zum anderen in der »συμπλοκή εἰδῶν« (dieser Gedanke vermittelt von Platon zu Leibniz), die eine ewige »funktionelle Ordnung« oder »Strukturharmonie«, eine Auflösung der »Individualmetaphysik« in »Universalmathematik« voraussetzt. Metaphysisch übersprungen ist in beiden Fällen die konkrete geschichtliche Sinnöffnung einer sprachlich erschlossenen Welt, in der das Seiende einschließlich dem, das der Mensch selbst ist, »als etwas« in »Verweisungszusammenhängen« (die als »Relationen« bzw. »Funktionen« bis zu einem gewissen Ausmaß objektivierbar sind) begegnet. Freilich machen beide Verifikationsversuche durch die spekulative Kraft ihrer ungeschichtlichen Konstruktion gewisse Züge der konkreten sprachlich erschlossenen Wahrheit gleichsam überdeutlich sichtbar: die Suppositionstheorie Ockhams[22] exponiert die zweifellos ein Richtmaß enthaltende Konstitution der sprachlich erschlossenen Wahrheit in der intuitiven Begegnung mit dem konkret-individuellen Seienden (bei Ockham sind das die gottunmittelbaren Kreaturen!), die Idee der relationalen oder Strukturrepräsentation beleuchtet aufs schärfste die immanente Logizität der Sprache, ihren Allgemeingültigkeit konstituierenden Gefügecharakter, von dem wir zwar nicht, wie der logische Positivismus, sagen möchten, daß er allein in der menschlichen Verständigung mitgeteilt wird, wohl aber, daß über ihn vermittelt der Weltsinngehalt, ja sogar das In-der-Welt-Sein selbst (etwa in einer »flammenden Rede«, die an Stimmung und Haltung appelliert) »mit-geteilt« wird.

Nur vom Standpunkt der absolut eindeutigen Kunstsprache aus gesehen, die alle Semantik in Syntax aufgelöst hätte, wäre die These von der bloßen Mitteilung der Struktur absolut richtig. Von hier aus denkt allerdings seit Leibniz die logistische Sprachanalyse. Sehr bezeichnend ist unter diesem Blickwinkel die philosophische Entwicklung R. Carnaps, der zuerst vom Problem der »logischen Syn-

22 Übrigens ist Ockhams Empirismus keineswegs so radikal wie umgekehrt die rationale Spekulation Leibnizens. Er geht nicht wie spätere Empiristen soweit, etwa die logischen Relationen selbst als Tatsachen zu betrachten bzw. zu reduzieren, vielmehr gehört er zu den (Wieder-)Entdeckern der Relationskategorie und Vorbereitern Leibnizens, wie G. Martin (W. v. Ockham, Berlin 1949) gezeigt hat. Davon mußte unsere Skizze absehen.

tax« der Sprache ausging, sodann bei der Anwendung seiner Sprachkonstruktion auf bestimmte Sachbereiche, z. B. den der Physik, die Entdeckung machte, daß jede Syntax einer funktionierenden Sprache eine besondere »Semantik« voraussetzt, und schließlich noch die, daß jede »Semantik« eine »Zeichenpragmatik« voraussetzt, mit anderen Worten, daß es keine reinen »Tatsachen überhaupt« in der Wirklichkeit gibt, sondern nur im Lichte menschlicher Bedeutsamkeit entdeckte Tatsachen. Bei Heidegger entspricht dieser letzten Entdeckung die Voraussetzung der Weltfreigabe im Zu-sein-Verstehen für die bei Husserl zweideutige Problematik der (Sach-)Intentionalität. Überhaupt besteht in der Wahrheitsproblematik eine auffallende Konvergenz zwischen dem westlichen Pragmatismus als letzter Zuflucht des Positivismus und der kontinentalen Existenzphilosophie. Dabei ist freilich im Denken Heideggers als seinsgeschichtlich begründete Weltlichtung vorausgesetzt, was in der pragmatistischen Ergänzung des Positivismus dem Begriff der Tatsachenrichtigkeit nachträglich als psychologistisch begründete Bewertung oder Wichtigkeitsakzentuierung hinzugefügt wird. Immerhin enthält die Konvergenz zwischen Pragmatismus und Existenzphilosophie einen Hinweis auf eine Problematik der muttersprachlich erschlossenen »Wahrheit« jenseits – oder vielleicht richtiger (mit Heidegger): diesseits – der empirisch-semantischen oder logisch-syntaktischen »Richtigkeit eines Zeichensystems«. Versuchen wir diese Möglichkeit näher zu verdeutlichen.

III. Muttersprachlich erschlossene Wahrheit als seinsgeschichtliche, entdeckend-verdeckende Weltkonstitution

1. Annäherung: Die geheime Philosophie des abendländischen Humanismus

Bei den Aristoteleskommentatoren findet sich der folgende Text[23]:

»Da die Rede (λόγος) eine zweifache Beziehung hat – wie der Philosoph Theophrast gezeigt hat – eine zu den Hörern, für welche sie etwas bedeutet (πρὸς τοὺς ἀκροωμένους, οἷς καὶ σημαίνει τι), die andere zu den Dingen, von welchen der Sprechende den Hörern eine Überzeugung beibringen will (πρὸς τὰ πράγματα,

23 Ammonius, *In Aristotelis De Interpretatione Commentarius* (ed. Adolf Busse, Berlin 1887, S. 65, Z. 31–66, Z. 10).

ὑπὲρ ὧν ὁ λέγων πεῖσαι προτίθεται τοὺς ἀκροωμένους) entstehen im Hinblick auf die Beziehung zu den Hörern die Poetik und die Rhetorik ... im Hinblick aber auf die Beziehung der Rede zu den Dingen wird der Philosoph vorzüglich dafür Sorge tragen, das Falsche zu widerlegen und das Wahre zu beweisen (τῆς δε γε πρὸς τὰ πράγματα τοῦ λόγου σχέσεως ὁ φιλόσοφος προηγουμένως ἐπιμελήσεται τὸ τε ψεῦδος διελέγχων καὶ τὸ ἀληθὲς ἀποδεικνὺς) ...«.

Hier treffen wir zunächst einmal dieselbe Einteilung der Logos-Dimensionen, wie sie auch in der modernen logistischen »Semiotik« die »Semantik« von der Zeichen-»Pragmatik« scheidet. Und die Übereinstimmung der philosophischen Grundlegung geht noch weiter, wenn wir die bis jetzt ausgelassenen Textstellen übersetzen und auf die entsprechenden modernen Theoreme beziehen. Über die Funktion (oder Mission) der Poetik und Rhetorik (die bezeichnenderweise zusammen abgefertigt werden!) sagt der obige Text nämlich folgendes:

»... weshalb (sc. wegen ihrer Beziehung zu den zu überredenden Hörern) diesen Künsten die Aufgabe zufällt, die prächtigeren Wörter (τὰ σεμνότερα τών ὀνομάτων) aber nicht die allgemein üblichen (τὰ κοινὰ καὶ δεδευμημένα), auszuwählen und sie harmonisch miteinander zu verknüpfen (ἁρμονίως συμπλέκειν), so daß sie hierdurch und durch das daraus Entspringende, wie z. B. Süßigkeit der Klarheit (σαφηνείας γλυκύτητος) und – unter anderen Redeformen – die der Ausführlichkeit und der Knappheit (μακρολογίας καὶ βραχυλογίας), alles zur rechten Zeit angewandt, den Hörer erfreuen (ἧσαι), begeistern (ἐκπλῆξαι) und im Sinne der Überredung überwältigen (πρὸς τὴν πειθὼ χειρωθέντα ἔχειν).«
Hinsichtlich der Aufgabe der Philosophen dagegen wird folgendes ergänzt: »über jede hinsichtlich des Wahren und Falschen strittige Aussage trachtet er durch klare Aussagen eine Entscheidung herbeizuführen«. Diese Klärung ist die Aufgabe des »ἀποφαντικὸς λόγος«, der außer der Funktion der Bezeichnung (σημαντικὸς εἶναι), die er mit anderen Redeformen gemeinsam hat, noch die spezifische Funktion der wahren oder falschen Aussage besitzt (ἐν ᾧ τὸ ἀληθεύειν ἢ ψεύδεσθαι ὑπάρχει)[24]. Diese wiederum hat nichts mit der Bestimmung der Gattungen hinsichtlich der Arten zu tun, sondern bringt lediglich die Bezeichnung der homonymen Zeichen hinsichtlich des Bezeichneten durch Bejahung und Verneinung zur Entscheidung. (τὸν τῶν ὁμωνύμων φωνῶν εἴς τὰ σημαινόμενα τρόπον διαρεῖται ἡ ἀπόφανσις εἰς τε τὴν κατάφασιν καὶ τὴν ἀπόφασιν, ἀλλ' οὐχὶ τὸν τῶν γενῶν εἰς τὰ εἴδη)[25].

Dies entspricht offenbar der Aufgabe der modernen Semantik, während von der Zeichen-Pragmatik alle jene Eigentümlichkeiten der Sprache psychologisch-anthropologisch begründet werden sollen, die in dem antiken Text aus der für Poetik und Rhetorik konstitutiven

24 A.a.O. S. 66, Z. 10–14.
25 Ebda., Z. 17–19.

Beziehung zu den Hörern entstehen. Zu diesen Eigentümlichkeiten rechnete der logische Positivismus allerdings auch den Sinn der metaphysischen Sätze bzw. das an diesem Sinn, was sich als Ausdruck subjektiver Gefühle und Interessen erklären lassen soll.

In dem zuletzt genannten Punkt nun zeigt sich ein bedeutsamer Unterschied der modernen Auslegung einer Semiotik, die im Grunde von Aristoteles-Theophrast herkommt. Dieser Unterschied ist in unserem Zusammenhang deshalb von größter Wichtigkeit, weil sich in ihm der inhaltliche Unterschied der Muttersprache im Vergleich zur eindeutigen Kunstsprache manifestiert: In der antiken Auslegung blieben die πράγματα im Grunde ganz unbestimmt bzw. genauer: sie wurden in der Bestimmtheit vorausgesetzt, in der sie in der muttersprachlich ausgelegten Welt in Erscheinung traten. Damit begnügt sich die moderne Logistik nicht. Ihr Eindeutigkeitsideal ist radikaler; es orientiert sich an einer Semantik, die nicht muttersprachliche Bedeutungen nachträglich verifiziert, sondern Bedeutungen im vorhinein aus der logisch-syntaktischen Konstruktion der Sprache her freigibt. Metaphysik qua subjektive Weltdeutung sollte auf diese Weise ausgeschaltet werden. Hierbei zeigte sich nun allerdings, daß eine in diesem Sinn objektive und eindeutige Semantik allenfalls von »Tatsachen überhaupt«, nicht aber von so und so beschaffenen welthaltigen Tatsachen handeln könnte, letzteres – und damit jede auf die Wirklichkeit anwendbare Semantik, z.B. die der physikalischen Fachsprache – setzt bereits eine bestimmte »Pragmatik« voraus.

Hiermit war nun aber – infolge der schärferen Klärung der Beziehung des λόγος zu den πράγματα, wie sie von der Sprachkonstruktion her möglich war – gleichsam nachträglich von der Logik zugestanden, daß auch in der Beziehung der Rede zu den Hörern, die gemäß Theophrast von Poetik und Rhetorik verwaltet wird, eine wahrheitskonstitutive Funktion liegt, allerdings nicht im Sinne einer reflexiven Beurteilung des Zutreffens oder Nichtzutreffens (Verifikation und Falsifikation als Bejahung und Verneinung) einer Behauptung, sondern im Sinne einer praereflexiven Auslegung von Welt aus menschlichen Gesichtspunkten her, welche die lebendige Sprache auch schon in den Wörtern (und nicht erst im Satz, wenngleich hier wieder ein hermeneutischer Zirkel waltet) geleistet hat.

Dieser Hinweis auf die Wahrheitsrelevanz der lebendigen Sprache, welche niemals von »πράγματα überhaupt« redet, sondern immer von Dingen, die »als etwas« menschlich bedeutsam sind, zieht sich nun wie eine dumpfe Ahnung durch die Hausideologie der antiken Rhetoren, die seit Cicero zur geheimen Philosophie des abendländischen Humanismus wurde[26]. Sie konzentriert sich in Ciceros Hinweis auf den Vorrang der rhetorischen »Topik« als der Kunst des Findens der Argumente (was Beherrschung der sprachlichen Bildungshorizonte voraussetzt) vor der reflexiven logischen Beurteilung der Rede[27] – ein Gesichtspunkt, der als Topos in der Geschichte des abendländischen Humanismus weiterlebt, bis er endlich bei G. B. Vico eine philosophische Auslotung erfährt. Bis zu ihm sind freilich der Argumentationsfähigkeit des rhetorischen Humanismus durch die zitierte »Semiotik des Theophrast« enge Grenzen gezogen: Sooft auch die Humanisten im Kampf mit der stoischen und später der scholastischen Sprachlogik die »sapientia« bzw. das Wissen um die »göttlichen und menschlichen Dinge« oder die »scientia civilis« für sich beanspruchten und das philologisch-rhetorische Studium der geschichtlichen Sprache der unfruchtbaren Dialektik entgegenstellten, so gelangten sie doch niemals zu einer philosophischen Überwindung der Theophrastschen Einteilung der Logosdimensionen und wurden insbesondere hinsichtlich der Poetik immer wieder auf das »docet, delectat et permovet« zurückgeworfen.

Erst Vico hat in seiner »Scienza nuova« zugleich mit der Überwindung des rhetorischen Begriffs der Dichtung (der ja in der Theophrastschen Einteilung mit zum Ausdruck kommt) auch den humanistischen Topos vom Vorrang der »Topik« vor der »Kritik« (die inzwischen nicht mehr durch die Scholastik, sondern durch die »mathesis universalis« des Descartes repräsentiert war) als Wahrheitsvorrang der in den geschichtlichen Sprachen bereits erschlossenen Welt zur Geltung gebracht. Er zeigt zum erstenmal, daß die philologisch-hermeneutisch rekonstruierbaren Weltgehalte der ältesten »poetischen Topik« (der mythischen Logik der »phantasiegeschaffenen Universalien«, die ja, wie wir seit E. R. Curtius wissen, in der »Topik« der Weltliteratur fortlebt) ein unersetzbares Erbe der Spätkulturen darstellt, das von der kritischen Reflexion der Wissenschaft notwendig vorausgesetzt wird.

26 Vgl. K.-O. Apel, *Die Idee der Sprache in der Tradition des Humanismus von Dante bis Vico*, Bonn 1963.

27 Diesen Hinweis verdankt der Verf. dem Aufsatz J. Lohmanns über »Das Verhältnis des abendländischen Menschen zur Sprache«, *Lexis*, Bd. III, 1, 1952, S. 5–49.

Hier fehlt nur noch ein Schritt bis zu der generellen Einsicht, daß die »Richtigkeit« im Sinne des aristotelischen Wahrheitsbegriffs, sofern sie in konkreten, sachhaltigen Aussagen verifiziert werden soll, jederzeit die Wahrheit als »Offenbarkeit« (ἀ-λήθεια) des Seienden geschichtlich und systematisch voraussetzt. Vico betrachtete die Wahrheit der Geschichte, die er als Humanist vorzugsweise durch philologische Sprachanalyse eruiert, als etwas, das der Mensch zugleich mit der göttlichen Vorsehung selbst geschaffen hat und daher hermeneutisch wiederzuerkennen vermag. B. Croce, der Vico im 19. Jahrhundert wiederentdeckte, sah in dem Zugleich von menschlicher Schöpfung und göttlicher Offenbarung bei Vico einen Widerspruch, eine theologische Kuriosität des Barockdenkers. Heidegger, der in »Sein und Zeit« nur von dem »Entdeckend-« und zugleich »Verdeckendsein« des menschlichen In-der-Welt-Seins sprach, begreift später die »lichtend-verbergende Ankunft des Seins« in der Sprache als eine geschichtegründende Schickung des Seins, die für ihn, wie für Vico und Hamann, am ursprünglichsten in der Dichtung geschieht[28].

Wenn man im Ansatz des logischen Positivismus, dessen »Exaktheit« darin besteht, daß bei der Sprachanalyse zunächst aller geschichtlich gewonnene Weltgehalt »ausgetrieben« wird, eine neue Aufgipfelung der cartesisch-leibnizschen Rationalität erblicken darf, gegen die einst Vico den geschichtlichen Gehalt der Kultur glaubte verteidigen zu müssen, so drängt sich die Frage auf: Ist vielleicht die inhaltlich orientierte Sprachwissenschaft unserer Tage dazu berufen, die hermeneutische Eruierung der geschichtlichen Weltgehalte der großen Kultursprachen, die Vico inaugurierte, fortzusetzen und damit der ungeschichtlich-konstruktiven Sprach- und Erkenntiskritik des logischen Positivismus eine historisch-hermeneutische Kritik der Voraussetzungen unseres Denkens entgegenzusetzen? - Und wenn dem so ist: Kann dabei Heideggers Begriff der Wahrheit die notwendige philosophische Voraussetzung abgeben?

Zur Erläuterung dieser Frage sei der traditionelle Wahrheitsbegriff, der sich bei Leibniz in der Disjunktion der »vérités de fait« und der »vérités de raison« entfaltet, und der – im Sinne einer Restriktion auf die syntaktisch-semantische Verifikationsdisjunktion – auch der modernen Logistik zugrundeliegt, noch einmal in systematische Beziehung gesetzt zum ἀλήθεια-Begriff der Wahrheit.

28 Vgl. hierzu vom Verf., *Die beiden Phasen der Phänomenologie . . .*, a.a.O.

2. Annäherung: Die Muttersprache und der anthropologische Vorrang der dogmatischen Wahrheit

Bei unserer Auseinandersetzung mit der Theorie der Strukturmitteilung (s. oben S. 120) konnte vielleicht der Eindruck zurückbleiben, im Grunde sei eben doch der Wahrheitsgehalt der Sprache allein in dem strukturellen Gerüst und demnach in der Logik repräsentiert, wenn schon sich für den endlichen Menschen so etwas wie anschaulicher Weltgehalt mit der Struktur verknüpft. Es könnten am Ende alle konkreten Strukturen aller Sprachen, wenn man die endlichen Standpunkte und Perspektiven, die ihrer Konstitution monadisch zugrunde liegen, einkalkuliert, eleatisch-pythagoreisch ineinander transformierbar sein, so etwa wie in der allgemeinen Relativitätstheorie die verschiedensten geometrischen Strukturen des Raum-Zeit-Kontinuums sich als ein vielfältiger Ausdruck der Materie-Energie-Verteilung ineinander transformieren lassen.

Ein solcher Gedankengang, wie er aus der »exzentrischen Positionalität des Menschen« (H. Plessner) heraus möglich ist, kann, wie mir scheint, als Spekulation nicht widerlegt werden, aber er läßt sich im Gegensatz zur allgemeinen Relativitätstheorie des physikalischen Zeit-Raum-Kontinuums für das entsprechende geschichtliche Kontinuum anthropologisch-zentrierter sprachlicher Weltbilder nicht in concreto durchführen. Denn diese lassen sich durch keine Theorie im voraus konstruieren, ein Umstand, der auf alle geschichtlichen Phänomene zutrifft, für die das Wort Rankes an den Staatstheoretiker gilt: »Nie wirst du Sparta ahnen.« Hieraus folgt aber nun, daß sich für uns Menschen im Falle der geschichtlichen Sprachen nicht die Weltbilder aus der Struktur (wie bei der physikalischen Relativitätstheorie), sondern immer nur die Struktur aus dem zugehörigen Weltbild begründen läßt. Die Gefüge der sprachlichen Weltbilder, mit denen es der Linguist zu tun hat, sind also nicht »richtig« im Sinne einer übergreifenden, allgemeingültigen Theorie (wenigstens werden wir Menschen eine solche niemals aufstellen können), sondern – und hier können wir eine neue Charakteristik ihrer »Wahrheit« einführen – sie sind im dogmatischen Sinne richtig, d. h., sie begründen sich aus den von ihnen artikulierten »Weltansichten«, in eben dem Sinne wie der immanente Logos einer religiösen Weltanschauung oder eines geschichtlichen Rechtssystems nur aus der Weltsicht desjenigen dogmatischen Ganzen zu begründen ist, das er selbst expliziert[29].

Dies hindert nicht, daß jede Sprache auch gleichzeitig, alle Dogmatik menschlicher Standpunkte transzendierend, im schlechthin allgemeingültigen Logos überhaupt verwurzelt ist, wodurch allein menschliche Kommunikation, Übersetzung einer Sprache in die andere und schließlich auch eine vergleichende, inhaltbezogene Sprachwissenschaft möglich wird. Die Sprache ist eben das einzigartige und unersetzliche Medium, in dem das auf Allgemeingültigkeit angelegte und insofern »exzentrische«, d. h. jeden Standpunkt des leibhaftigen Menschen überschreitende Denken (das immer wieder die Auslegung des Seienden »als etwas« von dem faktischen Seienden selbst unterscheidet) sich mit den standpunkt- und damit leibbezogenen menschlichen Weltansichten – und andere kann es nicht geben – immer wieder integriert. In dieser Integration, die im Sinne Heraklits eine gemeinsame Welt der wachen Menschen konstituiert[30] – und wir können heute sagen: »weltgeschichtlich« konstituiert –, scheint mir das erkenntnistheoretische Geheimnis der lebendigen Sprache zu bestehen und nicht in der dualistischen Scheidung von allgemeingültiger Struktur und je privatem anschaulich bedeutsamen Inhalt, wie sie der logische Positivismus vornimmt.

Diese sprachliche Weltintegration ist aber nun – bei aller transzendentalen Verwurzelung im Logos überhaupt und bei aller praktischen Allgemeingültigkeit für die zugehörige Sprachgemeinschaft – vom exzentrischen Standpunkt philosophischer Wahrheitsbesinnung her betrachtet, doch immer als dogmatisch zu bezeichnen, und zwar im Sinne einer zentrischen Bezogenheit auf das leibhaftige, geschichtliche In-der-Welt-Sein (das Auf-der-Erde-Wohnen und die zeitlichen Schicksale) einer Sprachgemeinschaft. Eben dieser dogmatische Charakter der sprachlich erschlossenen Wahrheit sichert aber der Menschheit je in den geschichtlichen Sprachen eine zusammenhängende Weltorientierung, denn – wie oben indirekt aus der Apo-

29 Vgl. hierzu E. Rothacker, »Die dogmatische Denkform in den Geisteswissenschaften und das Problem des Historismus«, Mainz 1954 *(Abhandlungen der Akad. d. Wiss. u. d. Lit.)*.

30 Es läßt sich nachweisen, daß, wo die muttersprachliche Integration von allgemeingültigem Strukturdenken und leibbezogener Anschauung bzw. Vorstellung nicht stattfindet, keineswegs das Denken des Menschen überhaupt, auch nicht die Beherrschung der Tatbestände durch dieses Denken, wohl aber die Konstitution einer »Welt« aufhört. Hier scheint mir die Problematik der modernen Wissenschaft zu liegen.

retik der logistischen Semantik erwiesen wurde –: die schlechthin allgemeingültige logische Sprachkonstruktion bezieht sich nur auf mögliche Tatsachen überhaupt. Um wirkliche Tatsachen »als etwas« in der Welt zu entdecken, bedarf es der leibhaftig von Menschen eingenommenen Standpunkte auf der »Erde« (wobei dieses Wort den Sinn eines existentialen Aprioris gewinnt, das über den »zufälligen« Standort des Menschen auf dem »Erde« genannten Planeten hinausweist[31]).

Mit der existentialen Rückbeziehung der dogmatischen Wahrheit einer Weltansicht, welche in der Sprache »erschlossen« ist, auf das leibhafte In-der-Welt-Sein als Wohnen des Menschen (hier: einer Gruppe, eines Volkes) auf der Erde wird es nun aber möglich, dem Begriff der »Welterschließung«, wie sie in der Sprache stattfindet, noch einen genaueren erkenntnisanthropologischen Sinn zu geben:

P. Zinsli hat in seinem Buch *»Grund und Grat. Der Formaufbau der Bergwelt in den Sprachbegriffen der schweizerdeutschen Alpenmundarten«* (Bern 1946) gezeigt, wie der bäuerliche Alpenbewohner »vom engen Kreis seiner Wohnstätte aus mit Pflug, Axt, Jagdgewehr und Hirtenstab fortschreitend die umliegende Bergnatur eroberte und sie zugleich durch Worte und Namen erschloß«[32], wie er dabei, um die Sicherheit seines Daseins und den Ertrag seiner Arbeit bangend, im »Weg von unten hinauf« in ganz anderer Weise, gleichsam mit anderen Augen blickend, seine Wichtigkeitsakzente gesetzt hat als der im 19. Jahrhundert aufblühende »Alpinismus«, wie er sprachlich durchartikulierte, was diesen nicht mehr interessierte, und andererseits völlig unbenannt ließ, was später für die romantische Phantasie des Hochtouristen offenbar den faszinierenden Anlaß und Kern aller sprachlichen Erschließung ausmachte, etwa die öden Berggebiete und menschenfeindlichen Höhen.

Hier zeigt sich nun unter anderem auch dies, daß die menschliche Erkenntnis – nicht nur, sofern sie durch die naturhafte Sinnesorganisation bedingt ist, sondern darüber hinaus auch in der sinnhaften »Wahrnehmung« des Seienden »als etwas« – leibhafte »Erschließung« der Erde ist. Es zeigt sich, daß durch die Art, wie der Mensch den Leibeingriff, der mit seiner Geburt immer schon geschehen ist, durch seine wirtschaftlich-gesellschaftliche Existenzweise fortsetzt, durch sein »Wohnen«, »Arbeiten«, »Bauen«, ja auch durch sein »Reisen«, »Forschen«, »Kämpfen«, »Spielen« der Gesichtspunkt seines Bemerkens, Bewertens und Benennens bestimmt ist. Selbstverständlich ist dieser im ganzen Stil des Lebens fortgesetzte Leib-

31 Vgl. hierzu die Begriffe »Erde« und »Welt«, später »Welt« als »Erde« und »Himmel« bei M. Heidegger.

32 Zitat entnommen aus L. Weisgerber, *Vom Weltbild der deutschen Sprache*, Düsseldorf 1950, S. 130.

eingriff in die Umgebung selbst immer schon gesteuert von dem Weltverständnis einer Sprach- und Kulturgemeinschaft, aber er stellt gleichwohl immer erneut das Grundmodell dar, aus dem heraus sich das standpunktbedingte, perspektivisch zentrierte Welterschließen überhaupt begreifen läßt. Darin eben ist die im Weltbild der Sprache erschlossene Wahrheit dogmatisch, daß sie stets zurückweist auf die, trotz aller Exzentrik des reflexiven Denkens, zur Gewinnung einer Wirklichkeitsperspektive erforderliche Zentrik des präreflexiven, aspektkonstitutiven Leibeingriffs des Menschen in die Welt. Dieser liegt nicht nur der von Zinsli exemplarisch beschriebenen Art der sprachlichen Welterschließung zugrunde; er vollzieht sich auch unmittelbar in der »Gerichtetheit der Sprachzugriffe« (Weisgerber, s. oben S. 121) auf die Welt; denn diese Gerichtetheit unterscheidet sich ja eben darin von der weltlosen Systematik eines rein logischen Sprachsystems (als eines Systems tautologischer Umformungen mit Variablen für »Tatsachen überhaupt«), daß sie letztlich aus der Leibzentrik der lebendigen Sprache als eines Makroanthropos her die kontinuierliche Richtung empfängt. Denn es ist ja erkenntnisanthropologisch offenbar ein und dieselbe Struktur des weltöffnenden und sich aus der eröffneten Welt wiederum korrektiv bestimmenden Leibeingriffs, die, gleichsam als kulturelle Fortsetzung unserer relativ stabilen Sinnesorganisation, alle konkrete Welt-»Wahrnehmung« ermöglicht und die auch in der Inkarnation des Weltsinnes am Sprachleib sich ausprägt.

Ich habe an anderer Stelle diese Struktur als dialektisches Wechselspiel (hermeneutischen Zirkel) von Technognomie und Physiognomie zu beschreiben versucht[33]. Auch im gegenwärtigen Zusammenhang mußte die im Leibeingriff des Menschen zentrierte Weltaufschließung (Technognomie) als transzendentale Bedingung der Möglichkeit aller dogmatischen Wahrheit herausgestellt werden; denn allein der Technognomiecharakter des sprachbedingten und die Sprache bedingenden Weltverstehens macht einen grundlegenden Charakterzug der dogmatischen Wahrheit voll verständlich, der sie von der rein logischen Richtigkeit wie auch von der Tatsachenrichtigkeit unterscheidet:

Die logische »Richtigkeit« (die man vielleicht auch »Schlüssigkeit« nennen könnte) entspringt gleichsam dem exzentrischen »Stand-

33 Vgl. vom Verf., »Technognomie, eine erkenntnisanthropologische Kategorie«, in: *Konkrete Vernunft (Festschrift E. Rothacker)*, Bonn 1958, S. 61 ff.

punkt« des reinen Denkens, sie vermag für sich allein keine »Welt« zu entdecken (sie entdeckt immer nur sich selbst in tautologischen Umformungen), aber sie verdeckt auch nichts. Sie entspricht keinem schicksalhaften Engagement, keinem leibhaftigen Einbruch des Menschen in die Welt. Die reine Tatsachenwahrheit andererseits, in der man lange Zeit den einzig notwendigen Ergänzungsbegriff zur logischen Richtigkeit zu besitzen glaubte (so Leibniz, so der logische Positivismus, der Kants synthetische Urteile a priori glaubt entbehren zu können), ist in Wahrheit nur das Sich-Richten des reflexiv-logischen Urteils danach, ob ein überhaupt gemeinter Denkgegenstand vorhanden ist oder nicht vorhanden ist, d. h., sie ist »Bejahung« oder »Verneinung« (vgl. oben S. 127 den bereits logisch denaturierten λόγος ἀποφαντικὸς). Sie erfüllt sich z. B. in der experimentellen Beobachtung, die feststellen will, ob ein erwarteter Tatbestand eintrifft oder nicht eintrifft. Mit der (vorausgesetzten) Entdeckung dieses Sachverhalts »als etwas« hat sie sowenig zu tun wie die rein logische Schlüssigkeit. (Dies eben enthüllt sich als die geheime Pointe des humanistischen Topos vom Vorrang der »Topik« vor der »Kritik« bzw. der ars inveniendi vor der formalen Logik als »ars iudicandi«.) Auch die Tatsachenwahrheit ist, für sich genommen, gleichsam schicksallos, sie entdeckt nichts und verdeckt nichts, denn sie entspricht der jederzeit möglichen Distanz des exzentrischen Denkens zum (ausgelegten oder unausgelegten) Seienden im Ganzen. Wo ein Problem als Frage nach der logischen Richtigkeit oder nach der Tatsachenwahrheit aufgefaßt werden kann, da läßt sich prinzipiell unabhängig von Zeit und Geschichte durch Nachdenken oder Experiment (Beobachtung) eine Entscheidung erzwingen. Vorausgesetzt ist nur das (reflexive) »Bewußtsein überhaupt«.

Um all dies handelt es sich offenbar nicht, wenn, wie bei Humboldt, von der »Wahrheit« die Rede ist, die in der lebendigen Sprache »entdeckt« ist. Dieser Wahrheit gegenüber gibt es überhaupt keine Widerlegung, auch keine Verifikation bzw. Falsifikation im Sinne einer Faktenbeobachtung[34]. Damit ist aber keineswegs gesagt, daß diese Wahrheit kein erkenntniskritisches Problem stellt. Im Gegenteil: Sie ist die Wahrheit, von der für uns existierende Menschen jede praktisch lohnende Prüfung der Tatsachenrichtigkeit und der logi-

34 »Faktenbeobachtung« ist unseren Prämissen zufolge freilich nicht mit erster »Wahrnehmung« des Individuellen zu verwechseln. Bei Ockham und in der empiristischen Tradition geht beides stets durcheinander.

schen Schlüssigkeit erst ihren Sinn empfängt. Denn wer immer eine Tatsache als solche bestätigen will, muß den entsprechenden Sachverhalt schon »als etwas«, d.h. in einer Bedeutsamkeit für den Menschen ermöglicht, voraussetzen. Dies gerade leistet vor aller Wissenschaft und in dieser sich fortsetzend die Sprache. Und wenn Rothacker in seiner Abhandlung: »Die dogmatische Denkform in den Geisteswissenschaften ...«[35] für die reflexiven Strukturwissenschaften wie z. B. die vergleichende Religionswissenschaft eine gehaltliche Abhängigkeit von der Weltentdeckung der vorausgehenden Dogmatiken festgestellt hat (gemäß dem Satz: »Nihil in intellectu quod non fuerit in opere et in dogmatica«), so gilt dieses Verhältnis in fundamentalster Form für das Verhältnis aller Wissenschaften zu dem vorausgesetzten Weltverständnis der Sprachen. Diese können deshalb, inhaltlich gewürdigt, als die fundamentalsten Dogmatiken der menschlichen Weltorientierung bezeichnet werden (wie sie ja auch die fundamentalsten opera des Menschen sind, wenn man mit Vico und Hamann eine Verschränkung echten menschlichen Schaffens mit göttlicher Offenbarung zugesteht).

Das erkenntniskritische Problem der sprachlichen wie überhaupt aller dogmatischen Wahrheit liegt aber nicht im Logischen oder im jederzeit für jedermann nachprüfbaren Empirischen, sondern in der Richtung geschichtlich verstehender Hermeneutik menschlichen In-der-Welt-Seins. Es gilt hier nicht, »Irrtümer« aufzuklären, sondern die schicksalhaften Verdeckungen in den Blick zu bringen, die mit jeder Urentdeckung von Welt wesensnotwendig verbunden sind, weil der Mensch durch den leibhaften Einbruch in das Ganze des Seienden, der sich in der Technognomie aller seiner »Wahr-nehmungen« und in der damit zirkelhaft verbundenen Technognomie der »Wortung« fortsetzt, notwendig stets einen Aspekt des Seienden erzwingt, andere mögliche Aspekte ins Dunkle abdrängt (ja auch im Freudschen Sinn »verdrängt«).

Auf einem begrenzten Sektor planmäßig organisierter und kontrollierter experimenteller Entdeckung, verbunden mit entsprechender terminologischer »Wortung«, ist das erkenntnisanthropologische Gesetz der entdeckend-verdeckenden Technognomie gegenwärtig als Extrem- und Modellfall mathematisch aufeinander bezogener, je nach Versuchsanordnung provozierbarer, sogenannter »Komplementäraspekte« auffällig geworden. Gemeint ist die Heisenberg-

35 Vgl. oben S. 33. Anm. 29.

sche »Unschärfe-Relation« zwischen »Teilchen-« und »Feld«-Aspekt in der Mikrophysik. Was hier im Zuge planmäßiger, terminologisch gesteuerter Welt-Vermessung als beliebig variierbarer Stör-Eingriff in den Bereich des Atomaren an den Tag tritt, das spielte und spielt sich im Rahmen der muttersprachlichen Welt-Vermessung als ein Vorgang ab, der aller bewußten Kontrolle immer schon weit zuvorgekommen ist. Nicht ein Messen der Welt an mathematisch idealisierten Maßstäben liegt hier vor, sondern ein Sich-Messen des ganzen bewußt-unbewußt existierenden Menschen, ja mehr noch das ganzer Gemeinschaften mit der Welt nach Maßgabe des geschichtlichen Schicksals. Was eine hermeneutische nachverstehende und vergleichende »inhaltsbezogene Sprachwissenschaft« hier als Wahrheit oder Unwahrheit eruieren kann, muß daher wohl aufgefaßt werden als die im Hinblick auf den technognom existierenden Menschen »lichtend-verbergende Ankunft des Seins« selber in der Phase der Seinsgeschichte, in der es so etwas wie eine menschliche Sinnwelt gibt[36].

36 Vgl. zu dem zuletzt berührten Wahrheitsbegriff M. Heidegger, *Vom Wesen der Wahrheit*, 2. Aufl. Frankfurt 1949; und: *Platons Lehre von der Wahrheit mit einem Brief über den Humanismus*, Bern 1947. – Nach der Kritik des Heideggerschen Wahrheitsbegriffes durch E. Tugendhat (*Der Wahrheitsbegriff bei Husserl und Heidegger*, Berlin 1967), die von Heidegger selbst als berechtigt anerkannt wurde, wäre unsere Argumentation dahin zu korrigieren, daß es sich bei der von Heidegger entdeckten Voraussetzung aller Aussagen-Richtigkeit nicht schon um *Wahrheit*, sondern um *Sinn-Eröffnung* als transzendental-hermeneutische Bedingung der Möglichkeit von Wahrheit handelt. (Vgl. hierzu oben S. 41 ff.). Damit läßt sich auch der Sinn der vorliegenden Arbeit klarer bestimmen und etwa folgendermaßen präzisieren: Während die inhaltsbezogene Sprachwissenschaft – wie jede andere Wissenschaft – den philosophischen Begriff der *Aussagen-Wahrheit* voraussetzt, ist es der transzendentalhermeneutische Begriff der *Sinn-Eröffnung* als Bedingung der Möglichkeit aller Aussagenwahrheit, der ihrem neohumboldtschen Forschungsprogramm als heuristische Idee zugrunde liegt und zu dessen Explikation sie selbst einen philosophisch relevanten Beitrag leisten kann. Diese Möglichkeit erhält zur Zeit ihre Aktualität durch den Umstand, daß N. Chomsky das rationalistische Programm einer Universal-Grammatik erneuert und in seinem Gefolge J. Katz das von uns im vorigen spekulativ projektierte Leibniz-Programm einer kombinatorischen Universal-Semantik linguistisch zu realisieren versucht hat. – Vgl. hierzu Bd. II, S. 264 ff.

Sprache und Wahrheit in der gegenwärtigen Situation der Philosophie

Eine Betrachtung anläßlich der Vollendung der neopositivistischen Sprachphilosophie in der Semiotik von Charles Morris

Hauptsächlich besprochene Literatur:

1. Ch. Morris: *The Concept of Meaning in Pragmatism and Logical Positivism.* Actes du 8e Congrès de Philosophie à Prague 1934, 1936, S. 103 f. = Morris I
2. Ders.: *Foundations of the Theory of Signs.* International Encyclopedia of Unified Science, Vol. I, 2, 8. ed. Chicago 1953 = Morris II
3. Ders.: *Signs, Language and Behavior,* 4. ed. New York 1950 = Morris III

Weitere Literatur im Text.

1. Einleitung: Erkenntnistheorie im Übergang von der Bewußtseinskritik zur Sprachkritik

Die Zusammenstellung der Begriffe »Sprache« und »Wahrheit« als Thema einer philosophischen Erörterung wäre im 19. Jahrhundert wahrscheinlich als ungewöhnlich empfunden worden. Am ehesten hätte man wohl an eine Untersuchung auf dem Felde der spekulativen Etymologie gedacht, d. h. an die altgriechische Problematik der »ὀρθότης ὀνομάτων« mit ihrer Alternative eines φύσε- oder θέσει-Urspungs der Sprache. Dieses zum Topos erstarrte Thema galt ja geradezu als identisch mit dem Gegenstand der Sprachphilosophie. Daneben gab es noch einige kaum verstandene Hinweise auf eine umfassendere Bedeutung des Sprachproblems für die Philosophie.

So etwa W. v. Humboldts Leitsatz zum vergleichenden Sprachstudium, »daß die Sprachen nicht eigentlich Mittel sind, die schon erkannte Wahrheit darzustellen, sondern weit mehr, die vorher unerkannt zu entdecken«, daß »ihre Verschiedenheit nicht eine von Schällen und Zeichen, sondern eine Verschiedenheit der Weltansichten selbst« ist[1]. Oder die ältere Einsicht Hamanns, daß die Sprache die Synthesis der Erscheinungswelt vor aller Unterscheidung von Sinnlichkeit und Verstand immer schon geleistet habe und daher der

1 W. v. Humboldt, *Über d. vergl. Sprachstudium,* § 20.

Kantischen »Vernunftkritik« eine »Metakritik« als »Kritik der Sprache« vorauszugehen habe[2]. Ferner gab es die Bemühungen einiger Mathematiker bzw. Logiker wie Boole, Peano, Frege, Peirce, das Leibnizsche Programm einer Präzisionssprache für den Aufbau einer mathematisierten Logik zu verwirklichen.

Aber dies alles war Kuriosität am Rande des philosophischen Bewußtseins, es spielte kaum eine Rolle im Rahmen der maßgebenden philosophischen Erkenntniskritik: der transzendentalen bzw. psychologisch-empirischen Bewußtseinsanalyse.

Ganz anders wird das Bild in der ersten Hälfte des 20. Jahrhunderts. Zumindest für den angelsächsischen Einflußbereich des sogenannten »logischen Positivismus« läßt sich heute de facto und erklärtermaßen der Übergang von Erkenntnistheorie in Sprachanalyse konstatieren. Themen wie »meaning and truth«, »meaning and verification« oder »language, truth and logic« sind schlechthin charakteristisch für das angelsächsische Philosophieren[3].

Drei Motive dürften dafür in erster Linie verantwortlich zu machen sein:

1. Inzwischen war die Saat der neuen (Leibnizschen) Logik aufgegangen; mit ihr erschienen die von Leibniz verheißenen unerhörten Mittel konstruktiver Symbolik; aber auch die Fülle semiotischer Probleme, welche die Neugrundlegung der Logik und Mathematik mit sich brachte; man denke nur an die (später so genannten) »semantischen Antinomien« und die Problematik der »Metasprachen«-Hierarchie. Es wiederholte sich hier ein Vorgang, der sämtliche Gründungsepochen der abendländischen Logik begleitet hatte, zuerst die aristotelisch-stoische, dann die scholastisch-terministische und zuletzt im Barock die in Leibniz als Keimzelle einer neuen Logik manifest werdende Grundlegung der neuzeitlichen Mathematik als »mathesis universalis«: Jedesmal hat sich hier im Zusammenhang mit der Neugründung der Logik eine reich differenzierte »Semiotik« entwickelt, und man bemerkt bei näherem Hinsehen, daß ein Großteil der sprachphilosophischen und sprachwissenschaftlichen Grundbegriffe bei dieser Gelegenheit entstanden ist. Grammatik und Rhe-

2 Vgl. hierzu jetzt: E. Heintel, »Gegenstandskonstitution u. sprachl. Weltbild«, in: *Sprache – Schlüssel zur Welt, Festschr. f. L. Weisgerber*, Düsseldorf 1959, S. 47 ff.

3 Vgl. hierzu die gründlichen Informationen von A. Pap (*Analytische Erkenntnistheorie*, Wien 1955) und W. Stegmüller (*Hauptsrömungen der Gegenwartsphilosophie*, Wien 1952, und: *Das Wahrheitsproblem u. die Idee der Semantik*, Wien 1957). Für die Ursprünge der ganzen Bewegung vgl. auch V. Kraft, *Der Wiener Kreis*, Wien 1950.

torik sind gleichen Ursprungs mit der Logik als »τέχναι λογικαί« (»artes sermonicales«) und bildeten noch im Mittelalter im »Trivium« die Grundlage der Bildung und Wissenschaft. Hier, im mittelalterlichen »Trivium« der Artistenfakultät, lag allerdings auch der im Humanismus aufbrechende Keim eines sowohl sprachphilosophischen wie allgemein erkenntnistheoretischen und kulturpädagogischen Gegensatzes innerhalb der Logoswissenschaften, der – mutatis mutandis – heute wiederum aktuell geworden ist und die innere Konstellation der Philosophie beherrscht. Wir werden darauf noch zurückkommen.

2. Das ausdrückliche Motiv des Übergangs von der traditionellen Erkenntniskritik in Sprachkritik entstand im unmittelbaren Zusammenhang mit der Grundlegung der mathematischen Logik in dem Kopfe des Russellschülers Ludwig Wittgenstein. Ich meine den alles Philosophieren des Neopositivismus beherrschenden Verdacht, die philosophischen Sätze und bereits die philosophischen Fragen seien (nicht etwa falsch, sondern) überhaupt ohne Sinn, und zwar deshalb, weil wir die Logik unserer Sprache nicht verstünden. Dieser Wittgensteinsche Sinnlosigkeitsverdacht hat als Entlarvungsmotiv bei der Bekämpfung der Metaphysik heute alle älteren Einwände des Positivismus überholt und findet allenfalls ein Gegenstück in dem marxistisch-pragmatistischen Ideologieverdacht, der allerdings auch einen Einwand gegen den Sinnlosigkeitsverdacht enthält, worauf wir noch zurückkommen werden. Im Anschluß an Wittgensteins Sinnlosigkeitsverdacht wurde im »Wiener Kreis« das sogenannte Verifikationsprinzip aufgestellt. Eine überspitzte aber charakteristische Formulierung dieses Prinzips lautet: »Der Sinn eines Satzes ist die Methode seiner Verifikation.« Diese Fassung des Verifikationsprinzips ist geeignet, auf ein drittes Motiv der gegenwärtigen angelsächsischen Philosophie, insbesondere auch der Sprachanalyse, aufmerksam zu machen.

3. Während im Wiener Neopositivismus unter Verifikation vornehmlich eine wissenschaftliche Bestätigungsmethode verstanden wurde: ein Vergleich der sprachlichen Aussagen mit beobachtbaren Tatsachen, hatte zuvor schon der Begründer des amerikanischen Pragmatismus, C. S. Peirce, der auch zu den Initiatoren der mathematischen Logik zählt, ein ähnliches, aber umfassenderes Verifikationsprinzip für die Auflösung des Bedeutungsproblems formuliert. Es lautete: Um die Bedeutung eines Zeichens zu bestimmen, »we

have ... simply to determine what habits it produces«[4]. Dieses Motiv sollte später bei Charles Morris als Beitrag des amerikanischen Pragmatismus-Behaviorismus zur neopositivistischen Sprachanalyse repräsentative Bedeutung gewinnen.

Seit Morris' *Grundlagen der Semiotik* von 1938 ist es im Einflußbereich des logischen Positivismus üblich geworden, drei Dimensionen der Sprache bzw. der Zeichenwissenschaft zu unterscheiden: »Syntax«, »Semantik« und »Pragmatik« der sprachlichen Zeichen. Die »Syntax« betrifft die innersprachliche Beziehung der Zeichen untereinander, die »Semantik« die Beziehung der Zeichen zu den bezeichneten außersprachlichen Tatsachen und die »Pragmatik« die Beziehung der Zeichen zu den Menschen als Sprachbenutzern. In diesen drei Dimensionen der »Semiose« bzw. der wissenschaftlichen »Semiotik« sind, wie es scheint, die erwähnten drei Hauptmotive der gegenwärtigen sogenannten sprach-»analytischen Philosophie« des Westens repräsentiert und, wie Morris selbst betont hat, zur Synthese gebracht[5].

An diesem Punkt wollen wir ansetzen und unsere thematische Frage nach dem Verhältnis von Sprache und Wahrheit an die sprachanalytische Philosophie herantragen. Wie verhalten sich die erwähnten drei Motive der logistischen, positivistischen und endlich pragmatischen Sprachkritik zu unserem Problem? Welche Antwort geben vor allem die den genannten Motiven entsprechenden semiotischen Konzeptionen der »Syntax«, »Semantik« und »Pragmatik« auf unsere Frage nach dem Verhältnis von Sprache und Wahrheit?

II. Syntax, Semantik und Pragmatik als Dimensionen sprachlicher Wahrheit

Die Antwort der drei Disziplinen auf unsere Frage läßt sich am besten so gewinnen, daß man die historische Entwicklung der sprachanalytischen Philosophie von Wittgensteins *Tractatus Logico-philosophicus* und Carnaps *Logischer Syntax der Sprache* über Tarskis und Carnaps logische Semantik bis zu Morris' dreidimensionaler »Semiotik« verfolgt. In dieser Reihenfolge erweist sich nämlich das

4 C. S. Peirce, *Collected Papers*, Cambridge, Mass., 1931 ff., IV, § 536; V, § 475 ff. Vgl. Morris III, S. V.

5 Vgl. Morris I.

Verifikationsprinzip selbst als einheitliches Motiv aller drei Konzeptionen der Sprachanalyse; es treibt sie als Stadien einer andauernden Frage nach dem Rechtsgrund sinnvoller Sätze hervor.

1. Am Beginn steht die vor allem von Carnap radikal formulierte Konzeption der Philosophie als »logische Syntax der Sprache«. Hier entfaltet sich im Rahmen der neopositivistischen Sprachanalyse die auf Leibniz und Boole zurückgehende spekulative Pointe der symbolischen Logik: der »Formalismus«, das Absehen des rechnenden Verstandes von allem inhaltlichen Sinn der als Zeichenkombination aufgefaßten Sprache. Im operativen Formalismus der sprachlichen Zeichensyntax soll erstmalig das Wesen philosophischer »Bedeutung« und damit *philosophischer* »Wahrheit« isoliert werden.

Zwar rechnet Carnap von vorneherein – wie schon Wittgenstein im »Tractatus« – auch mit der Notwendigkeit einer empirischen Verifikation des Sinnes wissenschaftlicher Sätze durch außersprachliche Tatsachen, sieht aber darin gerade kein *philosophisches*, sondern ein ausschließlich (natur)-wissenschaftliches Problem. Philosophie fällt für ihn mit der Logik der Wissenschaftssprache zusammen, und das scheint zu bedeuten: sie klärt die syntaktischen Beziehungen zwischen Zeichen, wie sie etwa in den operativen Konstanten der Mathematik oder in vergleichbaren Wörtern wie: »und«, »oder«, »wenn«, »nicht« ausgedrückt sind und, je nach Konstruktion einer bestimmten Sprache, die formal-logische Struktur eines komplexen Satzes festlegen. Auf diese Weise hoffte Carnap zunächst, das Verifikationsproblem überhaupt gemäß folgender Alternative auflösen zu können: Alle empirisch-generellen Sätze sollten (als Molekularsätze aufgefaßt und) mittels der syntaktischen Wahrheitsfunktion Wittgensteins auf sogenannte Atomsätze zurückgeführt werden, die sich rein empirisch verifizieren ließen[6]. Die darüber hinausgehenden Allgemeinheitsansprüche philosophischer »All- und Existentialsätze« (wie etwa »Es gibt Universalien« oder »Alle Vorgänge haben eine Ursache«) sollten im Grunde nicht auf außersprachliche Tatsachen, sondern auf die Syntax der sprachlichen Darstellung bezogen sein. Ihre scheinbar apriorische Wahrheit sollte als syntaktische Konvention sprachkritisch entlarvt werden.

Die Aporie dieser Auffassung ergibt sich – sprachphilosophisch be-

6 Auf die Schwierigkeiten, auf welche die Suche nach dem empirischen Sinnkriterium (»Atom-Sätze«, »Protokollsätze«, »Erlebniskonstatierungen«, »Basis-Sätze« usw.) stieß, brauchen wir hier nicht einzugehen.

trachtet – aus der rein syntaktisch-operationistischen u. d. h. extrem nominalistischen Auffassung der Sprache. Sie ist daher identisch mit der Aporie der formalistischen Logistik in der Bewältigung des Verifikationsproblems der Logik selbst. Denn bereits die logischen Grundwörter »und«, »oder« »wenn – so«, »nicht« usw. müssen in ihrem Sinn verstanden sein, wenn durch sie ein willkürfreies Operieren gewährleistet sein soll. Erst recht ist dies der Fall bei den sogenannten Pseudoobjektsätzen der Philosophie wie etwa »es gibt Zahlen im Unterschied zu konkreten Dingen«, die Carnap hier als Teile der Sprachregelung auffassen muß. Wenn Sprachregelung nicht auf willkürliches Operieren mit puren Laut- bzw. graphischen Gebilden hinauslaufen soll, dann setzt sie das Problem der Bedeutung schon voraus. Tatsächlich macht jeder erlernbare formale Zeichenkalkül Gebrauch von einer metasprachlichen Bedeutung der von ihm befolgten Regeln. Und selbst wenn man im operativen Kalkül kein philosophisches Verifikationsproblem über die reine Konvention hinaus finden wollte, so stellt sich ein solches doch mit Sicherheit dann ein, wenn der Kalkül auf die Wirklichkeit angewandt werden soll. Eine Interpretation des Kalküls ohne Voraussetzung metasprachlicher – und das heißt zuletzt: umgangssprachlicher – Bedeutung ist nicht möglich. Auch das Wahrheitsproblem der Logik selbst erweist sich so als identisch mit dem Problem einer Verifikation umgangssprachlicher Bedeutung. Vollends ist dies der Fall, wenn über den Sinn sogenannter philosophischer Allwörter wie »Ding«, »Gegenstand«, »Eigenschaft«, »Beziehung«, »Vorgang«, »Zustand«, »Sachverhalt«, »Tatsache«, »Situation«, »Wert«, »Raum«, »Zeit«, »Zahl« und der mit ihnen gebildeten Sätze entschieden werden soll. Wenn schon ihr Sinn nicht ohne Rückblick auf die Spielregeln unserer Sprache zu verifizieren sein mag, so läßt er sich doch sicherlich nicht als eine Frage operativer Willkür abtun.

2. An diesem Punkt schreitet indessen der logische Positivismus selbst in seiner Sprachanalyse weiter zum Programm der Sprachlogik als Semantik. Die Beziehung der Zeichen zu dem Außersprachlichen, das sie bezeichnen, wird damit zum Thema der Philosophie überhaupt erklärt. Damit erneuert sich im größten Maßstab das Anliegen der scholastischen Sprachlogik.

Auch diese hatte ja sehr bald nach ihrer Entstehung, als sie auf das Universalienproblem stieß, damit begonnen, als Metalogik in einer reich-differenzierten und sehr subtilen Lehre von den »proprietates terminorum« insbesondere von der »suppositio«, ferner als »spekulative Grammatik« in Traktaten »De modis significandi« die logisch relevanten Strukturen der Sprache an der außersprachlichen Wirklichkeit zu verifizieren. Nahezu alle ihre Probleme werden jetzt wieder aktuell, wie Bochenski in seiner *Geschichte der formalen Logik* gezeigt hat (man vergleiche insbesondere z. B. die zentrale Bedeutung der semantischen Antinomien bei Tarski mit den entsprechenden Traktaten des Paulus Venetus am Ende des Mittelalters)[7].

Indessen macht sich nun auch ein entscheidender Unterschied der logischen Semantik im Vergleich zur scholastischen Sprachlogik bemerkbar. Er führt, wie mir scheint, nicht nur mit Notwendigkeit zur Einsatzstelle der pragmatischen Zeichendimension, sondern, wie jetzt schon angedeutet sei, zur sprachkritischen Aufdeckung einer neuen Wahrheitsdimension, welche in der logisch-metaphysischen Tradition des Abendlandes niemals angemessen berücksichtigt worden war:

Die mittelalterliche Sprachlogik hatte ihrer logischen Sprachanalyse mit absoluter Selbstverständlichkeit die lateinische Sprache als Universalsprache der Wissenschaft zugrunde gelegt. Das Lateinische war das selbst autoritäre Gefäß aller religiösen und profanen Autoritäten; gerade aus ihr hoffte man daher auch die logisch-ontologischen Strukturen der Wirklichkeit herausabstrahieren zu können. Die moderne Logistik hingegen ging auch in ihrer Semantik nicht von einer bestimmten Umgangssprache aus, sondern, getreu ihrem leibnizschen Ansatz bei einer formalisierten Kalkülsprache, konstruiert sie auch die semantische Funktion der Sprache im vorhinein in Gestalt von Regeln möglicher Welt-Bezeichnung oder – noch charakteristischer – möglicher extensionaler Verifikation der Zeichen, also als Wahrheitsregeln a priori.

Es liegt hierin, wenn man will, eine höchst moderne Variante der von Kant für die Erkenntnistheorie in Anspruch genommenen »Kopernikanischen Wendung«, wonach nicht die Natur dem Verstand, sondern der Verstand der Natur die Regel vorschreibt. Oder genauer: Man verläßt sich nicht mehr auf die Kantische These einer uns vorweg in synthetischen Urteilen a priori konstituierten Welt-

7 Vgl. J. M. Bocheński, »Formale Logik«, *Orbis* Bd. III, 2, Freiburg/München 1956, § 35. Zum Wiederaufleben des Universalienstreites vgl. W. Stegmüller, »Das Universalienproblem einst und jetzt«, *Archiv f. Philosophie*, VI, S. 192–225.

gesetzlichkeit, sondern man konstruiert bewußt und willkürlich, was als Apriori möglicher Urteilsbedeutung gelten soll: die Regeln der logischen Semantik[8].

Dieses Verfahren hat aber nun zu zwei, zunächst gar nicht erwarteten und noch kaum zu Ende gedachten Resultaten geführt:

Erstens zeigte sich, daß keineswegs, wie Wittgenstein zuerst vermutet hatte, »die« Logik »der« Sprache über mögliche Verifikation und damit über möglichen Sinn von Sätzen a priori entscheiden kann, sondern daß aller Sinn und insofern alle Wahrheit relativ ist auf die von uns konventionell eingeführten Form- und Bezeichnungsregeln, d. h. also auf die jeweilige Sprache als syntaktisch-semantisches System. Es ist z. B. durchaus möglich, eine Sprache zu konstruieren, in der auch metaphysische Sätze sinnvoll sind, genauer: als sinnvoll vorgesehen sind. Solche Sätze lassen sich dann selbstverständlich nicht durch naturwissenschaftliche Experimente verifizieren, aber die Möglichkeiten logischer Semantik sind eben keineswegs beschränkt auf die Verifikationsregeln einer physikalischen Fachsprache.

Wichtiger scheint mir aber ein anderes – gewissermaßen entgegengesetztes[9] – Ergebnis der konstruktiven Semantik, das in seiner vollen Tragweite noch weit weniger durchschaut sein dürfte:

8 Des näheren bedeutet die Konstruktion einer logischen Semantik der Sprache eine Generalisierung des Versuchs, eine Methode der Verifikation für den Sinn sprachlicher Sätze anzugeben. Und dieser Versuch wiederum stellt die philosophische Generalisierung des um die Jahrhundertwende in der Grundlagenkrise der Physik erprobten Verfahrens dar, die Bedeutung solcher Begriffe wie etwa »Gleichzeitigkeit« durch Angabe einer experimentellen Methode ihrer Messung (so Einstein) im vorhinein festzulegen. Ähnlich war ja zweifellos Kant von dem galileischen Modellverfahren der mathematischen Naturwissenschaft zu der erkenntnistheoretischen Konsequenz: Wir verstehen nur, was wir irgendwie selbst machen können bzw. gemacht haben, angeregt worden. – Im Versuch der apriorischen Sprachkonstruktion erreicht indessen die hier zum Ausdruck kommende Grundtendenz der Neuzeit, die »Erfahrung« der Welt im vorhinein auf den menschlichen »Vorgriff« und »Eingriff« hinzuzwingen (Heideggers »Gestell« der die Natur »stellenden« Technik) und dadurch ihre Eindeutigkeit zu gewährleisten, eine prinzipielle Grenze, die sich in der Problematik der »Metasprache« (bzw. der unendlichen Hierarchie der Metasprachen) bemerkbar macht. Der Bedeutung dieser Problematik für das Wahrheitsproblem sucht der weitere Gedankengang unserer Untersuchung im Grunde zu entsprechen.

9 Während nämlich das erste Resultat der logischen Semantik besagt, daß es »die« Sprache nicht gibt und insofern auch die Frage nach dem Sinn metaphysischer Sätze nicht durch »die« Logik »der« Sprache entschieden werden kann, sondern allenfalls durch die logische Konvention der von uns jeweils konstruierten Sprache, verhilft die apriorische Rahmenfunktion der Umgangssprache als letzter Metasprache für alle Sprachkonstruktion zu der quasi entgegengesetzten, wesentlich tieferen Einsicht, daß es »die« Sprache in gewisser Weise doch gibt: nämlich als geschichtliche »Geworfenheit« des Philosophen der

Was auch immer in einem semantischen System an Bedeutungs- bzw. Wahrheitsregeln a priori festgelegt wird, das ist doch letztlich – mehr noch als ein rein syntaktisches System – von der Metasprache abhängig, in der die Regeln selbst eingeführt werden. Die actualiter letzte Metasprache in jeder logistischen Sprachenhierarchie ist aber, wie gesagt, die konkrete Umgangssprache. Aus der Umgangssprache entnimmt der logische Semantiker bereits den spekulativen Gesichtspunkt (die »Bedeutung«!) seiner Regelkonstruktion, der sich darin zu bewähren hat, daß die Bedeutungsregeln eine bestimmte sachliche Interpretation des Systems, d. h. eine bestimmte Übersetzung durch umgangssprachliche Begriffe, zulassen.

Gewiß erfolgt bei dieser zweifachen Inspiration bzw. Legitimation der Kunstsprache durch die Umgangssprache eine sehr erwünschte Präzisierung der umgangssprachlichen »Bedeutung« – eine Potenzierung gleichsam der terminologischen Zuschärfung, die in der Umgangssprache selbst schon durch wissenschaftliche Definitionen in Angriff genommen war. Aber zuletzt stammt doch der Gehalt der durch das semantische System ermöglichten Präzisionsbegriffe ebenso wie der Bedeutungsgehalt der für das semantische System selbst konstitutiven Regeln aus dem Denken in Bedeutungen der Umgangssprache. Denkt man sich diesen umgangssprachlichen Gehalt (durch den die Formelsysteme der mathematischen Wissenschaft bei aller Zuschärfung mit der Gesamtgeschichte der Wissenschaft und darüber hinaus mit der vorwissenschaftlichen Weltsinnerschließung kontinuierlich verbunden sind) weg, so bleibt als Leistung des semantischen Regelsystems, die über das syntaktische Kalkülsystem hinausgeht, nur der apriorische Verweis auf Verifizierbarkeit sprachlicher Zeichen durch außersprachliche »Tatsachen überhaupt«[9a].

Gegenwart in die »Bedeutungswelt« der sprachlichen Überlieferung (der abendländischen Sprachtradition), aus der heraus seine Sprachkonstruktion faktisch erwachsen ist. Hier aber ist die Frage nach dem Sinn metaphysischer Sätze nicht durch einen konventionellen Beschluß zu klären, sondern allenfalls durch ein historisch-hermeneutisches Transzendieren (»überholendes Wiederholen«) der in der philosophischen Sprache des Abendlandes aufbewahrten und kraft der »energeia« (Humboldt-Weisgerber) dieser Sprache auch im Neopositivismus wirkenden Metaphysik.

9a Genau dies scheint mir der Inhalt der semantischen Definition der Wahrheit durch A. Tarski zu sein: Durch die logische Übereinstimmung zwischen dem Sinn eines metasprachlichen mit dem Sinn eines objekt-sprachlichen Satzes in einer Sprache L gemäß dem Definitionsschema »Der Satz, ›Die Dinge verhalten sich so und so‹ ist wahr dann und nur dann, wenn sich die Dinge so und so verhalten«, wird eine Klärung des Sinnes der reinen Tatsachenwahrheit unter Abstraktion vom pragmatischen Sinn der Aussagen, in denen Tatsachen behauptet werden, erreicht. Im pragmatischen Kontext der Aussage kann

Und selbst dieser Verweis wie überhaupt die Idee einer Semantik setzt die umgangssprachliche Denktradition de facto voraus.
Wir können jedoch diesen letzten Gesichtspunkt beiseitelassen, denn immerhin ist durch den formalen Grundgedanken einer reinen Semantik zweifellos ein außersprachlicher Richtpunkt möglicher sprachlicher Wahrheit in unüberbietbarer Klarheit festgelegt: die für alle empirische Wissenschaft maßgebende Tatsachenrichtigkeit sprachlicher Sätze. Hier leistet schon die Idee der logischen »Semantik« dieselbe Klärung für die von Leibniz sogenannten »vérités de fait« wie zuvor die Idee der »logischen Syntax« für den Begriff der »vérités de raison«, sofern diese in der reinen Selbstsetzung des beziehenden Verstandes (intellectus ipse) ihren Ursprung haben.
Gerade diese sprachanalytische Herausarbeitung der genannten Wahrheitsdisjunktion, die geradezu die geschichtliche Pointe des »logischen Positivismus« ausmacht, zeigt aber nun, daß mit der Beziehung der Sprachzeichen untereinander und auf außersprachliche Tatsachen das Problem der sprachlichen »Bedeutung« noch keineswegs gelöst ist. Nicht ein einziger welthafter Bedeutungsgehalt, der einem Sprachbenützer etwas sagt, ist aus dem Regelsystem der »logischen Syntax« und der »logischen Semantik« allein zu verstehen. Damit uns etwas auch nur begegnen kann, ist schon »Bedeutung« im Sinne von *Bedeutsamkeit* vorausgesetzt; und diese vorausgesetzte Bedeutung, z. B. die Erwartung von Freundlichem oder Feindlichem, Nützlichem oder Schädlichem, Hilfe oder Widerstand, brauchbar oder unbrauchbar usw., ist bei uns Menschen immer schon sprachlich artikuliert. Wörter wie »Kraut« und »Unkraut«, »Furt«, »Paß«, »Bucht«, »Anhöhe« usw. verraten sofort, daß der Sinn der Alltagssprache weder formallogisch, noch im Hinblick auf Tatsachenrichtigkeit allein zu verifizieren ist.
Ein reiner Verstand wie ihn die logische Semantik zugrundelegt, könnte keine schützende »Bucht« auffinden; ihm könnte keine

diese abstrakte Klärung aber nur dann als regulatives Prinzip zur Geltung gebracht werden, wenn eine Verständigung über den verifikationsfähigen Sinn der Aussage schon vorausgesetzt werden kann. Diesen Voraussetzungen hat m. E. der transzendentalpragmatische Wahrheitsbegriff von Ch. S. Peirce Genüge getan, indem er die mögliche Tatsachenwahrheit der Naturwissenschaft a priori auf den möglichen Konsens einer unbegrenzten Experimentier- und Interpretationsgemeinschaft *in the long run* gründet. Vgl. hierzu K.-O. Apel: *Einleitung* zu: Ch. S. Peirce, *Schriften I*, Frankfurt 1967, und ders.: *Einleitung* zu: Ch. S. Peirce, *Schriften II*, Frankfurt 1970. Zur semantischen Wahrheitsdefinition A. Tarskis vgl. W. Stegmüller, *Das Wahrheitsproblem u. die Idee der Semantik*, Wien 1957; ferner die Kritik von E. Tugendhat in: *Philos. Rundsch.*, Jg. 8, S. 131–159.

»Wand« bzw. »Mauer« den Durchgang versperren noch ein »Tor« ihn eröffnen. Er könnte aber auch keine »Kräfte« und »Geschwindigkeiten« »messen« (da er nämlich nicht imstande ist, »sich mit der Welt zu messen«). Er würde also auch keine Naturwissenschaft begründen können. Und selbst die syntaktischen Grundzeichen eines kunstsprachlichen Kalküls würde er nicht verstehen können, da die tautologische Identität (die undialektische Selbstsetzung) des Verstandes (a = a) nicht ausreicht, um die Bedeutungen von »und«, »oder«, »nicht«, »ist« usw. zu konstituieren[10].

Was fehlt hier in der syntaktisch-semantischen Sprachanalyse? Welcher sinnkonstituierende Faktor der Sprache ist übersehen? Ist es der »Ausdruck« menschlicher Erlebnisse, der Emotionen oder der Willensregungen? – Ein solcher Hinweis ist gewiß nicht falsch; er verdeckt aber nur allzuleicht den Tatbestand, daß der gesuchte »dritte« Faktor keineswegs einer privaten, nur empirisch-psychologischen relevanten Sphäre angehört, sondern den sogenannten objektiven, im Sinne einer »langue« (De Saussure) intersubjektiven Bedeutungsgehalt der Sprache mitkonstituiert, ohne den es auch keine wissenschaftliche »Information« gäbe.

Viele Kritiker des logischen Positivismus haben aus der geschilderten Situation den Schluß gezogen, daß »Bedeutung« eben nicht mit möglicher »Verifikation«[11] gleichgesetzt werden darf, daß »Sinn« ein weiterer Begriff sei als »Wahrheit«. Hiermit würde jedoch, wie mir scheint, das Verifikationsprinzip zu früh aufgegeben und der Sprachanalyse die erkenntniskritische Funktion voreilig verkürzt. – Es könnte ja auch so sein, daß nicht nur die Sprache außer der semantischen und syntaktischen Dimension noch eine dritte Dimension besitzt, sondern auch die sprachlich formulierte Wahrheit.

10 Die Möglichkeit, einen Kalkül rein als operatives Spiel ohne Rückblick auf umgangssprachliche Bedeutung in Gang zu bringen (vgl. P. Lorenzen, *Konstruktive Begründung der Mathematik*, 1950) beweist nicht das Gegenteil, sondern bestenfalls (gesetzt nämlich, die Inspiration durch umgangssprachliches Denken hat wirklich keine Rolle gespielt) nur den gelungenen Beginn eines »Sprachspiels« (Wittgenstein), aus dem heraus sich von jeher die Umgangssprache selbst konstituiert hat. Ein funktionierendes Sprachspiel aber enthält niemals nur die »syntaktische« und »semantische« Zeichendimension, sondern auch bereits jenes »mehr«, das wir suchen.

11 Das Wort »Verifikation« wird von uns im weitesten Sinne einer möglichen Bewahrheitung verstanden, nicht etwa im Sinne »vollständiger Bestätigung« oder gar »vollständiger Nachprüfbarkeit« von Sätzen. Insofern scheint mir das Verifikationsprinzip einen heuristischen Wert zu besitzen, der unabhängig davon ist, ob es gelingt, ein Kriterium empirischer Verifikation zu formulieren.

3. Wieder müssen wir hier einen Schritt weiter tun – zunächst noch immer im Rahmen einer positivistischen Sprachanalyse. Wir haben jetzt den pragmatistischen Gesichtspunkt der amerikanischen Philosophie heranzuziehen, der durch Morris ausdrücklich als pragmatische Dimension einer dreidimensionalen Semiotik mit der Zeichensyntax und der Zeichensemantik verbunden wird.

Die Zeichenpragmatik befaßt sich – wie oben schon am dreidimensionalen Schema der Semiotik angezeigt – mit der Beziehung der Zeichen zum Menschen, der sie benutzt, d. h. ausspricht oder versteht. – Sollten durch diese Vervollständigung der Strukturbeschreibung des Phänomens Sprache die Restprobleme einer nur syntaktisch-semantischen Verifikation der sprachlichen Bedeutung sich auflösen lassen?

Etwa die Frage, warum die sprachlich bezeichneten Tatsachen dem Menschen nicht in ihrer reinen Tatsächlichkeit bekannt werden, sondern zuerst im Lichte von Worten »aufgehen« müssen, die eine Beziehung zu den menschlichen Lebensinteressen mit ausdrücken? Oder die Frage, warum selbst die Wissenschaften erst dann Tatsachen richtig feststellen können, wenn sie zuvor wissen, wonach – d. h. im Lichte welcher Worte – sie überhaupt zu fragen haben? – Oder das Problem der philosophischen Allwörter wie: »Ding«, »Gegenstand«, »Zustand«, »Beziehung«, »Eigenschaft« usw., letztlich von »Sinn«, »Bedeutung«, »Wert«, »Wahrheit«, »Richtigkeit«, »Tatsächlichkeit«?

Man braucht ja nur eine größere Anzahl dieser »Allwörter« – der traditionellen »Kategorien«, »Prädikabilien«, »Transzendentalien« – nebeneinander zu halten, um sogleich einzusehen, daß der Carnapsche Gesichtspunkt, es handle sich bei ihnen um rein sprachliche Konventionen, nicht weiterhilft. Mag immer die Sprache diese letzten Topoi erst zu apriorischen Formen der Erfahrung machen: – wie kommt sie ihrerseits dazu? Tautologische Willkür vermag die bestimmte Mannigfaltigkeit der Kategorien nicht zu erklären. Die Tatsachen aber werden von ihnen immer schon umgriffen.

Kann hier die Annahme einer pragmatischen Dimension der Zeichenverifikation weiterhelfen? *Carnap*, der den Terminus »Zeichen-Pragmatik« sofort von Morris übernahm (so in seiner *Einführung in die Semantik*[11a]) hat seine philosophische Bedeutung charakteristischerweise dadurch entschärft, daß er die Zeichenpragmatik als

11a R. Carnap, *Introduction to Semantics*, Cambridge, Mass. § 38.

eine »empirische Disziplin« bezeichnet[12], welche nicht in der logischen Sprachanalyse, sondern nur in der empirisch-deskriptiven Sprachwissenschaft vorkommt. Dies würde bedeuten, daß unsere soeben projektierte Erweiterung der Erkenntniskritik um eine dritte Wahrheitsdimension gar nicht erst versucht wird. Dieser Verzicht würde aber nicht nur – wie Carnap wohl meint – lediglich die Bedeutung vorwissenschaftlicher Sätze der Alltagssprache von der philosophischen Sprachkritik ausschließen, sondern darüber hinaus auch die Grundbegriffe und Axiome der Wissenschaften einschließlich der Sprachanalyse selbst; denn diese setzen ja – wie in der Kritik der logischen Semantik angedeutet wurde – bei aller terminologischen Zuschärfung doch stets umgangssprachliche (Ur-)Bedeutungen voraus. Diese umgangssprachlichen Grundbedeutungen – und damit das prinzipielle Rahmenproblem der Metasprache in aller logistischen Sprachkritik – blieben somit völlig außerhalb der Reichweite philosophischer Besinnung. Die Sprachanalyse selbst bliebe hinsichtlich ihres eigenen Sinnes, gerade auch vom sprachkritischen Standpunkt betrachtet, letztlich naiv.

Hier geht der amerikanische Pragmatismus mit Ch. Morris einen Schritt weiter. Für Morris ist nicht nur bei der Pragmatik ebensogut wie bei der Semantik und Syntax ein rein formaler von einem empirisch-deskriptiven Aspekt zu unterscheiden: sondern der formale Aspekt der Pragmatik umgreift seinerseits auch die logische Syntax und die logische Semantik. Denn die »Semiotik« als »Wissenschaft vom zeichenvermittelten Verhalten des Menschen« ist in ihrem grundlegenden Ansatz selbst eine Pragmatik. Sie kann und muß auch die Operationsregeln der logischen Syntax und die Bedeutungs- oder Wahrheitsregeln der logischen Semantik als zweckbestimmte Regelung menschlichen Verhaltens verstehen. Jeder Operationismus hat zumindest auch einen pragmatischen Sinn, z. B. den formalen Grundsinn eines planmäßigen Verhaltens[13]. Morris geht aber in seinem späteren Werk *Signs, Language and Behavior*[13a] noch weit über die ursprüngliche Unterscheidung der drei Zeichen-Dimensionen hinaus. Die behavioristisch-pragmatische Beleuchtung der sprachlichen Bedeutungsfunktion zeigt dem Philosophen – was frei-

12 Ebda. § 5, vgl. § 39.

13 So argumentierte Morris schon 1935 in seiner Abhandlung »The Relation of the Formal and Empirical Sciences within Scientific Empirism«, in: *Erkenntnis*, Bd. 5, S. 6 f.

13a 4. Aufl. 1950.

lich dem empirischen Sprachwissenschaftler schon seit langem kein Geheimnis mehr war –: daß mit dem Ansatz *einer* semantischen Beziehung zwischen Zeichen und Dingen, nach dem Modell des wissenschaftlich-informativen »Bezeichnens«, der sprachlichen Wirklichkeit nicht beizukommen ist. So erneuert Morris nach dem Vorgang von Ogden und Richards[14] das mittelalterliche Programm einer Lehre von den »modi significandi«; er entwirft eine behavioristische Theorie der Bedeutungs-Modi, unter denen das wissenschaftlich-informative »Bezeichnen« von Sachverhalten nur einer ist.
Morris trifft sich hier mit dem Anliegen des späten *Wittgenstein,* der in seinen *Philosophischen Untersuchungen*[14a] ebenfalls von seinem früheren szientifisch inspirierten Abbildungsmodell der Sprache völlig abrückt und die primitive »Mosaiktheorie« der Bezeichnung von »Gegenständen« durch eine prinzipiell unerschöpfbare Pragmatik möglicher »Sprachspiele« ergänzt und relativiert. Man kann überhaupt die philosophische Entwicklung Wittgensteins – trotz der relativen Einsamkeit und Eigenwilligkeit dieses Denkers – mit der skizzierten Gesamtentwicklung der neopositivistischen Sprachanalyse vom syntaktisch-semantischen Szientismus zum pragmatischen Gesichtspunkt parallelisieren. Dabei wird vielleicht jetzt schon – nach den bisherigen Ausführungen – verständlich, daß diese Entwicklung eine Abkehr von der logistisch inspirierten Sprachkonstruktion und eine zunehmende Vertiefung in das Wesen der Umgangssprache mit sich brachte. Bei dem aphoristischen Sokratiker Wittgenstein und seiner englischen Schule ist das in noch weit ausgeprägterem Maße der Fall als bei dem leidenschaftlichen Szientisten und Systematiker Morris.
Fassen wir nun wieder das Problem der Verifikation sprachlichen Sinnes ins Auge. Welche prinzipielle Erweiterung bedeutet seine behavioristisch-pragmatische Behandlung?

Chr. Morris unterscheidet die folgenden »Modes of Signifying«[15]:

1. »Identifying«, z. B. »hier«, »jetzt«, »dies«, »ich« usw. aber auch Eigennamen und Ausdrücke wie: »Um 10 Uhr heute nacht« und »An der Ecke der 23. Straße und des Broadway« und dgl. »Identifikatoren« haben die behavioristische Funktion, das Verhalten

14 Vgl. C. K. Ogden and J. A. Richards, *The Meaning of Meaning,* London 1923, 5th ed. rev. New York 1938. Dazu Morris a.a.O., S. 69 ff.

14a 2. Aufl. Oxford 1958.

15 Vgl. Morris III, Kapitel III, V u. VI.

des Zeicheninterpreten in seiner Umgebung räumlich und zeitlich einzuweisen.

2. Die informative »Bezeichnung« (»designating«), z. B. »schwarz«, »Tier«, »größer«. Hierdurch soll der Interpret zu Reaktionen disponiert werden, die durch die bezeichneten objektiven Charaktere der Umgebung bestimmt sind.
3. »Appraising« (etwa: »Wertschätzung«). Durch diese Zeichenfunktion soll der Zeicheninterpret zu einem begünstigenden oder vorziehenden Verhalten disponiert werden. So etwa durch Wörter wie »gut«, »besser«, »schlecht«, aber auch durch die Wertschätzungsmomente in Wörtern wie »Dieb«, »Feigling«, »unbeträchtlich« und dgl.
4. Die »präscriptive« Zeichenfunktion. Hierdurch soll der Kommunikationspartner zu einer bestimmten Reaktionsart oder Reaktionsfolge disponiert werden. Morris unterscheidet »kategorische Präskriptoren«, z. B. »Komm hierhin!«, ferner »hypothetische Präskriptoren«, z. B. »wenn dein Bruder anruft, komm hierhin!«, schließlich begründete »Präskriptoren«, z. B. »Komm her, dann kann ich dir den Brief geben!« Nach dem Grade der Allgemeinheit entsprechen etwa solche Präskriptoren wie »soll« oder »soll nicht« Designatoren wie »etwas« oder »nichts« und wiederum Wertungszeichen wie »gut« und »schlecht«. (An dieser Stelle wird etwa die alte Problematik der Transzendentalien transparent!)
5. »Formative« Zeichenfunktion. Durch Einführung dieses Gesichtspunktes will Morris das alte logisch-grammatische Problem der »formalen« oder »synkategorematischen« Zeichen in pragmatisch-behavioristischer Form aufrollen. Es geht also um die Bedeutung solcher Zeichen wie »und«, »oder«, »nicht«, »einige«, »ist«, »+«, »fünf«, um »Variable«, »Wortstellung«, die sogenannten »Redeteile«, »Suffixe«, »Interpunktion« und dgl.

Wir können die umfangreichen Erörterungen, die darauf hinauslaufen, unter anderem die Bedeutung von Logik, Mathematik und Grammatik »in terms of Behavior« zu analysieren, hier nur oberflächlich charakterisieren; etwa so: Die Verhaltensdisposition durch »Formatoren« besteht darin, die Verhaltensdispositionen aus den übrigen Sprachzeichen in bestimmter Weise aufeinander zu beziehen; z. B. als »alternativisch« in dem Satz: »Morgen wird es regnen *oder* nicht regnen«; oder als »konjunktivisch« in dem

Satz: »Morgen wird es regnen *und* kühl sein.« Statt der Tatsacheninformationen könnten auch »Wertungen« oder »Vorschriften« aufeinander bezogen sein. So wäre ein »axiomatisches System« als systematische Information über die Relationen sei es von möglichen »Tatsachenkenntnisnahmen«, sei es von möglichen »Wertungen«, sei es möglichen »Vorschriftsbefolgungen« zu verstehen.

Kommen wir nun zur Frage der Zeichenwahrheit. Nr. 2, 3 und 4 der soeben aufgeführten Bedeutungsmodi erlauben nach Morris eine jeweils spezifische Verifikation durch Zuhilfenahme der Identifikatoren: Designative Sätze, also Feststellungen, sind dann wahr, wenn die bezeichneten Charaktere der Umgebung vom Zeicheninterpreten am bestimmten Ort und Zeitpunkt angetroffen werden können. Wertschätzungen dann, wenn das Bewertete bei seiner Identifizierung sich als dem Vorzugsverhalten des Interpreten gemäß erweist. Vorschriften dann, wenn das geforderte Verhalten sich als durch die identifizierte Situation hervorgerufen erweist. Morris meint selbst, daß es schwieriger ist, »hochverläßliche«[16] Wertschätzungen und Vorschriften zu finden als verläßliche Feststellungen, und zwar hauptsächlich wegen der von Person zu Person und sogar bei ein und derselben Person von Zeitpunkt zu Zeitpunkt schwankenden Bedürfnisse[17]. Wir wollen hier gleich die Frage anschließen: Gibt es nicht auch eine sprachlich formulierbare Wahrheit der Bedürfnisse und sogar meiner oder unserer Bedürfnisse jetzt und hier? Prinzipiell ist Morris jedenfallls der Auffassung, daß gemäß seinen pragmatischen Gesichtspunkten nicht nur die Wissenschaft, sondern auch wertende und präskriptive Rede in Kunst, Politik und Religion Anspruch auf Wahrheit erheben kann. Hinsichtlich der Wahrheit der formativen Rede (also z. B. von Logik und Mathematik) sei hier nur soviel vermerkt, daß Morris sie nicht wie einige Operationisten in der formativen Funktion selbst beruhen läßt, sondern die Möglichkeit semantischer und damit auch pragmatischer Interpretation etwa eines Kalküls zur Voraussetzung macht.

Versuchen wir nun, die Möglichkeiten, welche die – von Morris eingeführte – pragmatische Dimension der Rede für das Verifikationsproblem eröffnet, zu beurteilen.

16 Den von Morris gemachten Unterschied zwischen jetzt »wahren« und überhaupt »verläßlichen« Zeichen können wir in unserem Zusammenhang vernachlässigen. Vgl. hierzu Morris, a.a.O., Kap. IV.

17 a.a.O. S. 108.

III. Pragmatistische Semiotik und humanistische Sprachphilosophie

Um historische Distanz zu gewinnen, sei zunächst ein Text des Aristoteleskommentators Ammonius vorgeführt. Dort heißt es:

»Da die Rede (λόγος) eine zweifache Beziehung hat wie der Philosoph Theophrast gezeigt hat – eine zu den Hörern, für welche sie etwas bedeutet, die andere zu den Dingen, von welchen der Sprechende den Hörern eine Überzeugung beibringen will, so entstehen im Hinblick auf die Beziehung der Rede zu den Hörern die Poetik und die Rhetorik ... im Hinblick auf die Beziehung der Rede zu den Dingen wird der Philosoph vorzüglich dafür Sorge tragen, das Falsche zu widerlegen und das Wahre zu beweisen[18].«

Hier finden wir unverkennbar eine Unterscheidung der Rededimensionen wie in Morris' Grundlegung der Semiotik. Philosophie hat es mit der semantischen Verifikation der Zeichen zu tun. Poetik und Rhetorik verwalten – möchte man sagen – die pragmatische Dimension der Rede zu den Hörern. In dieser Arbeitsteilung der »Logostechnai« (artes sermonicales) beschloß sozusagen die antike Philosophie ihre seit Sokrates und Platon bestehenden Streitigkeiten mit den Rednern und Dichtern um die Betreuung des Logos. Interessant ist nun, daß die letzteren mit dieser Einteilung nie ganz zufrieden gewesen sind. Dies verhinderte allerdings nicht, daß die Theophrastsche Einteilung durchaus siegreich war und z. B. den mittelalterlichen Schulbetrieb völlig beherrscht hat. Aber die ganze Geistesbewegung des sogenannten Humanismus wird in ihrem philosophischen Anliegen nur verständlich, wenn man darin das Rhetoreninteresse sieht, welches die »Wahrheit« im Sinne der »Weisheit« (»sapientia«) nicht den Logikern überlassen will. Daher ihr jahrhundertelanger Kampf gegen die Spitzfindigkeiten der Dialektik, insbesondere gegen die scholastische Sprachlogik, also modern gesprochen: gegen die »logische Semantik«[19].

Dieser Kampf wurde freilich fast so gut wie ohne philosophisches Rüstzeug, nahezu nur mit pathetischen Beteuerungen geführt. Trotzdem führt ein humanistischer Topos tief in die Grundlagen unserer Problematik hinein. Er geht auf Cicero zurück und lautet bei ihm: »Die ›ratio disserendi‹ umfaßt zwei Teile: ›unam inveniendi alteram iudicandi ... Die Stoiker haben nur den einen Zweig

18 Ammonius, *In Aristotelis De Interpretatione Commentarius* (ed. A. Busse, Berlin 1887, S. 65, Z. 31–66, Z. 10).

19 Vgl. hierzu K.-O. Apel, *Die Idee der Sprache in der Tradition des Humanismus von Dante bis Vico,* Bonn 1963.

ausgearbeitet. Die Wege des Urteilens nämlich haben sie sorgfältig verfolgt in jener Wissenschaft, die sie »Dialektik« nennen, die Kunst des Findens aber (artem inveniendi), welche ›Topik‹ genannt wird, und welche sowohl nützlicher als auch ganz gewiß in der Ordnung der Natur früher (ordine naturae certe prior) ist, haben sie völlig vernachlässigt«[20].

Dieser Topos zieht sich durch die gesamte Geschichte des rhetorischen Humanismus als ein Argument für den Vorrang der historisch-hermeneutischen Sprachstudien vor der formalen Logik. Seine erkenntnistheoretische und sprachphilosophische Pointe aber hat erst Giambattista Vico in seiner Frühschrift »De nostri temporis studiorum ratione« ans Licht gehoben. Die Menschheit kann nicht damit beginnen – so etwa argumentiert Vico –, in rein kritischer Reflexion auf die Erkenntnis die Richtigkeit von Sätzen zu beurteilen. Damit überhaupt solche Sätze dasein können, muß zuvor die Bildungstopik der historischen Sprachen – man könnte sagen: ihre Weltauslegung – nach menschlichen Gesichtspunkten angeeignet werden: dies ist die frühere und lebenswichtigere Wahrheit. Vico sagt dies in Verteidigung der humanistischen Bildung gegen das cartesische Ideal der voraussetzungslosen Wissenschaft als »mathesis universalis«.

Es ist nicht zu übersehen, daß die sprachanalytische Bewegung der Gegenwart, welche an die Logistik, d. h. an die von Leibniz inspirierte Umgestaltung der stoischen und mittelalterlichen Logik anschließt, bei Morris (und auch beim späten Wittgenstein!) den Punkt erreicht hat, wo eine Auseinandersetzung mit der rhetorischen Ideologie des Humanismus möglich wird. Entscheidend für diese neue Konstellation innerhalb der »artes sermonicales« scheint mir der bereits erwähnte Umstand zu sein, daß die neue, d. h. die zur Logistik gehörige »Semiotik« nicht mehr wie die aristotelisch-scholastische von der inhaltlichen Weltauslegung der Umgangssprache ausgeht, sondern erstmals den Versuch macht, durch Konstruktion einer eindeutigen Kunstsprache das Bedeutungsproblem a priori aufzulösen (vgl. oben S. 44). Bei diesem Versuch *mußte* der moderne Sprachlogiker (der logische Semantiker) die Einsicht gewinnen, daß die Verifikation der Rede nicht einfach durch ihre Beziehung zu »den Dingen« gewährleistet ist, wie das die Griechen (s. den oben angeführten Theophrast zugeschriebenen Text) und noch die Scholastiker (etwa in der Streitfrage, ob es »universalia extra men-

20 Cicero, *Topica,* II, 6.

tem« gebe oder nicht) voraussetzten. Genauer: Es mußte jetzt klar werden, daß eine reflexive Sprachkritik, wie sie die traditionelle Logik in ihren Verifikationstheorien (etwa in der »Suppositionstheorie«) darstellt, die gemeinten »Dinge« (πράγματα, res) – abgesehen von der Bejahung und Verneinung ihrer reinen Tatsächlichkeit – in eben der Bestimmtheit ihres Soseins voraussetzt, in der sie im »Weltbild« der jeweiligen Umgangssprache vor aller wissenschaftlichen Reflexion erschlossen sind. Mit anderen Worten: Die (praereflexive) Welttopik der Umgangssprache ist früher als die (reflexive) Kritik der Sprache durch die rein logische Semantik. Genau dies war die Kernthese der geheimen Philosophie des Humanismus. Und eben die klare, weil erstmals konstruktive Herausarbeitung der wirklich im Machtbereich voraussetzungsloser Logik liegenden Disjunktion von formallogischer Wahrheit (»Schlüssigkeit«) und jederzeit von jedermann feststellbarer »Tatsachenrichtigkeit«[20a] erwies, daß vom reinen Logiker die »Wahrheit über die Dinge in der Welt« niemals so vollständig verbürgt werden kann, wie es die großen Begründer der Logik, Platon und Aristoteles, in ihrer Auseinandersetzung mit den Dichtern und Rhetoren erhofft bzw. beansprucht hatten. Sollte etwa doch in der »Beziehung der Rede zu den Hörern«, welche nach Theophrast von der Poetik und Rhetorik verwaltet wird, auch ein konstitutiver Faktor für die Wahrheit hinsichtlich der »Dinge in der Welt (des Menschen)« beschlossen sein, wie das die »sapientia«-Ideologie der Sophisten und ihrer Nachfolger, der humanistischen Rhetorikprofessoren von Quintilian bis Vico stets mehr oder weniger deutlich behauptet hatte?

Genau an diesem Punkt ergänzt Morris die Sprachanalyse und Verifikationstheorie des logischen Positivismus durch den Pragmatismus. Dieser erlaubt sozusagen eine humanistische Integration[21] und Konkretisierung der Sprachkonstruktion, indem er sie auf den Sprachgebrauch (das »zeichenvermittelte Verhalten«, wie Morris im Anschluß an Ch. S. Peirce sagt) des Menschen in der Umweltsituation zurückbezieht. Erst als Vermittlungsmomente im Umweltverhalten des Menschen erhalten die syntaktische Beziehung der Zeichen untereinander und die semantische Beziehung der Zeichen zu den Tatsachen einen konkreten Sinn als Richtmaße inhaltlicher Wahrheit. (Das wissenschaftliche »Bewußtsein überhaupt« erweist sich als Ver-

20a Vgl. oben Anm. 9a.
21 Man vergleiche die Konzeption des »Pragmatismus« als »Humanismus« bei F. C. S. Schiller.

mittlungsmaßstab der Reflexion unter der Voraussetzung einer praereflexiven Bedeutsamkeitskonstitution durch das konkrete »In-der-Welt-Sein« – so könnte man die erkenntnisanthropologische Bedeutung der pragmatischen Zeichendimension in der Sprache der Existenzphilosophie erläutern!)

Die historische Beziehung seiner dreidimensionalen Semiotik zu der Einteilung der traditionellen »artes sermonicales« im antik-mittelalterlichen »Trivium« ist Morris nicht entgangen. In seiner »Grundlegung« erklärt er ausdrücklich: »semiotic is the framework in which to fit the modern equivalents of the ancient trivium of logic, grammar and rhetoric«[22]. Und speziell die Rhetorik ist für ihn »an early and restricted form of pragmatics«[23]. Es versteht sich von hier aus, daß Morris in seinem späteren Werk die aus dem Humanismus erwachsenen sogenannten Geisteswissenschaften (»scientific Humanistics«) auf der Basis einer pragmatisch-behavioristischen Semiotik, insbesondere der Lehre von den »modes of signifying« neu zu begründen versucht[24].

Hier zeigt sich aber nun ein neuer Gegensatz, der auch die pragmatistisch ergänzte Zeichenwissenschaft des Positivismus von einer Sprachphilosophie bzw. Sprachwissenschaft in der Tradition der von Vico begründeten philologischen Geisteswissenschaft bzw. Geschichtsphilosophie unterscheidet. – Wir wollen unsere Erörterung dieses Problems wieder auf das Verhältnis von Sprache und Wahrheit konzentrieren:

Kommen wir noch einmal auf die Theophrast zugeschriebene Einteilung zurück: Der Philosoph – sprich: der Logische Semantiker – soll sich mit der Verifikation bzw. Falsifikation der Rede durch die bezeichneten Dinge befassen, und zwar durch Bejahung (κατάφασις) und Verneinung (ἀπόφασις) hinsichtlich des Zutreffens der Bezeichnung, wie es im weiteren Textzusammenhang heißt[25], Poetik und Rhetorik aber – die charakteristischerweise zusammen abgefertigt werden – sollen den Hörer der Rede – wie ebenfalls im Textzusammenhang ergänzt wird[26] – durch entsprechend gewählten

22 Ch. Morris II, S. 56. Umgekehrt hat J. M. Bocheński in seiner Geschichte der formalen Logik (s. oben Anm. 7) seiner Auffassung der antik-mittelalterlichen Semiotik die Dreiteilung von Morris zugrunde gelegt.
23 Ebda., S. 30.
24 Morris III, Kap. VIII, 5.
25 a.a.O., S. 66, Z. 17–19.
26 Ebda., Z. 10–14.

Wortgebrauch »erfreuen« (ἧσαι) »begeistern« (ἐκπλῆξαι) und »im Sinne der Überredung überwältigen« (πρὸς τὴν πειθὼ χειρωθέντα ἔχειν).

Auch Morris behandelt unter dem Stichwort »Adäquatheit« des Zeichengebrauchs[27] ganz entsprechend die Aufgabe der Rhetorik und Poetik, indem er sie – beide (!) – von dem vorherrschenden Zweck der effektvollen Induzierung einer bestimmten »Wertung« bestimmt sein läßt, aber darüber hinaus billigt er dem »wertenden Sprachgebrauch« auch eine ihm eigene *Wahrheit* zu, wie wir im vorigen sahen. Diese ist freilich relativ auf die Bedürfnisse des Hörers, wie wir schon erwähnten und jetzt noch einmal in Erinnerung bringen wollen.

Immerhin: mit dieser Regelung trifft Morris ziemlich genau die Vorstellungen des humanistischen Orators bzw. Rhetorikprofessors, etwa Ciceros oder Quintilians, später C. Salutatis oder L. Vallas, von der Aufgabe und der spezifischen »sapientia« des gebildeten Redners, der auf dem Forum seinen Mitbürgern die Wahrheit der praktischen Situation zu eröffnen habe.

Trifft er aber z. B. auch in uns befriedigender Weise die Funktion des dichterischen Sprachgebrauchs?

Es kommt hier nicht darauf an, ob in der Zwecksetzung beim Richter im Vergleich zum Redner etwa die Mischung von »informativer«, »wertungsgerichteter« und »incitativer« Beeinflussung des Publikums – um Morris' Hauptkategorien zu verwenden – eine andere ist. Außerdem läßt sich das aus Morris' Charakteristik nicht entnehmen[28]. Wesentlicher ist ein anderer Gesichtspunkt: Setzt der Dichter auch, wie es sich vom schulmäßig ausgebildeten Redner vielleicht behaupten läßt, einerseits die Eigenschaften der Dinge und andererseits die Bedürfnisse der Menschen, an die er sich wendet, in der Weise voraus, daß sie mit Worten nur »richtig« zu »bezeichnen« sind? –

Dies ist nämlich das zunächst Überraschende und leicht Enttäuschende in Morris' pragmatischer Ausweitung des Begriffs der sprach-

27 Morris III, bs. S. 99 u. 125.

28 Allerdings geht aus Morris' Klassifikation nach »use« und »mode« hervor, daß derselbe Sprachzweck (Wertung = valuating) von der Poesie vornehmlich durch »appraisors«, vom Redner vornehmlich »formativ« (z. B. durch den quasianalytischen Satz: »Männer sind Männer« in einer Apologie männlichen Verhaltens) erreicht werden soll. Wie aber, wenn der Redner sagt: »Oh, diese grausam-unbekümmerten Männer!« Ist er jetzt ein Dichter? Vgl. Morris III, S. 123 ff.

lichen Wahrheit, daß er auch die nicht informativ-designativen Bedeutungsmodi im Endeffekt doch mit Hilfe der Bezeichnungsfunktion – er nennt sie zwar jetzt nicht »designativ« sondern »denotativ« – und mit Hilfe der systematisch und historisch genau parallel entstandenen Adäquationstheorie der Wahrheit verifizieren will. Alle Bedeutungsmodi von Zeichen – auch die wertenden und präskriptiven – setzen nach Morris eine »richtige« »Denotation« von objektiven Eigenschaften voraus, wenngleich diese im Falle der Wertung und Präskription relativ sind auf die Bedürfnisse des Menschen[29].

Als metaphysische Hypothese entzieht sich eine solche Lehre der Möglichkeit einer Diskussion. Eines jedoch läßt sich mit Sicherheit behaupten: bestimmte »Eigenschaften« der Dinge, an denen wir die Richtigkeit der Bezeichnungen messen könnten, kennen wir selbst nur im Lichte der »Bedeutungen«, besser: des »inhaltlichen Weltbildes« einer Umgangssprache, durch das die möglichen Eigenschaften von Dingen im vorhinein als Sinneinheiten konstituiert sind. Freilich enthält jeder unmittelbare Situationsbezug zwischen dem Menschen und seiner Umgebung ein Bedeutsamkeitsmoment, das die konventionelle sprachliche Weltauslegung mehr oder weniger transzendiert, – das die bekannten Eigenschaften der Dinge und auch die bekannten Bedürfnisse des Menschen fragwürdig erscheinen läßt und nach neuen Begriffen zu rufen scheint. Gerade dieser Umstand aber legt die Vermutung nahe, daß Sprache nicht nur die Funktion hat, bekannte Eigenschaften »richtig« zu »bezeichnen« (z. B. das Haus durch das Wort »Haus«, den Freund durch das Wort »Freund«) sondern ursprünglicher noch jene andere, aus den Lebensbezügen einer Situation heraus die »Eigenschaften« (insbesondere die »werthaften«) der Umwelt allererst zu eröffnen, nicht ohne dabei an die bisherige Welteröffnung in derselben konkreten Umgangssprache gemäß einer durchgehenden Stiltendenz anzuknüpfen.

Tatsächlich läßt sich innerhalb des sogenannten »Sprachgebrauchs« – d. h. ohne metaphysisch über die Grenzen der immer schon sprachlich ausgelegten Welt hinausgreifen zu müssen – sehr wohl unterscheiden zwischen einem Sprachgebrauch, der die Eigenschaften der Dinge und Menschen als »offenbar« voraussetzt und einem, der sie

29 a.a.O., Kap. IV.

erst offenbar macht. Zwischen einem solchen, der Tatsachen unter konventionelle Begriffe subsumiert und einem solchen, der zugleich mit echten Neu-»wahr«-nehmungen des Seienden dieses in seinem Sosein erst »freigibt«. Noch anders gefaßt: zwischen einem Sprachgebrauch, der die Worte nur als Bezeichnungsmittel für bekannte Dinge im Dienste bekannter Zwecke und Bedürfnisse »gebraucht« und einem solchen, der in der Erwartung, daß am Ende die Dinge und die Zwecke und die Bedürfnisse noch gar nicht in ihrem Jetzt-Wesen aufgezeigt sind, die Worte gleichsam als Sinninkarnationspotenzen »ins Spiel bringt«.

Der Grund dafür, daß die positivistisch-pragmatistische Semiotik – ganz ebenso wie der Humanismus, sofern er bis zu Vico von der Einteilung der Logosdimensionen bei Theophrast abhängig bleibt – der Rhetorik eher gerecht wird als der Dichtung, dürfte zuletzt darin liegen, daß der Pragmatismus, wie der gute Volksredner, zwar die durchschnittliche Bedingtheit aller Weltbedeutsamkeit durch die Zwecke und Bedürfnisse des Menschen in Rechnung stellt, nicht aber die »Sinnereignisse«, in denen zugleich mit den Dingen auch die wahren Bedürfnisse des Menschen offenbar werden. »Sinnereignisse« lassen sich freilich überhaupt nicht »in Rechnung stellen«, wohl aber im nachhinein bis zu einem gewissen Grade hermeneutisch verstehen. Es macht sich hier als innere Grenze der Morrisschen Konzeption der Umstand bemerkbar, daß seine Semiotik, welche die »Humanistics« einschließen soll, als »science«, d. h. als generalisierende Naturwissenschaft vom zeichenvermittelten Verhalten des Menschen begründet ist[30].

Es ist kein Zufall, daß Morris' Grundorientierung immer wieder bestimmt wird von dem Pawlowschen Beispiel eines Hundes, der durch ein Klingeln auf sein Futter aufmerksam gemacht wird. So fruchtbar dieser Gesichtspunkt für die Vereinfachung auch menschlicher Verhaltensprobleme ist, er muß doch mit Notwendigkeit das verfehlen, wofür gerade die humanistischen Geisteswissenschaften sich interessieren. Ihnen geht es ja fast gar nicht um das durchschnittliche generalisierbare »Verhalten« des Menschen, sofern dieses von relativ festliegenden Eigenschaften der Umgebung und eigenen Bedürfnissen bestimmt wird, sondern gerade um die Sinn-»Ereignisse«, welche die menschliche Umwelt und die menschlichen Bedürfnisse

30 Die *»Grundlegung der Zeichentheorie«* erschien 1938 als Bd. I, 2 der von O. *Neurath* herausgegebenen *International Encyclopedia of Unified Science.*

neu begründet haben und so die Geschichtlichkeit des menschlichen Daseins hervortreten lassen.

Genaugenommen ist m. E. in der Morrisschen Semiotik sogar das Bedeutungs- und Wahrheitsproblem im tierischen Leben übersprungen. Denn die Tiere reagieren im zeichenvermittelten Verhalten ja gar nicht auf die objektiven Eigenschaften der »Umgebung« (so Morris!) schlechthin, sondern – wie v. Uexküll gezeigt hat – auf die »Wirk«- und »Merktöne« einer jeweils gattungsspezifischen »Umwelt«, in der die neutrale Periphyse immer schon für das Einzeltier in einer Art Gattungssprache ausgelegt ist. Wollte man spekulativ werden, so könnte man vielleicht – gleichsam in Fortsetzung des geisteswissenschaftlichen Gesichtspunktes »nach unten« – behaupten: die Konstitution der tierischen »Merk-« und »Wirkwelt«, die gleich-ursprünglich mit dem jeweiligen Bauplan und Instinktverhalten einer Tiergattung »sich ereignet«, ist in der Phase der biotischen Evolution das Vorspiel und Analogon zu den individuellen Sinnereignissen der menschlichen Sprachgeschichte, welche die Geisteswissenschaften nachzuverstehen suchen.

Zum Unterschied von der Rhetorik läßt sich – so möchten wir behaupten – das Wesen der Dichtung und auch das Wesen der Philosophie und Religion nicht unabhängig von der Geschichtlichkeit der Sprache und damit der Wahrheit (als anschaulich-bedeutsamer Welteröffnung) begreifen. Rhetorische Sprache besitzt ihre Wahrheit in der richtigen (angemessenen) Beschwörung einer praktisch relevanten Bedeutsamkeits-(Wert-)Situation im Rahmen einer anerkannten sprachlichen Welttopik und in Rückbeziehung auf eine feststehende Pragmatik menschlicher Bedürfnisse und Zwecke überhaupt. Dichtung, Philosophie und Religion (bzw. ihnen allen vorausgehend der Mythos) eröffnen und begründen auch sprachlich allererst die öffentliche Ausgelegtheit von Mensch und Welt, an der die rhetorische Topik und die zugehörige politische Zweckpragmatik einer geschichtlichen Epoche ihre (sekundäre) »Richtigkeit« bemißt.

Diese Auffassung scheint im Gegensatz zu stehen zu der klassischen, auf Aristoteles zurückgehenden Ansicht, derzufolge Dichtung und Philosophie im Gegensatz zur Geschichtsschreibung nicht das historisch Zufällige, sondern das immer Gültige, das Ewige zum Thema haben. Eine solche Entgegensetzung übersieht aber, daß – um die gleiche spekulative Sprache zu reden – die menschliche Geschichte selbst immer erneut der Begründung durch das Ewige bedarf. Dieses wird dadurch nicht »historisch«, wohl aber »geschichtlich«, sofern es die anschaulich-bedeutsame Wahrheit der Dinge und der menschlichen Bedürfnisse freilich nicht anders als in der konkreten Sprache einer Epoche und eines bestimmten Menschentums dogmatisch eröffnen kann[31].

Der erste, der aus der Tradition des abendländischen Humanismus heraus das Phänomen einer geschichtlichen Weltgründung in der Sprache klar erkannte, war Giambattista Vico. Nicht zufällig ging ihm die Geschichtlichkeit der sprachlichen Bedeutungswelt im Zusammenhang derselben Erkenntnis auf, die ihn auch die Eigenart der Dichtung im Unterschied von dem rhetorischen Sprachgebrauch einer humanistischen Spätperiode der Kultur sehen ließ.

In der von uns schon zitierten Frühschrift (»De nostri temporis studiorum ratione«) spricht Vico noch vorwiegend als Professor der Rhetorik. Der Primat der »Topik« vor der »Kritik« ist hier vor allem pädagogisch gemeint. In seinem späteren Hauptwerk, der »Scienza nuova« dagegen vertieft sich ihm der Unterschied von »Kritik« und »Topik« zu dem geschichtlichen Unterschied einer szientifischen Spätperiode von der mythisch-poetischen Frühzeit der Menschheit. Die älteste Topik der Sprache enthüllt sich ihm jetzt als die mythisch-poetische Logik der phantasiegeschaffenen Universalien, die in allen Kulturen die Grundschicht der sprachlichen Weltauslegung konstituiert. Erst nach dem Aufkommen philosophischer Allgemeinbegriffe und ihrer verstandesmäßigen Weltauslegung erstarrt die älteste mythisch-poetische Weltauslegung zur rhetorischen Schultopik, welche der Bildungsliteratur zur Verfügung steht (eine Sicht, die übrigens durch E. R. Curtius neuerdings bestätigt worden ist)[32].

Nach Vico liegt in der dichterischen »Poiesis« jene ursprünglich schöpferische Weltkonstitution durch Worte, die der Geisteswissenschaftler eben deshalb nachverstehen kann, weil sie der Mensch selbst, freilich im mystischen Zusammenwirken mit der göttlichen Vorsehung, geschaffen hat. Hier ist also im Zusammenhang mit der kognitiven Problematik der Sprache die Adäquationstheorie der Wahrheit durch einen »poietischen« Begriff der Wahrheit ersetzt.

31 Vgl. hierzu: *E. Rothacker: »Die dogmatische Denkform in den Geisteswissenschaften u. das Problem des Historismus«*, Mainz 1954. *Abhandlungen der Akademie der Wissenschaften und der Literatur.*

32 Vgl. *E. R. Curtius, Europäische Literatur und lateinisches Mittelalter*, 2. Aufl. Bern 1954.

Ganz ähnlich charakterisiert W. v. Humboldt jenen Vorgang, in dem sich durch die Kraft der Worte eine sprachliche Weltansicht konstituiert. Er sagt: »es tritt ein Verfahren der inneren Wahrnehmung und Schöpfung ein, von dem so viel deutlich wird, daß die objektive Wahrheit aus der ganzen Kraft der subjektiven Individualität hervorgeht«[33]. L. Weisgerber, der das Humboldtsche Programm einer inhaltlich vergleichenden Sprachwissenschaft in unseren Tagen erneuert hat, spricht von der »inneren Sprachform« als »Stil sprachlicher Anverwandlung der Welt«[34] bzw. vom »Worten der Welt« als »sprachlicher Aufgabe der Menschheit«[35].

IV. Pragmatische Zeichendimension und Geschichtlichkeit der Sprache bei Heidegger

Die eigenartige Zweideutigkeit, welche das Verhältnis des Humanismus zum Pragmatismus bestimmt, je nachdem, ob man vom Sprach- und Wahrheitsideal der Rhetorik oder von dem der Dichtung im Sinne Vicos aus denkt, reflektiert sich – wie mir scheint – in der Gegenwart besonders aufschlußreich in der Entwicklung der Heideggerschen Sprachphilosophie, wenn wir dieselbe in ihrer Wandlung gemäß der »Kehre« von der »Daseinsanalyse« zur »Seinsgeschichte« betrachten.

Man hat oft die Phänomenologie als methodischen Gegensatz schlechthin zu der semiotischen Erkenntniskritik des Neopositivismus angesehen; vor allem denkt man dabei an den Gegensatz unmittelbarer Intuition oder Wesensschau zu einer Methode, die vom Pol der totalen Vermitteltheit unserer Welterkenntnis in sprachlichen »Sätzen« ausgeht und diese an der »Außenwelt« zu verifizieren sucht[36]. Man übersieht dabei aber, daß schon in »Sein und Zeit«

33 *W. v. Humboldt, Über das vergleichende Sprachstudium*, § 20.

34 *L. Weisgerber, »Innere Sprachform als Stil sprachlicher Anverwandlung der Welt«*, in: *Stud. Gen.*, Jg. 1/1955, S. 571–79.

35 *L. Weisgerber, »Das Worten der Welt als sprachliche Aufgabe der Menschheit«*, in: *Sprachforum*, Jg. 1/1955, S. 10–19. Vgl. auch *K.-O. Apel, »Der philos. Wahrheitsbegriff einer inhaltlich orientierten Sprachwissenschaft«*, in: *Sprache – Schlüssel zur Welt, Festschr. f. L. Weisgerber*, Düsseldorf 1959. (Vgl. oben S. 106 ff.)

36 So etwa *J. M. Bocheński*, Die zeitgenössischen Denkmethoden, Bern 1954, Kap. II u. III. In der Tat folgt die moderne sprachanalytische Philosophie zumindest in ihrer vorpragmatischen Phase (auch die englische Schule des späten Wittgenstein macht hier eine Ausnahme!) der reflexiven Bewußtseinsstellung, welche zuerst die stoische Semiotik des

die Wesensschau einer »Hermeneutik« des sprachlichen »Vorgriffs« auf die Welt eingeordnet wird. Die »mit der Sprache denkende« Seinshermeneutik Heideggers unterscheidet sich freilich dadurch grundlegend von der »semiotischen Methode«, daß sie die Sprache nicht als gegenständlich verfügbares System, sozusagen als »medium quod« der Erkenntnis, behandelt, sondern von vornherein eben jene apriorische »medium-quo«-Funktion der Umgangssprache für das ontologische Weltvorverständnis (und d. h. für das geschichtlich wesentliche Denken) zu mobilisieren suchte, welche in der logistischen Sprachkonstruktion als Aporetik der letzten »Metasprache« (s. oben) sich verbirgt. Mit anderen Worten: Jenes auch von Wittgenstein bemerkte Mysterium der Sprache, daß man über ihre innere Form nicht eigentlich reden, sondern letztlich nur durch Mitentwurf, durch hinhörend-»entsprechende« Vollstreckung ihrer immanenten »Energeia« die Form zum Erscheinen bringen kann, begründet das methodische Geheimnis der (hermeneutischen) Phänomenologie Heideggers. Sie rückt dadurch nicht zufällig in eine gewisse Nähe zu der sprachtherapeutischen Philosophie des späten Wittgenstein, die ja auch in der inneren Anmessung der Philosophie an den lebendig-gewachsenen Sprachgebrauch das Kriterium eines sinnvollen Denkens zu finden hoffte[37].

Berücksichtigt man den soeben angedeuteten, allerdings grundlegenden Unterschied zwischen Sprachhermeneutik und Sprachanalytik, so ist man – wie mir scheint – in der Lage, die pragmatistische Endphase der letzteren (Morris) von Heidegger her zu beleuchten. Zunächst zeigt nämlich die innere Wandlung der Wahrheitsproblematik von Husserl zu Heidegger eine charakteristische Parallele zu der aufgezeigten Dreistadienentwicklung der »analytischen Philosophie«.

Husserl kennt wie Carnap mutatis mutandis nur formallogische und

Hellenismus eingenommen hatte, indem sie nicht nur die lautlichen Gebilde der »λέξις«, sondern auch die Sinnvermeintheiten der Logik (die λεκτά) scharf von dem »draußen Zugrundeliegenden« (dem τυγχάνον ἐκτὸς ὑποκείμενον) unterschied. Dieser Bewußtseinsstellung, welche schon bei Porphyrios der Entstehung des Universalienproblems zugrunde lag, entsprang dann in dem ganz auf Textinterpretation angewiesenen Mittelalter (sprachabhängige Tochterkultur!) die Suppositionstheorie. Vgl. hierzu *E. Arnold, »Zur Geschichte der Suppositionstheorie« (Symposion,* Bd. III 1952).

37 Eine genauere Ausarbeitung und Begrenzung dieser vagen Analogie hofft der Verfasser in einer vergleichenden Untersuchung der »Sprach-Philosophie« Heideggers und Wittgensteins demnächst vorzulegen. – Vgl. die im folgenden abgedruckten Arbeiten.

semantische Wahrheit eines »Bewußtseins überhaupt«. (Dieselbe Sicht herrscht im wesentlichen noch in Heideggers Frühschrift über die »Kategorien und Bedeutungslehre des Duns Scotus«, welche die »spekulative Grammatik« der Scholastik zu neuem Leben erwekken will.) »Sein und Zeit« aber scheint bei erster Annäherung der pragmatischen Dimension der Bedeutung noch weit radikaler als Morris den Vorrang vor der formallogischen und der Tatsachenrichtigkeit einzuräumen. Die »öffentliche Ausgelegtheit« – und das ist die »Wahrheit« qua »Offenbarkeit« (ἀ-λήθεια) des Daseins in seiner »durchschnittlichen Alltäglichkeit« – ist durchgehend aus den Zwecken des »besorgenden Zutunhabens« und der »Rücksicht« auf die Anderen bestimmt. So ist die Ausgelegtheit des Seienden gemäß seiner »Bewandtnis« oder »Bedeutsamkeit« primär gegenüber dem Feststellen der puren »Vorhandenheit« von Tatsachen und ihrer formalen »Beziehungen«. »Beziehung« – auch und gerade die Beziehung der Zeichen – hat »wegen ihres formal-allgemeinen Charakters den ontologischen Ursprung in einer Verweisung« (S. 77). Ja, das »Zeichen ist ein ontisch Zuhandenes, das als dieses bestimmte Zeug zugleich als etwas fungiert, was die ontologische Struktur der Zuhandenheit, Verweisungsganzheit und Weltlichkeit anzeigt« (S. 82). In eindringlichen Analysen des »Worin des sich verweisenden Verstehens«, d. h. der Arbeits- und Zeug-Welt wird klargemacht, daß die Bedürfnisse des Menschen, das Worumwillen der Sorge, überhaupt erst eine sprachliche Weltauslegung und zwischenmenschliche Verständigung möglich machen.

Und doch ist die pragmatistische Relativierung der Weltbedeutsamkeit auf die Zwecke der menschlichen Praxis schon hier nicht der letzte Gesichtspunkt der Daseinsanalyse. Das letzte Worumwillen des In-der-Welt-Seins ist nur scheinbar ein feststehender Zweckbezug, der die Welt als Zeugwelt relativiert; nur in der durchschnittlichen Alltäglichkeit des besorgenden Zutunhabens herrscht diese pragmatische Selbstverständlichkeit. In Wahrheit ist das Dasein auch im Worumwillen seiner Praxis geschichtlich. Mit anderen Worten: Auch die letzten Bedürfnisse des Menschen können sich wandeln in geschichtlichen »Ereignissen«, in denen nicht die menschlichen Zwecke über die Bewandtnis der Dinge als »Zeuge« vorentschieden haben, sondern umgekehrt die »Dinge« dem Menschen so aufgehen, daß sich im Lichte ihrer neuen »Bedeutsamkeit« das Dasein des Menschen ändert. Eindrucksvolle Beispiele für diese seinsgeschichtliche »Kehre« der scheinbaren anthropologischen Pragmatik von »Sein und Zeit« hat Heidegger in seinen Hölderlin-Interpretationen sowie in dem Aufsatz: »Der Ursprung des Kunstwerks« gegeben[38]. Hier rückt nun auch seine Sprachphilosophie in die unmittelbare Nähe Vicos: Die Dichtung enthüllt auch ihm das tiefste Wesen der Sprache. Sie ist »worthafte Stiftung des Seins« (wobei das geschichtliche Sein zugleich als Subjekt und Objekt der Stiftung gedacht ist)[39]. Tiefer als der pragmatische »Zeug«-Charakter der Sprachzeichen, der die Wahrheit im Sinne der Wahrheit menschlicher Bedürfnisse voraussetzt, bestimmt jetzt der »Werk«-Charakter der dichterischen Worte das Verhältnis der Sprache zur Wahrheit. In solchen Worten vollzieht sich das »Sich-ins-Werk-Setzen der Wahrheit des Seienden«[40] und damit die geschichtliche Offenbarung auch der menschlichen Bedürfnisse in ihrer Wahrheit. Alle »Richtigkeit« des Bezeichnens der zeughaft verwendeten Worte bzw. der aus ihnen gebildeten Urteile setzt seinerseits die Wahrheit als Offenbarkeit eines Soseins und damit letztlich die Offenbarkeit des Seins überhaupt im Dasein voraus[41]. Diese Offenbarkeit aber ist selbst wieder konstituiert in der Sprache. Somit würde also aller pragmatisch verifizierbare Sprach-»Gebrauch« noch eine poietisch-inkarnative Wahrheitsfunktion der Sprache voraussetzen? – So scheint es mir in der Tat zu sein: in eben dem Sinne, in dem der Durchschnittsmensch bzw. der Mensch in seiner behavioristisch erforschbaren Durchschnittlichkeit bereits zur Miete wohnt in dem »Haus des Seins«, das in geisteswissenschaftlich relevanten Sinnereignissen der Sprachgeschichte entstanden ist.

38 Vgl. hierzu vom Verf., *»Die beiden Phasen der Phänomenologie in ihrer Auswirkung auf das philosophische Vorverständnis von Sprache und Dichtung in der Gegenwart«*, in: Jbch. f. Ästhetik u. all. Kunstwiss., Bd. 3 (1955–57), S. 45 ff. Vgl. oben S. 79 ff.

39 *M. Heidegger, Erläuterungen zu Hölderlins Dichtung*, Frankfurt o. J. S. 43.

40 *Ders.: »Der Ursprung des Kunstwerks«*, in: *Holzwege*, Frankfurt 1950, S. 25.

41 *Ders.: Vom Wesen der Wahrheit*, 2. A. Frankfurt 1949; und: *Platons Lehre von der Wahrheit*, Bern 1947. – Nach der Kritik des Heideggerschen Wahrheitsbegriffs durch E. Tugendhat (*Der Wahrheitsbegriff bei Husserl und Heidegger*, Berlin 1967, die von Heidegger selbst als berechtigt anerkannt wurde, wäre unsere Argumentation in dem Sinne zu modifizieren, daß es sich bei der von Heidegger entdeckten Voraussetzung aller Aussagen-Richtigkeit nicht schon um *Wahrheit*, sondern um *Sinn-Eröffnung* als transzendentalhermeneutische Bedingung von Wahrheit handelt. Vgl. hierzu oben S. 41 ff.

Sprache und Ordnung: Sprachanalytik versus Sprachhermeneutik

I. Exposition des Problems

Indem ich versuche, eine sinnvolle Beziehung zwischen den beiden Titelbegriffen unseres Themas herzustellen, gelange ich zunächst zu folgender Alternative möglicher Fragestellungen:
1. Was bedeutet Ordnung für die Sprache?
2. Was bedeutet die Sprache für das Problem der Ordnung?
Die erste Frage scheint hinzudeuten auf Probleme wie: Gibt es eine Ordnung in der Sprache, und wie ist diese beschaffen? Wie verhält sie sich zum Problem der Vielheit konkreter Sprachen, zur »Verschiedenheit des menschlichen Sprachbaus« (W. v. Humboldt)? Diese Fragen gehen, wie es scheint, in erster Linie den empirischen Sprachwissenschaftler an – oder hat auch der Logiker etwas dazu zu sagen?
Die zweite Fragestellung »Was bedeutet die Sprache für das Problem der Ordnung?« verweist auf Probleme wie: Wodurch wird Ordnung in der Welt überhaupt gestiftet? Ist etwa Sprache für uns Menschen eine Bedingung der Möglichkeit von Ordnung als Weltordnung? Diese Frage muß offenbar den Philosophen in hohem Maße interessieren, in erster Linie wohl den Logiker und Erkenntnistheoretiker, darüber hinaus aber auch den Rechts- und Gesellschaftsphilosophen; denn es ließe sich ja auch nach der Sprache als Bedingung der Möglichkeit der Lebens- und Gesellschaftsordnung fragen – bis hinein in die konkreten Probleme einer Rechtstopik, welche die »Fälle« der Praxis allererst zum Gegenstand systematisch juristischen Denkens macht. Schwerlich aber wird die Philosophie die Frage nach den sprachlichen Voraussetzungen der uns geläufigen Welt- und Lebensordnungen ohne die Mithilfe der empirischen Sprachwissenschaft lösen können.
Für welche Problematik sollen wir uns hier entscheiden? – Oder besteht die Möglichkeit, ein K e r n p r o b l e m herauszuschälen, in dem alle die verschiedenen Fragen, welche sich aus der ersten Alternative ergaben, zusammenhängen?
Ist etwa die Beantwortung der Frage »Was bedeutet die Sprache

für das Problem der Ordnung?« abhängig von der Beantwortung der Frage: »Was bedeutet Ordnung für die Sprache?« Und umgekehrt?

In der Tat scheint mir die Philosophie der Gegenwart zu dieser scheinbar paradoxen Problemstellung gezwungen zu sein, nachdem sich gerade in jüngster Zeit eine Art »Gigantomachia« um den Vorrang von Sprache oder Ordnung vor unseren Augen – oder soll ich sagen: hinter den Kulissen der philosophischen Bühne – abgespielt hat. Um zu verdeutlichen, was gemeint ist, sei der Entwicklungsgang der abendländischen Sprach-Logik in aller Kürze vor Augen geführt.

II. Die Metaphysik der Ordnung in der Geschichte der »Sprachlogik« bis zu ihrem Umschlag in die »sprachanalytische Philosophie«

Wenn man will, verbirgt sich die wechselseitige Bedingtheit von Sprache und Ordnung schon in der *Vieldeutigkeit des griechischen Logos-Begriffs*, der ja einerseits »Rede« oder »Satz«, aber auch »Sinn«, »Welt-Gesetz«, »Grund« der Dinge bedeutet. *In der »Logik«* als einer Wissenschaft von der »Rede« (τέχνη λογική – scientia sermonicalis) und zugleich von der »Ordnung überhaupt« wurde denn auch zuerst das Verhältnis von Sprache und Ordnung untersucht.

Zunächst geschah dies vorwiegend in der Weise, daß man die Sprache als *zeichenmäßige Abbildung einer Weltordnung* zu begreifen suchte, wobei man aber die Struktur dieser Weltordnung zweifellos weitgehend aus der sprachimmanenten Ordnung her allererst konstituierte. So begreift etwa Aristoteles seine *Subjekt-Prädikat-Logik* als Entsprechung einer ontologischen Ordnung (des Soseins des Seienden), die ihrerseits durch die Struktur des indogermanischen Sprachbaus, insbesondere durch das »Hilfsverbum« εἶναι vorgeprägt sein könnte[1]. Deutlicher noch und gewissermaßen kurzschlüssiger tritt die wechselseitige Voraussetzung von Sprachordnung

1 Nach J. Lohmann entsteht im Indogermanischen (bei den Indern und insbesondere bei den Griechen) aus der Mischung des nominalen und des verbalen Satzbautyps in der Funktion des Hilfszeitwortes die einzigartige Möglichkeit einer Logik und Ontologie im strengen Sinne. (Vgl. z. B. »L'origine du langage«, in: *Rev. de theologie et philosophie*, Lausanne).

und Weltordnung in der *Hochscholastik* zutage, deren Ontologie sich ja weitgehend als Verifikation der lateinischen Grammatik mit Hilfe der Suppositionstheorie verstanden hat und in diesem Sinne auch vom Nominalismus in Frage gestellt wurde.

In eine neue, verschärfte Form wurde der Gedanke einer Abbildung der Weltordnung in der Sprache durch Leibniz gebracht. Zugleich mit der Herausarbeitung des Gedankens der reinen logischen Form der Rede unabhängig von allem Bedeutungsinhalt der Wörter wurde hier erstmals die Basis der lebendigen Umgangssprache verlassen und das Programm einer künstlichen *»characteristica universalis«* als *»calculus ratiocinator«* aufgestellt. Damit war das sprachlogische Ordnungsproblem mit dem der Mathematik identifiziert, ein Gesichtspunkt, der sich in dem aristotelischen Vergleich des Sprachzeichens mit einem Rechenstein (ψῆφος) schon von ferne angekündigt hatte[2].

Welche Konsequenzen ergeben sich aus dieser neuen, konstruktiv-formalistischen Problemstellung der Sprachlogik für das Verhältnis von Weltordnung und Sprachordnung? Wird es jetzt (erstmals) gelingen, »die« logische Ordnung der Welt bzw. aller möglichen Welten in der Sprache abzubilden, ohne daß die Konzeption der Weltordnung durch eine zufällige Sprachordnung präjudiziert wird? Ja vielmehr so, daß die ideale Sprachordnung dabei sich herausläutert und sich als identisch mit der Weltordnung erweist?

Mit diesen Fragen scheint mir die *von Leibniz inspirierte geheime Metaphysik* der gegen Ende des 19. Jahrhunderts hervortretenden mathematischen Logik *(Logistik)* angesprochen zu sein. Der sogenannte *»logische Atomismus«* B. Russells und seines Schülers Ludwig Wittgenstein erscheint als Ausdruck dieser geheimen Metaphysik. Insbesondere der *Tractatus Logico-Philosophicus* Wittgensteins dürfte als der bisherige Kulminationspunkt des die Geschichte der Logik durchziehenden Versuchs anzusprechen sein, Weltordnung, logisch-mathematische Ordnung und Sprachordnung unter der Voraussetzung ihrer identischen Form aufeinander abzubilden.

Doch seltsamerweise datiert Wittgensteins *Tractatus* in der Geschichte der Philosophie a u c h (zugleich) als der *Ausgangspunkt der bislang radikalsten Infragestellung aller Metaphysik* im Zeichen der Sprachkritik. Deutet sich darin schon eine Antwort an auf

2 Vgl. J. M. Bocheński, *Formale Logik*, Freiburg/München 1956, S. 65.

unsere Frage nach der Möglichkeit einer logistischen Auflösung des Problems der einen Sprach- und Weltordnung?

In der Tat macht sich in Wittgensteins Exposition des »logischen Atomismus« ein *innerer Widerspruch* bemerkbar, der auf einen dialektischen Umschlag der Thesis in die Antithesis hinausläuft: Man kommt in den *Tractatus* nicht hinein ohne die Voraussetzung einer fertigen metaphysischen Weltordnung, die eine wechselseitige »Zuordnung« der unabhängig voneinander bestehenden Tatsachenelemente von Sprache und Welt gestattet. Mit dieser Vorstellung kommt man aber nicht aus dem Jugendwerk Wittgensteins heraus. Denn eben die identische Form, welche die strukturelle Abbildung der Welt-Tatsachen in den Zeichen-Tatsachen der Sprache möglich macht, kann selbst nicht als Tatsache abgebildet werden, und das bedeutet unter der Voraussetzung der Abbildungsfunktion der Sprache: sie kann überhaupt nicht mitgeteilt (und insofern erkannt) werden; sie bleibt der sprachlichen Weltabbildung stets vorweg als ihre mystische Bedingung der Möglichkeit, die sich lediglich in der Struktur der Aussagen »zeigt«. Wenn aber über die im Sprachgebrauch sich erst zeigende Form der Welt nichts ausgesagt werden kann, so kann überhaupt nichts Sinnvolles über die Welt im ganzen und insofern über »die« eine Weltordnung ausgesagt werden, denn jede solche Aussage ist ihrem wahren Anspruch nach eine Aussage über die Sprachform und insofern unmöglich; tritt sie aber dennoch als These über die allgemeine Seinsverfassung des Seienden auf, so mißversteht sie sich selbst, d. h. die Logik der Sprache.

Damit war das Grundmotiv der weiteren Philosophie Wittgensteins und des von ihm beeinflußten »Logischen Positivismus« gegeben: der *Sinnlosigkeitsverdacht gegen die* – wie Carnap bald darauf sagt – *»pseudoobjektiven« Sätze der Metaphysik.*

Was bedeutet nun dieser Umschlag der geheimen Metaphysik der Sprachlogik auf ihrem spekulativen Höhepunkt für unser Problem des Verhältnisses von Sprachordnung und Weltordnung?

Tatsächlich hat *Wittgensteins sprachkritisches Grundargument gegen die Metaphysik,* das von den Denkern des »Wiener Kreises« und der »sprachanalytischen« Bewegung Englands vielfältig variiert wurde, sich als *durchschlagend* erwiesen gerade – und, wie mir scheint, nur – *gegen die logistische Ordnungsmetaphysik,* die wir im vorigen skizzierten und die ihre konsequenteste Ausarbeitung im *Tractatus Logico-Philosophicus* gefunden hatte. Die Vorstellung nämlich, man könne über das Verhältnis von Weltordnung und Sprachordnung von einem dritten Ort außerhalb der Sprachordnung a priori gültige Feststellungen treffen, oder anders gefaßt: man könne die Sprache der Welt logisch eindeutig zuordnen, ohne dabei von der logisch vieldeutigen Sprache und ihrer Weltdeutung Gebrauch zu machen, erwies sich als unmöglich.

Diese Unmöglichkeit wurde gerade durch die logistische Sprachkonstruktion erstmals in einer Schärfe erwiesen, die für jedes umgangssprachlich orientierte Philosophieren unerreichbar war. Denn während die alte ontologische Logik immerhin glauben konnte, sie vermöchte die für die Dinge und die Sprache gültige eine Weltordnung gleichsam unmittelbar aus den Dingen abzulesen und in einem Zeichensystem zu repräsentieren, so zeigt die Deutungsproblematik formalisierter Kunstsprachen (Kalküle), *daß der Entwurf einer formalen Folgeordnung überhaupt nicht unmittelbar an die Dinge herangetragen werden kann,* sondern nur vermittelt über die immer schon vorliegende Weltdeutung der Umgangssprache als letzter Metasprache. Es handelt sich also hier niemals um die Gewinnung der einen Weltordnung, in der die Dinge unabhängig von der Sprache stehen, sondern um die Ordnung eines Weltaspektes, der sich selbst nur und erst in der Sprache konstituiert, wobei der Gesichtspunkt dieser Weltkonstitution selbst prinzipiell außerhalb der durch die Kunstsprache garantierten formalen Ordnung bleibt.

Derselbe Tatbestand drückte sich in der von R. Carnap und Ch. Morris entwickelten Aporetik der logistischen Sprachkonstruktion auch so aus: Die semantische Deutung eines formalen Kalküls im Sinne eines kognitiv, z. B. wissenschaftlich, relevanten Sprachsystems setzt stets noch eine *Zeichen-Pragmatik,* das heißt ein Wissen um die Interpretation der Zeichen durch den Menschen in der Umweltsituation voraus. Die eindeutige Zuordnung der Weltordnung und der Zeichen-Ordnung gelingt also nur, insofern die Welt (zuvor) schon »als etwas« in einer Bedeutsamkeit für den Menschen erschlossen ist.

Die leitenden *Gesichtspunkte dieser Welterschließung* sind im Kern *immer umgangssprachlich und vorwissenschaftlich* bestimmt, auch wenn sie bereits die Form wissenschaftlicher Grundbegriffe und der in diesen beschlossenen Grundfragestellungen angenommen haben. Ja sogar in der kunstsprachlich formulierten Theoriebildung bleibt, wie gesagt, die pragmatische Dimension der Bedeutung erhalten, sie ist auch hier nicht durch die erschlossene formale Ordnung bestimmt und umgriffen, sondern bestimmt und umgreift das deduktive System in Gestalt der zugrundegelegten Axiome bzw. impliziten Definitionen. Einfacher gesagt: Auch ein axiomatisches System bleibt immer Ausdruck eines planenden Verhaltens des Menschen.

Es ist verständlich, daß angesichts dieser Aporetik jeder logistischen Konstruktion »der« Sprach- und Weltordnung die innere Entwicklung der von Wittgenstein ausgehenden Sprachproblematik des Logischen Positivismus *schließlich in die umgekehrte Tendenz* einmündet: das logische Ordnungsproblem wird auf das *Problem einer empirischen Analyse der Umgangssprache* reduziert und damit relativiert.

In etwa geschieht dies z. B. *schon bei Ch. Morris*, der das Problem der Zeichenpragmatik in der Form einer generalisierenden Wissenschaft vom zeichenvermittelten Verhalten (Behavior) des Menschen aufzulösen versucht[3]. *Am radikalsten* aber vollzieht sich die *Reduktion und Relativierung des sprachlogischen Ordnungsproblems bei Wittgenstein selbst*, der in seinem Spätwerk in krassem Gegensatz zum *Tractatus* die Idee der einen Sprach- und Weltlogik (z. B. auch die logische Einheit in der Mannigfaltigkeit der Wortbedeutung) ausdrücklich aufgibt und nur mehr die unendliche Vielfalt der faktisch in der menschlichen Verhaltenspraxis funktionierenden »Sprachspiele« als Quelle von Regel und Ordnung anerkennt[4]. Hatte er z. B. im *Tractatus* als selbstverständlich vorausgesetzt, daß die Welt substanziell aus »Gegenständen« als einfachen Bestandteilen von »Tatsachen« zusammengesetzt sei, so fragt er jetzt:

»*Aber welches sind die einfachen Bestandteile, aus denen sich die Realität zusammensetzt? – Was sind die einfachen Bestandteile eines Sessels?* – Die Stücke Holz, aus denen er zusammengefügt ist? Oder die Moleküle, oder die Atome? – ›Einfach‹ heißt: nicht zusammengesetzt. Und da kommt es darauf an: in welchem Sinne zusammengesetzt? Es hat gar keinen Sinn, von den ›einfachen Bestandteilen des Sessels schlechtweg‹ zu reden. ... *Außerhalb eines bestimmten Spiels zu fragen* ›Ist dieser Gegenstand zusammenge-

3 Zur Aporetik dieses Ansatzes vgl. vom Verfasser: »Sprache und Wahrheit in der gegenwärtigen Situation der Philosophie.« (Eine Betrachtung anläßlich der Vollendung der neopositivistischen Sprachphilosophie in der Semiotik von Ch. Morris.), in: *Philos. Rdsch.*, 7. Jg., 1959, S. 161 ff. – S. oben S. 138 ff.

4 Vgl. Ludwig Wittgenstein, *Philosophische Untersuchungen*, Oxford 1958, bs. I, §§ 96, 97, 124, 130.

setzt?‹, das ist ähnlich dem, was einmal ein Junge tat, der angeben sollte, ob die Zeitwörter in gewissen Satzbeispielen in der aktiven oder in der passiven Form gebraucht seien, und der sich nun darüber den Kopf zerbrach, ob z. B. das Zeitwort ›schlafen‹ etwas Aktives oder etwas Passives bedeutet[5].«

Es ist somit nach Wittgenstein völlig *sinnlos, in theoretischer Spekulation eine gegenständliche Weltordnung anzusetzen,* um auf diese die immanente Ordnung der Sprache abzubilden; denn die in der Daseinspraxis funktionierenden Sprachspiele eröffnen ja allererst das Ganze eines Situationshorizontes, innerhalb dessen nach einer bestimmten Ordnung, etwa – in der Naturwissenschaft – nach einer Zusammensetzung aus einfachen Elementen oder aber auch – in einem gänzlich anderen Sprachspiel – etwa nach einer zeitlichen Ordnung der Welt als Geschichte[6] gefragt werden kann.

In der Verfolgung unseres Problemzusammenhanges von Sprache und Ordnung durch die Geschichte der Sprachlogik sind wir damit *beim Gegenpol des anfänglichen griechischen und noch des logistischen Ansatzes angelangt:* Wurde im Anfang die logische Weltordnung ausdrücklich als theoretisch aufweisbarer Maßstab aller Sprachordnung angesetzt und dabei die vorgängige Bedingtheit der vorausgesetzten kategorialen Weltordnung durch die Sprache übersehen, so steht am Schluß dieser historischen Entwicklungslinie die

5 Ebda. § 47.

6 In den *Kantstudien* (Bd. 52, 1960/61, S. 220–243) hat unlängst Hermann Lübbe die Tragweite des Wittgensteinschen Ansatzes in frappierender Weise beleuchtet durch eine Parallelisierung mit Wilhelm Schapps *Philosophie der Geschichten,* Leer – Ostfriesland 1959. Lübbe beschließt seinen Vergleich mit den folgenden Thesen: »Geschichten« sagt Schapp genau dort, wo Wittgenstein »Sprachspiele« sagt. Beides gehört zusammen: Sprachspiele verstehen sich aus Geschichten, und die Geschichten in jenen. Wittgenstein spricht deshalb von Sprachspielen, weil er, bevor er in ihnen die Lebenswirklichkeit entdeckte, Analyse der physikalischen Sprache als Universalsprache betrieb. Und Schapp spricht deswegen von »Geschichten«, weil er, bevor er in ihnen die Lebenswirklichkeit entdeckte, in letztgegebene »Wesenheiten« phänomenologischen Einsichten zu gewinnen hoffte«. (a.a.O. S. 243)

Die Affinität dieser ganzen Betrachtungsweise zu Heideggers existenzial-hermeneutischer Phänomenologie liegt auf der Hand. Allerdings bleibt gerade von Heidegger her die Frage zu stellen: Ist der Pluralismus, genauer: das selbst ungeschichtlich angesetzte Nebeneinander von »Sprachspielen« oder anders: von »Geschichten« ein Letztes? Oder muß man nicht nach der Herkunft der »Sprachspiele« und »Geschichten« in und aus der einen Geschichte »seit ein Gespräch wir sind und hören können voneinander« (Hölderlin) fragen. Und wird so nicht auch die Frage nach einem – freilich nicht gegenstandstheoretischen - »Ordnungssatz« als Bedingung der Möglichkeit des vergleichenden Verstehens der verschiedenen Sprachspiele und Geschichten erneut aktuell? – Vgl. hierzu auch O. Pöggeler, »Metaphysik und Seinstopik bei Heidegger«, in: *Philos. Jb.* 70 Jg. (1962), S. 118–137.

sprachanalytische Philosophie Wittgensteins, die in dem Pluralismus der Sprachspiele und ihrer Situationserschließung den Maßstab jeder logischen Ordnungsproblematik erkennen will. Übersieht sie dabei – so sind wir schon aus einer gewissen Symmetrie-Spekulation heraus zu fragen geneigt – nicht doch ihrerseits eine gewisse Ordnungsvoraussetzung »des« Logos, die im Verstehen und Vergleichen der Vielfalt der Sprachspiele und ihrer in der Wortverwendung sich zeigenden »Bedeutungen« vorausgesetzt ist?
Bevor wir aus dieser letzten Frage heraus das Problem einer wechselseitigen Bedingtheit von Sprache und Ordnung erneut aufrollen, *betrachten wir etwas genauer die methodischen Voraussetzungen der Wittgensteinschen Sprachanalyse*, die Aporetik seines Begriffs der Philosophie.

III. Führt die »sprachanalytische Philosophie« zur »Reduktion« aller ontologischen Ordnungsprobleme auf »Beschreibung des faktischen Sprachgebrauchs?«

Wittgensteins Philosophie endet – folgt man ihrem eigenen Selbstverständnis – bei einem pragmatischen Relativismus. Die verschiedenen Sprachspiele stehen als letzte Maßstäbe unseres Denkens zusammenhanglos nebeneinander. Es gibt eigentlich kein Kriterium ihrer Wertung und Beurteilung – es sei denn dies eine, daß sie funktionieren und als »Lebensformen« (wie Wittgenstein sie ja auch nennt) sich bewähren[7]. Dies letztere nun gilt – nach Wittgensteins (lebenslang festgehaltener) Überzeugung – offenbar nicht von der Philosophie, wie sie in der abendländischen Tradition betrieben wurde; denn hier erlaubt sich Wittgenstein nach wie vor (d. h. wie schon im »Tractatus«) eine kritische Beurteilung. Die Philosophie entstand bislang immer dann, wenn die Sprache sich selbst in ihrer Funktion nicht mehr verstand. Diese *zentrale These Wittgensteins* ist *zweideutig:*
Einmal besagt sie nämlich, *die Philosophie* – als Metaphysik – *betreibt ein Sprachspiel, das nicht funktionieren kann,* weil es die Worte aus dem Situationszusammenhang, in dem sie natürlicherweise vorkommen, herauslöst, so daß die Maschine der Sprache leerläuft[8].

7 Vg. L. Wittgenstein, *Philos. Unters.*, I, §§ 124 und 130.
8 Ebda. §§ 38, 116, 119, 132.

So kommt es zu den sogenannten unauflösbaren Problemen der Metaphysik, das heißt aber in Wahrheit: zu pseudowissenschaftlichen Fragen, deren Sinn, das heißt deren Verifizierbarkeit im weitesten Sinne eines sich praktisch bewährenden Sprachspiels, nicht angegeben werden kann.

Dies aber ist nur die negative Seite seiner Auffassung der Philosophie. *Auf der anderen Seite ist Wittgenstein von der Notwendigkeit der Philosophie überzeugt.* Denn das Selbstverständnis der Sprachfunktion ist eben beim Menschen von Natur problematisch. Hier entstehen nach Wittgenstein die wahrhaft tiefen Fragen unseres Daseins, welche die Philosophie aufzulösen hat, indem sie das Selbstverständnis der Sprachfunktion wiederherstellt. Dies bedeutet freilich zugleich, daß die Philosophie sich selbst als besondere Wissenschaft, als System von Sätzen über die Welt, auflöst, sozusagen mit den Mitteln einer homöopathischen Selbsttherapie[9].

Nehmen wir die von Wittgenstein *der Philosophie zugewiesene Aufgabe* einmal an. Ist sie – so müssen wir fragen – *durch* reine *Deskription der faktisch vorkommenden Sprachspiele zu lösen, wie Wittgenstein vorgibt?* – In diesem Fall wäre nicht einzusehen, warum nicht auch die metaphysischen Sprachspiele – und zwar eines so gut wie das andere – als letzter Maßstab der ihnen entsprechenden Welterschließung zu gelten haben. Dann aber wäre nicht zu verstehen, wie es zu solch einem Sprachspiel über Sprachspiele eigentlich kommt, die verschiedenen Sprachspiele stünden einfach nebeneinander wie die Verhaltensweisen verschiedener Tiergattungen: kommunikationslos, ohne Reflexion auf die eigene Leistung und die der anderen.

Zweifellos würde damit der Sinn der Wittgensteinschen Sprachkritik – wie alles Philosophierens – verfehlt. Es ist aber nicht zu übersehen, daß der aller nur empirischen Deskription von innerweltlichen »Sprachtatsachen« eigene *Kryptobehaviorismus* mit Notwendigkeit in diese Aporie führt[10].

Soll also der gute Sinn der Wittgensteinschen »Sprach-Kritik« gerettet werden, so muß zunächst wenigstens in dem einen Fall des philosophischen Sprachspiels zugegeben werden, daß es nicht einfach parallel geordnet und gleichberechtigt neben den anderen

9 Vgl. Wittgenstein, *Philos. Untersuchungen,* §§ 111 und 133.

10 Vgl. hierzu auch David Pole, *The later Philosophy of Wittgenstein,* London 1958, Kap. IV: »Difficulties in Wittgenstein's Philosophy.«

Sprachspielen in der Welt vorkommt, sondern eigentlich wirklich ist nur in der reflektiven Auseinandersetzung mit den anderen Sprachspielen, mit denen es immer schon im Gespräch steht. Daraus entnimmt man aber leicht, daß auch die anderen Sprachspiele niemals nur aus sich selbst heraus zu verstehen sind – gleichsam als Funktionsweisen ein für allemal als fertig entworfener Kommunikationsmaschinen. – Wenngleich es also für den vergleichenden Betrachter richtig ist, daß die verschiedenen Sprachspiele wie Grüßen, Beten, Rätselraten, Befehlen, Namengeben, Definieren, Schlußfolgern, Geschichten erzählen jeweils ganz verschiedene Bewandtniszusammenhänge und damit Horizonte einer Ordnung konstituieren, so vermag doch derselbe Betrachter schon die geschichtliche Entstehung und unausgesetzte Fortentwicklung (Veränderung) der Sprachspiele geschweige denn die eigene Teilnahme an einem Sprachspiel nicht ohne einen übergreifenden Sinnbezug, das heißt aber, nicht ohne einen transzendentalen Ordnungs a n s a t z zu verstehen[10a].

Wittgenstein ging – so scheint mir – zu weit, wenn er, um das Bezeichnungs- bzw. Abbildungsmodell der Sprachfunktion und die damit von alters her verbundene Vorstellung e i n e r ontisch – gegenständlichen Weltordnung zu relativieren, auch die bewußtseinsmäßige Einheit des Sinn- oder Bedeutungsproblems glaubte aufgeben zu müssen – zugunsten der bloßen Beschreibung des faktischen Verhaltens der Wortverwendung. Der schon im »Tractatus« niedergeschriebene und offensichtlich auch für das spätere Werk noch gültige Kernsatz »Wenn sich alles so verhält, als hätte ein Zeichen Bedeutung, dann hat es auch Bedeutung«[11] *genügt* nicht als methodisches Prinzip der Sprachphilosophie. Soll er mehr besagen als nur eine abstraktive Isolierung der operativen Bedeutung der Zeichen innerhalb der »logischen Syntax«, mehr im Sinne einer pragmatischen Verallgemeinerung des Operationismus, so kann er allenfalls der Tierverhaltensforschung als ein heuristisches Motiv dienen, in das aber stets der bewußtseinsmäßig – intentionale Bedeutungsvollzug des Menschen als spekulativer Entwurf eingeht.

10a Vgl. hierzu Bd. II, S. 347 ff. zum Postulat eines transzendentalen Sprachspiels.

11 *Tractatus*, § 3, 328. In: *The blue and brown books* (Oxford 1958) heißt es: »Thinking is essentially the activity of operating with signs.« (S. 6) »The use of the word in practice is its meaning.« (S. 69) In den »Philosophischen Untersuchungen« fragt Wittgenstein bei der Beschreibung des Sprachspiels der Bauarbeiter: »Versteht nicht der den Ruf ›Platte!‹, der so und so nach ihm handelt?« (§ 6)

Auf das menschliche Sprachverhalten bezogen, läßt er keine Möglichkeit, einen Roboter von einem Menschen zu unterscheiden. Und selbst (und gerade) die nur operative Bedeutung der Zeichen im Verhalten eines Roboters, z. B. eines Elektronengehirns, setzt eine »Information« des Zeichenverhaltens aufgrund eines menschlichen Sinnbewußtseins voraus, das alles nur faktische Verhalten prinzipiell transzendiert. Es ist demnach nicht möglich, ein faktisch funktionierendes Sprachspiel zu beschreiben, ohne zuvor schon vermöge eines – freilich selbst immer schon sprachlich »vermittelten« und konkretisierten – *Vorverständnisses von Sinn überhaupt* mit den menschlichen Spielern des Sprachspiels in Kommunikation zu treten, und zwar in der Weise einer dialogischen Transzendenz alles nur möglichen faktischen Zeichenverhaltens. Somit läßt sich das sprachliche Bedeutungsbewußtsein überhaupt nicht auf faktische Sprachverwendung »reduzieren«, wiewohl zugestanden werden muß, daß es stets durch faktische Verhaltenspraxis »vermittelt« ist und auf die Ermöglichung (»Vermittlung«) neuer Verhaltenspraxis abzielt[12].

Wenn aber ein mentales Vorverständnis von Sinn überhaupt prinzipiell vorausgesetzt wird, um in sprachliche Kommunikation einzutreten, so kann auch die *Einheit der Wortbedeutung* nicht gänzlich aus der Konkretisierung des Sprachspiels in der Verhaltenssituation »erklärt« werden. Sie muß mehr enthalten, als in der faktischen Situation realisiert wird, sonst könnte es kraft dieser Bedeutung kein Bewußtsein von der Situation als faktischer geben. Weiter ergibt sich hieraus: Die auch von Wittgenstein zugegebene »Familienähnlichkeit« der mannigfaltigen Bedeutung eines Wortes kann nicht nur in der faktischen Ähnlichkeit der Verwendungssituationen begründet sein; sonst würde wiederum nicht verständlich sein, wie sich der Mensch nicht nur die Wortbedeutung aus dem Situationskontext, sondern auch eine neue Situation mit Hilfe der Wortbedeutung »als etwas« zu vermitteln vermag. *Wittgensteins berühmte Entlarvung der sokratisch-platonischen Frage nach dem Wesensinhalt der Worte*[13] vermag wie seine übrige Sprachkritik nur zu überzeugen als Abweisung einer gegenständlich-ontischen Ordnung von Wesenheiten, die etwa in der Sprache »bezeichnet« wären. Gibt es

12 Vgl. K.-O. Apel, *Die Idee der Sprache in der Tradition des Humanismus von Dante bis Vico*, Bonn 1963, Einleitung, S. 30 ff.

13 Vgl.: *Philos. Untersuchungen*, §§ 65 ff. Dazu H. Lübbe, a.a.O. S. 220 ff.

aber abseits dieser nominalistisch-realistischen Alternative des Universalienproblems keine berechtigte Frage nach der Einheit des allgemeinen Sinnes?

Hier bleibt – wie mir scheint – das Kantische Problem einer Synthesis apriori in der denkbar allgemeinsten Form stehen. Mochte es für die Wissenschaftskritik des Logischen Positivismus – solange er seine eigenen Sätze unberücksichtigt ließ – immerhin statthaft sein, auf der Alternative empirischer und analytischer Urteile zu bestehen, da sich in der Tat jedes bereits wissenschaftlich formulierte »synthetische Urteil apriori« auch als Analyse einer stillschweigend zugrundegelegten Begriffsdefinition auffassen läßt, so läßt sich diese Alternative gerade dann nicht mehr aufrechterhalten, wenn man mit Wittgenstein das umgangssprachliche Vorverständnis der in Philosophie und Wissenschaft vorausgesetzten Begriffe zu klären sucht.

Ein quasi wissenschaftlicher Satz wie der folgende: »Ein Körper kann nicht zu gleicher Zeit an verschiedenen Raumstellen sein« mag immerhin auf einer tautologischen Analyse der vorgängigen Definition des Begriffs Körper beruhen; *wie aber kommt die Sprache zu diesem Begriff des Körpers?* Weder die Annahme einer willkürlichen Konvention noch der protokollarische Befund der Tatsachen geben eine befriedigende Erklärung; denn die Konvention bedarf eines Motivs in der empirischen Erfahrung, und die Erfahrung läßt sich nicht protokollieren ohne in der Sprache schon bereitliegende sogenannte konventionelle Voraussetzungen[14]. Im Falle des Satzes *»Es gibt Körper und Geister«* würde Wittgenstein – hier durchaus noch in Übereinstimmung mit Carnap und Ayer – sagen: Hier ist nicht von objektiven Tatsachen die Rede wie etwa in dem Satz »Die

14 Diese aporetische Fassungs des Problems dürfte dank Poppers *Logik der Forschung*, Wien 1935, selbst vom logischen Positivismus heute anerkannt werden. – Nach Wittgenstein liegt die Lösung des Apriori-Problems im Entwurf der Sprachspiele, genauer in der damit verbundenen Einsetzung von »Paradigmata« möglicher Erfahrung. Die Paradigmata verschiedener Sprachspiele können inkommensurabel sein. Vgl. hierzu E. K. Specht, *Die sprachphilosophischen und ontologischen Grundlagen im Spätwerk L. Wittgensteins*, Köln 1963, S. 131 ff. Die relativistischen Konsequenzen dieser Konzeption sind inzwischen durch ihre Anwendung auf die Grundlegung der Sozialwissenschaft (P. Winch, *The Idea of a Social Science . . .*, London 1958) und auf die Grundlegung der Wissenschaftsgeschichte (Th. S. Kuhn, *The Structure of Scientific Revolutions*, Chicago 1962) sichtbar gemacht worden. Dabei muß m. E. zugestanden werden, daß die *intersubjektive Geltung* von apriorischen Sätzen nur auf »Sprachspiel-Paradigmata« zurückgeführt werden kann. Welches aber sind die Kriterien für die Etablierung bzw. Infragestellung von Sprachspiel-Paradigmata?

Katze ist auf der Matte«, sondern lediglich von bestehenden grammatischen Konventionen oder davon, *daß zwei Sprachspiele praktiziert werden;* sagen wir abgekürzt: das Körper-Spiel und das mit immateriellen Geistern. Nun gut. Aber die zugrundeliegenden sogenannten sprachlichen Konventionen sind offenbar nach der Meinung der von Wittgenstein ausgehenden Sprachkritiker nicht in gleicher Weise unbedenklich. Das Körper-Spiel findet seine legitime Anwendung im vorwissenschaftlichen Alltag und in präzisierter Form in der klassischen Physik. *Das »Geister-Sprachspiel«* dagegen – mag es auch in mannigfachen Formen von den Primitiven bis zu Descartes' »res cogitans« gespielt worden sein – *soll nach G. Ryle auf einem »category-mistake« beruhen,* das heißt in diesem Fall, grob gesagt: auf falscher Analogiebildung in Anlehnung an das Körper-Sprachspiel[15].

Woher aber – fragen wir – nimmt der Sprachanalytiker die *Kriterien dieser Beurteilung des Sprachgebrauchs?* – Die Wittgensteinschüler sind überzeugt, daß letztlich immer die Analyse des Sprachgebrauchs selber, des »logischen Verhaltens« der Wörter, wie Ryle sagt, uns zu dem Punkt zurückbringt, wo das Selbstmißverständnis der Sprachfunktion, der »category-mistake«, entspringt. Zum Beispiel braucht man nach Ryle nur folgende Fragen miteinander zu vergleichen: *»Wie lange habt ihr gestern abend noch diskutiert?«* und: *»Wie lange habt ihr gestern abend noch abstrahiert (oder deduziert)?«*, und man bemerkt sogleich, daß in dem zweiten Fall ein »category-mistake« vorliegt, der sich in der Philosophie in der These verfestigt, »deduzieren« und »abstrahieren« seien Prozesse in der Zeit. – Man muß nun aber m. E. diese *Methode auf das Verfahren der Sprachanalyse selbst anwenden* und fragen: In welcher Weise wird hier nach dem Sprachgebrauch gefragt? Ist es eine Frage nach einer zu beschreibenden Tatsache bzw. nach einer Klasse von Tatsachen, die immer wieder passieren, fragen wir im Falle unseres Beispiels etwa so: was passiert, wenn wir die beiden Sätze nacheinander aussprechen? Oder ist es ein überprüfendes Sich-zurück- und Hinein-Versetzen in das Weltverständnis der Sätze, durch das überhaupt erst Tatsachen »als etwas« sichtbar oder auch verstellt werden?

15 Vgl. G. Ryle, *The Concept of Mind, Hutchinsons University Library,* London 1949. Dazu die kritische Besprechung von E. K. Specht (*Kantstudien,* Bd. 46, 1955/56, S. 297 bis 319).

Im ersten Fall würde die *Sprache als ein Fetisch* angesehen, der uns die Lösung aller philosophischen Probleme gleichsam zuflüstern könnte; *im zweiten Falle* handelt es sich um *ein Auf-sich-selbst-Zurückkommen des ontologischen Logos der Sprache,* eine denkende Wiederholung der immer schon in der Sprache vollzogenen kategorialen Synthesis a priori von Welt[15a]

Es ist nicht uninteressant, diese *methodologische Problematik der von Wittgenstein angeregten Sprachanalyse mit dem methodischen Ansatz und Selbstverständnis der von Humboldts Begriff der inneren Sprachform ausgehenden »inhaltbezogenen Sprachwissenschaft« zu vergleichen,* die ja ebenfalls in letzter Absicht an der Aufklärung der sprachbedingten Denkformen bzw. Weltordnungen interessiert ist.

Betrachten wir noch einmal das Rylesche Beispiel der beiden Fragesätze: »Wie lange habt ihr gestern diskutiert?« und: »Wie lange habt ihr gestern abstrahiert?«

Eine *morphologische Betrachtungsweise* würde beim Vergleich der beiden Sätze keinen Unterschied feststellen können. (Und an dieser morphologischen Betrachtungsweise der Sprache war ja eben jene erste Phase der neopositivistischen Sprachkritik orientiert, welche die Umgangssprache schlechtweg verwarf und die Konstruktion von Kunstsprachen forderte, welche schon in der äußeren Form alle kategorialen Typenunterschiede eindeutig zum Ausdruck brächten.)

Über die morphologische Betrachtungsweise hinaus führt aber nun die *Betrachtung der Feldstruktur der Wortinhalte,* wie sie Jost Tier und Weisgerber ausgebildet haben. Sie würde – um auf unser Beispiel zurückzukommen – die beiden Verben »diskutieren« und »abstrahieren« sogleich in den Ausgliederungszusammenhang zweier sehr verschiedener Bedeutungsfelder hineinstellen: »diskutieren« in das Feld »sich unterhalten, sich unterreden, plaudern, sich besprechen, debattieren, etwas erörtern usw.«, »abstrahieren« dagegen in das Feld »unterscheiden, herausheben usw.« oder in das weiter gefaßte Feld der methodischen Verstandesoperationen wie: »begreifen, verstehen, erklären, deduzieren, induzieren, generalisieren usw.«.

15a Auf dieser Linie hat inzwischen St. Cavell Wittgensteins Sprachanalyse interpretiert und gegen empirische Linguistik abgesetzt. Vgl. »The Availabity of Wittgenstein's later Philosophy«. In: The Philosophical Review, LXXI (1962); auch in: St. Cavell: *Must we mean, what we say,* New York 1969, p. 44–72.

Durch diese sprachwissenschaftliche Methode läßt sich zweifellos die *These der Wittgensteinschule*, daß im Sprachgebrauch selbst, d. h. in seiner recht verstandenen Spielregel, gleichsam das Gegengift gegen die Verführungsmöglichkeiten der äußeren Sprachform zu finden sei, *weitgehend erhärten.* Dem aufmerksamen Betrachter des methodischen Verfahrens der Feldforschung kann aber nicht entgehen, daß *auch hier nicht einfach Tatsachen beschrieben* werden. Die Feldstruktur der Wortinhalte, insbesondere ihre fruchtbare Abgrenzung, läßt sich nicht ohne einen gewissen spekulativen Vorblick auf eine mögliche ontologische Ordnung des in der Sprache Gemeinten auffinden. Damit soll keineswegs der sprachwissenschaftliche Charakter der Feldforschung geleugnet werden; es handelt sich hier keineswegs um ein nachträgliches Abbilden einer vorsprachlich bekannten Sachordnung durch die Sprache (wie das in etwa in Dornseiffs Buch »Der deutsche Wortschatz nach Sachgruppen«[16] der Fall ist), ebensowenig aber um ein Deskribieren von sprachlichen Tatbeständen, die gleichsam fertig in der schon geordneten Welt vorkämen und von außen beobachtet werden könnten. Genau wie in der Wittgensteinschen Sprachanalyse wird hier *in Wahrheit nicht das tatsächliche Verhalten von Gegenständen in der Welt beschrieben, sondern Logosartiges*[17] *hermeneutisch in seinem intentionalen Sinn ausgelegt,* dadurch, daß der aktuelle Logos des Forschers sich versuchsweise in den »habitualisierten« Logos der Sprache zurückversetzt, gleichsam sich selbst in seiner Gewesenheit wiederholend[18].

In dem Selbstverständnis der inhaltbezogenen Sprachwissenschaft spricht sich diese methodische Grundsituation darin aus, daß *mit Humboldt zwischen Sprache als »Ergon« und Sprache als »Energeia«* unterschieden wird; dabei bleibt aber immer noch zu bedenken, daß jede empirische Sprachwissenschaft, auch wenn es ihr um die Aufklärung der »inneren Sprachform« geht, eine gewisse Vergegenständlichung der sprachlichen Bestände als Erga durchführen muß; sie kann als empirische Sprach-Wissenschaft der philosophischen Besinnung auf die in der Sprache vorverstandene ontologische Weltordnung gleichsam nur auf halbem Wege entgegenkommen; sie

16 Fr. Dornseiff, *Der deutsche Wortschatz nach Sachgruppen*, 3. Auflage, 1943.

17 Vgl. hierzu E. Heintel, »Sprachphilosophie«, in: *Deutsche Philologie im Aufriß*, hrsg. von W. Stammler, 2. Auflage, Sp. 563–620, bs. Abschnitt 4: »Die Dialektik des Logos«.

18 Weisgerber sagt selbst einmal: Die statischen »Feststellungen« der Grammatik sind »in der eigentlich sprachwissenschaftlichen« (d. h. »energetischen«) Durchdringung wieder in ihre »Wirklichkeit« zurückzuverfolgen (*Wirkendes Wort,* Bd. 7, 1957/58, S. 67).

kann und will nicht selbst die ontologischen Konsequenzen aus ihren Analysen ziehen, weder im kritischen noch im positiv-spekulativen Sinn.

Genau dies letztere aber beansprucht die sprachanalytische Schule Wittgenstein, wenn auch – zunächst –[19] vorwiegend im Sinne einer Kritik der traditionellen Ontologie. Um so seltsamer ist es, daß sie ihr Selbstverständnis mehr oder weniger ausdrücklich vom Modell der Einzelwissenschaft, genauer sogar einer naturwissenschaftlichen Verhaltensforschung, herleitet[19a], während bezeichnenderweise die in Deutschland entstandene »inhaltsbezogene Sprachwissenschaft« Weisgerbers und Lohmanns ihr Programm sogleich spekulativ an der »Synthesis kat' ènergeian« von Welt orientiert, die doch letzten Endes erst in einer philosophischen Integration der Ergebnisse der hermeneutischen Geisteswissenschaften gleichsam eingeholt werden kann.

Fassen wir hier das Ergebnis unserer kritischen Würdigung der Sprachlogik und der »sprachanalytischen Philosophie« zusammen, so ist zunächst festzuhalten, daß der seit Aristoteles die geheime Metaphysik der Sprachlogik ausmachende *Anspruch, die Sprache zum Abbild »der« einen Weltordnung sozusagen emporzuläutern, als gescheitert betrachtet* werden muß. Und zwar erwies sich die prinzipielle Unmöglichkeit dieses Versuchs gerade in dem Augenblick, als man imstande war, in einer künstlichen Kalkülsprache das Ordnungsgesetz der formalen Logik rein zum Ausdruck zu bringen. Die Aporetik der kognitiven Anwendung (d. h. der semantischen Deutung) formallogisch geordneter Sprachen führte zu der Einsicht, daß eine wirkliche Ordnung der Welt mit ihrer Hilfe stets nur aufgrund der schon vorausgesetzten Pragmatik eines in der Umgangssprache bereits eingeleiteten Sprachspiels, sei es wissenschaftlicher oder vorwissenschaftlicher Art, möglich ist.

Dieses Scheitern der metaphysischen Ansprüche der formalen Logik erwies endgültig die *Unmöglichkeit jeden Versuchs einer ontologischen Zuordnung von Sprache und Welt von einem dritten Ort außerhalb der Sprache.* Die Konsequenzen aus dieser Situation

19 G. Ryles Buch, *The concept of Mind,* nähert sich schon – sollen wir sagen »bedenklich«? – einer positiven »Theorie des Geistes«.

19a Dieses Selbstverständnis der Wittgensteinianer ist inzwischen weitgehend überwunden worden. Vgl. die Beiträge von St. Cavell, R. Henson, J. R. Searle und Z. Vendler in C. Lyas (ed.), *Philosophy and Linguistics,* London 1971.

suchte der späte Wittgenstein zu ziehen in der Form einer Relativierung aller ontologischen Ordnungsprobleme auf die Analyse der Umgangssprache.
Eine kritische Prüfung der Bedingungen der Möglichkeit sprachanalytischer Philosophie führte uns aber nun zu dem Ergebnis, daß auch im Zeitalter der Sprachkritik der Philosoph nicht um das ontologische Seinsverständnis herumkommt. Philosophische Sprachkritik bedeutet nicht, daß das Problem der Welt-Ordnung auf die immanenten Ordnungsprobleme der verschiedenen Sprachspiele »reduziert« werden kann; Sprache ist nicht »medium quod«, sondern »medium quo« der Erkenntnis[20]. Die Ontologie als »prima philosophia« kann daher nicht durch die Sprachanalyse *ersetzt* werden, wohl aber muß die Ontologie sich durch die kritisch-hermeneutische Aneignung der in den verschiedenen Sprachspielen erschlossenen Aspekte der Situationswelt *vermitteln* lassen. Dabei könnte es sich als zweckmäßig erweisen, den traditionellen Begriff der Ontologie im Sinne des von den Griechen begonnenen gegenstandstheoretischen Sprachspiels festzulegen und im Rahmen einer umfassenderen Hermeneutik möglichen Seinsverständnisses zu relativieren. Eine solche hermeneutische Vermittlung des Seinsverständnisses wird aber erst dadurch und in dem Maße auf die Ordnung der konkreten Situationswelt anwendbar, als die verschiedenen Sprachspiele nicht nur abstraktiv isoliert nebeneinander gehalten werden, sondern in das eine große Gespräch der Geschichte, das wir nach Hölderlin »sind«, hinein- bzw. zurückversetzt werden. Unter diesem regulativen Prinzip könnten die pseudonaturwissenschaftlich stilisierten Ansätze der Sprach-Behavioristen sich ergänzen und vertiefen durch eine Auseinandersetzung mit dem Anliegen der von Humboldt ausgehenden vergleichenden Sprachwissenschaft, die sich das Ziel gesetzt hat, die Tragweite der »Verschiedenheit des menschlichen Sprachbaus« für das Problem der ontologischen Weltordnung aufzuklären[21]. Manche interessanten Ansätze in dieser Richtung finden

20 Die Verwechslung von »medium quod« und »medium quo« ist charakteristisch für die erkenntnistheoretische Reflexion der Neuzeit auf die »Gegebenheiten des Bewußtseins«, von denen aus allererst auf das draußen zugrunde liegende »Ding – an sich« geschlossen werden soll. Darüber hinaus beherrscht sie aber schon die Problemstellung des mittelalterlichen Universalienstreites und noch früher Platons Auffassung der Idee als ὄντως ὄν.

21 Vgl. hierzu jetzt J. Lohmann, »Die Entwicklung der allgemeinen Sprachwissenschaft an der Friedrich-Wilhelm-Universität zu Berlin bis 1933«, in: *Humboldtfestschrift*, Berlin 1960. Ferner L. Weisgerber, »Die Wiedergeburt des vergleichenden Sprachstudiums«, *Lexis*, Band 2, 1952, S. 3–22.

sich in den Arbeiten des amerikanischen Außenseiters der vergleichenden Sprachwissenschaft B. L. Whorf[22].

Im ganzen scheint mir jedenfalls die von E. Cassirer wie auch von der angelsächsischen Sprachanalyse ausgehende *Susanne K. Langer* darin recht zu behalten, daß die Beschäftigung mit der symbolischen Vermittlung als Bedingung der Möglichkeit einer Weltordnung eine *»Philosophy in a new Key«*[23] heraufführen muß. Die Ontologie muß sich heute durch die Sprachphilosophie vermitteln, so wie sie nach dem Auftreten Kants durch die transzendentale Erkenntnistheorie sich vermitteln mußte. Die sprachkritische Vermittlung bedeutet dabei nichts anderes als eine Konkretisierung und damit Vertiefung der erkenntniskritischen Vermittlung, wie sie schon Hamann in seiner »Metakritik« Kants gefordert hat[24].

Nach dieser mehr historischen Übersicht möchte ich abschließend das Verhältnis von Sprache und Ordnung noch einmal systematisch zu beleuchten versuchen durch eine *Konfrontierung der verschiedenen Ordnungsbegriffe der logistischen Sprachkritik einerseits und einer hermeneutischen Sprachphilosophie andererseits*. Die im vorigen skizzierte Aporetik der logistischen Sprachkonstruktion, die zur Zeichenpragmatik von Ch. Morris und zur Wittgensteinschen Analytik der Sprachspiele geführt hat, dürfte dadurch in mancher Hinsicht verständlicher werden.

IV. Das Verhältnis von Sprache und Ordnung und der hermeneutische Zirkel von »Inhalt« und »Form« des sprachlichen Sinns

Der Ordnungsbegriff der logistisch orientierten Sprachkritik findet sich m. E. am deutlichsten ausgesprochen in dem bekannten Aufsatz von *Moritz Schlick: »Form and Content«*[25]. Es heißt dort[26]: »Sprechen beruht auf einer zeitlichen Ordnung von Zeichen, Schreiben auf einer räumlichen Ordnung der Zeichen.«

22 Vgl. besonders B. L. Whorf, *Language, Thought and Realitiy (selected Writings)*, ed. by John B. Carrol, New York 1956.

23 Susanne K. Langer, *Philosophy in a new Key. A. Study in the Symbolism of Reason, rite, and Art*, 10. ed Harvard University Press, 1959.

24 Vgl. hierzu E. Heintels Einleitung zu seiner »Herausgabe der sprachphilosophischen Schriften Gottfried Herders« (*Philos. Bibl.*, Bd. 248, Hamburg 1960).

25 M. Schlick, *Ges. Aufsätze*, Wien 1938, S. 151–250.

26 Ebda., S. 157 f.

Die Möglichkeit, beim Lesen die räumliche Ordnung in die zeitliche Ordnung zu übersetzen, zeigt, daß Sprache überhaupt nicht auf zeitlicher oder räumlicher Ordnung, sondern auf etwas noch Allgemeinerem beruht. Schlick nennt es »logische Ordnung« oder »Struktur«. Aufgrund der identischen logischen Ordnung oder Struktur der Zeichen muß es möglich sein, ein und dieselbe Tatsache in tausend verschiedenen Sprachen (sprich: Zeichensystemen) zum Ausdruck zu bringen. Oder, anders ausgedrückt: Jede beliebige Tatsache muß durch ihre Struktur in einer Sprache ausdrückbar sein.

Wir bemerken schon hier, daß es sich bei Schlick um denselben Sprach- und Ordnungsbegriff handelt wie in Wittgensteins »Tractatus«. Tatsächlich geht die *Übereinstimmung mit dem logischen Atomismus* noch weiter: Wie bei Wittgenstein drücken die Sätze der Sprache nicht schlechthin und direkt Struktur aus, sondern eben Tatsachen, d. h. äußere Relationen von Gegenständen oder Gegenständen und Qualitäten, dies aber wiederum nur unter der Voraussetzung »innerer Relationen« oder einer inneren Struktur oder Form, welche die Sprache mit der Welt gemeinsam hat, die sich aber in der Struktur der Sätze nur »zeigt«.

Schlick exemplifiziert dies etwa in folgender Weise: Angenommen, es liegt ein grünes Blatt auf meinem Pult. Was kann ich einem Nichtanwesenden darüber mitteilen?

Etwa die Tatsache, daß das Blatt »auf dem Pult liegt«, oder:
die Tatsache, daß es »herzförmig ist«, oder:
die Tatsache, daß es »ca. 20 cm im Umfang mißt«, oder:
die Tatsache, daß es »eine dunkelgelbgrüne Farbe hat – ein wenig dunkler als das grüne Kleid einer gewissen Madonna von Raffael«.

In jedem dieser Fälle ist ein tatsächliches Strukturverhältnis, eine äußere Relation, mitgeteilt: im ersten Fall das »liegen auf«, im zweiten Fall das Längenverhältnis des Blattumfanges zu einem geraden Maßstab, im dritten Fall das Ähnlichkeitsverhältnis der Blattgestalt zu einem Herzen, im vierten Fall das Ähnlichkeitsverhältnis der Blattfarbe zu anderen Farben.

Diese Mitteilung äußerer Relationen wiederum wird *ermöglicht durch die für Sprache und Welt identische innere Formstruktur*, zum Beispiel, die Farbmitteilung durch die a priori notwendige Ähnlichkeitsbeziehung der Farben zueinander, die Mitteilung der faktischen Größenverhältnisse durch die innere Ordnung der Zahlenreihe oder der geometrischen Proportionen.

Und nun kommt Schlick zu der eigentlichen *Pointe* seiner Theorie: *Außer der strukturellen Ordnung*, in der die Phänomene durch die Form der Sprache aufgefaßt werden, *kann überhaupt nichts mitgeteilt werden.* Zum Beispiel, dasjenige Moment der Wortbedeutung »grün«, das der Farbenblinde nicht »versteht«, wie man zu sagen pflegt, weil er es als Phänomen nicht zu erleben vermag, kann, streng genommen, auch gar nicht sprachlich ausgedrückt und mitgeteilt werden. Von der Mitteilungsfunktion der Sprache her gesehen, kann also der Normalsichtige nicht mehr »verstehen« als der Farbenblinde. Was jener zusätzlich versteht, ist nichts anderes als die Ausfüllung der mitgeteilten strukturellen Leerform durch den Erlebnisinhalt. Diese *»Interpretation«* des Sprachsystems durch den einzelnen Kommunikationsteilnehmer *bleibt* aber *privater Bewußtseinsinhalt und berührt das Sprachsystem als solches überhaupt nicht.* Streng genommen sind also die deskriptiven Zeichen eines Sprachsystems sämtlich nur Variable. Sie unterscheiden sich von den ausdrücklich so genannten Zeichen, die zuerst in der aristotelischen Logik auftreten, nur dadurch, daß sie automatisch von uns interpretiert, d. h. durch privaten Erlebnisinhalt ausgefüllt werden[27].

Es läßt sich nicht leugnen, daß diese Theorie zunächst einmal geeignet ist, ein helles Licht auf die entscheidend wichtige Funktion der »Ordnung« oder »Form-Struktur« in der Sprache zu werfen. Es ist *zweifellos richtig, daß jede sprachliche Mitteilung* und insofern auch alles Verstehen *daran hängt, daß der mitzuteilende Inhalt »strukturell gekennzeichnet«* ist, daß er durch seine Beziehung zu Gegenständen und anderen Inhalten eine »Stellung innerhalb einer Mannigfaltigkeit besitzt«, wie W. Stegmüller die in Frage stehende Theorie interpretiert[28]. *In diesem Sinne sagt auch die »inhaltbezogene Sprachwissenschaft«, daß die Funktion der Sprache qua »langue« nicht wesentlich bedingt ist durch das Interpretationserlebnis des einzelnen Kommunikationsteilnehmers* (etwa durch seine psychischen »Vorstellungen« im Sinne Lockes), *sondern vielmehr durch das Ordnungsgefüge der langue* (zum Beispiel die »Feldordnung«). Durch seine Beziehung auf dieses Ordnungsgefüge erhält jeder mitzuteilende Inhalt einen intersubjektiven »Wert«

27 Vgl. hierzu die Interpretation der Schlickschen Theorie durch W. Stegmüller, in: *Hauptströmungen der Gegenwartsphilosophie*, Wien/Stuttgart 1952, S. 375 ff.
28 Ebda.

(»valeur«) im Sinne der »langue«, so könnte man etwa mit F. de Saussure sich ausdrücken.
Aber bei diesem Interpretationsversuch haben wir unter der Hand der Schlickschen Theorie ihre eigentliche Schärfe genommen. Bereits Stegmüller und erst recht die »inhaltbezogene Sprachwissenschaft« sprechen nicht mehr von Strukturmitteilung, sondern von der Mitteilung strukturell gekennzeichneter »Inhalte«. Zumal bei der inhaltbezogenen Sprachwissenschaft sind wir unversehens *aus dem Antipsychologismus Schlicks in den Ausstrahlungsbereich der ebenfalls antipsychologistischen Bedeutungstheorie Husserls hinübergewechselt.* Der Antipsychologismus Schlicks ist aber erheblich radikaler, er läßt es nicht zu, daß in das intersubjektiv Verstehbare ein materialer Gehalt – wie Schlick sagen würde – hineingeschmuggelt wird. Und vielleicht ist es in unserem Zusammenhang fruchtbarer, die Aporetik der radikaleren Strukturtheorie herauszuarbeiten.
Trifft es wirklich zu – so möchten wir mit Bezug auf die »Verstehens«-Theorie Schlicks fragen –, daß die Interpretation des Sprachsystems durch den einzelnen das System selbst, also die Sprachstruktur, nicht berührt? Läßt sich »Form« und »Inhalt«, »objektiv« und »subjektiv«, »a priori« und »a posteriori« in dieser Weise voneinander trennen? Stimmt es tatsächlich, daß man – um eine Exemplifizierung Stegmüllers[29] heranzuziehen – sich zwei Wesen denken kann, bei denen das, was sie »Farberlebnisse« nennen, toto genere verschieden ist, wenn man die Verschiedenheit im qualitativen, inhaltlichen Sinne versteht und die dennoch in allen Aussagen völlig übereinstimmen, weil die Erlebnisse beider in denselben Strukturzusammenhängen auftreten?
Die zuletzt zitierte Fiktion wäre natürlich durchführbar, w e n n toto genere verschiedene Erlebnisse in denselben Strukturzusammenhängen auftreten. Dies letztere aber vorauszusetzen läuft auf eine *petitio principii* hinaus. *Denn das Verhältnis von Sinnstruktur und Erlebnisinhalt steht ja eben in Frage.* Muß nicht jeder Wechsel der inhaltlichen Interpretation im Zusammenhang eines konkreten Gesprächs sich sofort strukturell bemerkbar machen und muß dadurch nicht, unmerklich zunächst, aber im ganzen doch wirksam, auch die Formstruktur der Sprache selbst beeinflußt werden, am ehesten bemerkbar in den sehr elastischen situationsoffenen Ordnungen der

29 A.a.O., S. 376.

Wortfelder, zuletzt und am schwierigsten faßbar in den syntaktischen Kernstrukturen des Sprachsystems[30]?

Es sei hier zunächst nur beiläufig daran erinnert, daß das *Verhältnis von Sinnstruktur und Erlebnisinhalt* im Mittelpunkt der philosophischen *Problematik Diltheys* stand und daß er aus dem Studium der geisteswissenschaftlichen Erkenntnistheorie heraus zu dem Ergebnis gelangte, daß *Erlebnis und Sinnstruktur*, beim Historiker zum Beispiel Intuition des Individuellen und allgemeine Begriffsbildung, *im Verhältnis des hermeneutischen Zirkels zueinander stehen*, d. h. sich im Maße des verstehenden Eindringens in ein Sachgebiet, einen Text oder eine wirkliche Lebenssituation unausgesetzt wechselseitig korrigieren. Mit Hegel könnte man von einer wechselseitigen »Vermittlung« von »subjektivem« und »objektivem Geist« sprechen.

Von hier aus legt sich uns schon die Vermutung nahe, daß die Schlicksche Trennung von Form und Inhalt des sprachlichen Sinnes auf einer *Momentan-Abstraktion von der zeitlichen Wirklichkeit der Sprache* im menschlichen Dasein beruht[31]. Buchstäblich statisch betrachtet, läßt sich ja in der Tat keine wechselseitige Abhängigkeit von Inhalt und Form wahrnehmen; beide Seiten erstarren gleichsam für einen Augenblick in einem zufällig äußerlichen Verhältnis zueinander; die eine scheint ohne Rücksicht auf die andere auswechselbar zu sein. Es läßt sich dann freilich überhaupt kein Grund mehr dafür angeben, warum in der wirklichen, umgangssprachlichen Kommunikation ganz bestimmte Strukturen, außer – allenfalls – einer allgemeinen Relations-Ordnung überhaupt, erforderlich sind; geschweige denn, daß die einzelnen Strukturelemente bis hinein in so schwer erkennbare und wandlungsfähige Gebilde wie die Feld-Ordnungen der Wortbedeutungen in ihrer Entstehung verständlich würden. Diese letzteren sind bezeichnenderweise ohne Rekurs auf die Erlebnisinhalte gar nicht sprachlich

30 Als Beispiel für die Wandlung selbst der syntaktischen Kernstruktur eines sogenannten Sprachsystems im Zusammenhang des konkreten geschichtlichen Gesprächs, in dem sich die Menschen unausgesetzt mit ihrer Erfahrungssituation vermitteln, steht mir etwa die Ausbildung des klassischen lateinischen Tempussystems in hellenistischer Zeit vor Augen, wie sie von Joh. Lohmann beschrieben und in ihrer Bedeutung für die abendländische Geistesgeschichte gewürdigt wurde. (Vgl. *Lexis*, III, 2, S. 169–217).

31 Es ist dies genau das, was Alfred N. Whitehead – gewiß ein unverdächtiger Zeuge – als den Grundfehler der logisch-mathematischen Denkweise herausgestellt hat und z. B. in *Process and Reality* durch eine konkrete Philosophie der Zeitwirklichkeit zu korrigieren sucht.

darstellbar. Schlick bemerkt selbst, daß er nicht ohne Rekurs auf Inhalte über die Struktur der Sprache zu reden vermag, meint aber, dies sei ein vorläufiges Übel ohne prinzipielle Tragweite[32]. Hier scheint er mir aber die Wittgensteinsche Grundlage seiner Theorie vergessen zu haben, denn er sollte sich ja eigentlich wundern, daß er überhaupt über die Form der Rede zu reden vermag; es könnte ja sein, daß er über die Form der Sprache selbst nur insofern zu reden vermag, als diese gerade nicht in seinem Sinn »reine Form« ist. Denn letztere ist ja nach Wittgenstein unaussagbar.

Der hier vorliegende, von Schlick selbst zugestandene Widerspruch, in dem sich die umgangssprachliche Darstellung der Struktur-Mitteilungs-Theorie verfängt, verweist, wie mir scheint, auf *die prinzipiellen Schwierigkeiten der logistischen Sprachauffassung, bei denen Kritik ansetzen muß.*

Die Idee der sprachlichen Form oder Struktur, die in Wittgensteins »Tractatus« und entsprechend bei M. Schlick vorausgesetzt ist, findet m. E. ihre tiefste Rechtfertigung in dem methodologischen Leitsatz der neuzeitlichen Wissenschaft: *»Wir verstehen nur das ganz, was wir selbst machen können*[33]*.«* In der Tat läßt sich das Postulat schlechthin eindeutiger und allgemeingültiger Erkenntnis nur auf die Identität von »praecisum« et »factum« bzw. »verum et factum« gründen, wie schon Cusanus bzw. Vico es formuliert haben[34]. Und es bedeutet m. E. über Kant hinaus einen Fortschritt im methodologischen Selbstverständnis der Wissenschaft, wenn die Initiatoren des Logischen Positivismus die Begründung der nur postulierbaren schlechthinnigen Allgemeingültigkeit wissenschaftlicher Sätze von dem synthetischen Apriorismus der Kantschen Erkenntnistheorie lösten und am Prinzip der willkürlichen Konstruktion der Sprache festmachten. Sie haben damit die von Kant synthetisch-spekulativ angesetzte *»kopernikanische Wendung«* der Wissenschaftsbegründung sozusagen *zu einem Problem operativer Praxis gemacht* gemäß dem Satz: um präzise zu »verstehen«, d. h. eine intersubjektive Gültigkeit der Wissenschaft sicherzustellen, müssen wir das Verstehbare, d. h. die Form der Sprache, zuerst selbst machen.

32 M. Schlick, a.a.O., S. 168.

33 Vgl. hierzu *Tractatus*, § 5.232: »Die interne Relation, die eine Reihe ordnet, ist äquivalent mit der Operation, durch welche ein Glied aus dem anderen entsteht.«

34 Vgl. K.-O. Apel, »Das ›Verstehen‹ – eine Problemgeschichte als Begriffsgeschichte« (*Arch. f. Begriffsgesch.*, Bd. I, bs. S. 149 und S. 154).

Diese wissenschaftstheoretische Entwicklung scheint mir nur konsequent. Gleichwohl bedarf die letztlich tautologische Selbstsetzung der Form wissenschaftlicher Allgemeingültigkeit als Ermöglichung konkreter menschlicher Erkenntnis, und sei es auch in der Form strengster Wissenschaft, ihrerseits der Begründung in einer Synthesis a priori der umgangssprachlichen Welterschließung. Hier ist das analytische A = A nichts weiter als ein defizienter Modus der »Synthesis κατ' ἐνέργειαν«[35], die dem menschlichen Selbstverhältnis im Zu-sein-Verstehen entspricht. Die Rekonstruktion der Wissenschaftssprache mit Hilfe formalisierter und daher garantiert widerspruchsfreier Sprachsysteme kann daher nur als indirekte Methode der Sinn-Klärung im Dienste der transzendentalpragmatisch vorausgesetzten natürlichen Sprache angesehen werden. Die letztere bleibt, trotz der Möglichkeit und Notwendigkeit ihrer logischen Rekonstruktion, als nichthintergehbare Voraussetzung und nicht formalisierbare, aktuell letzte Metasprache der logischen Sprachkonstruktion die Grundlage der schöpferischen Erkenntnis im Sinne eines synthetischen Aprioris.

Dieser vielleicht paradox anmutende *Zirkel der Begründung* läßt sich an der Aporetik der logistischen Sprachauffassung erläutern:

Bedeutet nämlich die logistische Sprachkonstruktion, erkenntnistheoretisch betrachtet, einerseits die konsequenteste und gleichzeitig wirkungsvollste Durchführung des Prinzips, daß der Mensch, um wissenschaftlich eindeutige und intersubjektiv allgemeingültige Erkenntnis zu erlangen, mit konstruktiven Entwürfen apriorischer Form von sich aus gleichsam gegen die Welt vorgehen muß, so hat sie andererseits eben dieses Prinzip selbst an seine absolute Grenze geführt. Sie hat gezeigt, daß selbst in der strengsten semantischen a priori-Konstruktion der Wahrheit inhaltliche Elemente vorwissenschaftlicher und nichtallgemeingültiger Art vorausgesetzt werden, wenn diese Konstruktion – dank einer in sie aufzunehmenden letztlich vorwissenschaftlichen Fragestellung – wirklich Welt aufschließen soll. Dann nämlich muß sie sich eine Deutung mit Hilfe einer metasprachlichen, d. h. letztlich umgangssprachlichen Zeichen-Pragmatik gefallen lassen, wie im vorigen (II. Abschnitt) bereits erwähnt wurde.

Diese Einsicht gilt es jetzt auf den Form- bzw. Ordnungsbegriff der

35 Vgl. hierzu E. Heintel, *Sprachphilosophie*, a.a.O., S. 601.

Sprachphilosophie Schlicks bzw. des frühen Wittgenstein anzuwenden:
Sie führt zu dem Resultat, daß Schlick nicht etwa geirrt hat, als er, auf der Suche nach den Bedingungen der Möglichkeit intersubjektiver Allgemeingültigkeit wissenschaftlicher Urteile, die These aufstellte, deren Verständnis und Mitteilung könne nur in der Form bzw. in der strukturellen Ordnung der Zeichen fundiert werden. Im Sinne der schärfsten Formulierung des regulativen Prinzips wissenschaftlich-allgemeingültiger Kommunikation und einer dementsprechenden Konstruktion wissenschaftlich eindeutiger Sprachen ist Schlicks Begriff der sprachlichen Ordnung oder Form durchaus richtig abstrahiert. Irrig ist nur die Einschätzung der Tragweite dieses Prinzips wissenschaftlich eindeutiger Kommunikation für die menschliche Sprache und Welterkenntnis überhaupt und im ganzen. Hier hätte Schlick der von ihm zwar mitzugrundegelegten, aber in ihrer Tragweite unterschätzten Lehre Wittgensteins von der Unaussagbarkeit der »reinen Form« mehr Aufmerksamkeit schenken sollen. In dieser Lehre nämlich hatte Wittgenstein die Idee einer wissenschaftlich-allgemeingültigen Sprach- und Weltform tatsächlich zu Ende gedacht und die gesamte Aporetik der logistischen Metasprachenproblematik vorweggenommen: Eine schlechthin allgemeingültige, jedem Inhalt gegenüber gleichsam unparteiische Form oder Ordnung kann actualiter nur mystischen Charakter haben.
Nur als regulatives Prinzip kann sie der wissenschaftlichen Sprachkonstruktion zugrundegelegt werden. Hier bewährt sie sich immerhin relativ in der Möglichkeit und Notwendigkeit, Kunstsprachen zu konstruieren, über deren semantische Form in derselben Sprache nicht geredet werden kann. Tarski und Carnap haben diesen von Russell vorausempfohlenen Weg, die Idee der wissenschaftlich eindeutigen Sprachform in einem unendlichen Regreß zu realisieren[36], mit bedeutendem technischen und wissenschaftstheoretischen Erfolg beschritten. Hier – das heißt mit Bezug auf eine formalisierte, von aller Selbstreflexion gereinigte »Objektsprache« – gelang es denn auch erstmalig, die aristotelische Korrespondenztheorie der Wahrheit, das heißt der richtigen Zuordnung von Sätzen und Tatsachen, eindeutig zu definieren und die Interpretationsmöglichkeiten eines Sprachsystems in Form von Bedeutungsregeln a priori festzulegen – dies alles freilich um den Preis völliger inhaltlicher Entleerung des

36 Vgl. B. Russells Einleitung zu Wittgensteins *Tractatus*, London 1922, S. 22 f.

Wahrheitsbegriffes, oder anders ausgedrückt: unter Voraussetzung einer immer schon in der formal nicht eindeutigen Umgangssprache als letzter Metasprache erschlossenen inhaltlichen Wahrheit, die allein der Kunstsprache – etwa durch ihre Deutung als Präzisionssprache der Wissenschaft – zu einer wirklichen kognitiven Funktion verhelfen kann. Das philosophische Formproblem der wirklichen Sprache, welche nicht als bloß »richtige« (d. h. eindeutig zugeordnete) Bezeichnung den Bedeutungsgehalt der Welt schon voraussetzt, sondern ihn allererst artikuliert, ist in der Konstruktion formalisierter Sprachen letztlich nur verschoben (bzw. ausgeklammert).

Zum Verständnis der wirklichen Sprache und Welterkenntnis scheint mir die logistische Idee der reinen Form bzw. Ordnung letztlich deshalb nicht zureichend zu sein, weil ein reiner, unparteiisch ordnender Verstand – machen wir einmal diese Fiktion – der Welt keine Bedeutung abzugewinnen vermöchte. In der wirklichen Sprache und Welterkenntnis geht es nicht primär darum, einer fertig gegebenen Tatsachenmannigfaltigkeit ein richtig geordnetes Zeichensystem zuzuordnen – von dieser Voraussetzung geht alle logische Sprachkonstruktion seit Aristoteles' Einführung des Zeichenbegriffes und der Variablen aus[37] – sondern darum, die Welt »als etwas« in einer Bedeutsamkeit aufzuschließen.

Diese *Welterschließungsfunktion* der Sprache ist vermutlich nur so zu denken, daß zugleich mit der präreflexiven (inkarnativen) Eröffnung des Weltinhalts im Wort der dabei vorausgesetzte menschliche Lebensbezug (d. h. der auch praktisch-leibhaft vermittelte Gesichtspunkt der Welthabe) als gleichsam freigewählter Ordnungsvorgriff in bezug auf schon fixierte Inhalte des reflexiven Bewußtseins sich selbst setzt und so die Bezeichnungsfunktion der Sprache

37 Fertig ausgebildet liegt diese Sprach- und Erkenntnisauffassung schon in Platons *Theaitetos* (Steph. S. 201, Übersetzung von Karl Preisendanz) vor, wo Sokrates sagt: »Täusche ich mich nämlich nicht, so habe ich von Etlichen gehört: für die Urelemente – um mich so auszudrücken – aus denen wir und alles übrige zusammegesetzt sind, gebe es keine Erklärung; denn alles, was an und für sich ist, könne man nur mit Namen bezeichnen; eine andere Bestimmung sei nicht möglich, weder die, es sei, noch die, es sei nicht... Was aber an und für sich ist, müsse man ... ohne alle anderen Bestimmungen benennen. Somit sei es unmöglich, von irgendeinem Urelement erklärungsweise zu reden; denn für dieses gebe es nichts, als die bloße Benennung; es habe ja nur seinen Namen. Wie aber das, was aus diesen Urelementen sich zusammensetzt, selbst ein verflochtenes Gebilde sei, so seien auch seine Benennungen in dieser Verflechtung zur erklärenden Rede geworden; denn deren Wesen sei die Verflechtung von Namen.«
Wittgenstein identifiziert diese Lehre später ausdrücklich mit dem logischen Atomismus B. Russells und des *Tractatus* (s. *Philos. Untersuchungen*, § 46).

und ihre Syntaktibilität vom Menschen her begründet. Unverfügbare Sinn-Eröffnung und Stiftung einer logisch rekonstruierbaren Ordnung müssen offenbar gleich ursprünglich sein. Nennen wir die soeben angedeuteten Grundmomente der Welterschließung »Physio-Gnomie« und »Techno-Gnomie«[38], so läßt sich die Sinn-Ordnung der menschlichen Welt im Gegensatz etwa zur gattungsspezifischen »Merk-« und »Wirk-Welt« (von Uexküll) der Tiere prinzipiell aus der wechselseitigen Vermittlung von »Technognomie« und »Physiognomie« der (demnach immer zugleich θέσει und φύσει begründeten) Sprache verständlich machen. In der Methodologie der wissenschaftlichen Erkenntnis mag – wie es faktisch geschehen ist – das Technognomieprinzip hochstilisiert und zum regulativen Prinzip aller Sprachverwendung bestimmt werden: noch und gerade seine schärfste Ausprägung in Form der kognitiv angewandten mathematischen Kalküle zeigt die Rückverwiesenheit der reinen Technognomie der Kunstsprache auf die präreflexive Physiognomie der Umgangssprache. Ohne diese wäre der formale Ordnungsentwurf der konstruierten Zeichensprache zwar definitiv allgemeingültig im Sinne jedes Bewußtseins überhaupt, gleichzeitig aber ohne Weltinhalt und infolgedessen – streng genommen – für kein Bewußtsein sprachlich vermittelbar. Undialektisch absolut gesetzt, wird so das Prinzip der allgemeingültigen Weltform zugleich mit dem Prinzip »verum et factum convertuntur« ad absurdum geführt. Das Gleiche ließe sich für die entgegengesetzte Verabsolutierung zeigen, das heißt, für die in manchen sprachfeindlichen Intuitionstheorien postulierten schlechthin formfreien individuellen Erlebnisinhalte und damit zugleich für das Prinzip »verum et datum convertuntur«.

Die wirkliche Sprache in ihrer kognitiven Funktion ist nicht zu verstehen aus der abstrakten Trennung dessen, was wir nur »kennen« und »erleben«, und dessen, was wir darüber in der Form eines Zeichensystems »erkennen«, wie Schlick will[39], sondern nur aus dem hermeneutischen Zirkel von Bewußtseins- bzw. Sprachform, die immer schon durch einen bestimmten erlebten Weltinhalt präjudiziert ist, und erlebtem Inhalt, der bereits im Erlebnis unter einer allgemeinen Beziehung »als etwas« sprachlich erfaßt und somit auf Veröffentlichung angelegt ist.

38 Vgl. hierzu K.-O. Apel, »Technognomie, eine erkenntnisanthropologische Kategorie«, in: *Konkrete Vernunft, Festschrift f. E. Rothacker,* Bonn 1958, S. 61–78.

39 Das Gesagte gilt jedoch mutatis mutandis auch für andere erkenntnistheoretische Ansätze, die von der abstrakten Trennung von Gekanntem und Erkanntem ausgehen.

Grundsätzlich gilt demnach: Weltinhalt und Weltordnung, Erlebnis und Bewußtseinsform bauen sich in und durch die lebendige Sprache gegenseitig auf in einer Weise, die in jedem menschlichen Gespräch, aber auch in jeder einsamen Erkenntnis aktualisiert wird. Wir *zirkeln uns* vermöge der immer schon öffentlichen und insofern relativ allgemeingültigen sprachimmanenten Ordnung *in die Welt als inhaltlich – bedeutsame Erlebnissituation hinein* und »erfrischen« dabei – sofern es sich um ursprüngliches Verstehen und nicht um konformistische Subsumption handelt – unmerklich die sprachlich vorgeprägte Weltordnung.
Dieser prinzipielle Befund des *hermeneutischen Zirkels* darf allerdings nicht die *gleichwohl bestehende Polarität von Inhalt und Form,* perspektivisch einseitigem Erlebnis und allgemeingültiger Ordnung, leibhaft-praktischem Weltengagement und exzentrischer Reflexion, »Satz der Bedeutsamkeit« und »Satz des Bewußtseins überhaupt« (Rothacker)[40] verwischen.
Hier läßt sich der Schlickschen Theorie eine aktuelle erkenntnisanthropologische Bedeutung abgewinnen gemäß der Devise: Übertreibung läßt sehen. Tatsächlich ist nämlich die moderne Wissenschaft auf dem besten Wege, kunstsprachlich formulierte Erkenntnissysteme auszubilden, in denen zugunsten höchstmöglicher Allgemeingültigkeit und Eindeutigkeit der kommunikablen Formstruktur, und dementsprechend: der Ordnung und Verfügbarkeit der Weltbestände, jede anschaulich bedeutsame Interpretierbarkeit durch den Menschen in der erlebten Situation ausgeschlossen scheint[40a]. Zweifellos war M. Schlick an derartigen Formelsystemen orientiert, wenn er das Wesen der *Erkenntnis* im Gegensatz zur erlebnismäßigen *Kenntnis* in die *Repräsentation* selbst unbekannter Tatbestände in einer eindeutig konstruierten Zeichenordnung erblickte[41].
Freilich sind diese Erkenntnis- bzw. Sprachsysteme eher noch weiter als die umgangssprachliche Weltdeutung davon entfernt, »die«

40 Durch die terminologische Verschärfung von »Satz des Bewußtseins« in »Satz des Bewußtseins überhaupt« (im Sinne Kants und Jaspers) suchen wir die u. E. von Rothacker wesentlich akzentuierte Polarität wiederherzustellen, die zugunsten eines Primates des Bewußtseins verlorengeht, wenn »Bewußtsein« im weitesten Sinne (als »Sinn-Lichtung« überhaupt verstanden wird. Vgl. G. Funke in der *Rothacker-Festschrift*, a.a.O., S. 79–98.
40a Sehr einleuchtend hat O. Becker in seinem Prinzip der »pythagoreischen Notwendigkeit« den Fortschritt des mathematisch-theoretischen Verfügungswissens durch Preisgabe anschaulicher Bedeutsamkeit (»naturam renuntiando vincimus«) verständlich gemacht. (Vgl. *Größe und Grenze der mathematischen Denkweise*, Freiburg/München 1959.)
41 Vgl. M. Schlick, *Erleben, Erkennen, Metaphysik*, *Ges. Aufs.*, a.a.O., S. 2–18.

schlechthin allgemeingültig gegebene Weltordnung bloß zeichenmäßig abzubilden – etwa gemäß der zweistufigen Verstehenstheorie: zuerst »kennen« wir das, was zu verstehen ist, und dann stellen wir darüber eine Theorie auf. Bekanntlich sind alle Versuche, die Theoriebildung der exakten Wissenschaft über Wahrheitsfunktionen und Protokollsätze unmittelbar am Gegebenen zu verifizieren, endgültig gescheitert. Theorien stehen und fallen mit der spekulativen Kraft ihrer sprachlichen Terminologie. Und die hochgradige Formalisierbarkeit und insofern die *immanente Eindeutigkeit und Allgemeingültigkeit gewisser physikalischer Erkenntnissysteme kommt nur dadurch zustande, daß in der vorausgesetzten ursprünglich-erlebnismäßigen Weltaufschließung eine extrem einseitige Anteilnahme an der Welt hochstilisiert ist;* zum Beispiel das aus dem »experimentierenden Verhalten« (Gehlen) gewonnene Erlebnis quantitativer *Meßbarkeit* und entsprechender *Beherrschbarkeit* der Welt. Dieses Erlebnis gewinnt erst durch seine Wichtigkeit im Daseinskampf die hochgradige empirisch-komparative Allgemeingültigkeit, welche die mathematisch-naturwissenschaftliche Fragestellung zu einer öffentlichen Selbstverständlichkeit werden läßt und ihre prinzipielle Einseitigkeit verdeckt.

Gerade aufgrund dieser – sagen wir: erkenntnisanthropologischen – Situation fungieren indessen die exakt-wissenschaftlichen Formelsysteme als solche in der Gegenwart als Beispiele der von Schlick richtig eingeschätzten hochgradigen formalen Allgemeingültigkeit solcher Sprachsysteme, in denen die ursprüngliche symbolische Erschließung (»Wortung«) inhaltlich-phänomenaler Weltbedeutsamkeit völlig zurücktritt zugunsten der relationalen Abbildung und Verfügbarmachung einer Tatsachenordnung durch eine syntaktische Zeichenordnung.

Hier verwirklicht sich auf einem prinzipiell begrenzten, aber, historisch-soziologisch gesehen, außerordentlich einflußreichen Sektor der Erkenntnis und Sprache die von Leibniz – allerdings noch im Dienste metaphysischer Erkenntnis – postulierte Verlagerung der Wahrheitsfunktion der Sprache aus der anschaulichen Darstellungskraft der Worte in die *relationale Repräsentation* allgemeingültiger Ordnung durch die formal richtige Verknüpfung willkürlicher und insofern blinder Zeichen[42].

42 Vgl. hierzu besonders den »Dialogus de connexione inter res et verba« (*Philos. Schr.* hrsg. v. Gerhard, Bd. VII, S. 190–93).

Blicken wir von diesen extremen formalistischen Sprachmodellen auf die Umgangssprache zurück, so lassen sich dadurch nicht unwesentliche Aufschlüsse über das Verhältnis von Sprache und Weltordnung überhaupt gewinnen.

Schlick vertrat die Überzeugung, daß die Gewinnung einer allen wachen Menschen gemeinsamen intersubjektiven Welt im Sinne Heraklits nur durch eine allen Inhalten neutral gegenüberstehende Form der Sprache verbürgt wird. Die inhaltliche »Interpretation« dieser Sprache sollte ganz auf das Konto der Erlebnisse des einzelnen gehen. Jetzt zeigt uns die approximative Verwirklichung des Schlickschen Ideals der Sprachform, zum Beispiel in der Präzisionssprache der Quantenphysik, *daß die inhaltliche »Interpretierbarkeit« einer Sprache durch den einzelnen in der Erlebnissituation gar nicht selbstverständlich ist.* Sie hängt offenbar für uns Menschen daran, daß in der Umgangssprache eine Weltordnung wirksam ist, welche zwischen der Subjektivität weltöffnender Erlebnisperspektiven der einzelnen Menschen und der abstrakten Allgemeingültigkeit des wissenschaftlichen Formideals in bestimmter, geschichtlich-gesellschaftlich bedingter Form vermittelt. Diese Weltordnung kann niemals theoretische Allgemeingültigkeit für jedes »Bewußtsein überhaupt« beanspruchen, selbst wenn sie eines Tages in Form einer Weltsprache für alle Menschen verbindlich sein würde. Sie ist prinzipiell dogmatischer Art, gleichsam der Logos des geschichtlichen Schicksals[43]. Und wenn Philosophie etwas mit der vernünftigen Verwaltung dieses Logos zu tun haben sollte, wird auch sie die Bedingungen ihrer Möglichkeit und Notwendigkeit nicht nur auf die Ordnungsform des theoretischen »Bewußtseins-überhaupt« gründen können[44].

43 Vgl. hierzu K.-O. Apel, »Der philosophische Wahrheitsbegriff einer inhaltlich orientierten Sprachwissenschaft« in: *Sprache – Schlüssel zur Welt, Festschr. f. L. Weisgerber*, Düsseldorf 1959, S. 11–38, bs. III, 2: »Die Muttersprache und der anthropologische Vorrang der dogmatischen Wahrheit.«

44 Vgl. K.-O. Apel, »Kann es ein wissenschaftliches ›Weltbild‹ überhaupt geben?« (erscheint demnächst in der *Ztschr. f. philos. Forschg.*). – Mit dieser Problematik wäre heute die von N. Luhmann herausgestellte Notwendigkeit der »Reduktion von Weltkomplexität« als Bedingung der Möglichkeit sozialer »Systeme« zu vergleichen. Luhmann spannt freilich die Dialektik ab, indem er auch das Anliegen des »Bewußtseins überhaupt«, das im »theoretischen Diskurs« der Wissenschaften und der philosophischen Geltungsreflexion vertreten wird, auf die pragmatische Notwendigkeit der »Reduktion von Komplexität« zu »reduzieren« versucht. Vgl. Habermas u. N. Luhmann, *Theorie der Gesellschaft oder Sozialtechnologie*, Frankfurt 1971.

Arnold Gehlens »Philosophie der Institutionen« und die Metainstitution der Sprache

I

In seinem Buch *Urmensch und Spätkultur* hat Gehlen die seit langem erwartete Erweiterung seiner heißumstrittenen Anthropologie von 1939 zur »Kulturanthropologie«, d. h. in den Bereich des Sozialen und des Geschichtlichen, vorgelegt. Er selbst spricht in der Einleitung auch von einer »Philosophie der Institutionen«[1]. Dabei versteht er unter Institution im weitesten Sinn jede Verfestigung und Verselbständigung unseres handelnden Verkehrs mit der Außenwelt und mit den Anderen, die geeignet ist, unserem Verhalten einen verpflichtenden Außenhalt zu geben. Eine Institution in diesem Sinn ist bereits ein Briefwechsel mit mehreren Personen[2] oder – noch elementarer – die zum Selbstzweck umgeschlagene Art und Weise, wie ein Werkstück kunstgerecht bearbeitet sein will[3].

Die Bedeutung dieser Erweiterung der anthropologischen Problematik erhellt vielleicht am besten aus einem Hinweis, den Gehlen schon 1951 anläßlich der kritischen Stellungnahmen zur 4. Auflage seines berühmten Buches über den Menschen gab. Angesichts der Vorwürfe, seine empirisch-analytische, quasi biologische Fragestellung vermöge den ethischen Problemen nicht gerecht zu werden, äußerte Gehlen hier die Vermutung, daß »eine erweiterte empirische, nun also ›kulturanthropologische‹ Forschung einigermaßen allgemeine Sätze über Ethisches ergeben könne«. Und gegenüber dem Einwand, der Sinn der spezifisch menschlichen Kulturleistungen könne niemals biologisch, sondern nur metaphysisch gedeutet werden, gab er zur Antwort:

»Wenn . . . der Gesichtspunkt der biologischen ›Rückkoppelung‹ objektiven und zweckfernen, denkenden Verhaltens erschöpft ist, dann kommt erst ein ungeheueres, aber wieder empirisches Forschungsgebiet: das historisch-soziologische. Gewisse Phänomene, die in der ersten (d. h. der biologischen) Betrachtung zweckfrei erscheinen, können gerade hier eine soziale Nützlichkeit in Erscheinung treten lassen, oder wenigstens eine eindeutige soziale Determiniertheit.«[4]

1 Arnold Gehlen, *Urmensch und Spätkultur,* Bonn 1956, S. 9.
2 A.a.O., S. 68.
3 Ebda. § 8.
4 *Ztschr. f. philos. Forsch.* IV (1951/52), S. 96.

Diese Sätze führen mitten hinein in die charakteristische *Sonderstellung Gehlens innerhalb der zeitgenössischen Philosophie*, eine Position, die ebenso provozierend und problematisch ist wie von einer nicht zu leugnenden Fruchtbarkeit diesseits bzw. jenseits aller akademischen Fachgrenzen.

Die Diskussion über die ältere Anthropobiologie Gehlens hat jedenfalls gezeigt, daß eine kritische Würdigung seiner Arbeit nur möglich ist, wenn man sich über ihre methodologischen Voraussetzungen völlige Klarheit verschafft. In diesem Sinne wollen wir daher versuchen, zunächst den Erwartungshorizont zu bestimmen, mit dem man an die Kulturanthropologie Gehlens heranzutreten hat.

Zunächst wäre hier zu klären, *was Gehlen unter einer empirischen Philosophie versteht.* Er selbst hat diesen Begriff sowohl zur Metaphysik im vorkantischen Sinn wie auch zur idealistischen Transzendentalphilosophie im Sinne Theodor Litts in Gegensatz gestellt.

Der Gegensatz zur Metaphysik bestimmt sich hauptsächlich daraus, daß Gehlen keine ontologischen Wesensfragen thematisch endgültig zu beantworten versucht. Dies schließt natürlich nicht aus, daß Gehlen von einem Wesensvorblick Gebrauch macht. So bestimmt er z. B. den Menschen als »handelndes Wesen«, sieht darin aber nicht ein endgültiges spekulatives Arbeitsergebnis der Philosophie, sondern eine Arbeitshypothese, die es ermöglichen soll, ein empirisches Forschungsgebiet allererst aufzuschließen, d. h. empirisch verifizierbare Sätze aus ihr abzuleiten. *Dergestalt will Gehlen unmittelbar in der Forschungsebene der empirischen Wissenschaften arbeiten* und nicht nur die transzendentalen Bedingungen der Möglichkeit ihrer Grundbegriffe und Axiome klären. *Aus diesem Grunde lehnt er auch den Philosophiebegriff Litts und anderer transzendentaler Idealisten ab,* wonach die Philosophie erst in der Reflexion auf die Reflexion der Einzelwissenschaften ihren legitimen Ansatzpunkt findet[5]. Den *Unterschied der Philosophie zu den Einzelwissenschaften* sieht Gehlen weder im totalen metaphysischen Wahrheitsanspruch noch in der Beschränkung auf die höhere Reflexionsstufe begründet, sondern einzig darin, daß die Philosophie auch die Grundbegriffe, durch die ein empirisches Forschungsgebiet konstituiert wird, selbst bereitstellen und unter kritischer Reflexion halten muß[6].

5 Vgl. *Ztschr. f. philos. Forschg.* VI, S. 97.
6 *Urmensch* . . ., a.a.O., S. 7.

Sucht man diese Konzeption im geschichtlichen Rahmen des Verhältnisses von Philosophie und Wissenschaft zu verdeutlichen, so sieht man sich m. E. auf den Typus *des philosophischen Begründers einer neuen Wissenschaft* verwiesen. Und nichts spricht dafür, daß dieser historisch ungemein wichtige Typus durch die formalrichtige Unterscheidung von philosophischer und einzelwissenschaftlicher Forschungsdimension seit Kant unmöglich oder auch nur überflüssig geworden wäre. Dieser Gesichtspunkt vermag tatsächlich am ehesten der Eigenart der Gehlenschen Anthropologie gerecht zu werden; er erklärt zu gleicher Zeit ihre *eminente einzelwissenschaftliche Fruchtbarkeit* und ihre *erregende Fragwürdigkeit im Horizont der reinen Philosophie.* Denn die letztere ist ja gezwungen, schon die Fragestellung einer empirischen Wissenschaft als eine zugleich entdeckende und verdeckende Wesensdeutung der Welt ins Auge zu fassen – ganz unabhängig davon, ob die im Wesenshorizont der Fragestellung gemachten Tatsachenfeststellungen und ihre theoretischen Verallgemeinerungen richtig sind oder nicht. Diese Aufgabe fällt der Philosophie besonders dann zu, wenn ein theoretischer Wesens-»Vorgriff« nicht nur technologisch relevantes Verfügungswissen liefern soll, sondern – wie im Falle der Gehlenschen Anthropologie und Sozialphilosophie – zu ethisch relevanten Resultaten führen soll.

Unter den soeben skizzierten Voraussetzungen läßt sich nun m. E. *aus dem langjährigen Streit um die Beurteilung von Gehlens erstem Hauptwerk etwa folgendes Fazit* ziehen:

1. Es ist anzuerkennen, daß Gehlen gezeigt hat, daß der Mensch schon von Natur auf Kultur angewiesen ist. Mit anderen Worten: Wenn man von der anthropologischen Arbeitshypothese ausgeht, die den Menschen im Hinblick auf seine bloße Selbsterhaltung mit dem Tier vergleicht, so zeigt sich, daß alle spezifischen Charakteristika des Menschen, wie Sprache, intelligente Handlung, Sachlichkeit usw., und alle daraus entspringenden Kulturleistungen nicht zusätzlich zu seinem bloßen Lebenkönnen hinzukommen, sondern daß sie notwendig erfordert sind, damit der Mensch auch nur im biologischen Sinn lebensfähig ist.

2. Aus der Gehlenschen Anthropobiologie folgt indessen nicht, daß die spezifisch menschlichen Fähigkeiten und seine sogenannten Kulturleistungen keinen anderen Sinn haben als den, die bloße Selbsterhaltung des Menschen zu ermöglichen, d. h. dasselbe Ziel, das

schon im Tierreich erreicht war, auf einem anderen Wege noch einmal zu realisieren. Mit anderen Worten: *Der Vergleich des Menschen mit dem Tier unter der Voraussetzung des für beide gleichen Telos der bloßen Lebenserhaltung vermag die Frage nach dem Wesen des Menschen nicht erschöpfend zu beantworten;* er klärt lediglich eine conditio sine qua non, an die freilich jede denkbare Wesenserfüllung des menschlichen Daseins gebunden ist. Es könnte ja sein, daß eine göttliche Vorsehung beim Menschen nur deshalb die eigenverantwortliche und besonnene Gestaltung des Soseins zur Vorbedingung des bloßen Daseins gemacht hat, um damit genetisch ein Wesen zu erzwingen, das die Frage nach dem lebenswerten Sosein zu stellen und verantwortlich zu entscheiden vermag – bis hin zu der möglichen Verneinung eines Daseins, das als Sosein nicht verantwortet werden kann.

Die soeben skizzierte metaphysische Spekulation soll in unserem Zusammenhang nur als Arbeitshypothese möglicher Kritik fungieren; sie soll lediglich den Horizont aufreißen, von dem her der Vorwurf eines ja ebenfalls metaphysischen Biologismus motiviert werden kann. Nicht darin also liegt ein Biologismus, daß Gehlen die Frage nach der Lebensnützlichkeit, ja Lebensnotwendigkeit der menschlichen Kulturschöpfungen stellt und sie positiv beantwortet, wohl aber würde der Vorwurf schon dann berechtigt sein, wenn Gehlen z. B. alle Kulturleistungen nur soweit moralisch gelten ließe als sie direkt oder indirekt dem Maßstab der biologischen Nützlichkeit Genüge tun.

Von diesem Gesichtspunkt aus möchte ich im folgenden Gehlens erweiterte Kulturanthropologie betrachten, seine Philosophie der menschlichen Institutionen, in der nach Gehlens eigenen Worten die Arbeitshypothese der biologischen Nützlichkeit zu der einer sozialen Nützlichkeit bzw. Determiniertheit erweitert wird. Ich bin mir dabei im klaren darüber, daß meine Fragestellung eine konstruktive Vereinfachung bedeutet, die gerade der für Gehlen charakteristischen Fülle und Mannigfaltigkeit empirischer Entdeckungen und geistvoller Bemerkungen kaum gerecht werden kann, und die andererseits auf das hinausläuft, das Gehlen in seinem jüngsten Hauptwerk als Charakterzug der Moderne am meisten verspottet: die sozial unverbindliche Diskussion von bloßen Meinungen. Wir werden gerade auf diesen Punkt thematisch zurückkommen müssen.

II

Die entscheidende *Fragestellung*, die das Problem der Instituionen anthropologisch im Sinne Gehlens erschließt, findet sich schon in der 4. Auflage des Buches *Der Mensch* formuliert: *Wie kann ein Wesen*, so etwa fragt Gehlen, *das durch Instinktreduktion und Weltoffenheit charakterisiert ist, angesichts der schreckenerregenden Plastizität und Unstabilität seiner Antriebe zu einem quasi-instinktiven oder quasi-automatischen Verhalten kommen.* »So fragen, heißt das Problem der Institutionen stellen.«[7]

Wie man sieht, ist es der heute insbesondere durch die so erfolgreiche Verhaltensforschung unterbaute Vergleich von Mensch und Tier, in dem das Denken Gehlens nach wie vor seinen spekulativen Ausgangspunkt gewinnt. Von vornherein werden dabei die höchsten Probleme menschlicher Ethik gewissermaßen auf die menschliche Ursituation der Instinktreduktion zurückbezogen, ein methodischer Gesichtspunkt, den zuerst Kant in seiner Schrift »Vom mutmaßlichen Anfang der Menschengeschichte« befolgt hat und der im Grund die spekulative Übersetzung des biblischen Mythos vom Sündenfall darstellt.

In der Gegenwart hat dieser Mythos eine hochbedeutsame wissenschaftliche Illustration erfahren durch *Konrad Lorenz' Nachweis* des *»moralanalogen Verhaltens bei Tieren«*, d. h. der beim nichtdomestizierten Tier normalerweise funktionierenden arterhaltenen Hemmungsinstinkte, welche das Tier daran hindern, sich an dem schutzlos sich darbietenden Artgenossen zu vergreifen. Lorenz hat wahrscheinlich gemacht, daß der *Ausfall dieser Hemmungsinstinkte* im Zusammenhang mit der für den Menschen konstitutiven allgemeinen Instinktreduktion *für den weitverbreiteten Kannibalismus des Frühmenschen verantwortlich zu machen* ist; und er hat auch keinen Zweifel darüber gelassen, daß das hierdurch illustrierte ethisch-anthropologische Grundproblem auch heute nicht bewältigt ist, daß es vielmehr durch jede waffentechnische Erfindung des Menschen in verschärfter Form sich stellt. So etwa wird ein Flugzeugpilot, der über einer Großstadt eine Atombombe auslöst, noch weit weniger als der faustkeilbewaffnete Neandertaler durch Hemmungsinstinkte in Schranken gehalten. Im Gegensatz zu seinem Vor-

7 *Der Mensch*, 4. Aufl., 1950, S. 84. Vgl. *Urmensch u. Spätkultur*, S. 47.

fahren bekommt er die sinnlich-emotional wirksamen Appellqualitäten seiner möglichen Opfer überhaupt nicht mehr zu Gesicht.

Solche und ähnliche Gesichtspunkte und Forschungsresultate der vergleichenden Verhaltensforschung stehen *hinter der anthropologischen Neuentdeckung der Institutionen bei Gehlen.* Sein *Grundgedanke* ist der, *daß eben die beim Menschen von Natur aus fehlende Sinnorientierung und Stabilisierung des Verhaltens durch spezifische Außenweltauslöser durch die Institutionen ersetzt werden kann und ersetzt werden muß.* Diesem Grundgedanken entspricht ein tiefes Mißtrauen Gehlens gegenüber den bloßen Vorstellungen und theoretischen Willensbekundungen der reinen Subjektivität, d. h. aber im Grunde: gegenüber dem Geist philosophischer Aufklärung, sofern dieser die Institutionen unmerklich auflöst und keine neue zu schaffen vermag.

Wir kommen damit auf eine *geschichtsphilosophische Wendung des anthropologischen Grundgedankens,* die sich schon im Titel des neuen Hauptwerkes ausdrückt: *Urmensch und Spätkultur* – diese Gegenüberstellung bezeichnet zunächst die neue geschichtsphilosophische Dimension überhaupt, darüber hinaus aber verrät sie eine entfernt mit Spengler oder eher noch mit Vico vergleichbare *kritisch-pessimistische Grundhaltung der Gehlenschen Philosophie.* Diese blickt fasziniert auf die archaischen Verhältnisse, die dem Idealbild des instinktanalogen Funktionierens der Institutionen in stileinheitlichen »integrierten Kulturen« am ehesten zu entsprechen scheinen; und sie verfolgt mit größtem Unbehagen den Abbau dieser Welt von Institutionen seit der griechischen Aufklärung und erneut seit dem Anbruch des Industriezeitalters zugunsten einer in sich selbst kreisenden unverbindlichen Subjektivität oder – um mit Vico zu reden – der »Barbarei der Reflexion«.

Allerdings hat Gehlen selbst Kategorien erarbeitet, welche diese Entwicklung als tief notwendig erkennen lassen, und zwar notwendig nicht nur im Sinne der Kulturzyklentheorie Vicos und Spenglers, sondern im Sinne eines letzten Endes einmaligen und in sich selbst sinnvollen Vorgangs. Daraus ergeben sich m. E. in seiner Philosophie selbst Einsichten, die zumindest eine Transformation, wenn nicht eine Aufhebung der Grundhypothese über die anthropologische Funktion der Institutionen nahelegen. Wir werden auf diese eigenartige *Infragestellung des Anthropologen Gehlen durch den Geschichtsphilosophen Gehlen* noch genauer zu sprechen kommen, zumal sie für die Grundlagenproblematik aller Philosophie von größter Bedeutung zu sein scheint.

Zunächst werfen wir indessen noch einen Blick auf die erkenntnistheoretisch-methodologische Seite des Gehlenschen Grundgedankens über die Funktion der Institutionen und der zugehörigen Abwertung der bloßen Subjektivität.

Hierüber hat Gehlen auch bereits in der 4. Auflage seines Buches *Der Mensch* bemerkenswerte Angaben gemacht.

Er korrigiert dort seine frühere Methode, die Führungssysteme des objektiven Geistes anthropologisch zu erklären, etwa folgendermaßen:

Es ist ein *Kurzschluß, wenn man Gebilde des objektiven Geistes wie etwa das* puritanische Christentum oder die konfuzianische Ethik unmittelbar auf die *menschliche Subjektivität zurückführen will,* in dem Sinne, wie z. B. Bergson die Religion als unmittelbar zweckmäßiges, nämlich das Leben ermutigendes Erzeugnis einer »fabulatorischen Funktion« versteht. Ein solches Verständnis widerspricht noch der Einsicht, daß der Mensch keine spezifisch-teleologischen Instinkte hat. Diesen Mangel kann er natürlich am allerwenigsten durch unmittelbar gewollte Zwecksetzung kompensieren, hier muß vielmehr die sekundäre Zweckmäßigkeit der Institutionen, also eine Art List der Vernunft ihm zu einer indirekten Selbststeigerung verhelfen. Methodologisch folgt daraus: Wenn man nach den Gebilden des objektiven Geistes fragt, so kann man das nur kultursoziologisch tun, d. h. in der Weise, daß man gleichzeitig nach den Institutionen fragt, die diese Führungssysteme konkret tragen[8].

Diesen Gedanken verallgemeinert und radikalisiert Gehlen nun in seinem neuen Buch in Form einer scharfen *Polemik gegen das unmittelbar psychologische Verstehen fremder Kulturen, wie es Dilthey vorschwebte.*

Zwischen das subjektive Bewußtsein und seine faktischen, d. h. konkretgeschichtlichen Sinngehalte ist nach Gehlen das durchaus irrationale, d. h. durch die verstehende Einbildungskraft nicht vorwegzunehmende Vermittlungsmoment der handelnden Auseinandersetzung mit der Außenwelt geschaltet. Diese Vermittlung verfestigt sich in den Institutionen, die allein imstande sind, eine Idee als »ideé directrice« zu verkörpern und in der Welt festzumachen und

8 Vgl. *Der Mensch,* a.a.O., S. 413 f. u. S. 425.

sie dadurch von einer völlig unverbindlichen, weil vorübergehenden Meinung oder Vorstellung zu unterscheiden[9]:
Was bei den Lebensersatz-Künsten des uferlosen geisteswissenschaftlich-psychologischen Verstehens und ihres Selbstgenusses der Subjektivität »außer Gesicht kommt«, sagt Gehlen, ist *»die einfache Wahrheit, daß sich die tätige Stellungnahme gegenüber den realen Mächten der Wirklichkeit außer uns und die Seele, die sich in sich selbst Aufgaben stellt, gegenseitig voraussetzen. Sie bilden einen Zusammenhang, der sich durch nichts ersetzen läßt, denn hier entstehen Institutionen.«*[10] In der Tat ist so vor allem die Ideen in der Welt festmachende Fundamental-Institution der Sprache entstanden; doch darauf müssen wir noch zurückkommen.
Methodologisch folgt aus dem Gesagten für Gehlen zunächst einmal ganz allgemein die Ausklammerung der cartesischen Trennung von Subjekt und Objekt, Innenwelt und Außenwelt und aller durch sie veranlaßten, heute »entleerten Kontroversen zwischen biologistischen, dualistischen und spiritualistischen Abstraktionen«, d. h. aber: eine Bestätigung seines früheren Ansatzes beim handelnden Menschen[11]. Spezieller folgt daraus *die Hineinziehung der Soziologie in die Philosophie,* und das bedeutet die Ersetzung des Verstehens im Sinne Diltheys durch eine quasiobjektive Kategorialanalyse des gesellschaftlichen Verhaltens und seiner Verfestigung in den Institutionen. Zumal den archaischen Kulturen gegenüber, die von uns durch die alle Bewußtseinsstrukturen verändernden Kulturschwellen des Monotheismus und der wissenschaftlichen Technik getrennt sind, müssen wir nach Gehlen völlig auf das psychologische Verstehen verzichten und uns auf eine objektive Deduktion möglichst vieler Einzelheiten des Verhaltens aus hypothetisch angesetzten Strukturkategorien der herrschenden Institutionen beschränken[12].

III

Versucht man, die *Gehlensche Grundlegung einer Philosophie der Institutionen mit der philosophischen Tradition in Beziehung zu setzen,* so sieht man sich zunächst *auf Hegel verwiesen.* Hegel ist wohl der erste unter den klassischen Philosophen, welcher der abend-

9 Gehlen, *Urmensch ...*, a.a.O., S. 9 u. ö.
10 Ebda. S. 129. 11 Ebda. S. 8. 12 Ebda. S. 110 u. ö.

ländischen Aufklärung und ihrer abstrakten Reflexion, d. h. dem unmittelbar rationalen Verstehen – und Machenwollen der Kultur, die Notwendigkeit einer erkenntnistheoretischen und auch lebenspraktischen Vermittlung durch das geschichtlich Substanzielle der gesellschaftlichen Verhältnisse entgegensetzte. Und auch die Polemik gegen den unverbindlichen Selbstgenuß der Subjektivität, den Gehlen bei den modernen Künstlern und Intellektuellen brandmarkt, findet sich in Hegels Auseinandersetzung mit der Jenaer Frühromantik vorgeprägt[13]. *Hegel faßte das Problem*, um das es hier geht, *als das einer dialektischen Vermittlung des für sich abstrakten subjektiven Geistes durch die geschichtliche Wirklichkeit des »objektiven Geistes«*. Hier setzt Gehlen in der Tat ausdrücklich an.

Er definiert das Problem als die Aufgabe, »die Autonomie des institutionsbedingten Seelenlebens gegenüber dem ›subjektiven‹ darzustellen«, d. h. dem Umstand gerecht zu werden, daß »dieselben Einrichtungen ..., die die Menschen in ihrem Denken und Handeln untereinander hervorgehen lassen«, sich ihnen zu einer Macht verselbständigen, »die ihre eigenen Gesetze wiederum bis in ihr Herz hinein geltend macht«. Eben diese autonome Macht der Institutionen gilt es »aus der Natur des Menschen abzuleiten, und zwar auf einem realistischeren Niveau als dem, das Hegel, denselben Sachverhalt meinend, mit dem Begriff des ›objektiven Geistes‹ betrat«[14].

Was aber versteht Gehlen unter dem »realistischeren Niveau«, das seine Untersuchungen gegenüber dem Hegels auszeichnen soll? – Die Antwort läßt sich aus den soeben angeführten programmatischen Sätzen herauslesen: *Die autonome Macht der Institutionen soll aus der Natur des Menschen, nicht aus der des Geistes abgeleitet werden.* Mit anderen Worten: das Irrationale und geschichtlich Kontingente der Vermittlung der Kultur und damit sogar der subjektiven Bewußtseinsgehalte über die praktische Auseinandersetzung mit der Außenwelt, wie sie in den Institutionen sich verfestigt, kann nicht von vornherein als »Entäußerung« des Geistes verstanden werden, die dazu bestimmt ist, in der Reflexion des Bewußtseins heimgeholt und somit schließlich doch in der Subjektivität aufgehoben zu werden. An die Stelle solcher idealistischen Spekulation tritt bei Gehlen die empirische, historisch-soziologische Analyse.

13 Vgl. hierzu O. *Pöggeler, Hegels Kritik der Romantik*, Bonn 1956.
14 Gehlen, a.a.O., S. 9, vgl. auch S. 21 u. 233.

Indessen, die empirische Analyse der anthropologischen Funktion der Institutionen bedarf auch bei Gehlen eines spekulativen Leitfadens; und diesen liefert, wie wir bereits angedeutet haben, die aus dem Tiervergleich induktiv erschlossene Erwartung, daß die Institutionen die beim Sündenfall Adams, d. h. bei der Instinktreduktion, in erschreckender Weise frei gewordene Subjektivität des Menschen wieder festmachen sollen, indem sie durch ihre künstliche Auslöser-Wirkung ein quasi-instinktives und quasi-automatisches Verhalten gewährleisten.

Wird hier nicht – dieser Gedanke drängt sich beim *Vergleich Gehlens mit Hegel* auf – eine idealistische Metaphysik von oben bzw. von innen durch eine biologisch-soziologische Metaphysik von unten bzw. von außen ersetzt?

Anders ausgedrückt: wird nicht an Stelle der metaphysischen Garantie einer geistigen Versöhnung der Subjektivität mit den Institutionen, in der alle Selbstentfremdung überwunden ist, von Gehlen die resignierte Hoffnung gesetzt, daß gerade die völlige Selbstentfremdung des Menschen in den autonomen Institutionen seine gefährliche Subjektivität von außen in Zucht nehmen möchte?

Auf diese Frage hat Gehlen selbst schon 1953 eine Antwort gegeben in seinem Aufsatz *»Über die Geburt der Freiheit aus der Entfremdung«*[15]. Dort findet sich die folgende bedeutsame Illustration:

»... *Schließlich ist es stets so, wie im Verhältis der Geschlechter:* es läßt sich zwischen Mann und Frau das leidenschaftlichste, reichste und belebendste Verhältnis direkt und allein, als seelisches Pathos, nur unter allseltensten Bedingungen durchhalten, es läßt sich darauf allein nichts gründen. Das Biologische, das Ökonomische, die nächste Generation, die Nahrung und die Notdurft sind stärker, und *das Verhältnis muß sich objektivieren, versachlichen, aus der Ausschließlichkeit dieser Einzelnen heraus verallgemeinern, mit einem Wort: zur Institution (der Ehe) entfremden,* gerade wenn diese Menschen sich nicht gegenseitig verlieren und fremd werden wollen.«

Hieraus gewinnt Gehlen die folgende philosophische Verallgemeinerung:

»Der Mensch kann zu sich und seinesgleichen ein dauerndes Verhältnis nur indirekt festhalten, er muß sich auf einem Umweg sich entäußernd, wiederfinden, und da liegen die Institutionen. Es sind dies die allerdings, wie Marx richtig sah, von den Menschen produzierten Formen, in denen das Seelische, ein auch im höchsten Reichtum und Pathos undulöses Material, versachlicht, in den Gang der Dinge verflochten und gerade nur damit auf Dauer gestellt wird. So werden wenigstens die Menschen von ihren eigenen Schöpfungen verbrannt und konsu-

15 *Archiv f. Rechts- u. Sozialphilosophie,* Bd. XL, 3, 1953, S. 351 f.

miert und nicht von der rohen Natur wie die Tiere. Die Institutionen sind die großen bewahrenden und verzehrenden, uns weit überdauernden Ordnungen und Verhängnisse, in die die Menschen sich sehenden Auges hineinbegeben, mit einer für den, der wagt, vielleicht höheren Art von Freiheit als der, die in ›Selbstbetätigung‹ bestünde.... Und die Institutionen wie Ehe, Eigentum, Kirche, Staat entfremden zwar die Menschen von ihrer eigenen unmittelbaren Subjektivität, ihnen eine durch die Ansprüche der Welt und der Geschichte hindurchgegangene höhere verleihend, aber sie schützen sie auch vor sich selbst, für einen hohen und vergleichslosen seelischen Einsatz doch Platz lassend, ohne ihn zu fordern.«

Niemand wird die tiefe innere Wahrheit und Aktualität dieser bedeutenden Sätze verkennen. Sie verhalten sich als Korrektiv etwa zu Anouilhs oder Simone de Beauvoirs Ideal der freien und eigentlichen Liebe ähnlich wie Hegels Begriff der substanziellen Sittlichkeit zur Friedrich Schlegels Lucinde. Dennoch wird man gerade im Hinblick auf die typisch abendländische, jahrhundertewährende, immer erneute Rebellion einer freien und existenziell eigentlichen Liebe gegen institutionelle Verfälschung und Selbstentfremdung nicht ohne Bedenken bemerken, *daß Gehlen* im Gegensatz zu Hegel *nur die Notwendigkeit der institutionellen Selbstentfremdung, nicht aber die Notwendigkeit ihrer immer erneuten Überwindung anzuerkennen scheint.* Damit bleibt Gehlen offenbar keine Möglichkeit, die Rebellionen der Subjektivität – und auch die großen »europäischen Revolutionen« (im Sinne Rosenstock-Huessys) – in ihrer geschichtlichen Berechtigung anzuerkennen, den Umstand also, daß nicht nur die schreckenerregende Labilität der individuellen Subjektivität sich immer erneut im Institutionellen festmachen muß, sondern auch umgekehrt die Unmenschlichkeit erstarrter Institutionen immer erneut aus der rebellierenden Subjektivität her beseitigt werden muß, um einer echten Vermittlung und Versöhnung beider Pole den Weg offen zu halten.

Man kann Gehlen durchaus zugeben, daß der Mensch nur »in den Institutionen« frei sein kann, da erst diese als Gewohnheits-»Außenhalte« seinen Willen von der zermürbenden Auseinandersetzung mit den primitiven Bedürfnissen, den ungeformten Antrieben und Stimmungen entlasten und somit wesentliche Entscheidungen und schöpferische Leistungen auf der Grundlage eines allgemein anerkannten Selbstverständlichen möglich machen. Formalanthropologisch ist diese Feststellung gewiß richtig. Aber diese formalanthropologische Einsicht bewährt sich an den allerverschiedensten sogenannten »integrierten Kulturen«, insbesondere an den ganz einseitig stilisierten Primitivkulturen, wie sie etwa Ruth Benedict[16] und Margaret Mead[17] in ihren Forschungen vorgeführt haben. Sie liefert keinerlei Kriterium für eine Bewertung der verschiedenen institutionalisierten Ethosformen, und am allerwenigsten macht sie verständlich, inwiefern die *abendländische Kultur ihre einzigartige Funktion in der Weltgeschichte* schließlich doch dem Umstand verdankt, daß sie nicht zu einer Modellkultur im Sinne der modernen Anthropologie geworden ist, sondern seit der griechischen Aufklärung und der Mobilisierung der Innerlichkeit durch das Christentum jeder institutionellen Integration auch immer erneut den Widerstand der spirituellen Subjektivität als Prinzip der Reformation und schließlich der Revolution entgegengesetzt hat.

Im Hinblick auf die ausweglose Festgefahrenheit vieler archaischer Kulturen in unmenschlichen Ritualen des Menschenopfers oder der Blutracheverpflichtungen mutet es zumindest *einseitig* an, *wenn Gehlen für das moderne Ideal einer über den Institutionen stehenden »Persönlichkeit« nur Spott übrig hat und ihm gegenüber die moralische Würde des archaischen Menschen preist*, für den das Institutionelle der Öffentlichkeit nicht nur wie für uns heute eine vorübergehende »Funktion«, sondern ein seinsmäßiger »Status« war:

»Wer so ›mit Haut und Haaren‹ in seinen Status hineingeht, hat keine andere Wahl, als sich von den geltenden Institutionen konsumieren zu lassen, er findet außerhalb ihrer überhaupt keinen Punkt, wo er hintreten könnte. Diese Würde ist es, die unserer Zeit so weitgehend fehlt, wo die ›Subjekte‹ in dauernder Revolte gegen das Institutionelle sind«[18].

Es ist gewiß richtig, daß das in der modernen Kulturkritik übliche Ausspielen der individuellen Subjektivität gegen den Apparat, gegen die Bürokratisierung und Funktionalisierung unserer Welt an das anthropologische Problem der Institutionen noch gar nicht heranreicht. Aber genausowenig scheint mir das Ideal eines quasi archaischen Daseins, in dem der einzelne Mensch distanzlos in den öffentlichen Institutionen aufgeht, einen Maßstab für die philosophische Analyse der gegenwärtigen Situation zu liefern.

Insofern scheint mir auch die Schlußformel von Gehlens Abhandlung *Sozialpsychologische Probleme in der industriellen Gesell-*

16 Vgl. z. B. *R. Benedict, Urformen der Kultur,* Rowohlts dt. Enz. Bd. 7, Hamburg 1955.
17 *M. Mead, Mann und Weib,* Rowohlts dt. Enz. Bd. 69/70, Hamburg 1958. Ferner dies.: *Geschlecht u. Temperament in primitiven Gesellschaften,* ebda. Bd. 96, 1959.
18 Gehlen, *Urmensch u. Spätkultur,* a.a.O., S. 233 f.

schaft[19] *»Eine Persönlichkeit: das ist eine Institution in einem Fall«*[20] zumindest zweideutig. Gehlen meint im konkreten Textzusammenhang wohl in erster Linie, daß eine wirkliche Persönlichkeit sich nicht in der »Abkehr« (Toynbee) von den öffentlichen Angelegenheiten erweist, sondern im vorbildlichen Engagement, sozusagen in geschichtlicher Konkretisierung des kategorischen Imperativs von Kant. Man könnte jedoch, im Hinblick auf den anthropologischen Grundansatz Gehlens, aus der Formel auch den Sinn herauslesen: eine menschliche Persönlichkeit ist erst dann realisiert, wenn sie im Verhältnis zu einer bestimmten Institution ebenso zum Fall einer Gattung geworden ist wie das Tierexemplar im Verhältnis zum Gattungsinstinkt. Einer solchen Auffassung wäre nun aber m. E. *die metaphysische Formel des deutschen Idealismus und noch des jungen Marx entschieden vorzuziehen, wonach die Vollendung des menschlichen Wesens erst von einer wechselseitigen »Aufhebung« des subjektiven und des objektiven Geistes zu erwarten ist.* Gegenüber Gehlens empirisch-anthropologischer und dennoch kulturkritischer Induktion sichert die metaphysische Formel des deutschen Idealismus jedenfalls die radikalere Sinngebung der menschlichen Instinktreduktion, oder, anders gesagt, des »Sündenfalls«. Sie verhindert gewissermaßen jedes vorzeitige Abfangen der selbstverantwortlichen Freiheit des Menschen in einem ihr Äußerlichen, als das empirisch vorfindliche Institutionen doch prinzipiell angesprochen werden müssen.

IV

Die soeben *vom Idealismus her entwickelten Bedenken gegen den* anthropologischen Grundgedanken Gehlens, sofern dieser eben doch nicht nur sachaufschließende Arbeitshypothese ist, sondern eine Kritik der modernen Kultur tragen soll, *lassen sich nun von Gehlens eigenen Erkenntnissen her auch empirisch untermauern und differenzieren.* Ich komme jetzt auf meine frühere Andeutung zurück, daß der Geschichtsphilosoph Gehlen, der uns in »Urmensch und Spätkultur« entgegentritt, Kategorien entwickelt hat, die mit

19 Tübingen 1949, neubearbeitet unter dem Titel, *Die Seele im technischen Zeitalter*, in: Rowohlts dt. Enz., Hamburg 1957.
20 A.a.O., S. 118.

dem anthropologischen Grundsatz nur schwer in Einklang zu bringen sind.

Nimmt man ihn selbst beim Wort, so gelingt Gehlen eine Verifikation seiner Hypothese von der künstlichen Auslöserfunktion der Institutionen für ein quasiinstinktives Verhalten des Menschen eigentlich nur für die archaischen Kulturverhältnisse.

Den archaischen Institutionen entsprach nämlich nach Gehlen die Verhaltensform einer »Transzendenz ins Diesseits«, d. h. sie vermochten als »Selbstwert im Dasein«, der den jeweiligen »Daseinswert« transzendiert, das Verhalten des Menschen absolut, d. h. bis zur Selbstaufgabe des einzelnen, zu verpflichten und dadurch eine Ordnung und Sinngebung des Daseins zu begründen. Diese *Kraft der unbedingten Verpflichtung verdanken die archaischen Institutionen ihrer Entstehung aus der Hierophanie des darstellenden Ritus*[21]. So lassen sich nach Gehlen sowohl die universell verbreiteten archaischen *Blutsverbandsordnungen des Totemismus* wie auch die *neolithische Erfindung von Ackerbau und Viehzucht* nur aus der Institutionalisierung eines rituellen Verhaltens erklären, das sich erst sekundär als zweckmäßig erwies. Zuerst mußte in der Hierophanie des Tierkults der instinktentbundene Antriebsüberschuß des Menschen, etwa die Mordleidenschaft des Jägers und zugleich seine Angst vor dem gefährlichen Jagdtier, durch einen darstellenden Ritus neu gebunden und durch das »Tabu« der dargestellten »Wesenheit« stabilisiert werden, damit daraus die kultische Tierhege und die mythische Identifizierung eines Blutsverbands mit dem totemistischen Tierahnen entstehen konnte. *Durch diese Institutionalisierung eines rituellen Verhaltens gelingt es dann dem Menschen,* seine Ernährung auf Dauer zu stellen und zu einer Heirats- und Verwandschaftsordnung zu kommen, d. h. es gelingt ihm *ohne vorherige Planung, die Zwecke der Natur, Nahrung und Fortpflanzung, die er in abstracto noch gar nicht denken konnte, de facto zu eigenen Zwecken zu machen.* Und erst auf dem Umweg über diese List der Natur (man denke wieder an Hegel) gelangt er schließlich auch zu einem rationalen Begriff der menschlichen Fortpflanzung und Ernährung, demgegenüber die konkreten Institutionen nur noch Mittel zum Zweck sind.

Diese letzte Vorstellung der Institutionen als beliebiger Mittel im Dienste einer zweckrationalen Daseinsplanung überschreitet aber

21 Vgl. hierzu u. zum folgenden *Urmensch* . . ., §§ 31–38.

bereits den Bereich der archaischen Kultur. Im archaischen Dasein gibt es wohl eine sekundäre Annäherung des rituellen Verhaltens und seiner Institutionen an das zweckrationale Verhalten. Als solche erklärt Gehlen die allverbreitete »Magie«. Aber *diese sekundäre Rationalisierung des Ritus vermochte seinen Institutionen nicht den »Selbstwert im Dasein« und damit das Vermögen der unbedingten Verpflichtung zu rauben. Dazu bedurfte es gewissermaßen eines zweiten Sündenfalls,* der den archaischen Institutionen ihren numinosen Kern, ihre »theogonische, göttererzeugende Kraft« nahm und damit, wenn man will, die biologisch-anthropologische Chance eines durch institutionelle Auslöser in Zucht genommenen instinktanalogen Verhaltens zerstörte. Dieses Ereignis, das eine »absolute Kulturschwelle« bezeichnet, erblickt Gehlen im *Monotheismus.*

Die Konzeption des einen, unsichtbaren Willens- und Schöpfergottes, die nach Gehlen im Zusammenhang der großen Herrschaft, insbesondere in der Zeit der altägyptischen Reichsgründung hervortritt,[22] – dieser erste »Glaube« im modern-religiösen Sinn[23] macht eine *»Transzendenz ins Jenseits«*[24] möglich und *entwertet dadurch* die *»Transzendenz ins Diesseits«,* auf der die Verbindlichkeit der archaischen Institutionen beruhte.

Zugleich mit der Enttabuierung der gesamten Erfahrungswelt befreit der *Monotheismus* das experimentierende Verhalten des Menschen von allen Hemmungen durch das rituell-darstellende Verhalten und *bereitet so die letzte, für die Gegenwart entscheidende Kulturschwelle vor: die Unterwerfung der Natur durch die wissenschaftliche Technik:* »Gott und die Maschine«, sagt Gehlen, »haben die archaische Welt überlebt und begegnen sich nun allein.« Und er fährt fort: »Es wird dann zu keiner geringen Frage, ob die Innenwelt göttlicher Seele ist oder ein flüssiger Bereich subjektiver, um sich selbst kreisender Phänomene, die man schließlich nur so auf den Boden des Ernstes ziehen kann, daß man sie als Fakteninnenwelt auffaßt und den dahinter arbeitenden Mechanismus sucht«[25].

Hier deutet Gehlen selbst eine Alternative an zu seiner kulturkritischen Hauptthese, nach welcher aus dem Zerfall der archaischen Institutionen und der gleichzeitigen Entbindung der Subjektivität

22 A.a.O., S. 189 f.
23 Ebda. S. 20.
24 Ebda. S. 20, 107, 112, 134.
25 A.a.O., S. 285; vgl. auch S. 110 f.

die Rückkehr zu einer Natürlichkeit folgen muß, die »mörderischer Art« ist[26]. Zwar will Gehlen den Geistbegriff, »der mit der absoluten Kulturschwelle des monotheistischen, jenseitsbezogenen geistigen Gottes überhaupt erst konzipiert werden konnte« in seinem Buch nicht behandeln, weil man, wie er sagt, auf ihn »ein empirisch-analytisches Verfahren gar nicht mehr anwenden« könnte[27]. Wenn er aber aus dieser methodischen Beschränkung die Berechtigung ableitet, allein aus der Analyse archaischer Kulturen, welche ins Diesseits transzendieren, anthropologische Kategorien ableiten zu können, die auch für die Gegenwart einen gültigen Maßstab abgeben[28], so scheint mir diese anspruchsvolle Selbstbeschränkung einer induktiven Anthropologie recht fragwürdig zu sein: Kann man dem Menschen, nachdem er einmal ins Jenseits transzendiert hat, das »unversehrbare Normative« in Gestalt archaisch verstandener Institutionen vor Augen führen?

Weit bedeutsamer und fruchtbarer auch für Gehlens eigenes Forschungsprogramm dürften hier wiederum diejenigen *Gedankengänge sein, in denen er seinen anthropologischen Grundansatz geschichtsphilosophisch überschreitet.* Eine solche richtungweisende Überschreitung liegt m. E. in der *institutionellen Entwicklung einer dritten Verhaltensklasse,* die Gehlen neben der heute zur Kunst sublimierten rituellen Darstellung und der Organisation des experimentierenden Verhaltens in der Technik nur mehr andeutet.

Es handelt sich um ein *»inversives« Verhalten, das Gehlen auch als »Umkehr der (natürlichen) Antriebsrichtung« charakterisiert.* Seine geschichtliche Entwicklung skizziert er folgendermaßen: »... obzwar zunächst unter den barbarischen Formen des Rausches und der Ekstase verdeckt«, hat es »doch von Anfang an einen inneren Weg in sich vorgezeichnet gefunden, der sich um so klarer abhob, je mehr er die Richtung zur Askese einschlug, bis der aus den vorhergehenden Formen der Religion ... nicht ableitbare Sprung zum Monotheismus die Religion des Willens und damit ein Ziel des inneren Weges herausstellte, das mit rein inneren Mitteln erreichbar war: dem durch Wort und Willen schaffenden Gott entspricht in der Seele des Glaubenden die Aufnahme dieses Wortes in den eigenen Willen«[29].

Hier kennzeichnet Gehlen selbst die *Möglichkeit einer Institutionalisierung des Seelenlebens in Gestalt eines inneren Weges,* die

26 Ebda. S. 152. 27 Ebda. S. 103. 28 Ebda. S. 103. 29 Ebda. S. 293.

geeignet ist, die von den äußeren, zweckrational-funktionalisierten Institutionen der Neuzeit freigesetzte Subjektivität verbindlich in Anspruch zu nehmen.

Freilich meint Gehlen, dieses »Axiom eines inneren Weges« sei »in unserer Zeit fast außer Sicht gekommen«, es liege »nicht im Bereich der (psychologisch erforschbaren und psychotherapeutisch regulierbaren) Fakteninnenwelt und nicht in dem der (unmittelbar erlebbaren und genießbaren und vermeintlich bei anderen nachverstehbaren) Subjektivität«. »Auch im Begriffe der Humanität«, ergänzt er, trifft man, mit den Anderen, doch nur sich selbst an. Und der ›konfliktfreie Mensch‹[30] ist geradezu die Gegenideologie zur ›Umkehr der Antriebsrichtung‹ – es ist der Mensch der verkleinerten Maßstäbe, der wahrscheinliche Mensch im Sinne der Entropie, der Mensch im Stile Louis-Philippes, von dem Tocqueville sagte: habgierig und sanft.«[31] Was Gehlen fürchtet, ist, daß »die Millionenmassen Konsumierender es sich in der mechanisch gewordenen Natur gemütlich machen, sich gegenseitig in ihrer bloßen Menschlichkeit anerkennend«. Das wäre nach seiner Meinung »der volle Triumph der tief in der Konstitution des Menschen angelegten parasitären Komponente, die Gesellschaft als Parasiten-Kolonie«. Dann »hört das große Thema auf, das wir nun von den frühesten Spuren und Anfängen aus verfolgt haben: der Kampf des Menschen um seine Selbststeigerung«[32].

Kommen wir indessen noch einmal auf das »Axiom eines inneren Weges« zurück, der nach Gehlen im Monotheismus ein Ziel erreicht hat, »das mit rein inneren Mitteln erreichbar« ist. Hier muß – das ergibt sich aus der geschichtsphilosophischen Konzeption von »Urmensch und Spätkultur« mit zwingender Logik – die Möglichkeit einer quasiinstitutionellen Formierung der Subjektivität gesucht werden, wenn anders der Weg zur »Transzendenz ins Diesseits«, d. h. zur theogonischen Kraft der archaischen Institutionen endgültig versperrt ist[33]. Dieser Umstand konzentriert das Interesse des

30 Angesichts dieser Zusammenstellung von Humanität und Psychoanalyse erinnert man sich an Goethes Spontanreaktion auf Herders Humanitätsideal in den *Ideen:* »Alles ein großes Sanatorium und einer des anderen Krankenwärter.«

31 A.a.O., S. 136 f.

32 Ebda. S. 288 f.

33 Als letzter, krampfhafter Versuch einer solchen Transzendenz ins Diesseits muß ja wohl der romantische Nationalismus gewertet werden: von dem »russischen Gott« der Slavophilen, wie er besonders in Dostojewskis *Dämonen* pragmatistisch postuliert wird, bis zur »völkischen Weltanschauung« des Nationalsozialismus. Dieser Versuch scheiterte letzten Endes an der kritischen Überlegenheit des allgemeingültigen »Bewußtseins über-

Lesers auf das, was Gehlen zuletzt über die großen sozial-anthropologischen »Führungssysteme« der christlichen Kirchen und ihr Verhältnis zur Philosophie und Wissenschaft zu sagen hat.

In der Tat scheint Gehlen der christlichen Religion noch eine positive Bedeutung für die Gegenwart beizumessen, eine weit positivere jedenfalls als der Metaphysik, die als idealistische »Säkularisierung« und endlich formal-subjektivistische »Verwässerung« des jenseitsbezogenen Geistbegriffs des Monotheismus der Entlarvung durch eine analytisch-wissenschaftliche Anthropologie unterliegt[34].

»Der Geist«, der sich nicht mehr offenbaren und als »idée directrice« einer Institution inkorporieren muß, sondern jederzeit von der subjektiven Reflexion (vgl. Litts »Selbstaufstufung des Geistes«) als »Bedingung der Möglichkeit« aller beliebigen Ideen qua »Vorstellungen« in Anspruch genommen wird, »kann in der Unverbindlichkeit stehen«[35].

Dies ist Gehlens zentraler Einwand gegen den transzendentalen Idealismus. Er nimmt hier das Motiv der Existenzphilosophie auf; und in der Tat geht er mit Kierkegaard so weit, die »verzweifelte Frage« aufzuwerfen, »ob die Jenseitsreligion, bei voller Intaktheit der Inhalte und Institutionen, nicht in sich selbst verweltlichen kann, sozusagen eine Ersatzform ihrer selbst werden . . .«[36]. Liegt übrigens in dieser Frage nicht das Eingeständnis, daß intakte Institutionen für den heutigen Menschen doch nicht das letzte sein können[37]?

An diesem Punkt muß sich die Frage aufdrängen, welche Funktion denn nun die Philosophie, wie sie Gehlen selbst praktiziert, in dieser Situation der »Spätkultur« zu erfüllen hat. Daß sie selbst unmittelbar durch eine »ideé directrice« die Subjektivität motivieren und verbindlich in Anspruch nehmen könnte – einen solchen Anspruch hält der Empiriker Gehlen für eine Illusion: »Die letzten, großen überempirischen Gedanken kann sie (sc. die Philosophie) nur als Vorstellungen denken«[38]. Man vergleicht hiermit den folgenden Satz Heideggers, der sich nicht wie Gehlen von der spekulativen Tradition der Metaphysik abgewandt, sondern – als einziger Den-

haupt« der Wissenschaft, aus dem freilich keine positive Bindung und Sinnmotivation der Subjektivität entspringen kann.

34 A.a.O., S. 103.

35 Ebda., S. 104.

36 Ebda. S. 104; vgl. auch S. 293.

37 Hiermit wäre zu vergleichen die Feststellung *Gerhard Szczesnys*, daß die Autorität des Christentums als Institution im 20. Jahrhundert wiederhergestellt wurde, nicht aber der Glaube (*Die Zukunft des Unglaubens*, München 1959).

38 A.a.O., S. 46.

ker der Gegenwart – aus der philosophieeigenen, transzendentalen Dimension des Seins die konkrete Verbindlichkeit des Kairos und seiner Wahrheitsoffenbarung wiederzugewinnen suchte: »Der Versuch, vom Vorstellen des Seienden als solchen in das Denken an die Wahrheit des Seins überzugehen, muß, von jenem Vorstellen ausgehend, in gewisser Weise auch die Wahrheit des Seins noch vorstellen, so daß dieses Vorstellen notwendig anderer Art und schließlich als Vorstellen dem Zu-denkenden ungemäß bleibt«[39].

Bei aller Verschiedenheit der methodischen Einstellung, die hier zwischen Heidegger und Gehlen besteht, bemerkt man sehr wohl die Gemeinsamkeit der philosophischen Problemsituation: Das wissenschaftliche Denken, wie es als methodisch haltbares Resultat der abendländischen Metaphysik in der Subjekt-Objekt-Relation des transzendentalen »Gegenstandsbewußtseins überhaupt« seine Grundlage gefunden hat, vermag die Dimension des Verbindlichen und insofern Absoluten (Heidegger sagt sogar: des Heiligen) nicht adäquat zu denken. Heidegger suchte diesem Übelstand abzuhelfen durch eine seinsgeschichtliche »Wiederholung« des Anliegens der Metaphysik aus seinen vorsokratischen Ursprüngen heraus. Gehlen glaubt, sich damit abfinden zu müssen, daß Philosophie heute nurmehr als empirische Wissenschaft möglich ist. Als solche bleibt sie der Reflexion und der Objektivation verhaftet. Für sie »als einen im letzten Grunde einsamen Vorgang« ist alle »Institutionalisierung zufällig«. »Wer hier einen anderen Weg weiß«, schreibt Gehlen, »der ist . . . Sokrates und Asklepios in Einem«[40].

Zweifellos hat Gehlen hier die crux der gegenwärtigen Philosophie bezeichnet: Zwischen der objektiven Wahrheit der Wissenschaft, die alles erklärt, aber dem handelnden Leben kein verbindliches Sinnmotiv zu bieten vermag, und der Religion, deren institutionsbildende Kraft sie begreift und damit zugleich in ihrer dogmatischen Einseitigkeit transzendiert, sucht die Philosophie heute verzweifelt, ihre eigene Funktion zu erkennen und zur öffentlichen Geltung zu bringen. Gehlens Antworten auf diese Problemsituation sind eher symptomatisch als überzeugend.

Einerseits zieht er sich auf die »umfassende Sachforschung«[41], die freie Entdeckertätigkeit des Wissenschaftlers zurück und versucht,

39 M. Heidegger, *Was ist Metaphysik*, 5. Aufl., 1949, Einleitung.
40 Ebda. S. 46.
41 Ebda. S. 287.

»alles Platonische, Pädagogisch-Agitatorische auszuschalten ...«[42]; andererseits unterzieht er sich mit dem ihm eigenen grimmigen Pathos der, wie er selbst sagt, schwierigen und nicht unriskanten sokratischen Aufgabe, »die durchdringende substanzielle Zweideutigkeit des unmittelbaren, nicht normunterworfenen Lebens in allen Rängen auszusprechen« und »daneben ... auf das unversehrbare Normative« zu zeigen[43]. Ähnlich dem späten Heidegger empfiehlt er dem Philosophen angesichts des modernen, intellektualisierten Kulturbetriebs, seines Kreislaufs von »Vorstellung (Idee, Meinung), Diskussion, Drucksache und wieder Vorstellung«[44] und seines »Aberglaubens, daß das gedruckte Wort unsichtbar-gewaltige Fernwirkung habe«[45] eine asketische Haltung, die »in das kaum zu Leistende »hineinführt«, ... das wäre heute der Verzicht auf die Vorteile der öffentlichen Meinung, auf die Montagen des Einverständnisses und die facilités des Schwachstrom-Lebensersatzes«[46]. Gleichzeitig entwirft er mit quasi-naiver Entdeckerfreude das Programm einer empirischen Anthropologie, die »über den Menschen auch heute noch auf Schritt und Tritt Entdeckungen zu machen und Kategorien ans Licht zu heben« vermag, »die auf den konventionellen Zugängen der Psychologie und der halbmetaphysischen Philosophie im Dunkel bleiben mußten«[47].

Tatsächlich scheint mir eine – vielleicht die bedeutsamste – der anthropologischen Einsichten Gehlens geeignet, die Situation des Menschen in der »open society« und insbesondere die Funktion der Philosophie in Bezug auf die freigesetzte Subjektivität dieses Menschen etwas positiver zu beleuchten, als der Verfasser von »Urmensch und Spätkultur« und die meisten in das Historismusproblem verstrickten deutschen Philosophen gemeinhin zuzugeben geneigt sind. Gehlen faßt die »Orientierung« und »Kanalisierung« der sogenannten natürlichen Bedürfnisse des Menschen durch die kulturellen Institutionen, die der »Prägung« des tierischen Instinktlebens entspricht, unter dem Begriff der »Sprachmäßigkeit des menschlichen Antrieblebens« zusammen:

»Die Orientierung von Bedürfnissen jeder Art ist nämlich zugleich ihre Veröffentlichung ...« Dergestalt entspricht die in den Institutionen realisierte »Sprachmäßigkeit der Antriebe« der in den konkreten Volkssprachen realisierten »Sprachmäßigkeit des Denkens«. Indem man sich ... über die herrschenden Inhalte seines Handelns hin an den Reaktionen der Verhältnisse und der Personen selbst erst

42 Ebda. S. 11.
43 Ebda. S. 287 u. 290.
44 Ebda. S. 289.
45 Ebda. S. 11
46 Ebda. S. 286; vgl. S. 288.
47 Ebda. S. 294.

gegenständlich wird, und nicht zuerst in der Reflexion, begreift man sich eben in den Grundbegriffen und Normen der Institutionen und der Öffentlichkeit – ähnlich wie man die eigensten, originellsten Gedanken nur in den Worten der Anderen denken kann.«[48]

In der Tat: alle die kategorialen Charakteristika, die Gehlen bei der Beschreibung der Institutionen entwickelt hat, treffen auch das Wesen der Sprache, die deshalb ja auch von den römischen und italienischen Vertretern eines rhetorischen Humanismus (von Cicero und Quintilian bis zu Baldassare Castiglione) als »Institution der Institutionen« erfahren wurde. Die Sprache als »Institution des Denkens« hat aber nun die Eigenschaft, daß selbst die von allen übrigen Institutionen freigesetzte Subjektivität sich ihr nicht entziehen kann. Gewiß sind die konkreten Sprachen, ebenso wie die konkreten Institutionen, »auch anders denkbar«[49]. Aber selbst noch für die unverbindliche Ideendiskussion des intellektualisierten Kulturbetriebs, der Gehlens ganzer Argwohn gilt, ist die Institution einer bestimmten Sprache verbindlich (wie übrigens auch für den Versuch, künstliche Präzisions- und Verkehrssprachen zu konstruieren). Zunächst fällt gewissermaßen die von den Institutionen freigesetzte kritische Subjektivität des modernen Geistes auf die *Meta-Institution der Sprache* zurück. So besteht etwa das Wesen der parlamentarischen Demokratie doch letztlich darin, daß die nicht mehr selbstverständlichen gesellschaftlichen Institutionen aus der Institution des vernünftigen Gesprächs allererst hervorgehen – so in der Legislative und noch prinzipieller in der verfassunggebenden Versammlung.

Zweifellos ist nun die Philosophie – seit den Tagen, da sie zum ersten Mal im Dialog einzelner Menschen die Grundlagen der Staatsverfassung und der menschlichen Gesittung diskutierte, also seit Sokrates – die eigentliche »ideé directrice« einer vom Mythos und den ihm zugehörigen archaischen Institutionen entbundenen Meta-Institution der Sprache, die als »Logos« ihrerseits alle anderen Institutionen der Menschen allererst begründen soll. So gesehen, ist die parlamentarische Demokratie eine institutionelle Inkorporation des Geistes der Philosophie, und zwar einer ebensowohl skeptisch ernüchterten wie generös-optimistischen Philosophie, welche nicht etwa an der Wahrheit selbst verzweifelt, wie Berdjajew meinte, sondern vielmehr ihre partielle Auffindung unter den Bedingungen

48 Ebda. S. 86 f.
49 Ebda. S. 88.

der Endlichkeit jedem einzelnen Menschen als Gesprächspartner zutraut. Wer daher das Unterfangen der griechischen Philosophen, das Dasein der Menschen auf den Logos zu gründen, für restlos gescheitert ansieht, sollte wissen, daß er damit auch die Möglichkeit der Demokratie im Grunde verneint.

Nun kann andererseits kaum bestritten werden, daß der Logos als schlechthin allgemeingültige Begründungsinstanz der wissenschaftlichen Erörterung sich als unfähig erwiesen hat, eine konkrete Institution der Lebenspraxis oder auch nur die zu ihr gehörige »Weltanschauung« oder »Ideologie« zu motivieren bzw. zu rechtfertigen. Radikal theoretischer Reflexion unterworfen, erweist sich jede konkrete Institution in ihrem impliziten Weltverständnis als »dogmatisch« (Rothacker), d. h. in unserem Zusammenhang: als durch das irrationale Moment einer selbstverständlichen Tradition oder aber eines Glaubensentschlusses vermittelt.

Der wissenschaftlich-allgemeingültige Logos des »Bewußtseins überhaupt«, d. h. also der radikal freigesetzten Subjektivität im Sinne Gehlens, motiviert und rechtfertigt von sich aus nur den »Mann ohne Eigenschaften«, dessen Scheitern in der Daseinspraxis R. Musil erschütternd beschrieben hat[50]. Die theoretisch allgemeingültige Subjektivität – auch und gerade dann, wenn sie sich in den Geisteswissenschaften ein Organ vielseitig einfühlenden Verstehens schafft – führt nur zu »unendlichen Möglichkeiten an folgenlosen Vorstellungen« und steht »ebendeshalb ... quer zur Lebenspraxis«, wie Gehlen im Anschluß an Rothacker sagt[51]. Wir sind damit wieder auf die Aporie zurückgeworfen, die seine zwiespältige Einschätzung der philosophischen Ideendiskussion bedingt: Man kann nicht Sokrates und Asklepios in einem sein, konstatiert Gehlen und erklärt insofern den totalen Anspruch der griechischen Philosophen, etwa Platons, die Institutionen des Staates dialektisch zu begründen, zur Illusion.

Dennoch bleibt, wie mir scheint, die dialektische Diskussion im weitesten Sinne die verbindliche Methode des vernünftigen Gesprächs, auf das die unwiderruflich freigesetzte Subjektivität des Menschen als auf die letzte Institution der Reflexion selbst zurückfällt; und nur im Medium dieses Gesprächs kann und darf die dogmatische

50 Vgl. hierzu E. Heintel, »Der Mann ohne Eigenschaften und die Tradition«, in: *Wissenschaft u. Weltbild,* Wien 1960.
51 A.a.O., S. 99.

Konstitution der alle Reflexion der Subjektivität auslöschenden konkreten Verbindlichkeit eines religiösen Glaubens oder der politischen Praxis und ihrer Institutionen in der Gegenwart noch ihre Selbstrechtfertigung suchen. Diese Notwendigkeit hat sich im Streit der Religionen und Konfessionen ebenso erwiesen, wie sie sich gegenwärtig im Kampf der politischen Ideologien erweist. Auch die allgemeingültig-richtigen Resultate der empirischen Wissenschaft können nur auf dem Wege über die dialektische Eröterung in ihrer Tragweite beleuchtet und der Besinnung auf die Erfordernisse der konkreten Situation dienstbar gemacht werden. Insofern bleibt auch Gehlen, mag er sich noch so asketisch verhalten, auf die Ideen-Diskussion angewiesen.

Was gleichwohl Gehlens Klage über die Unverbindlichkeit des literarisch-philosophischen Betriebs ihr spezifisches Gewicht verleiht, ist m. E. der Umstand, daß selbst die Institution der Sprache in »einer vom Handeln abgefilterten Kultur«[52] ihre Verbindlichkeit weitgehend einbüßen kann.

Jeder, der einem modernen Philosophen-Kongreß beigewohnt (oder eine einigermaßen tolerante philosophische Zeitschrift in einem Zug durchgelesen hat), kennt das Gefühl der Resignation oder gar die Versuchung zum Zynismus angesichts eines Aneinandervorbeiredens, das unter anderem doch auch darin seine Ursache haben könnte, daß hier nicht allzuviel für die Lebenspraxis auf dem Spiel steht, sondern man es sich gemütlich macht, indem jeder den anderen in seiner bloßen Menschlichkeit anerkennt, um mit Gehlen zu reden. Demgegenüber fällt dann womöglich ein verführerischer Glanz auf jene politisch-philosophischen Kongresse des Ostens, die den Charakter von Konzilen tragen. Das Sinnkriterium der Praxis erweist sich als Garant der sprachlichen Verständigung, was dadurch gerade nicht widerlegt wird, daß auch die Sprache der westlichen Intellektuellen relativ eindeutig wird, wo es in der ideologischen Abwehr des östlichen Dogmatismus um die Verteidigung der freien Diskussion als politischer Institution geht.

Angesichts dieser Verhältnisse scheint mit die wahrhaft reaktionäre Versuchung, die Gehlen bisweilen seinen Lesern suggeriert, darin zu liegen, daß man die zentrale Mission der Philosophie als »idée direktrice« der postarchaischen Metainstitution der Sprache, d. h. des vernünftigen Gesprächs aller Menschen, innerlich preisgibt zugun-

52 A.a.O., S. 288.

sten einer Reduktion alles verständlichen Sinnes auf das, was innerhalb schon funktionierender positiver Institutionen praktische Folgen hat. Ein solches »Zurückführen der unverbindlichen Ideendiskussion auf den Boden des Ernstes« würde in der gegenwärtigen Situation des menschlichen Daseins, in der die theogonische Kraft der Institutionen unwiederbringlich dahin ist, auf das Abdanken der Philosophie zugunsten der Politik hinauslaufen[53].

Blickt man auf die pragmatisch-operationistischen Definitionen des Sprachsinns »in terms of behavior«, wie sie in der angelsächsischen Welt vorherrschend geworden sind, so könnte man tatsächlich den Eindruck gewinnen, die moderne Philosophie habe diese Abdankung bereits theoretisch sanktioniert und ihren Anspruch, durch dialogische Sinnkonstitution die Praxis der Menschen zu inspirieren, selbst schon aufgegeben zugunsten einer Reduktion alles Sprachsinns auf dahinterstehende Verhaltenspraxis. In Wahrheit scheint mir freilich die immense Kraftanstrengung, mit der die Philosophie dieses Jahrhunderts das Bedeutungsproblem der Sprache analysiert, ein Symptom dafür zu sein, daß sie ihre Aufgabe im Zeitalter des Institutionenzerfalls und der freigesetzten Subjektivität letztlich doch erkannt hat: Von der »logischen Semantik« Carnaps und Tarskis, welche die soziale Kooperation im Bereich der wissenschaftlich-technischen Information sicherstellen will, über die Wittgensteinschüler in Oxford und Cambridge, welche die Sprachkrankheit der metaphysischen Scheinfragen durch den common sense der Umgangssprache heilen wollen, bis zu den Versuchen einer »philosophischen Hermeneutik« (Heidegger, Hans Lipps, Gadamer), die das menschliche Dasein selbst als Gespräch begreifen und den Menschen der Gegenwart in die geschichtliche Verstehenssituation dieses Gesprächs einrücken möchten, – im ganzen Umkreis der westlichen Welt bemerkt man die Abwendung der Philosophie von der reinen (transzendentalen oder empirischen) Bewußtseinsanalyse und ihre Zuwendung zu einer verantwortlichen Verwaltung der Sprache als der Institution der Institutionen, auf welche die freigesetzte Subjektivität des Menschen heute wie nie zuvor zurückfällt.

Es ist freilich richtig, daß die Sprache als Institution des Denkens nicht unabhängig vom Handeln und seinen Institutionen ihre Verbindlichkeit konstituieren und bewahren kann. Wenn es tatsächlich so ist, daß im Kulturbetrieb »Ideen« emporschießen, »mit denen

53 Dies sieht offenbar auch Gehlen, vgl. a.a.O. 287.

sich nichts anderes anfangen läßt, als sie zu diskutieren«, so daß die Diskussion sich als »angemessene Form der Außenverarbeitung« dieser »Ideen« erweist[54], so verlieren die Worte ihren verbindlichen Sinn. Wenn aus einer Rede nichts für die Praxis folgt, so hat sie keine wirkliche Bedeutung – das hat die Sprachanalyse des Pragmatismus und des Wiener Kreises zurecht festgestellt. M. a. W.: Die Institution der Sprache selbst zerfällt, wenn sie ihre Bedeutungskonstitution nicht über die Institutionen des handelnden Lebens vermitteln kann. Das meint aber nicht, daß sie – wie vielleicht unter archaischen Verhältnissen – in ihrer Bedeutungskonstitution auf den immanenten Sinn der übrigen Institutionen einer integrierten Kultur zurückführbar sein müßte. Das vernünftige Gespräch der Menschen stellt m. E. heute eine eigenständige Meta-Institution dar, deren Angewiesenheit auf die Institutionen des handelnden Lebens gerade darin besteht, daß letztere, mögen sie auch in ihrer Verbindlichkeit niemals wissenschaftlich-allgemeingültig ableitbar sein, ihre Entstehung über das vernünftige Gespräch vermitteln. Diese dialektische »Vermittlung« – und nicht unmittelbar die konkrete Sinnoffenbarung für das Handeln – methodisch sicherzustellen: hierin scheint mir die meta-institutionale, semantisch-hermeneutische Mission der Philosophie zu liegen, eine Aufgabe, die sie sich selbst gestellt hat, als sie den Mythos und die archaischen Institutionen in Frage stellte. Ihr kann auch Gehlens Buch, wenn man es als sokratische Provokation und nicht als Ausdruck einer politischen (etwa reaktionären) Tendenz versteht, sehr wohl dienen[55].

54 Gehlen, a.a.O.

55 Meine Arbeiten im 2. Bd. (besonders der 2. Teil) mögen als Versuch angesehen werden, die Gehlensche Herausforderung der Philosophie zu beantworten und insbesondere zu zeigen, daß die Philosophie in einem wesentlichen Sinne nicht als »im Grunde einsamer Vorgang«, für den alle »Institutionalisierung zufällig« ist, verstanden werden kann. – Vgl. für eine Fortsetzung meiner Auseinandersetzung mit A. Gehlen jetzt J. Habermas' Rezension von A. Gehlens »Moral und Hyper-Moral«, Frankfurt 1969, in J. Habermas, *Philosophisch-Politische Profile*, Frankfurt 1971, S. 280 ff. – Ferner den Beitrag von D. Böhler über A. Gehlen in J. Speck (Hrsg.): »Grundprobleme der großen Philosophen«, in *Philosophie der Gegenwart I* (UTB 148), Göttingen 1973.

II. Hermeneutik und Sinnkritik

Wittgenstein und Heidegger
Die Frage nach dem Sinn von Sein und der Sinnlosigkeitsverdacht gegen alle Metaphysik[1]

I. Einleitung

Die Zusammenstellung der Namen Wittgenstein und Heidegger in einer philosophischen Abhandlung erregt – nicht ohne Grund – immer noch einiges Befremden. Ich betone absichtlich: die Zusammenstellung in einer philosophischen Abhandlung; denn in literarischen Kreisen mit Gespür für das geistesgeschichtlich Charakteristische hat dieselbe Zusammenstellung längst einen heuristischen Reizton bekommen: als sei sie gewissermaßen ein Schlüssel für das tiefere Verständnis der geistigen Struktur unseres Zeitalters. In der Tat: Der Geisteshistoriker kann heute schon nicht mehr übersehen, daß Wittgenstein und Heidegger Schlüsselfiguren in der philosophischen Konstellation dieses Jahrhunderts darstellen, Schlüsselfiguren freilich für sehr verschiedene, ja gegeneinander hermetisch abgeschlossene Bereiche der modernen Philosophie. Und dieser Umstand wiederum rechtfertigt das Befremden über den Versuch, eine systematische Wechselbeziehung, ja am Ende sogar ein gemeinsames Anliegen im Denken Wittgensteins und Heideggers aufzufinden.

Die angedeutete Gegensätzlichkeit ihrer philosophischen Welten drückt sich etwa in dem Umstand aus, daß wahrscheinlich nicht nur die beiden repräsentativen Denker, sondern auch die Vertreter ihrer Schulen (im weitesten Sinn des Wortes) kaum jemals ernsthaft Notiz voneinander genommen haben (ich sehe hier einmal von R. Carnaps Versuch ab, Heideggers Sätze über das Nichts in »Was ist Metaphysik« als Pseudosätze zu entlarven[2]). Tatsächlich gehört es zur historischen Signatur der jüngsten Philosophie, daß die Titelbegriffe »Existenzphilosophie«, »Phänomenologie«, »Fundamentalontologie« einerseits, »Analytische Philosophie«, »Logischer Positivismus«, »Semantik« andererseits nicht nur Gegensätze sachlicher und metho-

1 Die folgende Abhandlung wurde als Vortrag von Radio Zürich – am 17. und 24. Febr. 1967 – gesendet; sie erschien auch auf spanisch in Dianoia (Mexiko), 1967.

2 Vgl. R. Carnap, »Überwindung der Metaphysik durch logische Analyse der Sprache«, in *Erkenntnis* 2, 1931/32, S. 219–241.

discher Orientierung des Denkens, sondern auch Gegensätze menschlicher, z. B. nationaler Mentalität zum Ausdruck bringen. Man kann den geistigen Gegensatz der erwähnten Titelbegriffe geradezu in der Kulturgeographie veranschaulichen: Deutlich läßt sich da ein Gebiet angelsächsischer Prägung mit Ausstrahlung nach Skandinavien von einem Gebiet deutsch-französischer Prägung mit Ausstrahlung nach Südeuropa und Lateinamerika unterscheiden.

Wie kam es dazu, daß Wittgenstein und Heidegger, zwei deutschsprachige Denker, zu Exponenten so verschiedener Denkwelten werden konnten?

Eine äußerliche Charakteristik dieser Konstellation aus der Perspektive der »Vorurteile« müßte wohl etwa folgendes Aussehen haben:

Heidegger philosophiert als typisch deutscher Denker mit höchstem spekulativem Anspruch, der sich auch in seiner Sprache ausdrückt: er will die gesamte Tradition der abendländischen Metaphysik verstehend wiederholen und zugleich überholen. Dabei dient die moderne Wissenschaft und ihr technisch-methodisches Denkniveau, etwa ihre logisch-mathematische Präzisionssprache, keineswegs als Maßstab der geistigen Überholung, sondern vielmehr als Symptom dessen, was als Sackgasse der Seinsgeschichte aus den Anfängen her distanziert und überholt werden muß: der Entfaltung der Metaphysik in der Technik. Diese innere Konstellation des Heideggerschen Denkens, zusammen mit der oft schwer erträglichen Prätention seines Stils, scheint die im Grunde fortschrittsgläubigen Angelsachsen und Skandinavier ebenso abzustoßen, wie sie andererseits einem gewissen humanistischen Ressentiment der lateinischen Kulturen gegen die Vorherrschaft der technischen Zivilisation offenbar entgegenkommt.

Wittgenstein auf der anderen Seite repräsentiert als Schüler B. Russells gewissermaßen angelsächsische Geistigkeit. Das gilt zwar bei näherer stilkritischer Betrachtung nur mit Einschränkung – läßt sich doch auch seine geistige Verwandtschaft mit R. Musil, Karl Kraus, Kafka, und vor allem mit Lichtenberg belegen[3] –, es trifft aber doch so weit zu, daß der *Tractatus* und die *Philosophischen Untersuchungen* heute als klassische Dokumente jenes fragmentarisch-analytischen Philosophierens im Bannkreis der experimentellen Wis-

3 Vgl. G. H. von Wright, »Biographische Betrachtung« (in: Beiheft zu L. Wittgenstein: *Schriften I*, Frankfurt 1960, S. 99).

senschaft gelten, das zuerst in Amerika durch Ch. S. Peirce und dann in England durch B. Russell und G. E. Moore auf die Bahn gebracht wurde[4]. Dem deutschen Leser erscheint dieses Denken leicht als substantiell dürftig, was zumindest dadurch mitbedingt ist, daß er, in Erwartung positiver, weltanschaulicher Ausblicke, die subtilen Pointen der sprach-kritischen Analyse zunächst kaum zu bemerken vermag. Jener unspekulative oder besser »antispekulative« Geist, der die englische Philosophie von Ockham, Hobbes, Berkeley und Hume her beherrscht und sie für Denker wie Hegel, Schelling oder Heidegger so wenig anziehend macht, jene skeptische Verdächtigung der Metaphysik durch Sprachkritik, die den englischen Nominalismus kennzeichnet – dies alles scheint gerade in Wittgensteins *Tractatus* in seiner Negativität explizit an den Tag zu kommen: als universaler Sinnlosigkeitsverdacht gegen alle ontologisch-spekulativen Sätze.

Eben dieser sinnkritische Ansatz der Wittgensteinschen Philosophie scheint mir nun aber den Vergleich Wittgensteins und Heideggers zu ermöglichen:

Nicht nur Wittgenstein, auch Heidegger hegt gegenüber der traditionellen Metaphysik qua Ontologie einen sinnkritischen Verdacht, der sich in der Grundfrage nach dem Sinn von »Sein« äußert: Für den reifen Wittgenstein gründet die Metaphysik in einer Art Selbstentfremdung der Sprache, deren eigentliche (lebenspraktische) Funktion in der philosophischen Fragestellung mißverstanden wird und in der Metaphysik in Vergessenheit gerät. Für Heidegger gründet die Metaphysik in dem anfänglichen Selbstmißverständnis der Frage nach dem Sein und der daraus resultierenden Seinsvergessenheit, d. h. aber, vom Menschen her gedacht: in einer Art Selbstentfremdung der menschlichen »Ek-sistenz«, die ihr eigenstes Anliegen, das Sein, um das es in allem Weltverständnis immer schon geht, mißversteht, in dem sie in der sprachlich-kategorialen Fassung dieses Anliegens dem Anblick des innerweltlich begegnenden Seienden »verfällt«.

Ich habe soeben bei der sprachlichen Parallelisierung des Wittgensteinschen und des Heideggerschen Ansatzes absichtlich den Terminus »Selbstentfremdung« gebraucht. Hierdurch mag an eine dritte,

4 Mit Recht – so scheint mir – hat H. Lübbe (*Philos. Jb.*, 69. Jg., 1961/62) die Tendenz, aus dem Klassiker der »analytischen Philosophie« auf Grund gewisser biographischer Charakteristika einen Existentialisten zu machen, zurückgewiesen.

in der Gegenwart aktuelle Kritik der traditonellen Metaphysik erinnert werden, die ebenfalls von einem grundlegenden Verdacht ausgeht: Dem Wittgensteinschen »Sinnlosigkeitsverdacht« und dem Heideggerschen Verdacht der »Seinsvergessenheit« ging der von K. Marx gegen die Metaphysik gerichtete »Ideologieverdacht« voraus. Dieser Seitenblick kann dazu dienen, den geistesgeschichtlichen Horizont vollends aufzureißen, innerhalb dessen scheinbar noch so heterogene und gegeneinander isolierte Sphären der Gegenwartsphilosophie einen gemeinsamen Bezugspunkt aufweisen.

Der gemeinsame Bezugspunkt ist in unserem Problemzusammenhang die *Infragestellung der abendländischen Metaphysik als theoretischer Wissenschaft.*

Ich möchte also im folgenden Heidegger und Wittgenstein unter dem Gesichtspunkt miteinander vergleichen, daß durch beide in je verschiedener Weise die abendländische Metaphysik in Frage gestellt und dadurch faktisch als ein historisches Phänomen von uns abgerückt wird. Genauer kann der Gesichtspunkt unseres Vergleichs dahin bestimmt werden, daß wir Heideggers Grundfrage nach dem Sinn von Sein und Wittgensteins Grundfrage nach dem Sinn philosophischer Sätze als Weisen der Sinnkritik ins Auge fassen.

Eine technische Schwierigkeit scheint sich für unser Vorhaben daraus zu ergeben, daß beide zu vergleichenden Denker, zumindest im Bewußtsein der Öffentlichkeit, eine nicht unerhebliche Wandlung durchgemacht haben. Man pflegt zwischen dem frühen Wittgenstein des *Tractatus Logico-Philosophicus*[5] und dem späten Wittgenstein der *Philosophischen Untersuchungen*[6] in ähnlicher Weise zu unterscheiden wie zwischen dem Heidegger vor und nach der sogenannten »Kehre« von der Daseinsanalyse zur Seinsgeschichte. Es wird sich indessen zeigen, daß der von uns ins Auge gefaßte oberste Vergleichsmaßstab geeignet ist, die Schwierigkeiten des Periodisierungsproblems weitgehend zu überbrücken. Gerade die sinnkritische Distanzierung der traditionellen Metaphysik nämlich ist der Gesichtspunkt, der in Form des Sinnlosigkeitsverdachts den frühen mit dem späten Wittgenstein verbindet und der andererseits auch bei Heidegger den gleichbleibenden Gegenbegriff zum existenzphilosophischen wie zum seinsgeschichtlichen Motiv festlegt.

5 Zuerst veröffentlicht in Ostwalds *Annalen der Naturphilosophie* (1921), dann in einer deutsch-englischen Ausgabe mit »Einleitung« von B. Russell (London 1922).

6 Zuerst (posthum) veröffentlicht in einer deutsch-englischen Ausgabe (London 1958),

Die erste und wichtigste Frage, die wir an beide Denker zu stellen haben, muß – nach den vorausgegangenen Überlegungen – die Frage nach dem Begriff der von ihnen jeweils distanzierten theoretischen Metaphysik sein. Im Anschluß daran wird zu fragen sein, wie sich der vorausgesetzte positive Begriff des kritisierten Denkens bei beiden Philosophen zu dem Begriff der kritisierten Metaphysik verhält und ob bzw. wieweit etwa der positive Philosophiebegriff des einen noch unter den kritisch distanzierten Begriff des anderen fällt.
Wir gehen dabei technisch so vor, daß wir zunächst die »Fundamentalontologie« Heideggers mit Wittgensteins *Tractatus in Beziehung* setzen. Im einem zweiten Anlauf sollen dann die *Philosophischen Untersuchungen* des späten Wittgenstein mit der *»Existenzial-Ontologie«* Heideggers und mit seiner Destruktion der »Metaphysik« (einschließlich der eigenen »Fundamental-Ontologie«) konfrontiert werden.

II. Wittgensteins »Tractatus Logico-Philosophicus« und die »Fundamentalontologie« Heideggers

Der Begriff der Metaphysik, gegen die sich Wittgensteins Sinnkritik richtet, bildet – wenigstens im *Tractatus* – selbst die Voraussetzung dieser Sinnkritik. Es ist die aus B. Russells »Principia mathematica« gewissermaßen als geheime Metaphysik der Logistik eruierbare Weltabbildungstheorie des »Logischen Atomismus«, die Wittgenstein schon in den beiden ersten Hauptsätzen des *Tractatus Logico-Philosophicus* in origineller Weise entwickelt und aller weiteren Betrachtung zugrunde legt. Danach ist die Welt der Inbegriff der »Tatsachen«, die durch die Zeichen-Tatsachen der Sprache abgebildet bzw. als mögliche Tatsachen oder »Sachverhalte« in den »logischen Raum« projiziert werden. Diese Abbildung oder Projektion der Welttatsachen durch die Zeichentatsachen der Sprache wird ermöglicht durch die für Welt und Sprache gemeinsame, d. h. identische »logische Form«.
Wenn nun aber das Wesen der sprachlichen Weltdarstellung in der Abbildung von Tatsachen durch Tatsachen vermöge einer identischen Form besteht, so kann die Form der Welt und der Sprache

neuerdings – zusammen mit dem *Tractatus* und den *Tagebüchern von 1914–1916* – in *Schriften I*, Frankfurt 1960.

nicht selbst abgebildet, und das heißt: sprachlich dargestellt werden; denn dazu müßte die sprachliche Darstellung einen Standpunkt außerhalb ihrer Form der Darstellung einnehmen können, was a priori unmöglich ist. Somit bleibt die apriorische Form der Welt jeder Weltdarstellung als Bedingung ihrer Möglichkeit vorweg; sie »zeigt sich« nur jeweils in der logischen Struktur der Darstellung, wie es bei Wittgenstein heißt.

Diese bestürzend einfache Schlußfolgerung, die Wittgenstein schon bei der Erläuterung des zweiten der insgesamt sieben Hauptsätze des Tractatus zieht[7], enthält bereits das eigentliche *Grundmotiv seiner ganzen weiteren Philosophie, den Sinnlosigkeitsverdacht gegenüber allen metaphysischen Sätzen.* Diese Sätze nämlich begnügen sich ja nicht damit, vermöge der apriorischen Form der Sprache und der Welt Aussagen über empirische Tatsachen in der Welt zu machen, sondern erheben den Anspruch, a priori gültige Aussagen über die Welt im ganzen, d. h. aber über die Form der Welt, d. h. aber über die Form der Darstellung der Welt und damit über ihre eigene Bedingung der Möglichkeit zu machen.

Als Beispiele der von Wittgenstein gemeinten unsinnigen Sätze der Metaphysik können wir zunächst – durchaus mit seiner Erlaubnis – die 7 Hauptthesen des *Tractatus* heranziehen: These 1 »Die Welt ist alles, was der Fall ist« und These 2 »Was der Fall ist, die Tatsache, ist das Bestehen von Sachverhalten« verfallen dem Sinnlosigkeitsverdacht deshalb, weil sie Aussagen über die Welt im ganzen, d. h. über die apriorische Form der Welt darstellen. Sie lassen sich selbst nicht, wie Sätze der positiven Wissenschaft, als Sätze über das, was der Fall ist, auffassen oder auf solche Sätze logisch zurückführen. Diesem von Wittgenstein aufgestellten Sinnkriterium genügen sie gerade insofern nicht, als sie die ontologische Grundlegung des Sinnkriteriums leisten wollen.

Zugleich mit dem ontologischen Fundament des Tractatus fallen aber auch diejenigen Sätze über Sätze, in denen das Sinnkriterium unmittelbar formuliert ist, eben diesem Sinnkriterium zum Opfer, d. h. also: These 5 und 6 des Tractatus, in denen – genau analog den beiden ontologischen Thesen über das Zerfallen der Welt in elementare »Tatsachen« – die prinzipielle Analysierbarkeit der Sprache in der Form einer Reduktion aller Sätze auf »Elementarsätze« postuliert wird.

7 *Tractatus*, § 2. 172 und 2. 174; ferner 4. 12, 4. 121.

Es ist wichtig, dies sogleich festzustellen; denn bekanntlich hat der logische Positivismus versucht, den sprachanalytischen Teil des *Tractatus* festzuhalten und nur den ontologischen Unterbau als sinnlose Metaphysik zu erweisen.

Vor allem Carnap hat versucht, den etwaigen Sinn ontologischer Sätze als »pseudoobjektiver Sätze« in der »formalen Redeweise« der »Logischen Syntax« einwandfrei zum Ausdruck zu bringen. Demzufolge sollte etwa der Wittgensteinsche Satz (1.1) »Die Welt ist die Gesamtheit der Tatsachen, nicht der Dinge« sich übersetzen lassen in den Satz »Die Wissenschaft ist ein System von Sätzen, nicht von Namen.«[8]

Man muß sich klarmachen, daß dieser Versuch, der ontologischen Redeweise zu entrinnen, steht und fällt mit Carnaps Auffassung der sogenannten formalen Redeweise als einer solchen, die lediglich von der äußeren, sinnlich gegebenen Form der Sätze und der Namen spricht. Nimmt man diese Auffassung jedoch ernst, so entfällt sogleich die Berechtigung der Carnapschen Übersetzung: die innere Entsprechung des Satzes über die Welt und des Satzes über die Sprache. Denn in seiner äußeren Beschaffenheit als Laut- oder Schriftgebilde ist ein sprachlicher »Satz« ja gar keine Tatsache, die eine außersprachliche Tatsache abbilden könnte. Ein im Sinne Carnaps aufgefaßter »Satz« ist lediglich ein *Ding*, wie es Wittgenstein zufolge in eine Tatsache der naturwissenschaftlichen Weltbeschreibung eingehen kann. Nur kraft der semantisch-kategorialen Entsprechung zur ontologisch-kategorialen Struktur einer realen Tatsache läßt sich der sprachliche Satz nach Wittgenstein als ein Abbild der Wirklichkeit auffassen.

Dies eben bringt Wittgenstein klar zum Ausdruck in den Thesen 3 und 4 des *Tractatus*, welche zwischen den im Sinne Carnaps »ontologischen« (1 und 2) und den im Sinne Carnaps »logisch-syntaktischen« Thesen (5 und 6) vermitteln. Dort heißt es: These 3: »Das logische Bild der Tatsachen ist der *Gedanke*«, These 4: »Der Gedanke ist der *sinnvolle Satz*«.

Will Carnap also Wittgenstein besser verstehen, als er sich selbst versteht, indem er seine ontologischen in sprachanalytische Sätze übersetzt, so muß der Wittgensteinsche Satz: »Die Welt ist die Gesamtheit der Tatsachen, nicht der Dinge« etwa dem Satz entsprechen: »Die Wissenschaft ist die Gesamtheit der *wahren* Sätze,

8 Vgl. R. Carnap: *The Logical Syntax of Language*, London 1937, S. 303.

nicht der Namen.«[9] Tatsächlich gibt Wittgenstein selbst das Entsprechungsverhältnis durch den Satz wieder (3, 01): »Die Gesamtheit der wahren Gedanken sind ein Bild der Welt.«

Ein solcher Satz aber ist, nach dem Sinnkriterium Wittgensteins, ebensosehr ein »unsinniger« metaphysischer Satz wie der ihm strukturell entsprechende Satz über die Welt als Ganzes. Ja, Wittgenstein zufolge macht die Übersetzung des ontologischen in den sprachanalytischen Satz die »Unsinnigkeit« des ersteren erst explizit. Denn nach Wittgenstein ist eben dies der Grund für die »Unsinnigkeit« von Sätzen über Dinge überhaupt, Tatsachen überhaupt, Sachverhalte überhaupt, kurz über die Welt im Ganzen, daß sie über die Sprache und Welt gemeinsame logische Form zu reden beanspruchen. Ontologische Sätze reden in der Tat implizit über die Form der Sprache – das würde Wittgenstein Carnap zugeben[10]. Aber das rettet nicht ihren Sinn, sondern macht erst voll verständlich, warum ontologische Sätze unsinnig sein müssen:

»Der Satz kann die gesamte Wirklichkeit darstellen, aber er kann nicht das darstellen, was er mit der Wirklichkeit gemein haben muß, um sie darstellen zu können – die logische Form.

Um die logische Form darstellen zu können, müßten wir uns mit dem Satze außerhalb der Logik aufstellen können, das heißt außerhalb der Welt« (4. 12.).

Noch schärfer auf die Sprache bezogen formuliert Wittgenstein dasselbe sinnkritische Argument in der folgenden Fassung: »Kein Satz kann etwas über sich selbst aussagen, weil das Satzzeichen nicht in sich selbst enthalten sein kann.« Und er bemerkt hierzu mit Bezug auf B. Russell: »Das ist die ganze ›Theory of Types‹« (3. 332).

Die Bezugnahme auf Russells Typentheorie gibt uns Anlaß, eine weitere verharmlosende Interpretation der paradoxen Selbstaufhebung des *Tractatus* als irrelevant abzuweisen.

B. Russell selbst hat in der Einleitung zur englischen Ausgabe des »Tractatus« vorgeschlagen, das Problem der logisch-eindeutigen Rede über die Form der Sprache durch eine potentiell unendliche »Hierarchie von Kunstsprachen« aufzulösen[11]; und in der logischen Semantik ist dieser Ratschlag eifrig befolgt und nicht selten als »der«

9 Vgl. hierzu Erik Stenius: *Wittgenstein's »Tractatus«, a critical exposition of its main lines of thought*, Oxford (Blackwell) 1960, S. 182 ff.
10 Vgl. *Tractatus*, 6. 35 und 6. 36.
11 Vgl. *Tractatus*, a.a.O., S. 23.

Ausweg aus dem Wittgensteinschen Dilemma empfohlen worden. Demgegenüber muß jedoch (wie schon Carnap gegenüber) betont werden, daß Wittgenstein im »Tractatus« nicht die allererst semantisch zu deutende syntaktische Form eines beliebigen Kalküls, sondern die mit der kategorialen Form der erkennbaren Welt identische Form der wirklichen Sprache zur Diskussion gestellt hat. Diese Form der wirklichen Sprache ist nun in jeder Hierarchie von Kunstsprachen, mag diese auch potentiell unendlich sein, immer schon vorausgesetzt in der Form der Umgangssprache als der in actu letzten Metasprache[12]. Dies »zeigt sich« – um mit Wittgenstein zu reden – in dem Umstand, daß nur mit Hilfe der Umgangssprache ein Zeichenkalkül semantisch gedeutet und d. h. als Sprache legitimiert werden kann.

Mag also die Unterscheidung von Symbol-Typen (Russell) oder von ganzen Sprach-Typen (Russell-Tarski) die Rückbezüglichkeit der Sprache auf sich selbst für die Grundlegung formalisierbarer wissenschaftlicher Theorien mit Erfolg ausschalten: für die Auflösung der von Wittgenstein exponierten Paradoxie der Ontologie und zugleich der ontologisch relevanten Sprachanalyse hängt alles davon ab, daß gerade die in der logischen Semantik verbotene Selbstreflexivität der Sprache und insofern der Erkenntnis möglich ist.

Eine konstruktive Semantik im Sinne Tarskis und Carnaps vermag zwar, durch Ausschaltung der Selbstrückbezüglichkeit der Sprache, das Auftreten von Widersprüchen, z. B. der Paradoxie des Lügners, a priori unmöglich zu machen[13]; zugleich damit macht sie aber auch das Aufstellen von sogenannten »All-Sätzen«, z. B. von Sätzen über alle Sätze, u. d. h. über die Sprache überhaupt und ihr Verhältnis zur Welt, unmöglich. D. h. aber: Die konstruktive Semantik bedeutet das Ende der Philosophie als theoretischer Wissenschaft. Rudolf Carnap bestätigt das in seiner Abhandlung »Empirism, semantics and ontology« von 1950[14], indem er den Entwurf eines ontologisch relevanten semantischen »framework« zu einer Angelegen-

12 Vgl. *Tractatus*, 5. 555: »... Und wie wäre es auch möglich, daß ich es in der Logik mit Formen zu tun hätte, die ich erfinden kann; sondern mit dem muß ich es zu tun haben, was es mir möglich macht, sie zu erfinden.«

13 Man sollte dies freilich nicht mit einer philosophischen Auflösung der Widersprüche verwechseln. Hierzu bemerkt Wittgenstein selbst später: »Es ist eines, eine mathematische Technik zu gebrauchen, die darin besteht, den Widerspruch zu vermeiden, und ein anderes, gegen den Widerspruch in der Mathematik überhaupt zu philosophieren.« (*Bemerkungen über die Grundlagen der Mathematik*, Oxford 1956, S. 130.)

14 In: R. Carnap: *Meaning and Necessity*, Chicago, [2] 1956.

heit der »Praxis« erklärt. Zu dieser Konsequenz war – auf seine Weise – auch Wittgenstein schon im *Tractatus* gekommen, wo es heißt:

»... Die Philosophie ist keine Lehre, sondern eine Tätigkeit. Ein philosophisches Werk besteht wesentlich aus Erläuterungen. Das Resultat der Philosophie sind nicht ›philosophische Sätze‹, sondern das Klarwerden von Sätzen ...« (4. 112)

Theoretische Metaphysik ist also nach Wittgensteins *Tractatus* die im Tractatus selbst mit apodiktischer Prätention illustrierte Anmaßung einer philosophischen Metasprache, d. h. aber der Versuch, das zur Sprache zu bringen, was sich in sinnvoller Rede als Bedingung der Möglichkeit dieser Rede nur »zeigt«: die logische Form der Sprache und der beschreibbaren Welt.

Mit dieser Charakteristik der Dimension der Metaphysik stellt der frühe Wittgenstein sich faktisch in den Problemhorizont der »Transzendentalphilosophie«. Inwiefern?

Die Transzendentalphilosophie hat bei Kant zuerst die Frage nach der Möglichkeit der Metaphysik als Reflexion auf die Bedingungen der Möglichkeit der Erfahrung gestellt und dabei als »obersten Grundsatz« das Postulat der Identität der Bedingungen der Möglichkeit der Erfahrung und der Bedingungen der Möglichkeit der Gegenstände der Erfahrung formuliert. Eben dieses Postulat hat Wittgenstein aus einer »Kritik der reinen Vernunft« in eine »Kritik der reinen Sprache« transponiert, wie der Finne Erik Stenius mit Recht feststellt[15]. Die Grenze zwischen dem, was nach Kant der theoretischen Vernunft zugänglich ist, und dem, was den transzendentalen Schein des überschwenglichen Vernunftgebrauchs ausmacht, sucht Wittgenstein durch die sprachlogische Unterscheidung zwischen Sinn und Unsinn, zwischen dem, was sich sagen läßt, und dem, was sich nur zeigt, zu bestimmen. Nur mit Bezug auf mögliche Erfahrung kann es »sinnvolle Sätze« geben – so könnte man in Anlehnung an Kant das Wittgensteinsche Sinnkriterium der Abbildung möglicher Tatsachen formulieren.

Versteht man in dieser Weise den *Tractatus* als transzendentale Sinnkritik, so bemerkt man freilich sogleich, daß Wittgenstein mit einem Schlag nicht nur die Möglichkeit einer »dogmatischen Metaphysik« im Sinne Kants, sondern auch die Möglichkeit einer wissenschaftlichen Transzendentalphilosophie als Erkenntnistheorie in

15 Vgl. a.a.O., Kap. XI.

Frage stellt. Beide Typen philosophischen Denkens reden nach Wittgenstein gewissermaßen nur von zwei Seiten her von demselben: von den Bedingungen der Möglichkeit der Rede, die zugleich Bedingungen der Möglichkeit der Gegenstände der Rede sind. Von diesen transzendentalen Bedingungen – der in Sprache und Welt identischen inneren Struktur oder »logischen Form« – läßt sich aber nach Wittgenstein per definitionem nicht »reden«. Die transzendentale Form »zeigt sich« nur bei Gelegenheit jeder Rede – man ist versucht, mit Heidegger zu ergänzen: sie zeigt sich als das »mitgängig-vorgängige« Seinsverständnis der aktuellen Rede über ontische Tatsachen.

So gelangt Wittgenstein dazu, sowohl dogmatische Ontologie als auch apriorische (transzendentale) Sprachkritik und damit den gesamten philosophischen Gehalt seines eigenen *Tractatus* als unsinnige Metaphysik zu deklarieren. Ihr insgesamt gilt der 7. und letzte Hauptsatz des *Tractatus:* »Wovon man nicht sprechen kann, darüber muß man schweigen.«

(Und es versteht sich, daß auch dieser Satz demselben Sinnlosigkeitsverdikt unterliegt, sofern er mehr zu sein beansprucht als eine bloße Tautologie.)

Man wird vielleicht geneigt sein, die paradoxe Sinnlosigkeitsproblematik des *Tractatus* vom sogenannten gesunden Menschenverstand her für absurd zu halten. Beweist Wittgenstein nicht eben durch die Sätze seines *Tractatus,* daß wir Menschen in der Lage sind, das Verhältnis von Sprache und Welt im Ganzen zur Sprache zu bringen? Und geschieht dies nicht in Sätzen, die ihrer äußeren grammatischen Struktur nach von Sätzen über innerweltliche Tatsachen nicht unterschieden sind? So läßt sich z. B. der Satz: »Die Welt zerfällt in Tatsachen« nach demselben Bauplan konstruieren wie der Satz: »Der Kuchen zerfällt in Stücke.«

Indessen: eben diese äußere Ähnlichkeit der philosophischen und der empirisch verifizierbaren Sätze bildet den eigentlichen Anstoß für Wittgensteins Sinnlosigkeitsverdacht. Und bei dieser Gelegenheit sollte man sich erinnern, daß auch die Sätze der kantischen Vernunftkritik eben wegen ihrer fatalen Ähnlichkeit mit den Sätzen über mögliche Erfahrung den Anstoß der philosophischen Zeitgenossen erregten. Wenn Kant über die »Affizierung unserer Sinne« durch das »Ding-an-sich« sprach, so klang das genau so, wie wenn von einem Kausalverhältnis in der Erfahrungswelt die Rede wäre;

und doch sprach Kant hier von dem, worauf die» Kategorie« der Kausalität keine Anwendung finden sollte. Sind nun Kants transzendentalphilosophische Sätze über das Ding-an-sich sinnlos? – Jacobi schien beinahe dieser Auffassung zuzuneigen. – Oder stellt die grammatisch-syntaktische Struktur der transzendentalphilosophischen Sätze eine Metapher dar? Ist sie eine »Übertragung« der Struktur empirisch-verifizierbarer Sätze auf irgendwie analoge Verhältnisse?

Sowohl bei Kant wie auch bei Wittgenstein ist eine solche Deutung (etwa auf der Linie der mittelalterlichen Lehre von der uneigentlichen oder analogen Bedeutung) versucht worden[16]. Der schon erwähnte Erik Stenius z. B. versteht Wittgensteins transzendentalsemantische und zugleich ontologische Sätze über die Form der Sprache und zugleich der Welt als »syntaktische Metaphern«[17].

Eine syntaktische Metapher ist z. B. der Satz »Rot ist keine Substanz (sondern eine Qualität)«. Um nämlich die Substantialität von Rot zu bestreiten, muß ich sie gleichwohl in der Subjekt-Prädikat-Form des Satzes »Rot ist . . .« zunächst einmal setzen. Ebenso verhält es sich bei allen »Aussagen« über Kategorien. Daß z. B. eine Substanz keine Qualität ist, läßt sich nach Wittgenstein nicht »eigentlich« aussagen, es »zeigt sich« im Sprachgebrauch. Will ich es direkt aussagen, so täuscht die Aussage ihrer Form nach einen Satz über empirische Tatsachen vor.

Fundamentaler noch für die Grundlegung der Ontologie überhaupt sind Sätze von der Form:

»x ist ein Seiendes.«

Ihrer syntaktischen Struktur zufolge müßten sie verstanden werden wie Sätze von der Form »x ist ein Pferd«. In Wahrheit handeln sie aber keineswegs von dem Gattungsbegriff, der die Klasse der möglichen Werte der Variablen bestimmt, sondern explizieren nach Wittgenstein gewissermaßen tautologisch den Sinn der Variablen in der Satzfunktion »x ist . . .«, so aber, daß der Eindruck entsteht, es gebe eine universale Gattung »Seiendes«, so wie es Pflanzen, Tiere und Menschen gibt.

Schon Aristoteles hatte diesem Mißverständnis vorzubeugen ver-

16 Vgl. z. B. E. K. Specht: *Der Analogiebegriff bei Kant u. Hegel,* Köln 1952 (*Kantstudien.* Erg. Hefte Bd. 66).

17 Vgl. Stenius, a.a.O., S. 211 ff.

sucht, durch die Bemerkung οὔτε τὸ ἕν οὔτε τὸ ὄν γένος (vgl. *Metaphysik* B 998 b 22). Gleichwohl hatte er auf den Begriff des Seienden als solchen die *prima philosophia*, die später sogenannte Metaphysik, als theoretische Wissenschaft gegründet.

Für Wittgenstein ist die Rede vom Seienden und seinen Kategorien gewissermaßen die Ursünde der Selbstentfremdung der Sprachfunktion, die zur Entstehung der Metaphysik als einer pseudoobjektiven Scheinwissenschaft führte. Sätze von der Form »x ist ein Seiendes« sind für ihn deshalb »unsinnig«, weil sie die sprachlogische Struktur der Variablen, in der sich die Bezeichnungsfunktion der Sprache »zeigt«, durch eben diese Bezeichnungsfunktion abbilden sollen. Dasselbe Urmißverständnis der Logik unserer Sprache bezeugt sich nach Wittgenstein in Sätzen wie »Diesda ist ein Objekt« oder »Diesda ist eine Tatsache« oder »Es gibt Sachverhalte« oder gar »Es gibt mehr als 3 Sachverhalte«[18]. Gleichwohl kann Wittgenstein nicht umhin, die implizierte Ontologie der logischen Form der Sprache, z. B. der Struktur der Variablen x, zu unterstellen und in seiner eigenen Metasprache zu explizieren. Der ontologische Sinn des »x ist« kann, wie wir sahen, auf keinen Fall durch syntaktische Konventionen im Stile des frühen Carnap ersetzt werden; er allein sichert vielmehr die semantische Funktion der Sprache[19]. So unterliegt es für Wittgenstein keinem Zweifel, daß die Ausfüllung der Variablen x in »x ist klug« durch den Eigennamen Hans implizit »zeigt«, daß Hans »existiert«. Wenn ich aber den Satz »Hans existiert« als Satz einer ontologischen Wissenschaft ausspreche, bin ich schon mitten im »Unsinn«; denn der Satz klingt wie der Satz »Hans singt«[20]. Wie kann die Philosophie diesem »metaphorischen Schein« ihrer Sprache entrinnen? – Dies ist das eigentliche Problem, das Wittgenstein im *Tractatus* gestellt hat.

Versuchen wir an dieser Stelle, eine Beziehung zwischen Wittgenstein und Heidegger herzustellen.

Auch für Heidegger verbirgt sich in den zitierten Sätzen der Ontologie als einer Wissenschaft vom Seienden als solchen zumindest eine tiefe Zweideutigkeit, die man – um die Parallele zu Wittgensteins Sinnkritik sichtbar zu machen – als geschichtliches Selbstmißver-

18 Vgl. *Tractatus*, 4. 1272.

19 Vgl. *Tractatus*, 6. 124.

20 Man erinnert sich bei dieser Gelegenheit der Verwechslung des »existiert« in »Gott existiert« mit einem »realen Prädikat«, auf die Kant – und nach ihm B. Russell – in der Kritik des ontologischen Gottesbeweises aufmerksam gemacht hat.

ständnis der die Ontologie leitenden Frage nach dem »Sein« interpretieren kann: Der Satz »Diesda ist ein Seiendes« suggeriert nämlich für Heidegger eine Verwechslung dessen, was sich in dem »ist« zeigt, mit dem, was sich in dem »diesda« zeigt. Dies letztere entfaltet sich als der »ontische« Aspekt der Ontologie in empirischen Sätzen wie »Diesda ist ein Pferd«. Was sich dagegen in dem »ist« des Satzes dem Blick des Philosophen »zeigt«, ist nach Heidegger das in allen Sätzen des Menschen über Pferde, Bäume, Häuser usw. »mitgängig-vorgängig« aufscheinende Seinsverständnis. Und dieses in der Sprache implizierte »vorontologische« Seinsverständnis bestimmt auch für Heidegger – nicht anders als für Wittgenstein – die von Kant so genannten transzendentalen Bedingungen der Möglichkeit der Gegenstände der Erfahrung. Hatten wir also im vorigen bereits die Wittgensteinsche Unterscheidung zwischen dem, was sich sagen läßt, und dem, was sich nur zeigt, als Ausdruck der »transzendentalen Differenz« Kants interpretieren können, so zeigt sich diese Differenz nunmehr als Ausdruck der »ontisch-ontologischen Differenz« Heideggers.

Aus der Sicht Heideggers könnte man daher eine positive Antwort auf den für Wittgenstein grundlegenden Unsinnigkeitsverdacht etwa in folgender Form versuchen: Das in aller Rede »mitgängig-vorgängig« Aufscheinende: das, was nach Wittgenstein sich nur »zeigt«, nicht aber ausgesagt werden kann, ist das »Sein«. Das Sein »ist« aber nicht. Nur bestimmtes in der Welt vorkommendes Seiendes »ist«. Das Sein kann daher auch nicht in empirisch verifizierbaren Sätzen ausgesagt werden. Nur innerweltlich vorfindliches »Seiendes« kann Gegenstand empirisch verifizierbarer Sätze sein. Das »Sein« dagegen »zeitigt sich« in dem »Weltentwurf«, der alles Seiende, das uns soll innerweltlich begegnen können, immer schon (a priori) freigibt auf die kategoriale Form dessen, was im »ist«-Sagen von ihm ausgesagt wird. In diesem Weltentwurf sind wir Menschen uns immer schon »vorweg«, sofern sich in der Sprachform schon ein »Vorverständnis« der Seinsverfassung des Seienden verfestigt hat. Wenn wir dieses »vorgängige Seinsverständnis« in den Begriff heben, so handelt es sich nicht um die theoretische Feststellung von etwas, das es neben anderem auch noch gibt.

Es versteht sich von hier aus, daß für Heidegger die Philosophie letztlich genausowenig wie für Wittgenstein eine wissenschaftliche Theorie neben anderen wissenschaftlichen Theorien ist. Sie ist kein

System von Sätzen, die mit wissenschaftlichen Sätzen in Konkurrenz treten könnten. Wenn Wittgenstein die paradoxe Problematik des Sinns philosophischer Sätze für sich selbst praktisch dahin auflöst, daß er die Philosophie nicht als Wissenschaft, sondern als »Tätigkeit« der Gedankenklärung auffaßt, so läßt sich bei Heidegger eine ganz ähnliche Tendenz im Selbstverständnis seines Philosophierens belegen:

Bereits in *Sein und Zeit* und im Kantbuch betont Heidegger den bisweilen Gewaltsamkeit einschließenden Entwurfcharakter eines Denkens, das nicht über innerweltlich Vorhandenes etwas ausmachen, sondern die mitgängig-vorgängigen Phänomene des Seinsverständnisses an den Tag, zum »Sich-zeigen« bringen will[21]. Später identifiziert er – in krassem Gegensatz zur Metaphysik als theoretischer Wissenschaft – das Denken des Seins mit dem »Vollbringen der Wahrheit des Seins«, betont allerdings, daß gerade dieses Vollbringen nicht auf willkürliches Machen und geschäftige Aktivität hinauslaufe, sondern auf hinhörendes Sichfügen in den Zuspruch des ankommenden Seins[22].

Bei dieser Gelegenheit mag daran erinnert werden, daß die von Wittgensteins *Tractatus* ausgehende konstruktive Semantik, etwa des späteren Carnap, das Problem der impliziten Ontologie der Sprache, anders gesagt: das Problem des sprachimmanenten Weltentwurfs, ausdrücklich als ein Problem der Praxis kennzeichnet[23]. Dabei wird eine scheinbare Willkür der semantischen Konstruktion – wenn man will – »seinsgeschichtlich« vermittelt dadurch, daß ein künstliches Sprachsystem ja nur dann in Funktion treten kann, wenn es mit Hilfe der traditionellen Sprache der Wissenschaft – als deren fragmentarische Präzisierung – gedeutet werden kann. Mit anderen Worten: der kunstsprachliche »Weltentwurf« muß sich als mögliche Fortsetzung der geschichtlichen Sprache bzw. ihrer immanenten Weltgründung eigens legitimieren[24].

Soviel läßt sich jedenfalls nach den bisherigen Erörterungen feststellen: Sowohl in Wittgensteins Konzeption der Philosophie als »Tätig-

21 Vgl. *Sein und Zeit*, § 7; *Kant und das Problem der Metaphysik*, § 42.

22 Vgl. *Über den Humanismus*, Frankfurt 1949.

23 Vgl. oben Anm. 14. – Der a.a.O. von Carnap gemachte Unterschied zwischen »internal question« und »external question« ist keine schlechte Illustration für Heideggers »Ontologische Differenz«.

24 Vgl. K.-O. Apel: *Die Idee der Sprache in der Tradition des Humanismus von Dante bis Vico*, Bonn 1963, S. 23 ff.

keit der Gedankenklärung« bzw. in ihrer Praktizierung als konstruktiver Semantik wie andererseits in Heideggers entwurfhafter Radikalisierung des vorontologischen Seinsverständnisses der Sprache ist das traditionell-metaphysische Verständnis der Philosophie als einer theoretischen Grundwissenschaft prinzipiell überschritten. Und wenn wir genau zusehen, so stellt sich die Praxis der modernen Semantik, ihre zirkelhafte Vermittlung von Sprachkonstruktion und nachfolgender Legitimation mit Hilfe der Umgangssprache, als Sonderfall dessen dar, was Heidegger als den hermeneutischen Zirkel von »Geworfenheit« und »Entwurf« des Seinsverständnisses in *Sein und Zeit* herausgestellt hat.

Freilich läßt sich dies alles, was wir soeben über die ontologische Differenz feststellten, nach Wittgenstein nicht allgemein sagen, will man nicht wiederum ins Fahrwasser einer quasitheoretischen Metaphysik gelangen. Heidegger andererseits hat – wenigstens in *Sein und Zeit* – durchaus den Versuch unternommen, die Struktur des apriorischen »Seinlassens des Seienden« gemäß dem Weltentwurf des Daseins allgemeinverbindlich auszusagen. Er nannte diesen Versuch »Fundamentalontologie«. Nach allem Vorausgeschickten ergibt sich also jetzt die Aufgabe, entweder Heideggers Fundamentalontologie von Wittgenstein her als Rückfall in die theoretische Metaphysik zu entlarven oder zu zeigen, daß Heideggers Fundamentalontologie Wittgensteins Grundproblem einer sinnvollen philosophischen Rede über die apriorische Form der Rede und ihr Verhältnis zur Form der Wirklichkeit aufzulösen vermag.

An dieser Stelle nun ist es erforderlich, den Umstand zu berücksichtigen, daß Wittgensteins logisch orientierte »Kritik der reinen Sprache« im *Tractatus*, d. h. seine Theorie der identischen Form der Sprache und der Welt, nur einen Grenzfall dessen darstellt, was man nach Heidegger das »vorontologische Seinsverständnis« der Sprache nennen könnte.

Schon vom Standpunkt der traditionellen Transzendentalphilosophie her gesehen liegt das Befremdliche des *Tractatus* darin, daß er die formalen Bedingungen der Möglichkeit aller Erfahrung mit der logischen Form im tautologisch-analytischen Sinne zu identifizieren scheint. Die »formale Logik« soll, wie es scheint, als »Logik der Sprache« das mitleisten, was bei Kant die Aufgabe einer »transzendentalen Logik« ist: Die Frage nach der Konstitution der Gegenständlichkeit für ein Bewußtsein bzw. der Einheit des Gegen-

standsbewußtsein (und zugleich des Selbstbewußtseins!) wird auf diese Weise gar nicht ausdrücklich gestellt. Daß z. B. die Welt in Sachverhalte als Verbindungen von Dingen und Substanzen zerfällt, charakterisiert nach Wittgenstein die »internen« oder apriorischen Eigenschaften der Welt, die mit den »internen« oder »formalen« Eigenschaften der Sprache identisch sind[25]. Auch die geometrische Struktur des Raumes und das sogenannte Kausalgesetz gehören zu diesen »internen Eigenschaften« der Welt, die durch das »Netz«, die »logische Form« der Sprache bedingt sind[26]. – Warum dies so ist – darüber wird – offiziell – keine Auskunft gegeben[27], ja: schon daß es sich so verhält, ist ja nach Wittgenstein »eigentlich« nicht mehr aussagbar: es »zeigt« sich als das Transzendentale der Logik selbst[28].
Hiermit hängt engstens zusammen, daß es nach Wittgenstein »eigentlich« keine Philosophie des Subjekts geben kann[29].
In der Tat: für eine Transzendentalphilosophie, welche die synthetische Konstitution der Gegenständlichkeit für ein Bewußtsein durch das transzendentale Faktum der Sprachlogik ersetzt, für eine solche Philosophie fällt das »Bewußtsein überhaupt« bzw. das transzendentale Subjekt schlechterdings mit der apriorischen Form der Sprache zusammen. Und so kann Wittgenstein sagen:
»Daß die Welt meine Welt ist, das zeigt sich darin, daß die Grenzen der Sprache (der Sprache, die allein ich verstehe) die Grenzen meiner Welt bedeuten.« (5.62)[30]
Und Wittgenstein schließt daraus:
»..., daß der Solipsismus, streng durchgeführt, mit dem reinen Realismus zusammenfällt. Das Ich des Solipsismus schrumpft zum aus-

25 Vgl. *Tractatus*, 2. 021–2. 0131.
26 Vgl. *Tractatus*, 2. 0131, 6. 32, 6. 33, 6. 36, 6. 361.
27 Vgl. immerhin die folgenden Sätze des *Tractatus*, die auf eine sprachanalytische Säkularisierung von Leibnizens Begründung der ontologischen Geltung der Logik und zugleich auf eine Analogie zum »obersten Grundsatz der synthetischen Urteile« Kants hinauslaufen:
(3. 031): »Man sagte einmal, daß Gott alles schaffen könne, nur nichts, was den logischen Gesetzen zuwider wäre – wir können nämlich von einer ›unlogischen‹ Welt nicht *sagen*, wie sie aussähe.«
(6. 371): »Der ganzen modernen Weltanschauung liegt die Täuschung zugrunde, daß die sogenannten Naturgesetze die Erklärungen der Naturerscheinungen seien.«
(6. 32): »Das Kausalitätsgesetz ist kein Gesetz, sondern die Form eines Gesetzes.«
(6. 362): »Was sich beschreiben läßt, das kann auch geschehen, und was das Kausalitätsgesetz ausschließen soll, das läßt sich auch nicht beschreiben.«
28 Vgl. *Tractatus*, 6. 13: »Die Logik ist keine Lehre, sondern ein Spiegelbild der Welt. Die Logik ist ›transzendental‹.«
29 Vgl. *Tractatus*, 5. 631, 5. 633.
30 Vgl. 5. 632, 5. 641.

dehnungslosen Punkt zusammen, und es bleibt die ihm koordinierte Realität.«

Hier zeigt sich in extremer Form der Grenzfallcharakter der Wittgensteinschen Transzendentalphilosophie der Sprache: Indem das Subjekt schlechterdings identisch ist mit dem formalen Weltentwurf der reinen transzendentalen Sprache, fällt jede Reflexivität, jede Rückbezüglichkeit des Subjekts auf seinen sprachlichen Weltentwurf weg. Es verhält sich alles so, als ob es überhaupt kein Subjekt gäbe. Es gibt nur die realen Tatsachen so, wie sie durch die Sprache immer schon für uns abgebildet sind:

»*Wo* in der Welt ist ein metaphysisches Subjekt zu merken? Du sagst, es verhält sich hier ganz wie mit Auge und Gesichtsfeld. Aber das Auge siehst du wirklich nicht. Und nichts *am* Gesichtsfeld läßt darauf schließen, daß es von einem Auge gesehen wird.[31]«

Damit haben wir nun aber den eigentlichen Grund dafür aufgedeckt, warum es für die Transzendentalphilosophie des frühen Wittgenstein keine sinnvolle Rede der Sprache über sich selbst und ihr Verhältnis zur Welt, u. d. h. keine sinnvolle Sprache der Transzendentalphilosophie geben kann: bei dem Wittgenstein des *Tractatus*, der sein Sprachverhältnis an der Kalkülsprache der Logistik orientierte, ist die Sprache und damit das Subjekt sich in der Darstellung der Welt gewissermaßen restlos »vorweg« – um mit dem frühen Heidegger zu reden. Die Sprache bildet nur bestehende Sachverhalte ab, sie stellt nicht etwa in der Weltdarstellung auch zugleich noch das Verhältnis des Menschen zu sich selbst, d. h. zu seinen Daseinsmöglichkeiten und damit die Art seines Weltentwurfs dar.

Diese Radikalisierung der »transzendentalen Differenz« als Differenz von Sprache und Metasprache wird durch die »Sprach-Logik«, welche von alters her einzelne »Urteile« über sogenannte »Sachverhalte« – oder allenfalls Schlüsse von Sachverhalten auf andere Sachverhalte – als Muster der Sprachfunktion isoliert, zumindest nahelegt. Denn in isolierten Behauptungssätzen über Sachverhalte scheint keine Selbstreflexivität der Sprache nachweisbar. Es verhält sich jedoch nicht ganz so: Sogar im isolierten Behauptungssatz gibt es einen Bestandteil, der sich von Wittgensteins Abbildungstheorie her nicht begreifen läßt, der vielmehr implizit ein Selbstverhältnis der Sprache zum Ausdruck bringt: Jeder Behauptungssatz behauptet durch das »ist«

31 *Tractatus*, 5. 633.

der Kopula, das auch in der konjugierten Form des Verbums impliziert sein kann, seine eigene Wahrheit[32].

Diese Behauptung, die dem *Tractatus* zufolge aussagt, daß ein »Sachverhalt« als »Tatsache« besteht[33], wird auch von Wittgenstein nicht von der Abbildungsfunktion her verstanden. Bei dem Satz etwa »Das Buch ist auf dem Tisch« betrifft die bildhafte »Zusammenstellung« durch »Kombination der Namen« nur den Sachverhalt. »Das Buch ... auf dem Tisch«. Das »ist« dagegen, welches das Bestehen des Sachverhalts aussagt, muß rein als Ausdruck der logischen Form der Sprache verstanden werden.

Da nun, wie wir im vorigen zeigten, die logische Form der Sprache nach Wittgenstein streng tautologisch-analytisch mit sich selbst und zugleich mit dem »Ich« des transzendentalen Subjekts zusammenfällt, so kann das »ist« als logische Partikel für Wittgenstein weder eine apriorische Synthesis des Gegenstandsbewußtseins noch eine solche des Selbstbewußtseins darstellen. Der Sinn des »ist« reduziert sich auf das tautologische A = A der Mathematik, und damit ist jede Selbstrückbezüglichkeit der Sprache und zugleich jedes Selbstverhältnis des transzendentalen Subjekts von vornherein ausgeschaltet.

Man kann sich m. E. die Bedeutung dieser Position als eines Grenzfalles der Transzendentalphilosophie etwa in folgender Fiktion klarmachen: Gesetzt, es wäre wirklich so, daß die innere Form unserer Sprache einerseits schlechthinniges Ordnungsapriori der Welt und andererseits tautologisch mit sich identisch wäre. Dann hätten wir Menschen freilich ein garantiert allgemeingültiges Weltverständnis. D. h. aber: wir würden die überhaupt lebensrelevanten Sachverhalte etwa so auffassen, wie es die Tiere gemäß der von Uexküllschen Umwelttheorie tun, d. h. ohne jedes mitgängige Bewußtsein eines die Bedeutsamkeit der Sachverhalte konstituierenden Lebensbezugs zur Welt, und damit ohne die Möglichkeit einer Reflexion auf den zu diesem Lebensbezug gehörigen Weltentwurf. In der Tat vermag der Mensch, Wittgensteins *Tractatus* zufolge, von der Konstitution der sprachlichen Bedeutungswelt sowenig Rechenschaft zu geben, wie das Tier von der Konstitution der »Wirk- und Merkwelt«, die seinem Instinktverhalten a priori zugeordnet ist.

32 Hierin könnte übrigens ein Hinweis darauf erblickt werden, daß – entgegen der Meinung der meisten Logiker – das »ist« der Kopula mit dem »ist« des Existentialurteils doch eine Bedeutungswurzel gemeinsam hat. Vgl. Anm. 36.

33 Vgl. 4. 002: »Der Satz *zeigt* seinen Sinn. Der Satz *zeigt*, wie es sich verhält, *wenn* er wahr ist. Und er sagt, *daß* es sich so verhält.« – Vgl. auch 4. 062.

Nun läßt sich gar nicht leugnen, daß vom Standpunkt der logischen Semantik aus die inhaltliche Auslegung der Welt »als etwas« immer schon als fertig vorausgesetzt wird[34]. Deshalb hat die im Umkreis, ja gewissermaßen als semiotischer Anhang der Logik entstandene Sprachphilosophie der Antike und noch des Mittelalters nie etwas von den verschiedenen vorgängigen Weltauslegungen der einzelnen Volkssprachen bemerkt. Für die Logik sieht es so aus, als ob z. B. der Sachverhalt »Das Buch (ist) auf dem Tisch« völlig unabhängig von dem »ist« der Kopula und damit vom In-der-Welt-*Sein* des Menschen fertig gegeben wäre. Das »ist« scheint, wie schon angedeutet, allenfalls als Anerkennung des vom Menschen unabhängig bestehenden Sachverhalts qua Tatsache eine Beziehung zum Menschen auszudrücken.

Nun soll die Absolutheit der Tatsache, die in dem Satz »Das Buch ist auf dem Tisch« festgestellt wird, gar nicht bestritten werden. Sie besteht aber als bloß noch anzuerkennende – auch nach Wittgenstein – erst unter der Voraussetzung, »daß dies ein Buch *ist*« bzw. »daß dies ein Tisch *ist*«, ja auch noch unter der Voraussetzung, daß ein Buch »auf« einem Tisch *sein* kann. Die Konstitution dieser Voraussetzungen aber ist nun offenbar keineswegs unabhängig vom In-der-Welt-Sein des Menschen, für den Dinge »als etwas« bzw. in bestimmten Bewandtniszusammenhängen begegnen können. D. h. aber: die Konstitution der genannten Voraussetzungen ist nicht nur

34 Diese Voraussetzung ist m. E. der Schlüssel zum philosophischen Verständnis der Wahrheitsdefinition in der logischen Semantik von A. Tarski. Sie erklärt die scheinbare Trivialität des Definitionsschemas. »Der Satz ›Die Dinge verhalten sich so und so‹ ist wahr dann und nur dann, wenn die Dinge sich so und so verhalten.« Man möchte hier gerne wissen, wann – unter welchen Umständen – wir zu der Feststellung berechtigt sind, daß die Dinge sich so und so verhalten. Man vergißt indessen, daß Tarski das Verständigtsein über die angemessene Weltauslegung mit der formalisierten und insofern intersubjektiv eindeutigen Sprache schon voraussetzt, daß er in seinem Definitionsschema sozusagen die reine Tatsachenwahrheit (als präzisierten Sinngehalt der aristotelischen Korrespondenztheorie der Wahrheit) isoliert: Wenn ich genau weiß, welchen »Sinn« der Satz »es regnet« hat (»was der Fall ist, *wenn* der Satz wahr ist«, wie Wittgenstein im *Tractatus* formuliert), dann läuft die Feststellung der Wahrheit des Satzes in der Tat auf die Feststellung hinaus, daß es – tatsächlich – regnet. (Man muß zu dem Zweck nicht mehr nachdenken, sondern etwa vor die Tür des Hauses treten.) Die Frage nach der »Methode der Verifikation«, die M. Schlick als Frage nach dem »Sinnkriterium« von Sätzen exponierte, ist damit freilich nicht beantwortet, sondern abgedrängt. Diese Frage läßt sich, wie bereits Ch. S. Peirce gezeigt hat, von der Frage nach der angemessenen »Interpretation« der Welt durch sprachliche Symbole gar nicht trennen. Diese letztere Frage aber läßt sich, wie Heidegger gezeigt hat, nicht von der Frage nach dem Selbstverständnis des menschlichen In-der-Welt-Seins trennen.

relativ zum menschlichen Dasein in der Weise, wie eine »Wirk- und Merkwelt« nach Uexküll relativ ist zum tierischen Gattungsdasein; sie ist vielmehr vom Menschen gewissermaßen in eins mit dem Aufbau seiner Sprache selbst erarbeitet[35] worden, wie wenig ihm das auch bewußt sein mag.

Zieht man aus diesen Überlegungen die sprachanalytischen Konsequenzen, so ergibt sich, daß nicht nur das »ist« qua Anerkennung eines Sachverhalts als bestehender Tatsache einen Bezug des Menschen zur Welt ausdrückt, sondern auch schon das »ist« als Kopula des sogenannten »Sachverhalts«. Weit entfernt davon, für den Sachverhalt selbst unwesentlich zu sein, bringt das »ist« der Kopula vielmehr den Umstand zum Ausdruck, daß bereits die vermeintlich nur zu bezeichnenden Glieder des Sachverhalts ihre Konstitution »als etwas« einer »hermeneutischen Synthesis« verdanken, die einem Seinsverhältnis des Menschen zu sich selbst entspricht[36]. Weder ein Tier noch ein reiner Geist, sondern nur der Mensch, der ein verstehendes Verhältnis zu seinem Sein als Möglichkeit besitzt, vermag etwas als »Buch« oder »Tisch« »sein-zu-lassen«, d. h. aber, der Welt eine Bedeutung abzugewinnen.

Diese prinzipielle Entsprechung der hermeneutischen Synthesis von »etwas als etwas« zum Selbstverständnis des Menschen muß auch dem gesamten Weltentwurf der »Umgangs-Sprache« das Gepräge geben. M. a. W.: Im Gegensatz zum logistischen Ideal einer bestehende Sachverhalte abbildenden Zeichensprache muß die wirkliche Sprache immer schon in der Auffassung der Welt ein Verhältnis des Menschen zu sich selbst mit darstellen, sonst hätte sie gar nichts, was sie »als etwas« darstellen könnte. In diesem präreflexiven Selbstverhältnis der menschlichen Rede – so könnte man denken – muß die Möglichkeit einer Überwindung der Grundparadoxie des *Tractatus* liegen.

Man wird bemerkt haben, daß die soeben versuchte Kritik der sprachphilosophischen Voraussetzungen des *Tractatus* vom Ansatz der Heideggerschen Fundamentalontologie aus erfolgte; d. h. aber

35 Hier wäre noch anzumerken, daß eine intersubjektiv verbindliche Weltauslegung tatsächlich nicht nur durch den »Zugriff« der Sprache (Weisgerber), sondern in eins damit durch die mit dem Sprachgebrauch verwobenen Handlungen »erarbeitet« wird (Hegel, Marx, Heidegger, Wittgenstein II).

36 Der Umstand, daß die Kopula (»etwas ist etwas«) als Ausdruck der »hermeneutischen Synthesis« (»etwas *als* etwas sein lassen«) verstanden werden kann, enthält wiederum einen Hinweis darauf, daß sie auch mit dem »ist« der Identitätsbehauptung eine gemeinsame Bedeutungswurzel haben dürfte. In der Ebene der »Onto-logik« ist solche »Spekulation« natürlich nicht mehr verifizierbar. Vgl. oben Anm. 32.

aus dem Ansatz einer Transzendentalphilosophie, die gerade im Gegensatz zu der des frühen Wittgenstein die kantische Synthesis des Gegenstandsbewußtseins nicht in den analytischen Grenzfall des A = A überführt, sondern sie im Rückgang in die vortheoretische Konstitution der Lebenswelt durch die transzendentalhermeneutische Synthesis des »etwas als etwas« im Bewandtniszusammenhang der Lebenspraxis zu fundieren sucht.

Die sprachliche Freigabe des innerweltlich begegnenden Seienden »als etwas« (d. h. in einer »Bewandtnis«) entspricht hier dem Verhältnis der Menschen – genauer der Angehörigen einer Sprachgemeinschaft – zu den Möglichkeiten ihres In-der-Welt-sein-Könnens. Durch dieses unausdrückliche Selbstverhältnis einer Sprachgemeinschaft ist die von Humboldt so genannte sprachliche »Weltansicht« immer schon in ihrer Konstitution vermittelt. (Man kann dies leicht am Beispiel überprüfen, wenn man etwa mit P. Zinsli die unterschiedliche Erschließung der Alpenwelt im Wortschatz der bäuerlichen Mundarten einerseits, der touristischen Alpinistik andererseits sich klarmacht[37].) – Es erhebt sich jedoch die Frage, ob dieses in der Umgangssprache stets implizierte Sich-in-der-Situation-Verstehen von Menschen, ob diese »effektive Reflexion« der geschichtlichen Sprache, wie J. Lohmann sagt[38], eine hinreichende Erklärung für die Möglichkeit einer *philosophischen* Reflexion auf die innere Form der Sprache, auf das darin enthaltene Seinsverständnis, ist.

Heidegger selbst hat in *Sein und Zeit* einen deutlichen Unterschied gemacht zwischen dem »existenziellen« Selbstverständnis in der Situation, das der »effektiven Reflexion« der Sprache, in der »man«

37 Vgl. P. Zinsli: *Grund und Grat. Der Formaufbau der Bergwelt in den Sprachbegriffen der schweizerdeutschen Alpenmundarten*, Bern 1946.

38 Vgl. J. Lohmann im letzten Kapitel seines Buches *Philosophie und Sprachwissenschaft* (Berlin 1965), das mit dem Problem der Selbstreflexivität der geschichtlichen Sprache befaßt ist: »Wir definierten (oben S. 81) Sprache als ein sich selbst ›kontrollierendes‹, und also auf sich achtendes Tun. Wir können das jetzt auch so ausdrücken, daß die natürliche menschliche Sprache zugleich Objekt-Sprache und (ihre eigene) Metasprache ist. Dieses bedeutet zunächst und in erster Linie, daß die natürliche Sprache, insofern sie sich auf die *ganze* Umwelt je einer Sprachgemeinschaft (in der Gestalt einer etwas-*als-etwas*-Struktur) bezieht, sich notwendig auch auf sich selbst beziehen muß! Diesen (unwillkürlichen) Selbst-Bezug der natürlichen Sprache bezeichnen wir (in Abhebung von der bisher allein beachteten *bewußten* Reflexion des Sprechenden oder Denkenden) als *effektive Reflexion* ... Und das, was wir hier in diesem Buche gemacht haben und noch machen (einschließlich der Aufstellung des Begriffes der ›effektiven Reflexion‹), können wir dann gewissermaßen als eine *bewußte Fortführung* dieser faktischen ›effektiven Reflexion‹ in der natürlichen Sprache selbst und an sich schon betrachten« (a.a.O., S. 243).

sich versteht, korrespondiert, und dem »existenzialen« Verständnis der Philosophie. Diese muß nach Heidegger das »vorontologische Seinsverständnis«, das im existenziellen Zu-sein-Verstehen impliziert ist, »radikalisieren«, um es zum Begriff zu bringen. Wie aber soll man dieses »Radikalisieren« verstehen? – An dem Verständnis dieses Ausdrucks scheint jedenfalls in »Sein und Zeit« die Beantwortung der Frage nach der Möglichkeit und Gültigkeit philosophischer Aussagen zu hängen!

Th. Litt hat dieses Problem in seinem Buch *Mensch und Welt* (München 1948) aufgegriffen und darauf hingewiesen, daß Heidegger in seiner Fundamentalontologie, z. B. in der »formalen Anzeige« der sogenannten »Existenzialien«, eine Reflexionsstufe des Denkens in Anspruch nimmt, die von dem existenz- und geschichtsimmanenten Seinsverständnis, das sie zu radikalisieren sucht, prinzipiell unterschieden ist, derart, daß man von diesem Denken, das die »Existenzialität«, u. d. h. z. B. die »Endlichkeit« und »Geschichtlichkeit« des menschlichen Seinsverständnisses, begreift, nicht mehr einfach sagen kann, daß es selbst nur existenziell bedingt, u. d. h. endlich und geschichtlich, sei. Litt hat gezeigt, daß die in jeder natürlichen Sprache angelegte Selbstreflexivität eine explizite »Selbstaufstufung der Sprache« erlaubt, die zuletzt den intersubjektiven Allgemeingültigkeitsanspruch des einen philosophischen Logos in jeder individuellen Sprache zur Geltung bringt. Dieser Allgemeingültigkeitsanspruch der philosophischen Sprache konstituiert sich auf einer höheren Reflexionsstufe als der des »hermeneutischen Logos«, den Heidegger in »Sein und Zeit« für die Begründung seiner Philosophie in Anspruch nahm. Der hermeneutische Logos des Sich-in-der-Situation-Verstehens ist zwar selbstreflexiv genug, um mit dem Selbstverständnis zugleich das Verständnis des fremden Daseins, z. B. mit dem Verständnis der eigenen Sprache zugleich die Übersetzung aus einer fremden Sprache in die eigene zu ermöglichen[39]; er bringt dabei aber die individuell-geschichtliche Perspektive der eigenen Sprache bzw. des eigenen existenziellen Standpunkts unweigerlich zur Geltung. Der philosophische Logos dagegen, der in der nochmaligen Rückwendung auf den hermeneutischen Logos die »formale An-

39 Eine subtile Ausarbeitung der Leistung des hermeneutischen Logos bietet H. G. Gadamer: *Wahrheit und Methode*, ² Tübingen 1965. Zur Konfrontation dieses Logos mit Wittgensteins Ansatz vgl. J. Habermas: *Zur Logik der Sozialwissenschaften*, Tübingen 1967, Kap. III, S. 7 u. 8.

zeige« solcher Begriffe wie »Individualität«, »Geschichtlichkeit« usw. ermöglicht, »übergreift« den »hermeneutischen Logos« ebenso prinzipiell wie der letztere den gegenstandstheoretischen Logos der »Objektsprache« (etwa der Naturwissenschaft) übergreift.

In der lebendigen Umgangssprache ist also nach Litt gewissermaßen eine immanente semantische »Typentheorie« angelegt, die der menschlichen Selbstreflexion die überhaupt möglichen Sinn- und Allgemeinheitsstufen vorzeichnet. Vor der logistischen Typentheorie B. Russells ist sie dadurch ausgezeichnet, daß sie keinen regressus ad infinitum bedingt, sondern durch die mit der Reflexion verbundene Steigerung der Allgemeinheitsstufe der Aussagen zu einem Abschluß gelangt, der mit ihrer Selbstbegründung, d. h. mit der noologischen Selbstreflexion der Philosophie, zusammenfällt. In der Sprache des jungen Wittgenstein würde dies besagen: Die philosophische Rede über die logische Form der Sprache und zugleich der Welt setzt gar nicht einen Standpunkt außerhalb von Sprache und Welt voraus, sondern folgt lediglich der dialektischen Reflexivität der transzendentallogischen Form der Sprache. Es geht hier nicht um eine Ontologie vorkantischen Stils, welche das Verhältnis der Erkenntnis bzw. der Sprache zur Welt als ein »Commercium zwischen einem vorhandenen Subjekt und einem vorhandenen Objekt« (Heidegger) gleichsam von der Seite her darstellt, sondern um eine dialektische und sinnkritische Transzendentalphilosophie[40]. Diese durchschaut den metaphorischen Schein der äußeren Sprachform

40 Man kann Wittgenstein durchaus zugeben, daß die äußere Form der Sprache in den Sätzen der traditionellen Ontologie und Transzendentalphilosophie durch ihren »metaphorischen Schein« schwerwiegenden Mißverständnissen und Pseudoproblemen Vorschub leistet. Die eigentliche Schwierigkeit für eine Rechtfertigung der eigenen Ontologie und Transzendentalsemantik erwächst indessen Wittgenstein nicht aus der kritisierten Form metaphysischer Pseudosätze, sondern aus seiner Abbildtheorie der Sprache, sofern diese an der reflexionsfreien »Objektsprache« der Logistik (der »Principia Mathematica« Russells) orientiert ist. Diese nämlich – d. h. die Russellsche »Typentheorie«, welche sich selbst nicht »als Theorie« formulieren kann, ohne sich selbst zu widerlegen – sucht die Sprache von außen zu begrenzen und verstößt damit gegen die Einsicht Wittgensteins, daß die Sprache selbst die Grenze der Welt ist. Die dialektische »Selbstaufstufung« der Sprache, welche ihren »metaphorischen Schein« durchschaut, demonstriert dagegen, daß Sprache nicht von außen begrenzt werden kann, sondern – im Sinne der eigentlichen Intention Wittgensteins – das »Unsagbare von innen begrenzt« (vgl. das Vorwort des *Tractatus*). Wittgenstein selbst kommt dieser Einsicht so weit entgegen, als es einer vordialektischen Philosophie überhaupt möglich ist: Er provoziert das Bewußtsein der Dialektik durch die (nicht gerade gewollte, aber zumindest als tiefsinnig empfundene und stilisierte) paradoxe Form seiner Diktion. Indem er in harter Entgegensetzung immer erneut die sinnvolle Rede als Aussage auf die Mitteilung des nichtformalen Tatsächlichen beschränkt

philosophischer Sätze und formuliert z. B. ihre Sätze über das Verhältnis von Sprache und Welt so, daß eine Verwechslung ihres Sinns mit dem Sinn objektsprachlicher Sätze durch die in der dialektischen Selbstaufstufung der Sprache liegende *Regel des Sprachgebrauchs*[41] ausgeschlossen wird.

Ich glaube in der Tat, daß diese von Hegel inspirierte dialektische Interpretation der philosophischen Metasprache die einzig mögliche Antwort auf die Paradoxie des *Tractatus* und damit auf die Provokation des Wittgensteinschen Sinnlosigkeitsverdachts gegen alle theoretische Philosophie enthält. Es bleibt indessen zu bemerken, daß diese Lösung der Frage nach Sinn und Möglichkeit der Philosophie diese zugleich auf die Armut ihrer systematischen Selbstgenügsamkeit verweist; denn allen Sinngehalt, selbst noch den materialen Gehalt der Kategorien und Existenzialien, verdankt die philosophische Sprache dem »hermeneutischen Logos«, in dem das geschichtliche In-der-Welt-Sein sein jeweiliges Seinsverständnis »effektiv« artikuliert. Es ist für uns Menschen, die wir zumindest *auch* endlich und einer ungewissen Zukunft ausgeliefert sind, prinzipiell unmöglich, das substanzielle Weltverständnis des geschichtlichen Engagements, wie Hegel wollte, mit der systematischen Dialektik der Reflexion zu identifizieren und im »Wissen des Wissens« inhaltlich »aufzuheben«. Präreflexive, geschichtszugehörige *Sinnkonstitution* und philosophische *Geltungsreflexion* bilden Spannungspole einer Dialektik, die Hegels Versuch einer »Aufhebung« der »Substanz« im »Subjekt« der transzendentalen Reflexion sprengen mußte.

Diese Überlegung läßt es, wie mir scheint, verständlich – wenn auch keineswegs gerechtfertigt – erscheinen, daß Heidegger nicht den in *Sein und Zeit* vielleicht noch möglichen Weg einer sinnkritischen Erneuerung und Erweiterung der Transzendentalphilosophie ging, sondern vielmehr die quasitheoretische Systematik seiner Funda-

und gleichwohl selbst von den »formalen Eigenschaften« der »Gegenstände« und »Sachverhalte« und ihren sprachlich-logischen Bedingungen der Möglichkeit spricht, demonstriert er immer erneut, daß die Sprache, indem sie sich selbst eine Grenze zieht, diese Grenze zugleich überschreitet.

41 Die Dialektik der Selbstaufstufung genügt damit dem pragmatischen Sinnkriterium der Sprache, das der späte Wittgenstein gegen die Abbildungstheorie des *Tractatus* ausspielt. Vgl. unten S. 268. – Freilich handelt es sich bei der von uns ins Auge gefaßten Regel philosophischen Sprachgebrauchs um eine »transzendentalpragmatische« Regel, deren Möglichkeit oder Notwendigkeit der späte Wittgenstein gerade nicht bedenkt. – Vgl. hierzu unser Postulat eines »transzendentalen Sprachspiels« in Bd. II, S. 220 ff.

mentalontologie selbst noch als Ausdruck der zu überwindenden Metaphysik der »Vorhandenheit«, der Vorhandenheit nämlich einer ontischen »Substanz« als »Subjekt« des Bewußtseins, glaubte seinsgeschichtlich distanzieren zu müssen.

Durch diese Entscheidung, die Heidegger selbst als notwendige »Kehre« seines Denkens verstehen möchte, hat er in gewisser Hinsicht dem Wittgensteinschen Verdacht gegen die theoretische Metaphysik recht gegeben. Er hat z. B. den metaphorischen Schein der Rede von dem Subjekt des Denkens und seiner Aktvollzüge – genauso wie Wittgenstein – beim Wort genommen und ihn als Verfallen an den Anblick des innerweltlich Begegnenden und beständig Anwesenden interpretiert. Diese Tendenz der Entlarvung der an der Logik der Gegenständlichkeit orientierten Sprache der Metaphysik bringt Heidegger noch einmal in allergrößte Nähe zur Sprachkritik Wittgensteins, wie dieser sie in seinem Spätwerk, den »Philosophischen Untersuchungen«, entfaltet hat. Heidegger sowohl wie Wittgenstein glauben zuletzt, die Vorstellungssuggestionen aller traditionellen Onto-Logik um jeden Preis vermeiden zu wollen, um das in diesen starren Schematisierungen und Idealisierungen Verdeckte und Vergessene zum Sich-zeigen zu bringen: das sich im »Spiegelspiel« der Weltlichtung ereignende »Sein« (Heidegger)[42] – oder das in aller Metaphysik mißverstandene »Sprachspiel« (Wittgenstein).

III. Wittgensteins »Philosophische Untersuchungen« und Heideggers »Destruktion« der »Metaphysik«

Im *Tractatus Logico-Philosophicus* hat Wittgenstein die theoretische Metaphysik nur insofern als »unsinnig« verdammt, als sie mit den syntaktisch-semantischen Mitteln einer Sprache, die nur innerweltlich bestehende »Sachverhalte« abbilden kann, die ontologischen und transzendentalen Bedingungen der Möglichkeit der Abbildung von Sachverhalten zur Sprache bringen will. D. h. aber: Wittgenstein hat die Ontologie der Sachverhalte bzw. die Sprachphilosophie der logischen Abbildung einer aus Sachverhalten bestehenden Welt nicht inhaltlich in Frage gestellt. Im Gegenteil: er setzt sie für seine Konzeption des sinnvollen Sprachgebrauchs voraus, und er hat diese

42 Vgl. Heideggers Vortrag »Das Ding« (in *Vorträge und Aufsätze*, Pfullingen 1954, S. 163–181).

ontologisch-transzendentalen Voraussetzungen in einer weit über B. Russell hinausgehenden Konzeption des »Logischen Atomismus« zu klären versucht – in einer Konzeption, deren Präzisierbarkeit in der Geschichte der philosophischen Systeme einzigartig dasteht[43].

Wenn wir diese Ontologie des »Logischen Atomismus« als eine – allerdings sehr moderne und raffinierte – Version der von Heidegger so genannten »Ontologie der Vorhandenheit des Vorhandenen« betrachten dürfen, dann kommen wir beim Vergleich der Metaphysikkritik Heideggers und Wittgensteins zu folgender Feststellung: Während Heidegger in *Sein und Zeit* sowohl die allgemeine Seinsvergessenheit durch den Gesichtspunkt der »ontisch-ontologischen Differenz« bekämpft, wie insbesondere den verborgenen Vorrang der Ontologie der »Vorhandenheit« des Vorhandenen in Frage stellt, ergibt sich die Metaphysikkritik des frühen Wittgenstein ausschließlich aus der paradoxen Zuspitzung der ontisch-ontologischen Differenz im Geltungsbereich der Ontologie der Vorhandenheit des Vorhandenen durch die Unterscheidung dessen, was sich sagen läßt (sc. »was der Fall ist«) und dessen, was sich in der Aussage nur »zeigt« (sc. der »logischen Form« der Welt). M. a. W.: Wittgenstein zeigt hier – um mit Heidegger zu reden –, daß die Logik unserer Sprache uns nur sinnvolle Aussagen über ontische (innerweltliche) Tatbestände erlaubt, nicht aber über das Sein bzw. das Seinsverständnis, das uns die Vorhandenheit dieser Tatbestände (der »Sachverhalte« und »Sachlagen«) a priori »freigibt«. Die »vorgängige Freigabe« alles Seienden gemäß der Ontologie der Vorhandenheit aber wird von Wittgenstein nicht in Frage gestellt. Ja, er ist der festen Überzeugung, daß der metaphorische Schein der ontologisch-transzendentalen Aussagen gerade darauf beruht, daß unsere Sprache als deskriptive Sprache sich nicht von dem Schematismus der bildhaften Darstellung innerweltlicher Sachverhalte lösen kann und darf. (Maßgebend für diese Verabsolutierung der Ontologie der Vorhandenheit war für den jungen Wittgenstein zweifellos die Konzeption der Idealsprache, wie sie in der mathematischen Logik Freges und Russells als Präzisionsform »der« menschlichen Sprache sichtbar zu werden schien.)

43 Das hat insbesondere die Rekonstruktion von E Stenius (a.a.O.) gezeigt. Vgl. dazu jetzt W. Stegmüller in: *Philos. Rundschau*, 13. Jg. (1965), S. 116–138. Ferner Stegmüller, »Eine modelltheoretische Präzisierung der Wittgensteinschen Bildtheorie«, in: *Notre Dame Journal of Formal Logic*, Vol. VII, 1966, S. 181–195.

Auch für Heidegger gilt die Voraussetzung, daß die »Seinsvergessenheit« – sowohl als Nichtberücksichtigung der ontisch-ontologischen Differenz wie insbesondere als Verfallen an das substanzontologische Seinsverständnis der Ontologie der Vorhandenheit – wesentlich durch den sprachlichen »Vorgriff« der traditionellen Metaphysik bedingt ist (der in der modernen Logistik und ihrer ontologischen Spekulation gewissermaßen als letzte »Metasprache« fungiert). Aber Heidegger hat in »Sein und Zeit« versucht, gerade mit Hilfe der nichttheoretischen Sprache des Alltags (der »öffentlichen Ausgelegtheit« der Welt im »alltäglichen In-der-Welt-Sein«) die Sprache der traditionellen Onto-Logik sozusagen zu unterlaufen und ein ursprünglicheres Seinsverständnis zur Sprache zu bringen, das in dem kategorialen Schematismus der Ontologie der Vorhandenheit nur seinen »defizienten Modus« hat. Eben diese Relativierung der Ontologie der Vorhandenheit hat nun Wittgenstein in der zweiten Epoche seines Philosophierens, die bald nach seiner Übersiedlung nach England im Jahre 1929 einsetzte, ebenfalls – auf seine Weise – durchgeführt. Zwar geht es ihm nicht – wie Heidegger 1927 in *Sein und Zeit* – um die Begründung einer Fundamental-Ontologie; vielmehr möchte er – gemäß seinem festgehaltenen Unsinnigkeitsverdacht gegen alle theoretische Philosophie – jetzt der Fliege endgültig »den Ausweg aus dem Fliegenglas zeigen«[44] und die ontologisch-metaphysischen Probleme durch therapeutische Sprachkritik »zur Ruhe bringen« (»wie eine Krankheit«[45]). Indessen: die exemplarischen »Sprachspiel«-Analysen, die in den Vorlesungsschriften von 1933–35 (den sog. *Blue and Brown Books*) und in den 1953 posthum veröffentlichten *Philosophischen Untersuchungen* vorliegen, enthalten – zumindest implizit – eine Theorie nicht nur der Gegenstandskonstitution, sondern primär der vorgegenständlichen »Weltfreigabe« aus dem vorgängigen Seinsverständnis der mit der Lebenspraxis verwobenen Alltagssprache.

Bedenkt man nun, daß auch für Heidegger die »ontologische« Interpretation seiner »Hermeneutik« des alltäglichen »In-der-Welt-Seins« nicht das letzte Wort behalten sollte, so hat man allen Anlaß, zunächst einmal unabhängig von der Frage nach der letzten Zielsetzung Heideggers und Wittgensteins die »Hermeneutik« des alltäglichen »In-der-Welt-Seins« und die Analyse der alltäglichen »Sprachspiele« zu vergleichen.

44 *Philosophische Untersuchungen*, I, § 309. 45 Ebda., § 133 bzw. 255.

Mit Rücksicht auf die primär phänomenologisch-ontologische Methode Heideggers und die primär sprachanalytische Methode Wittgensteins wird es bei einem solchen Versuch freilich nützlich sein, eine Beziehung zwischen den kategorialen Grundmodellen der abendländischen Ontologie einerseits, der Sprachphilosophie andererseits herzustellen. Eine solche Beziehung – ein Korrelator gewissermaßen für die Terminologie Heideggers und Wittgensteins – drängt sich nun geradezu auf, wenn man die §§ 1–38 der *Philosophischen Untersuchungen* Wittgensteins gleichsam mit den Augen Heideggers zu lesen versucht: Man findet hier, grob gesagt, eine Infragestellung des seit Aristoteles die Sprachlogik beherrschenden Denkmodells, daß die Wörter der Sprache ihre »Bedeutung« dadurch haben, daß sie »etwas bezeichnen«, u. d. h. – folgt man dem hier zugrunde liegenden Vorstellungsschema bis zu seinem Ursprung –: daß die Wörter »Namen« für »vorhandene Dinge« oder »Gegenstände« sind[46].

Es ergibt sich also der heuristische Gesichtspunkt, Wittgensteins Infragestellung des Bezeichnungsmodells der traditionellen Sprachphilosophie mit Heideggers Infragestellung der Ontologie der »Vorhandenheit« (bzw. ihrer modernen Filiation: der Ontologie und Transzendentalphilosophie der »Gegenständlichkeit«) in Parallele zu setzen.

Philosophiehistorisch läuft dies auf eine parallele Destruktion der traditionellen Sprachlogik und der Ontologie hinaus, die ja in der mittelalterlichen Scholastik tatsächlich kaum voneinander getrennt werden können. Wir wollen das kurz durch einige historische Hinweise erläutern:

Die traditionelle Sprachlogik war sich zwar seit Aristoteles darüber im klaren, daß Wörter, sofern sie eine allgemeine Bedeutung haben, keine Eigennamen sind und daß sie auch als allgemeine Bezeichnungen nicht alle als »nomina« (im Sinne der Grammatik) für »Substanzen« stehen, sondern auch für »Qualitäten«, »Relationen« und andere Entitäten, die nach Aristoteles nur in analoger Weise als Dinge oder »Pragmata« aufgefaßt werden dürfen. Darüber hinaus hat Aristoteles bei den später so genannten transzendentalen Bestimmungen wie »Sein« und »Einheit« sowie bei den »Bindewörtern« oder »logischen Partikeln« überhaupt in Abrede gestellt, daß sie

46 Vgl. zum folgenden E. K. Specht: *Die sprachphilosophischen und ontologischen Grundlagen im Spätwerk Ludwig Wittgensteins,* Köln 1963.

etwas Sachhaltiges bezeichnen. Aber gerade diese – für die abendländische Sprachphilosophie und Ontologie grundlegenden – *Unterscheidungen* zeigen, daß das Problem der Wort-»Bedeutung« nur nach dem Vorstellungsschema der »Bezeichnung«, u. d. h. eigentlich: der »Benennung« eines vorhandenen Dinges durch einen Namen, gedacht werden konnte. War diese Vorstellung nicht anwendbar, dann war man in Verlegenheit, wie die Klassifizierung der logischen Partikel als »Synkategoremata« oder die »Analogie«-Problematik der »Kategoremata« in der scholastischen These »tot prädicamenta tot res« bezeugt. Ja, noch der nominalistische Protest gegen die dingliche Hypostasierung aller »Kategoremata« zeigt, daß der ganze Universalienstreit seine sprachphilosophische Voraussetzung in der Auffassung der »Wortbedeutung« als »Bezeichnung von etwas« hat – sei dieses »etwas« nun eine »res« im eigentlichen oder im »analogen« Sinn, sei es ein konkret-individuelles Ding oder ein »universale ante res« oder ein »universale in rebus«, oder sei es nur ein »ens rationale«, ein »conceptus«. Daher waren nach Wittgenstein eigentlich die Vertreter beider Parteien des Universalienstreits »Nominalisten« im Sinne eines sprachphilosophischen Vorstellungsmodells; vor allem aber waren jene mathematischen Reformatoren der Sprachlogik wie Russell und der junge Wittgenstein selbst »Nominalisten«, die am Vorabend und zu Beginn des 20. Jahrhunderts das Bedeutungsproblem auf eine klare Formel bringen wollten nach der Alternative: entweder hat ein Wort Bedeutung, dann hat es den Charakter eines Namens, der einen Gegenstand im weitesten Sinn benennt und als Wert für eine Variable im objektsprachlichen Kalkül der Logistik eingesetzt werden kann, oder – und diese Möglichkeit wurde erst von dem jungen Wittgenstein in paradoxer Form zu Ende gedacht – das Wort hat gar keine Bedeutung, es steht nicht für etwas, sondern »zeigt« nur – als »logische Konstante« – die »logische Form« der Sprache und der Welt.

Die gesamte, soeben angedeutete Tradition der abendländischen Sprachlogik, die gewissermaßen im *Tractatus Logico-Philosophicus* des frühen Wittgenstein gipfelt, wünscht der späte Wittgenstein zu charakterisieren und zu transzendieren, wenn er in den *Philosophischen Untersuchungen* (§ 383) schreibt:

»... Nominalisten machen den Fehler, daß sie alle Wörter als Namen deuten, also ihre Verwendung nicht wirklich beschreiben, sondern sozusagen nur eine papierene Anweisung auf so eine Beschreibung geben.«

Sogar für die radikale Ausformung des sprachphilosophisch-ontologischen Nominalismus, die zum »Logischen Atomismus« und seiner Unterscheidung von Namenvariablen und logischer Form der Sprache hinführt, findet Wittgenstein jetzt einen frühen geschichtlichen Beleg in Platons *Theaitetos*, wo Sokrates die folgende Hypothese vorträgt: »Täusche ich mich nicht, so habe ich von Etlichen gehört: für die *Urelemente* – um mich *so* auszudrücken –, aus denen wir und alles übrige zusammengesetzt sind, gebe es keine Erklärung: denn alles, was an und für sich ist, könne man nur mit Namen *bezeichnen;* eine andere Bestimmung sei nicht möglich; weder die, es *sei*, noch die, es *sei nicht* . . . Somit aber sei es unmöglich, von irgendeinem Urelement erklärungsweise zu reden; denn für dieses gebe es nichts, als die bloße Benennung; es habe ja nur seinen Namen. Wie aber das, was aus diesen Urelementen sich zusammensetzt, selbst ein verflochtenes Gebilde sei, so seien auch seine Benennungen in dieser Verflechtung zur erklärenden Rede geworden; denn deren Wesen sei die Verflechtung von Namen[47].«

Es kann keinem Zweifel unterliegen, daß auch Heidegger die gesamte traditionelle Sprachlogik als Korrelat der zu destruierenden Ontologie des Vorhandenen in seiner puren Vorhandenheit betrachtet und daß er in der Frage des Universalienstreits nicht nur den üblicherweise so genannten Nominalisten und ihren modernen Nachfolgern, den Positivisten, Seinsvergessenheit im Sinne eines Verfallenseins an das innerweltlich Vorhandene vorwerfen würde, sondern gerade auch den sogenannten Universalienrealisten, die das *Sein* des Seienden als ein Seiendes besonderer Art glauben denken zu müssen.

Freilich fällt bei dieser Parallelisierung zweierlei auf:

1. Zumindest der frühe Heidegger läßt im Gegensatz zu Wittgenstein eher die (aristotelisch-russellsche) Sprach-Logik in der Ontologie des Vorhandenen fundiert sein als umgekehrt die Ontologie des Vorhandenen in dem – besonderen – »Sprachspiel der Namengebung« bzw. der »hinweisenden Erklärung von Namen«. Man könnte versucht sein, zwischen diesen divergierenden Resultaten eines mehr phänomenologischen und eines mehr sprachanalytischen Ansatzes dahin zu entscheiden, daß für die Entstehung der philosophischen Sprache (wie schon zuvor der sprachimmanenten Philosophie) das Verfallen des Seinsverständnisses an den sich aufsprei-

47 *Philos. Untersuchungen*, I, § 46.

zenden Ding-Charakter der sinnlich erfahrbaren Welt plausibler ist, während später der sprachliche Vorgriff der Substanzontologie, der in der nominalistischen Sprach-Logik sich reflektiert, die gegenstandstheoretische Weltauffassung der Wissenschaft von der Sprache her festlegt. (Diese »geschichtliche« Betrachtungsweise scheint mir übrigens geeignet zu sein, die »abstrakte« Unterscheidung Carnaps zwischen der konventionellen Festlegung des semantischen »frameworks« – in unserem Falle der »Ding-Sprache« – und den, erst aufgrund dieser Festlegung des Seinsverständnisses möglichen, Welterfahrungen in Frage zu stellen. Und diese Infragestellung würde natürlich auch eine »abstrakt-ungeschichtliche« Verabsolutierung der »transzendentalen« bzw. der »ontisch-ontologischen Differenz« betreffen. Wittgenstein hat sich in den *Bemerkungen zu den Grundlagen der Mathematik* (1, § 74) einmal die Frage vorgelegt, wie es möglich sein sollte, die »Tiefe« der »Wesensfragen« der traditionellen Ontologie auf bloße Sprachspielkonventionen zurückzuführen. Er antwortet: »Der *Tiefe* des Wesens entspricht das tiefe Bedürfnis nach der Übereinkunft«. Diese Antwort verweist implizit auf die Möglichkeit, den »Entwurf« des semantischen »framework«, der die Bedingungen der Möglichkeit der Erfahrung festlegt, seinerseits als geschichtlich legitimen Ausdruck einer »Erfahrung« zu begreifen – einer Erfahrung freilich, welche nicht in der quasiautomatischen Subsumption von Daten unter mögliche Begriffe eines Sprachspiels besteht, sondern eher in der Provokation eines neuen Sprachspiels (oder einer Änderung im Sprachspiel). Derartige »Wesens-Erfahrungen« wird man insbesondere den Philosophen (und den Dichtern) zutrauen müssen. Ihre Berücksichtigung motiviert den Grundansatz einer philosophischen »Hermeneutik«, die zwischen der sprachanalytischen Voraussetzung einer immer schon abgeschlossenen Vermittlung der Struktur des Seinsverständnisses im semantischen »framework« und dem phänomenologischen Anspruch auf unmittelbare »Wesensschau« zu vermitteln sucht – gemäß dem »hermeneutischen Zirkel« von ontischer Erfahrung und ontologischem Vorverständnis ihrer Struktur, von »Geworfenheit« und »Entwurf«.)

2. Der zweite Punkt, der bei unserer prinzipiellen Parallelisierung Heideggers und Wittgensteins in der Frage einer Destruktion des logisch-ontologischen Nominalismus auffällt und Schwierigkeiten bereitet, ist der Umstand, daß der späte Wittgenstein seine Destruk-

tion in erster Linie gegen diejenigen sprachphilosophischen »Nominalisten« zu richten scheint, die – als Platoniker – auch die nicht durch ein »Sprachspiel der hinweisenden Erklärung« ausweisbaren Funktionen der Sprache als Bezeichnungsfunktion verstehen und von daher zur Hypostasierung ebenso vieler Entitäten geführt werden, wie es Wörter bzw. Begriffe gibt. Diese Tendenz Wittgensteins zeigt sich besonders in seiner Kritik der sokratisch-platonischen Voraussetzung eines festen und einheitlichen »Wesens« als »Substanz« der Wortbedeutungen in den *Philosophischen Untersuchungen*[48] sowie in seiner radikalen Kritik jener platonisch-infinitistischen Begründung des Zahlbegriffs und sogar des von den »Intuitionisten« vorausgesetzten Begriffs einer »Regel« der Konstruktion in den *Bemerkungen zu den Grundlagen der Mathematik*[49]. Demgegenüber hat man im Lager des modernen Empirismus Heideggers Fundamentalontologie stets als extremen Universalienrealismus empfunden, insbesondere die Rede von dem »Sein« und dem »Nichts«[50]. Der Eindruck, daß hier ein Gegensatz im Sinne des Universalienstreits vorliegt, überfällt den Außenstehenden in der Tat vor allem beim Vergleich des Heideggerschen Sprachstils mit dem der *Philosophischen Untersuchungen*: Versucht doch Heidegger, wie es scheint, oft mit einer einzigen, beinahe schon mythologisch hypostasierenden Metapher das zur Sprache zu bringen, was Wittgenstein in seinem philosophischen »Album«[51] in einer Fülle von Beispielen mehr andeutet als theoretisch explizit aussagt. So enthält z. B. Heideggers Rede von der Sprache als dem »Haus des Seins« und der »Behausung des Menschenwesens«[52] gewissermaßen ein resümierendes Äquivalent zu dem, was der Leser nach der Lektüre der *Philosophischen Untersuchungen* über den Zusammenhang von Sprache und menschlicher »Lebensform«, und wiederum von »Tiefengrammatik« und a priori gültiger »Wesensstruktur« der Welt, gelernt hat.

48 *Philos. Untersuchungen*, I, §§ 65 ff.

49 Vgl. W. Stegmüller in *Philos. Rdsch.*, 13. Jg. (1965), S. 138–152.

50 Vgl. z. B. W. Stegmüller: *Hauptströmungen der Gegenwartsphilosophie*, ³1965, S. 190 ff. Neuerdings hat E. K. Specht (*Sprache und Sein*, Berlin 1967) den Versuch unternommen, die von Heidegger aufgeworfene Frage nach dem Sinn von »Sein« auf der Linie eines an Wittgenstein orientierten »Nominalismus« zu beantworten. Das setzt natürlich voraus, daß weder Heidegger noch auch Wittgenstein in ihrem Anspruch, die traditionellen Alternativen der Ontologie zu transzendieren, ernst genommen werden.

51 Vgl. das Vorwort der *Philos. Untersuchungen*.

52 *Platons Lehre von der Wahrheit, mit einem Brief über den Humanismus*, Bern 1947, S. 115.

Ohne den soeben angedeuteten Unterschied in der Diktion und damit auch in der Methode Heideggers und Wittgensteins bagatellisieren zu wollen, scheint er mir jedoch nicht so tief begründet zu sein, wie die gegenseitige Abkapselung und Perhorreszierung der von beiden Denkern ausgehenden Schulrichtungen der Philosophie vermuten läßt. Vielmehr scheint er mir erst dann verständlich zu werden, wenn man in ihm den zweifachen Ausdruck einer Position sieht, die Heidegger und Wittgenstein gerade gemeinsam ist: der angedeuteten kritischen Distanzierung des – im tieferen Sinne – nominalistischen Denkmodells bzw. der zugehörigen Ontologie. Aufgrund dieser Distanzierung kann weder Wittgenstein das in der Tiefengrammatik der Sprache implizierte Weltverständnis auf das im Sinne des Positivismus Bezeichenbare »reduzieren«, noch kann Heidegger das Sein des Seienden im Ernst als ein bezeichenbares Seiendes meinen. Vielmehr suchen beide Denker die Vielfalt und Tiefe des nicht gegenständlichen, aber für die Gegenstandskonstitution schon vorausgesetzten Seinsverständnisses so zur Sprache zu bringen, daß der »Gegenzug« gegen die Sprache der Metaphysik stets wirksam bleibt. Der späte Wittgenstein sucht dies dadurch zu erreichen, daß er möglichst überhaupt keine gegenstandstheoretischen Thesen in der Art der Wissenschaft aufstellt; Heidegger zunächst dadurch, daß er in einer ungewöhnlichen, oft gewaltsam provozierenden Begrifflichkeit die neue Dimension aufzureißen versucht, später vor allem dadurch, daß er der Etymologie oder der Sprache der Dichtung Bilder und Metaphern entlehnt, die so fremdartig sind, daß sie eben dadurch den metaphorischen Schein der in unserer Sprache bereits angelegten Ontologie der Gegenständlichkeit aufheben.

Der späte Heidegger hat die prinzipielle Schwierigkeit, die ihm aus dem Gegenzug zur Sprache der »Metaphysik« erwächst, mehrfach sehr deutlich zum Ausdruck gebracht. So heißt es in der Einleitung zur 5. Auflage von *Was ist Metaphysik?*:

»Der Versuch, vom Vorstellen des Seienden als solchem in das Denken an die Wahrheit des Seins überzugehen, muß, von jenem Vorstellen ausgehend, in gewisser Weise auch die Wahrheit des Seins noch vorstellen, so daß dieses Vorstellen notwendig anderer Art und schließlich als Vorstellen dem Zu-denkenden ungemäß bleibt.«

Daß bei der Verschuldung dieser Notlage, in der das Vorstellen durch ein andersartiges Vorstellen in seine Schranken verwiesen wer-

den soll, die *Sprache* des Vorstellens wesentlich beteiligt ist, verrät die folgende Stelle aus *Identität und Differenz*[53]:
»Das Schwierige liegt in der Sprache. Unsere abendländischen Sprachen sind in je verschiedener Weise Sprachen des metaphysischen Denkens. Ob das Wesen der abendländischen Sprachen in sich nur metaphysisch und darum endgültig durch die Onto-Theo-Logik geprägt ist, oder ob diese Sprachen andere Möglichkeiten des Sagens, u. d. h. zugleich des sagenden Nichtsagens, gewähren, muß offen bleiben.«
Hiermit wären die folgenden Stellen der *Philosophischen Untersuchungen* Wittgensteins zu vergleichen:
»Wo unsere Sprache uns einen Körper vermuten läßt, und kein Körper ist, dort, möchten wir sagen, sei ein *Geist*.« (§ 36) So »kommt es zum philosophischen Problem der seelischen Vorgänge und Zustände und des Behaviorismus? – Der erste Schritt ist der ganz unauffällige. Wir reden von Vorgängen und Zuständen und lassen ihre Natur unentschieden! Wir werden vielleicht einmal mehr über sie wissen – meinen wir. Aber eben dadurch haben wir uns auf eine bestimmte Betrachtungsweise festgelegt. Denn wir haben einen bestimmten Begriff davon, was es heißt: einen Vorgang näher kennenzulernen. Der entscheidende Schritt im Taschenspielerkunststück ist getan, und gerade er schien uns unschuldig.« Indem wir nun tiefer in das Problem hineingeraten, werden wir kritisch: »Und nun zerfällt der Vergleich, der uns unsere Gedanken hätte begreiflich machen sollen.« Und wir fallen nun – in der naturalistisch-behavioristischen Philosophie nämlich – in die entgegengesetzte Aporie: »Wir müssen also den noch unverstandenen Prozeß im noch unerforschten Medium leugnen. Und so scheinen wir also die geistigen Vorgänge geleugnet zu haben. Und wollen sie doch nicht leugnen.« (§ 308)
Hier charakterisiert Wittgenstein treffend das Dilemma, das in seiner eigenen Methode Heideggers Schwierigkeit beim Denken des Seins entspricht: Während Heidegger immer wieder in die Gefahr gerät, sich durch seine spekulativen Versuche einer die Metaphysik transzendierenden Philosophie wider Willen doch eine gegenständliche Vorstellung von dem zu machen, was nicht wie ein Ding vorgestellt werden darf, gerät der antispekulative Wittgenstein in die Gefahr, wegen seiner Leugnung der gegenständlichen hypostasierten Geistphänomene mit den Positivisten verwechselt zu werden, welche

53 M. Heidegger: *Identität u. Differenz*, Pfullingen 1957, S. 72.

diese Phänomene überhaupt leugnen, oder sie auf solche Phänomene zu reduzieren, die man in der physikalistischen »Ding-Sprache« beschreiben kann.

Das Beispiel von der dinghaften Vorstellung des Geistigen, das Wittgenstein analysiert, erinnert im übrigen an die Descartes-Kritik Heideggers in *Sein und Zeit*, deren sprachkritische Pointe ja eben darauf hinausläuft, daß Descartes mit der Frage »*Was* ist das unbezweifelbare ego cogito?« jenen scheinbar unschuldigen Schritt tut, der ihn – durch den metaphorischen Schein der Frage nach dem »Was« – auf eine bestimmte (substanzontologische) Betrachtungsweise festlegt. (Wenn Descartes auf diese Frage antwortet: Das »ego cogito« ist eine »res sive substantia cogitans« [gewissermaßen ein Bewußtseinskasten, »in dem« die Ideen der Dinge, nicht etwa diese selbst, gegeben sind], so erzeugt er damit im Endeffekt jene von Heidegger wie von Wittgenstein durchschauten Scheinprobleme etwa der Existenz einer Außenwelt oder des Zusammenkommens dieser Außenwelt mit dem isoliert davon vorhandenen Subjekt in der intentionalen Handlung oder in der Erkenntnis[54].)

54 Vgl. damit auch die im Geiste Wittgensteins gehaltene Descarteskritik G. Ryles, in: *The Concept of Mind*, London 1949.

Ein phänomenologisches Gegenstück zur sprachanalytischen Kritik des Außenweltproblems und ähnlicher, durch den »metaphorischen Schein« der ontologischen Sprache bedingter sinnloser Fragen liefert Heidegger in der folgenden, gewaltsamen Korrektur des zugrunde liegenden sprachlichen »Vorgriffs« der neuzeitlichen »Erkenntnistheorie«: »Im Sichrichten auf ... und Erfassen geht das Dasein nicht etwa erst aus der Innensphäre hinaus, in die es zunächst verkapselt ist, sondern es ist seiner primären Seinsart nach immer schon ›draußen‹ bei einem begegnenden Seienden der je schon entdeckten Welt. Und das bestimmende Sichaufhalten bei dem zu erkennenden Seienden ist nicht etwa ein Verlassen der inneren Sphäre, sondern auch in diesem ›Draußen-sein‹ beim Gegenstand ist das Dasein im rechtverstandenen Sinne ›drinnen‹, d. h. es selbst ist es als In-der-Welt-Sein, das erkennt. Und wiederum: das Vernehmen des Erkannten ist nicht ein Zurückkehren des erfassenden Hinausgehens mit der gewonnenen Beute in das ›Gehäuse‹ des Bewußtseins, sondern auch im Vernehmen, Bewahren und Behalten *bleibt* das erkennende Dasein *als Dasein draußen*.« (*Sein und Zeit*, 5Halle 1941, S. 62.)

Der »Skandal« des Außenweltproblems (wie auch des Problems der Existenz anderer Menschen) liegt nach Heidegger wie nach Wittgenstein nicht im Fehlen eines zureichenden Beweises, wie noch Kant meinte, sondern in der Forderung eines Beweises, welche – mit Descartes – voraussetzt, daß die Annahme, es könnte ja am Ende »alles nur im Bewußtsein (z. B. nur ein Traum) sein«, sinnvoll gemacht werden kann. Diese Annahme beruht aber nach Heidegger auf einer unzureichenden Phänomenologie des »Bewußt*seins*« als Weise des »In-der-Welt-Seins«, nach Wittgenstein auf einer Verkennung des »Sprachspiels«, das in der Redeweise »nur im Bewußtsein« (bzw. »nur ein Traum«) schon vorausgesetzt wird und durch die Totalisierung des Verdachts (»*alles* nur im Bewußtsein«) sich selber zerstört. – Vgl. hierzu den »sinnkritischen Realismus« von Ch. S. Peirce (*Schriften I*, Frankfurt 1967, Einführung von K.-O. Apel).

Nachdem wir somit die tiefste Gemeinsamkeit zwischen Heidegger und dem späten Wittgenstein in dem Versuch einer sprachkritischen Überwindung der Onto-Logik festgestellt haben, wollen wir im folgenden untersuchen, wie weit die Parallele in der Relativierung dieser Onto-Logik aufgrund einer positiven Phänomenologie des alltäglichen In-der-Welt-Seins bzw. der Sprachspiele des Alltags geht.

Nach Wittgenstein ist die traditionelle Vorstellung einer »Benennung« von Gegenständen bzw. der Erklärung von Wortbedeutungen durch »hinweisendes Erklären« der Benennungsfunktion der Wörter nicht etwa völlig irreführend. Sie ist vielmehr an einem Sprachspiel abgelesen, das in der Lebenspraxis tatsächlich vorkommt, z. B. bei gewissen Methoden des Sprachunterrichts.

Hier sieht es dann leicht so aus, als ob der Mensch eine strukturell artikulierte Welt von Gegenständen immer schon kenne und die ursprüngliche Erlernung der Sprache im wesentlichen in der richtigen Zuordnung von Namen zu bekannten Gegenständen bestehe. So etwa hat Augustinus in den *Confessiones* (I, 8) in der Tat die eigene Erlernung der Sprache beschrieben: »Nannten die Erwachsenen irgendeinen Gegenstand und wandten sie sich dabei ihm zu, so nahm ich das wahr, und ich begriff, daß der Gegenstand durch die Laute, die sie aussprachen, bezeichnet wurde, da sie auf ihn hinweisen wollten.« (*P. U.*, § 1)

Diese Vorstellung der ursprünglichen Spracherlernung übersieht aber nach Wittgenstein, daß ein Kind, das zum erstenmal die Sprache erlernt, hinweisende Erklärungen noch gar nicht verstehen kann, da es weder über eine strukturelle Artikulation der Welt schon verfügt, die ihm sagt, was jeweils durch einen Hinweis gemeint ist (ob z. B. Farbe oder Form oder Art oder Zahl), noch die Funktion des zu erklärenden Wortes in der Sprache, seine Verwendung, schon kennt. Eine hinweisende Erklärung von Namen versteht nach W. nur der, »der schon etwas mit ihr anzufangen weiß« (*P. U.*, § 31): »Man muß schon etwas wissen oder können, um nach der Benennung fragen zu können ...« (*P. U.*, § 30). Wenn ich z. B. auf einen Gegenstand zeige und erkläre: »Das ist der König«, so kann diese Erklärung etwa als Benennung einer Schachfigur Sinn haben. Dies setzt aber, wie Wittgenstein erläutert, voraus, daß »der Lernende schon weiß, was eine Spielfigur ist«. Daß »er also etwa schon andere Spiele gespielt hat, oder dem Spielen anderer ›mit Verständnis‹ zugesehen hat – *und dergleichen.*« (*P. U.*, § 31)

Man kann sich nach dieser Erläuterung Wittgensteins leicht selbst vergegenwärtigen, was ein volles Verständnis der Erklärung »Das ist der König« voraussetzt, wenn der wirkliche Repräsentant einer Monarchie gemeint ist. Wenn Augustinus daher aus dem Verständnishorizont der nominalistischen Sprachphilosophie die Erlernung der Sprache auf das hinweisende Erklären von Namen zurückführen möchte, dann beschreibt er nach W. »das Lernen der menschlichen Sprache so, als käme das Kind in ein fremdes Land und verstehe die Sprache des Landes nicht: das heißt: so als habe es bereits eine Sprache, nur nicht diese. Oder auch: als könne das Kind schon *denken* nur noch nicht sprechen ...« (*P. U.*, § 32)

Der positive, von Wittgenstein nur angedeutete Sinn dieser Hinweise auf die unbedachten Voraussetzungen des Sprachspiels der Benennung bzw. der hinweisenden Erklärung von Namen läßt sich nur aus dem Zusammenhang seiner Charakteristik der »Sprachspiele« als Einheiten von Sprachgebrauch, Verhaltenspraxis und Situationserschließung, kurz: als »Lebensformen«, entnehmen. Er liegt in der Überwindung jener tiefeingewurzelten Vorstellung der traditionellen Erkenntnistheorie und Sprachphilosophie, nach der wir zuerst eine Welt von Gegenständen erkennen – womöglich jeder für sich – und diesen Gegenständen nachträglich Zeichen zuordnen, um sie im Gedächtnis behalten und anderen mitteilen zu können. Als wahrer Kern dieser Modellvorstellung enthüllt sich für Wittgenstein die Funktion des Sprachspiels der Benennung bzw. der hinweisenden Erklärung von Namen. Dieses Sprachspiel ist aber ein »vielfach fundiertes« Sekundärphänomen: Es stellt nur so etwas wie einen »defizienten Modus« derjenigen Sprachspiele dar, in denen Kinder zugleich mit der Erlernung ihrer Muttersprache auch eine bestimmte Lebensform und ein bestimmtes strukturell artikuliertes Verständnis der Welt als Situation der Lebenspraxis sich aneignen.

Indem wir soeben den Gesichtspunkt des »defizienten Modus« bzw. des Fundiertseins auf die von Wittgenstein herausgestellte Unselbständigkeit des Sprachspiels der Benennung anwandten, haben wir bereits die Entsprechungen zu Heideggers Hermeneutik des In-der-Welt-Seins angedeutet. Diese lassen sich sowohl im Hinblick auf die »Bedeutsamkeitsartikulation« der von Heidegger so genannten »Zeug«-Welt wie auf das von Heidegger sogenannte »Mitsein« mit den anderen feststellen; insbesondere betreffen sie die durchschnittliche Weise des Mitseins im Modus des »Man« und die von hier aus bestimmte »öffentliche Ausgelegtheit« der Welt.

Im Hinblick auf die Bedeutsamkeitsartikulation der Welt (als des »Worin des sich verweisenden Verstehens«) liegt die tiefste Entsprechung zwischen Wittgenstein und Heidegger in der Erkenntnis, daß alle wissenschaftlichen »Erklärungen« als logische Verknüpfungen von sogenannten »Daten« bereits ein ursprüngliches »Verstehen« von »etwas« voraussetzen, das je nach dem mit der Lebensform verwobenen Sprachspiel sehr verschiedene »Daten« freigeben kann. Bei Heidegger ergibt sich dies aus der Gleichursprünglichkeit der Existenzialien »Befindlichkeit«, »Verstehen« und »Rede«, welch letztere sich gemäß der »Geworfenheit« des Daseins in eine Situation immer schon in Gestalt einer bestimmten welthaft-geschichtlichen »Sprache« konkretisiert hat[55]. Bei Wittgenstein wird eben diese Voraussetzung eines sprachlich artikulierten Weltvorverständnisses an Beispielen erläutert, welche die Unsinnigkeit der Frage nach »der« ontologischen Struktur der »Welt überhaupt« dartun sollen. Z. B. in der folgenden Bemerkung:

»Aber welches sind die einfachen Bestandteile, aus denen sich die Realität zusammensetzt? – Was sind die einfachen Bestandteile eines Sessels? – Die Stücke Holz, aus denen er zusammengefügt ist? Oder die Moleküle, oder die Atome? – ›Einfach‹ heißt: nicht zusammengesetzt. Und da kommt es darauf an: in welchem Sinne ›zusammengesetzt‹? Es hat gar keinen Sinn von den ›einfachen Bestandteilen des Sessels schlechtweg‹ zu reden.« (*P. U.*, § 47)

Mit Heidegger könnte man erläutern: Es kommt auf das »Worumwillen« der jeweiligen »Sorge« des In-der-Welt-Seins an: Von ihm her ist uns Menschen immer schon ein »Bewandtnis«-Horizont entworfen, der – als zeichenmäßiger »Verweisungszusammenhang« – unsere Suche nach den Bestandteilen des Sessels leitet und sie bei ganz bestimmten Teilen desselben ihr Bewenden haben läßt. Diese Strukturanalyse der existentialen Hermeneutik wiederum könnte man im Sinne Wittgensteins folgendermaßen exemplifizieren: Wenn die Frage nach den Bestandteilen des Sessels aus dem professionellen Sprachspiel von Möbeltransporteuren heraus gestellt wird, werden die Bestandteile, bei denen wir es bewenden lassen, andere sein, als wenn es um die Frage von Werkstoffchemikern oder Atomphysikern geht. Heideggers Vorwurf gegen die traditionelle Ontologie, sie gehe von

55 Vgl. *Sein und Zeit*, §§ 29–34.

jenem Grenzfall des Weltverständnisses aus, in dem das Seiende nicht mehr »als etwas« in einem hermeneutischen Bewandtniszusammenhang »erschlossen« ist, sondern als nur noch vorhanden »angestarrt« oder »angegafft« werde, liest sich bei Wittgenstein folgendermaßen: »Das Benennen erscheint als eine seltsame Verbindung eines Wortes mit einem Gegenstand. – Und so eine seltsame Verbindung hat wirklich stattgefunden, wenn nämlich der Philosoph, um herauszubringen, was die Beziehung zwischen Namen und Benanntem ist, auf einen Gegenstand vor sich starrt und dabei unzählige Male einen Namen wiederholt, oder auch das Wort ›dieses‹. Denn die philosophischen Probleme entstehen, wenn die Sprache *feiert,* und da können wir uns allerdings einbilden, das Benennen sei irgendein merkwürdiger seelischer Akt, quasi eine Taufe eines Gegenstandes.« (*P. U.*, § 309).

Indem wir mit Wittgenstein die »Verwobenheit« des die Welterschließung »vorgängig-mitgängig« leitenden Sprachspiels mit einer gesellschaftlichen Lebensform in den Blick nehmen, treffen wir auf die weitgehende Konvergenz seiner Einsichten mit denen Heideggers im Problem der traditionellerweise sogenannten »Intersubjektivität«:

Heidegger unterläuft hier gewissermaßen den solipsistischen Ansatz der traditionellen »Erkenntnistheorie« durch den Begriff des »Miteinanderseins«. Während die vom Subjekt der Erkenntnis ausgehende Philosophie das Sein der anderen genauso wie das Sein der Außenweltdinge als Gegenstand »meines Bewußtseins« glaubt konstituieren zu müssen, bringt Heidegger den phänomenologisch-hermeneutischen Gesichtspunkt zur Geltung, daß das »Ich«, das »Du« und die »Anderen« als sinnvoll meinbare Daten sich »gleichursprünglich« aus dem »Miteinandersein« unseres In-der-Welt-Seins konstituieren; und er erkennt darüber hinaus, daß in der »öffentlichen Ausgelegtheit« der Welt das – traditionell-sprachlich geprägte – Vorverständnis im Modus des »Man« dem Meinenkönnen des einzelnen immer schon zuvorgekommen ist und sogar sein Selbstverständnis im durchschnittlichen Verhalten des Alltags »zunächst« und »zumeist« leitet[56]. – Diese Überwindung des methodischen Solipsismus bestätigt der späte Wittgenstein in frappierender Weise durch seine aporeti-

56 Schon in *Sein und Zeit* hat Heidegger faktisch die Einordnung der phänomenologischen »Wesensschau« (Husserl, Scheler) in eine kritische und zugleich spekulative »Hermeneutik« der Sprache vollzogen. Vgl. hierzu etwa die folgende Stelle: »Dieser alltäglichen Aus-

sche Diskussion der Frage nach der Möglichkeit einer Privatsprache. Das scheinbar Zwingende der Vorstellung, es müsse eine Privatsprache geben können, beruht nach Wittgenstein, ebenso wie der methodische Solipsismus der neuzeitlichen Erkenntnistheorie, auf der Voraussetzung eines isoliert vorhandenen Subjekts, das seine Empfindungen – z. B. Schmerzen – als nur ihm zugängliche Gegenstände mit Namen bezeichnet. Wittgenstein veranschaulicht diese Voraussetzung durch folgendes Gleichnis:
»Angenommen, es hätte jeder eine Schachtel, darin wäre etwas, was wir ›Käfer‹ nennen. Niemand kann je in die Schachtel des anderen schauen; und jeder sagt, er wisse nur vom Anblick *seines* Käfers, was ein Käfer ist. – Da könnte es ja sein, daß jeder ein anderes Ding in seiner Schachtel hätte. Ja, man könnte sich vorstellen, daß sich ein solches Ding fortwährend verändert.« Soweit verdeutlicht W. die Überlegung, die zu der Annahme einer möglichen, ja notwendigen Privatsprache zu führen scheint. Dann aber fährt er fort: »Aber wenn nun das Wort ›Käfer‹ dieser Leute doch einen Gebrauch hätte? – So wäre er nicht der der Bezeichnung eines Dings. Das Ding in der Schachtel gehört überhaupt nicht zum Sprachspiel; auch nicht einmal als ein Etwas; ... durch dieses Ding in der Schachtel kann ›gekürzt‹ werden; es hebt sich weg, was immer es ist. Das heißt: Wenn man die Grammatik des Ausdrucks der Empfindung nach dem Muster von ›Gegenstand und Bezeichnung‹ konstruiert, dann fällt der Gegenstand als irrelevant aus der Betrachtung heraus.« (*P. U.*, § 293)
Wittgenstein will damit nicht sagen, eine private Schmerzempfindung sei nichts oder sie gehöre etwa nur als kollektive Empfindung zu einem möglichen Sprachspiel. Was er sagen will, ist vielmehr dies: Unsere privaten Empfindungen sind dadurch, daß wir von ihnen reden (oder sie auch nur zum Ausdruck bringen), in einem intersubjektiven Medium veröffentlicht. Ohne Bindung an dieses intersubjektive Medium, d. h. ohne Bindung an äußere Kriterien wie Ausdruck, Schmerzbenehmen und daran anknüpfende öffentlich gültige Wörter der Sprache könnte nicht einmal das empfindende

gelegtheit, in die das Dasein zunächst hineinwächst, vermag es sich nie zu entziehen. In ihr und aus ihr und gegen sie vollzieht sich alles echte Verstehen, Auslegen und Mitteilen, Wiederentdecken und neu Zueignen. Es ist nicht so, daß je ein Dasein unberührt und unverführt durch diese Ausgelegtheit vor das freie Land einer ›Welt‹ an sich gestellt würde, um nur zu schauen, was ihm begegnet« (a.a.O., § 35).

Individuum seine Empfindung als solche identifizieren und wiedererkennen[57].

Wittgenstein erörtert dasselbe Problem noch in einer anderen Form durch die Frage »Was es bedeutet, einer Regel zu folgen« (*P. U.*, §§ 197 ff.): »Ist, was wir ›einer Regel folgen‹ nennen, etwas, was nur *ein* Mensch, nur *einmal* im Leben, tun könnte? ...« Wittgensteins Antwort lautet: »Es kann nicht ein einziges Mal nur eine Mitteilung gemacht, ein Befehl gegeben oder verstanden worden sein, etc. – Einer Regel folgen, eine Mitteilung machen, einen Befehl geben, eine Schachpartie spielen sind Gepflogenheiten (Gebräuche, Institutionen). Einen Satz verstehen heißt, eine Sprache verstehen. Eine Sprache verstehen heißt, eine Technik beherrschen.« (*P. U.*, § 199)

Die Konsequenzen dieser Thesen für die Logik der Sozialwissenschaften, die in jüngster Zeit gezogen wurden[58], sind ähnlich weitreichende wie diejenigen, die sich aus Heideggers Aufweis der phänomenalen Gleichursprünglichkeit von »Verstehen« und »Mitsein« für die Grundlegung des hermeneutischen Verstehens in den Geisteswissenschaften ergeben: Es zeigt sich nämlich, daß alles »Verstehen« menschlichen Verhaltens, im Gegensatz zum bloßen Erklären von Naturvorgängen, zweierlei voraussetzt: 1. daß die Regel des zu verstehenden Verhaltens im Kontext einer gesellschaftlichen Lebensform, die zugleich ein Sprachspiel ist, intersubjektiv kontrollierbar sein muß, 2. daß der Interpret des regelgeleiteten Verhaltens an diesem Sprachspiel prinzipiell muß teilnehmen können. Ist eine der beiden Voraussetzungen nicht erfüllt, so kann eine Verwechslung des »Verstehens« mit einer »bloßen Erklärung«, die dem Verhalten nur von außen eine Regel unterlegt, nicht ausgeschlossen werden; denn es gibt kein Verhalten, dem man nicht von außen eine Regel unterlegen könnte, wenn man diese nur kompliziert genug macht[59]. – Die erste Bedingung einer gesellschaftlichen Kontrolle des regelge-

57 Vgl. *Philosophische Untersuchungen*, § 257: »Wie wäre es, wenn die Menschen ihre Schmerzen nicht äußerten (nicht stöhnten, das Gesicht nicht verzögen, etc.)? Dann könnte man einem Kind nicht den Gebrauch des Wortes ›Zahnschmerzen‹ beibringen.«

58 Vgl. P. Winch: *The Idea of a Social Science and its Relation to Philosophy*, London 1958 (dtsch. Übersetzung Frankfurt 1966, in *Theorie 2*, Suhrkamp). Ferner J. Habermas: *Zur Logik der Sozialwissenschaften*, a.a.O., III, 7.

59 Hierdurch wird die von Droysen und Dilthey begründete Unterscheidung von »Erklären« und »Verstehen« (bzw. »Naturwissenschaften« und »Geisteswissenschaften«) auf eine neue methodologische Basis gestellt. – Vgl. hierzu K.-O. Apel: Die Entfaltung der »sprachanalytischen« Philosophie und das Problem der »Geisteswissenschaften« (*Philos. Jb.*, 72. Jg., 1965), S. 276 ff. (s. Bd. II, S. 28 ff.).

leiteten Verhaltens durch andere kann allerdings auch durch den Interpreten selbst erfüllt werden und somit die Erfüllung der ersten und der zweiten Bedingung zusammenfallen, wenn die zu verstehende Regel diejenige eines Dialogs ist. Und hier stoßen wir in der Tat auf diejenige Sprachspiel- bzw. diejenige gesellschaftliche Lebensform, die sogar für die Geltung der formalen Logik, d. h. für die Verständlichkeit derjenigen Regeln, die jedes regelgeleitete Verhalten impliziert, schon vorausgesetzt ist. M. a. W.: Aus der Einsicht in die Gleichursprünglichkeit von »Mitsein«, »Verstehen« und »Rede« (Heidegger) bzw. der »Verwobenheit« von »Sprachspiel« und gesellschaftlicher »Lebensform« (Wittgenstein) ergibt sich die Möglichkeit einer Grundlegung der formalen Logik im »Dialog« – eine Möglichkeit, die in völlig unabhängiger Weise von Paul Lorenzen bereits realisiert worden ist[60].

Die Parallelisierung von Heideggers Existenzialhermeneutik und Wittgensteins Analyse der Sprachspiele als Lebensformen ließe sich noch sehr viel weiter treiben. So wäre etwa der implizite Pragmatismus der Heideggerschen Phänomenologie des alltäglichen In-der-Welt-Seins, des »besorgenden Zutunhabens« und seiner Erschließung der »Bedeutsamkeit«, mit Wittgensteins Sinnkriterium des in der Lebenspraxis funktionierenden Sprachspiels zu vergleichen. In beiden Fällen dient die Herausarbeitung der lebenspraktischen Funktionszusammenhänge einer Infragestellung der gegenstandstheoretischen Ontologie. In diesem Zusammenhang ist insbesondere die weitgehende Übereinstimmung in der Kritik des mathematischen Exaktheitsideals zu erwähnen:

Für Heidegger »übersteigen die Voraussetzungen historischer Erkenntnis grundsätzlich die Idee der Strenge der exaktesten Wissenschaften«, »weil Verstehen seinem existentialen Sinn nach das Seinkönnen des Daseins selbst ist« (*S. u. Z.*, S. 153)[61]. In ähnlicher Weise relativiert auch Wittgenstein das Ideal der Genauigkeit auf das Ziel, um das es in einer bestimmten Lebensform jeweils geht (*P. U.*, § 88). Wenn Heidegger in *Sein und Zeit* den verborgenen

60 Vgl. P. Lorenzen, »Logik und Agon«, in: *Atti del XII Congresso Internazionale di Filosofia* (Venezia 1958), und: »Ein dialogisches Konstruktivitätskriterium, in: *Infinitist Methods, Proceedings of the Symposium on Foundations of Mathematics*, Warszawa 1959 (Oxford 1961).

61 Bei Wittgenstein heißt es entsprechend: »Die Grammatik des Wortes ›Wissen‹ ist offenbar eng verwandt der Grammatik der Worte ›können‹, ›imstande sein‹. Aber auch eng verwandt der des Wortes ›Verstehen‹ ...« (*Philos. Untersuchungen*, I, § 150.)

letzten Maßstab alles Verstehens und damit auch Einschätzens und Messens im »Worumwillen« der Daseins-»Sorge« erblickt, so heißt es bei Wittgenstein: »Das Vorurteil der Kristallreinheit (gemeint ist das absolute Exaktheitsideal einer Metaphysik der mathematischen Logik) kann nur so beseitigt werden, daß wir unsere ganze Betrachtung drehen ... aber um unser eigentliches Bedürfnis als Angelpunkt.« (*P. U.*, § 108)

Die Herausarbeitung der pragmatistischen Aspekte in der Philosophie Heideggers und Wittgensteins ist aber auch am besten geeignet, den Divergenzpunkt beider Denker mit einiger Genauigkeit zu bezeichnen:

Bei dem späten Wittgenstein ist der Pragmatismus, und zwar ein pluralistisch-relativistisch-finitistischer »Gegenwartspragmatismus«, der alle Spielarten des amerikanischen Pragmatismus an Radikalität weit übertrifft, allem Anschein nach der letzte metaphysisch-antimetaphysische Grund seines Denkens. Auf die Frage etwa, warum Wittgensteins Philosophie, die doch, als deskriptive Phänomenologie der Sprachverwendung, »alles läßt, wie es ist«[62], nicht auch die spekulativen Sprachspiele der Metaphysik als solche gelten läßt, gibt es in den *Philosophischen Untersuchungen* keine andere Antwort als den nunmehr pragmatistisch gewendeten Sinnlosigkeitsverdacht gegen solche Sprachspiele, die im Kontext der Lebenspraxis nicht mehr funktionieren, bei denen die Maschine der Sprache leerläuft[63].

Das Sinnkriterium der praktischen Bewährung liegt offensichtlich auch der eigentümlichen Auszeichnung der Alltagssprache (»Ordinary language«) als der »Heimat« alles sinnvollen Wortgebrauchs zugrunde. Dabei hat Wittgenstein offenbar stets ein Nebeneinander überblickbarer Formen der wechselseitigen Bestätigung von Sprachgebrauch und Lebenspraxis vor Augen. Diese Formen mögen verschieden und der Veränderung unterworfen sein: jedenfalls aber liegen sie als gegenwärtig funktionierende Einheiten offen zutage. Die praktische Bewährung des »Sprach-Gebrauchs« kann, wie es scheint, nach Wittgenstein nicht etwa darin liegen, daß ein plötzliches Verstehen sprachlicher Äußerungen, die vielleicht lange Zeit als unverständlich galten, zu geschichtlicher Neugründung der Lebensformen führt – wie es in der theologischen und philosophischen Textinterpretation doch geradezu vorgesehen ist. Weder der, alle Übersetzung und geisteswissenschaftliche Interpretation ermöglichende,

62 *Philos. Untersuchungen*, I, § 124. 63 Ebda., § 132.

innere Zug jedes Sprachspiels zur Selbstreflexion noch die eben dadurch bedingte Kontinuität eines alle Sprachspiele verknüpfenden menschlichen Gesprächs kommen bei Wittgenstein zur Sprache[64]. Seine Sprachanalyse ist ungeschichtlich und – wie sich beinahe von selbst versteht – ohne jedes spekulative Fernziel (etwa das einer progressiven Korrektur von Sprache und Lebensform auf der Linie einer Vertiefung des Welt- und Selbstverständnisses und einer Beseitigung aller Hindernisse zwischenmenschlicher Verständigung). Mit dem ungeschichtlichen Gegenwartspragmatismus der Sprachspielkonzeption des späten Wittgenstein hängt ein weiterer spürbarer Mangel seiner Sprachphilosophie eng zusammen: Wittgenstein vergleicht die Sprache mit einem »Werkzeugkasten« und spielt die unbegrenzte Vielfalt der Werkzeug-Funktionen gegen die seit Aristoteles von der Sprachphilosophie monopolisierte »Bezeichnungsfunktion« aus[65]. Damit hat er zweifellos eine fruchtbare Erweiterung des sprachphilosophischen Denkens ermöglicht – eine Erweiterung übrigens, die dem instrumentell-operativen Verhältnis des modernen Menschen zur Welt und zur Sprache ebenso gemäß sein dürfte wie das aristotelische Modell dem kontemplativ-theoretischen Verhältnis der Griechen zu einem Kosmos, der als in seinem Sosein vor aller Sprach-Praxis der Menschen bestimmt gilt und demnach nur zu bezeichnen und zu erkennen ist. Indessen dürfte diese instrumentalistische Interpretation des Wesens der Sprache doch nur die eine, vordergründige Tendenz im Verhältnis des modernen Menschen zur Sprache beleuchten. Sie erlaubt es nach Wittgenstein, die Vielfalt der Verwendungsweisen der Sprache mit Rücksicht auf eine Vielfalt der vorauszusetzenden Ziele oder Bedürfnisse menschlicher Praxis richtig einzuschätzen. Sie erlaubt es hingegen kaum, alle Formen des – sit venia verbo – »Sprach-Gebrauchs« überhaupt »wahrzunehmen«, geschweige denn zu würdigen, in denen der Sinn der Worte nicht allein aus ihrer instrumentellen Funktion im Kontext eines schon feststehenden Sprachspiel-Zwecks zu beurteilen ist, sondern aus dem höheren Bedürfnis des Menschen, einen Sinnhorizont für die wahren Zwecke und Bedürfnisse der Praxis allererst zu gewinnen[65a]. Dieses »Meta-Bedürfnis«

64 Vgl. K.-O. Apel, »Wittgenstein und das Problem des hermeneutischen Verstehens«, in: *Zeitschrift f. Theologie u. Kirche*, 63. Jg. (1966), S. 50–87 (s. unten S. 334 ff.).
65 Vgl. *Philos. Untersuchungen*, I, § 11.
65a Vgl. oben S. 138 unsere Kritik an Morris' Semiotik.

könnte zur immer noch fortschreitenden Instrumentalisierung der Sprache in Politik, Technik, Wirtschaft und Wissenschaft in einem komplementären Verhältnis stehen und in einem komplementären Verhältnis wachsen; und es könnte etwa in der Kunst, Religion und in der spekulativen Philosophie Sprachspiele erzeugen, bei denen nicht sosehr die konventionelle Regel der Verwendung den Sinn der Worte und Sätze als »Werk-zeuge« festlegt, als vielmehr umgekehrt die Sinnkonzentration in Worten und Sätzen am Aufbau eines Sprachspiels und damit einer neuen Lebensform mitwirkt[66]. Hierher könnten die sogenannten Sprachbilder und Metaphern im weitesten Sinne zu rechnen sein, alle »Mittel« der Dichter zur Verfremdung des konventionellen, in grammatischen »Patterns« einrastenden Sinnverständnisses, alle mit der Gefahr der Erzeugung von Scheinproblemen belasteten Versuche der Philosophen, das zu sagen, was sich, nach Wittgenstein, nicht sagen läßt.

Man wird bemerkt haben, daß ich bei der Kritik der instrumentalisch und ungeschichtlich konzipierten Sprachphilosophie Wittgensteins von Gesichtspunkten und sprachlichen »Vorgriffen« Gebrauch gemacht habe, die sich vielleicht nur von Heidegger her gewinnen lassen. Genauer gesagt: von dem mittleren und späten Heidegger.

Denn die Analyse der Arbeits- und »Zeug«-Welt in *Sein und Zeit*, die ihren obersten Bezugspunkt in dem »Worum-willen« der Daseins-»Sorge« hat, scheint – wie schon angedeutet – einem pragmatischen Seinsverständnis zu entsprechen. Und sogar für eine pragmatische Sprachphilosophie, welche die Funktion der Sprachmittel von der »Zuhandenheit« des »Zeugs« im Verweisungszusammenhang des Situationsverständnisses her versteht, findet sich in *Sein und Zeit* ein Ansatzpunkt; etwa in dem Satz: »Zeichen ist ein ontisch Zuhandenes, das als dieses bestimmte Zeug zugleich als etwas fungiert, was die ontologische Struktur der Zuhandenheit, Verweisungsganz-

66 In einigen, späten Aphorismen scheint Wittgenstein, der ja persönlich ein intimes Verhältnis zur Dichtung hatte (z. B. Trakl sehr hochschätzte), dem Problem, auf das wir hinzielen, nahe zu kommen. Vgl. z. B. *Philos. Untersuchungen*, I, § 531: »Wir reden vom Verstehen eines Satzes in dem Sinne, in welchem er durch einen anderen ersetzt werden kann, der das gleiche sagt; aber auch in dem Sinne, in welchem er durch keinen andern ersetzt werden kann. (So wenig wie ein musikalisches Thema durch ein anderes.)
Im einen Fall ist der Gedanke des Satzes, was verschiedenen Sätzen gemeinsam ist; im andern etwas, was nur diese Worte, in diesen Stellungen, ausdrücken (Verstehen eines Gedichts).« – Vgl. *Philos. Untersuchungen*, II, XI (Suhrkamp-Ausgabe, S. 526 f.).

heit und Weltlichkeit anzeigt[67].« Hier ist, ähnlich wie bei Wittgenstein, der ein strukturelles Weltvorverständnis a priori festlegende Charakter der Zeichenverweisung im Rahmen eines pragmatischen Horizontes sichtbar gemacht; ja, der Hinweis Heideggers, daß die ontische Auszeichnung der Zeichen darin liegt, die ontologische Verweisungsstruktur der Situationswelt bewußt zu machen, könnte als eine methodologische Anweisung verstanden werden, statt Phänomenologie Sprachspielanalyse zu betreiben. Und in der Tat hat Heidegger selbst die phänomenologische Methode schon in *Sein und Zeit* an den Leitfaden einer Sprachhermeneutik gebunden[68].

Indessen: der sogenannten »Kehre« von der Daseinsanalyse zur Seinsgeschichte entspricht eine neue exemplarische Orientierung der Sprachhermeneutik Heideggers. Es kam nicht zu einer Sprachphilosophie, welche die Zeug-Funktion der Sprachzeichen im Zusammenhang des »besorgenden Zutun-habens«, bezogen auf das Worumwillen der Sorge, entfaltet hätte. Statt dessen hat Heidegger z. B. in den Hölderlininterpretationen und in dem Aufsatz »Der Ursprung des Kunstwerks« gezeigt, daß das Sein als »Worumwillen« der Sorge keinen festen anthropologisch-pragmatischen Zweckhorizont stiftet, sondern in geschichtlichen Sinnereignissen jeweils neu zur Sprache kommen kann. Solche »Weltlichtung«, die zugleich ein »Wahrheits*geschehen*« ist, vollzieht sich nach Heidegger nicht in der instrumentalistischen Sprache des Alltags und des technisch-wissenschaftlichen Betriebs, welche die Dinge als zuhandenes Zeug oder – im Grenzfall – als vorstellbare »Gegenstände« oder »bestellbare Bestände« unter mathematischem Vorgriff verfügbar macht, sondern in der Sprache der Dichter und Denker, welche die »Dinge« so aufgehen läßt, daß im Lichte ihrer neuen Bedeutsamkeit das Dasein des Menschen sich wesenhaft verändern kann.

Mit scheint in der Tat, daß in dieser, am Kunstwerk exemplarisch orientierten, Sprachphilosophie des späten Heidegger eine notwendige Ergänzung und Korrektur des technisch-szientifischen Sprachbegriffs der gesamten analytischen Philosophie (und der von ihr inspirierten strukturalistischen Linguistik und Sprachästhetik) erblickt werden darf[69]. Dabei dürften die Abgrenzungen zwischen den

67 Heidegger: *Sein und Zeit,* a.a.O., S. 82 f.

68 Vgl. oben Anm. 56.

69 Vgl. hierzu K.-O. Apel: *Die Idee der Sprache in der Tradition des Humanismus von Dante bis Vico,* Bonn 1963, S. 35 ff.

Sprache der technisch-szientifischen Verfügbarmachung einerseits, der »worthaften Stiftung von Sein« andererseits allerdings sehr problematisch sein; kann doch wohl zuweilen die mathematische Formel zur Lichtung der Wahrheit des Seienden und sogar zum Glanz seiner Schönheit eher verhelfen als die professionelle Anstrengung von »Denkern« und »Künstlern«.

Diese Schwierigkeit, die in dem Wissenschaftsbegriff Heideggers begründet sein dürfte, gibt mir Anlaß zu einer kritischen Schlußbetrachtung, die Wittgenstein und Heidegger noch einmal nahe zusammenrückt und die Geltung ihrer Destruktion der traditionellen Metaphysik im Lichte einer m. E. noch unerschütterten Position des der Philosophie und der Wissenschaft gemeinsamen Logos einzuschränken sucht. Das Stichwort zu unserer abschließenden Kritik liefert der soeben exponierte Begriff der »Geltung«, d. h. der allgemeinen und intersubjektiven Verbindlichkeit einer Philosophie.

Daß Wittgenstein die Frage nach der Verbindlichkeit seiner eigenen Aussagen, die ihn im »Tractatus« in die Paradoxie geführt hatte, im Spätwerk befriedigend beantwortet hätte, wird man nicht behaupten wollen. Er entzieht sich dieser Frage durch die Behauptung, seine Philosophie stelle keine allgemeingültigen Lehren auf, sondern habe nur die praktische Funktion, durch sprachkritische Gedankenklärung, von Fall zu Fall, die Philosophie zur Ruhe zu bringen. Dieses »therapeutische« Geschäft, das vor allem in der Entlarvung des »metaphorischen Scheins« in den Fragestellungen der Philosophie besteht, kann aber selbst offenbar nicht wie eine kausal eingreifende Medizin betrieben werden, sondern setzt die *Überzeugung* des Patienten voraus. Tatsächlich hat die Wittgensteinsche Sprachkritik auch überzeugende Argumente zur Verfügung, deren Geltung keineswegs aus dem pragmatischen Erfolg der Therapie verstanden werden kann, sondern mit diesem zusammen auf die allgemeine Geltung einer neuen Einsicht in das Wesen der Sprache zurückgeführt werden muß. Wittgenstein hat jedoch – wie viele Pragmatisten und Lebensphilosophen vor ihm – den Ernst des Problems einer reflexiven Selbstrechtfertigung der Philosophie nicht mehr empfunden. Es scheint für ihn etwas Befriedigendes gehabt zu haben, die Geltung seiner eigenen Aussagen auf faktisch in Raum und Zeit funktionierende Sprachspiele zurückzuführen, deren Regeln – wie die Wortbedeutungen – selbst keine übergreifende (transzendentale) Geltung besitzen, sondern, wie die zugehörigen Lebensformen, endlich sein sollen. Tatsächlich leugnet der späte Wittgenstein, im Gegensatz zum *Tractatus,* die transzendentale Einheit der Analogie aller menschlichen »Sprachspiele« als solcher. Der Begriff der »Familienähnlichkeit« der Bedeutungsregeln von Fall zu Fall soll die aristotelische Konzeption der »Einheit der Analogie« ersetzen[70]. Eben dadurch entzieht sich aber Wittgenstein m. E., wie schon im *Tractatus,* selbst das Wort: Wer die Einheit der Analogie aller möglichen Bedeutungen des Wortes »Sprachspiel« in Abrede stellt, kann als Philosoph nichts Sinnvolles mehr über Sprachspiele überhaupt sagen, was Wittgenstein – vorgeblich – auch gar nicht will. Er kann aber auch nicht dies sinnvoll sagen: daß es (im Wesen des menschlichen Sprachgebrauchs liegt, daß es) keine Einheit der Analogie in der Mannigfaltigkeit der sprachbezogenen Bedeutungen eines Wortes gibt. Daß die Analyse des Sprachgebrauchs bei vielen Wörtern der Alltagssprache statt der Einheit der Analogie bloß »Familienähnlichkeit« im Sinne Wittgensteins aufzuweisen vermag, braucht m. E. gar nicht bestritten zu werden; wohl aber dies: daß Wittgenstein – wie er vorgibt – seinen eigenen – philosophischen – Sprachgebrauch in seinem kritischen Anspruch allein mit Hilfe des zweiten Modells verständlich machen kann.

Man könnte die selbstzerstörerische Einseitigkeit der Wittgensteinschen Metaphysikkritik – um ein Wort Heideggers abzuwandeln – als »Logosvergessenheit« charakterisieren. – Ist Heidegger, der die »Seinsvergessenheit« der abendländischen Metaphysik und insbesondere der aus ihr hervorgegangenen modernen Wissenschaft erkannt hat, der »Logosvergessenheit« entgangen?

Wir haben bei unserer Konfrontierung Heideggers mit dem frühen Wittgenstein bereits angedeutet, daß Heidegger zwar den hermeneutischen Logos des »Sich-in-der-Situation-Verstehens«, die »effektive Reflexion« des in der Sprache implizierten vorontologischen Seinsverständnisses, entdeckt hat, daß er aber den in der Unterscheidung von »existentiellem« und »existentialem« Verstehen bereits eingeschlagenen Weg der Selbstaufstufung der Reflexion nicht zu Ende gegangen ist. Heidegger hat dann in seiner späteren Philosophie diesen Weg der Transzendentalphilosophie überhaupt verlassen und

70 Vgl. *Philos. Untersuchungen,* §§ 65 ff. Faktisch argumentiert hier Wittgenstein freilich gegen die platonische Hypostasierung der Wortbedeutung. Daß zwischen dieser Position und seiner eigenen noch die aristotelische Annahme einer Einheit der Analogie möglich und als Bedingung der Gültigkeit seiner eigenen Rede in der Tat vorausgesetzt ist, macht sich Wittgenstein nicht klar.

den »Überstieg« seines Denkens allein in der vorlaufenden und zugleich erinnernden Besinnung auf das geschichtliche Sein begründet. Tatsächlich scheint mir der »hermeneutische Logos« der sogenannten »Geisteswissenschaften« und einer durch diese vermittelten Philosophie in der Spannung des Zugleich eines Vordenkens in die Möglichkeiten des menschlichen Seinkönnens und eines Wiederholens der in der Tradition bewahrten und fortwirkenden Seinsgeschichte den Grund seiner Aufschlußkraft zu besitzen. Doch scheint mir die reflexive Einsicht in eben diesen Grund des hermeneutischen Logos zu erweisen, daß die Philosophie nicht allein aus der »Hörigkeit« des Hörens auf den »Zuspruch« des Seins im geschichtlichen »Kairos« die Legitimation ihres Denkens und Sagens empfängt, sondern auch zugleich aus der ständig zu erneuernden Selbstaufstufung der Reflexion bis zum Denken des Denkens in totaler intersubjektiver Allgemeingültigkeit.

Diese festzuhaltende Restposition der Transzendentalphilosophie Hegelscher Provenienz kann zwar nicht die substantielle, effektive Reflexion der geschichtszugehörigen Besinnung ersetzen oder in sich »aufheben«. Aber sie bezeichnet den Punkt, an dem Philosophie, und mit ihr der Allgemeingültigkeitsanspruch der Wissenschaft, immer schon in der formalen Antizipation jedes überhaupt möglichen Endes der Seinsgeschichte festgemacht ist. Hier kann jede Diskussion zwischen Denkenden jederzeit den rationalen Sinn möglicher Argumente begründen und dergestalt eine kritische Gegeninstanz der Vernunft zur Geltung bringen angesichts der geschichtlichen Eröffnung der Wahrheit, die als dogmatisch-einseitige stets auch die Unwahrheit der Verdeckung möglicher Wahrheit implizieren muß[71].

Eine philosophische Erkenntnis freilich, die *nur* auf der letzten Stufe noologischer Reflexion sich einrichten wollte, würde ihren Mangel an Engagement mit der substantiellen Unverbindlichkeit inhaltlicher Leere bezahlen. Eine Philosophie andererseits, welche nur aus dem geschichtlichen Engagement ihre Geltung begründet, liefert den Menschen dem geschichtlichen Schicksal aus und gibt die im Zeichen

71 Zum dogmatischen Charakter der geschichtlich eröffneten Wahrheit vgl. E. Rothacker: *Die dogmatische Denkform in den Geisteswissenschaften und das Problem des Historismus*, Wiesbaden 1954. Ferner K.-O. Apel, »Kann es ein wissenschaftliches ›Weltbild‹ überhaupt geben?«, in: *Ztschr. f. philos. Forsch.*, Bd. XVI, S. 24–57. Und ders.: »Der philosophische Wahrheitsbegriff einer inhaltlich orientierten Sprachwissenschaft«, in: *Sprache – Schlüssel zur Welt*, Düsseldorf 1959, S. 11–38.

der philosophischen Aufklärung schon errungene Emanzipation des Menschen vom Schicksal wieder preis. Noch besitzen wir m. E. keine Philosophie, welche die tiefen Einsichten des 19. und 20. Jahrhunderts in die Seinszugehörigkeit des menschlichen Bewußtseins, von der Gesellschaftsphilosophie eines K. Marx bis zu Wittgenstein und Heidegger, mit dem exzentrischen Allgemeingültigkeitsanspruch des intersubjektiven Logos der Reflexion in befriedigender Weise vermittelt hätte.

Heideggers philosophische Radikalisierung der »Hermeneutik« und die Frage nach dem »Sinnkriterium« der Sprache

1. Problemstellung: Hermeneutik und Sinnkritik als Antwort auf die philosophische Sprachverwirrung der Gegenwart

Die gegenwärtige Situation der Philosophie hat man durch zwei, einander scheinbar widersprechende, Charakterisierungen zu bestimmen versucht: Die eine geht dahin, daß die verschiedenen Richtungen sich derart divergent entwickelt hätten, daß nicht nur hinsichtlich der Wahrheit der Resultate keine Übereinstimmung mehr zu erwarten, sondern bereits hinsichtlich des Sinnes der jeweiligen Fragestellungen keine Verständigung mehr möglich sei. (Dies stellt z. B. W. Stegmüller hinsichtlich des Verhältnisses von sog. »analytischer« Philosophie – z. B. Wittgenstein oder Carnap – und »Existenzphilosophie« – z. B. Jaspers oder Heidegger – fest[1].) Eine andere Beurteilung (die auf dem letzten Deutschen Philosophenkongreß häufig zu hören war und die das Thema dieses Kongresses geradezu inspiriert haben dürfte[2]) geht dahin, daß alle Richtungen der Gegenwartsphilosophie seit Jahrzehnten in der Problematik von »Sinn«, »Verstehen«, »Sprache« konvergieren.

Tatsächlich kann man die dominierende und heuristisch leitende Funktion der zuletzt angedeuteten Problematik gerade in der Literatur der – nach Stegmüller – extrem divergierenden Richtungen sehr leicht erkennen: Bei Heidegger z. B. geht es um die Frage nach dem »Sinn« von Sein, um das »Verstehen« als existenziale Verfassung des menschlichen »Daseins«, das in seinem Sein sich zum Sein verhält und insofern einen Verständnishorizont für die Frage nach dem Sinn von Sein liefert, schließlich um die »Sprache« als »Haus des Seins« und »Behausung des Menschenwesens«[3]. So verstand

1 W. Stegmüller, *Hauptströmungen der Gegenwartsphilosophie*, Stuttgart ³1965, XIII.

2 Vgl. H. G. Gadamer (Hrsg.), *Das Problem der Sprache, 8. Dtsch. Kongreß f. Philosophie* Heidelberg 1966, München 1967.

3 Vgl. M. Heidegger, *Platons Lehre von der Wahrheit, mit einem Brief über den Humanismus*, Bern 1947, S. 115.

Heidegger schon in »Sein und Zeit« seine philosophische Methode nicht als voraussetzungslose »Phänomenologie« im Sinne Husserls, sondern als »Hermeneutik«, die von der »öffentlichen Ausgelegtheit« des Daseins im »vorontologischen Seinsverständnis« ausgeht[4]; und seitdem hat sich diese Methode des mit der Sprache und gegen die Sprache Denkens immer mehr als der »Logos« der Heideggerschen Philosophie erwiesen.

Auf der Seite der »analytischen Philosophie«, die ihrer Methode nach eigentlich eine »sprach-analytische« Philosophie ist[5], geht es um »Sinn« bzw. »Sinnlosigkeit« oder »Unsinn« von Sätzen (so beim frühen Wittgenstein), um »logische Syntax« bzw. »Semantik« (R. Carnap), schließlich um die Beschreibung von »Sprachspielen« der »Alltagssprache«, in denen jeweils eine »Lebensform« mit einer »Regel« des Sprachgebrauchs und einem Vorverständnis der Weltstruktur »verwoben« ist (so beim späten Wittgenstein)[6].

Diese Konvergenz widerspricht indessen nicht von vornherein der von Stegmüller konstatierten Divergenz der philosophischen Richtungen; eher dürfte sie ein Symptom dafür sein, daß man die von Stegmüller festgestellte Situation der babylonischen Sprachverwirrung in der Philosophie mehr oder weniger bewußt erkannt hat und sich übereinstimmend auf eben die Problematik theoretisch konzentriert, in der man in der Praxis tatsächlich den Kontakt miteinander verloren hat: »Wo aber Gefahr ist, wächst das Rettende auch« (Hölderlin).

Mit der – im vorigen angedeuteten – Entsprechung von Heideggers »Hermeneutik« des Daseins, genauer: des vorontologischen »Seinsverständnisses« des »alltäglichen In-der-Welt-Seins«, und Wittgensteins Analyse der »Sprachspiele« der Alltagssprache und ihrer tiefengrammatischen Regelung des a priori gültigen Weltverständnisses scheint freilich auch bereits ein Bereich sachlicher Einsichten entdeckt zu sein, in dem die »hermeneutische« und die »sprachanalytische« Philosophie der Gegenwart tatsächlich konvergieren. Ich möchte mich jedoch in der vorliegenden Untersuchung nicht in erster Linie mit diesem – durchaus dankbaren – Thema der Konvergenz

4 Vgl. M. Heidegger, *Sein und Zeit*, ^{5}1941, S. 3 f. und insbes S. 169.

5 Vgl. K.-O. Apel, »Die Entfaltung der ›sprachanalytischen‹ Philosophie und das Problem der ›Geisteswissenschaften‹«, in: *Philos. Jb.* 72. Jg., 1965, S. 239–289. Vgl. Bd. II, S. 28 ff.

6 Vgl. K.-O. Apel, »Wittgenstein und das Problem des hermeneutischen Verstehens«, in: *Ztschr. f. Theologie u. Kirche*, 63. Jg., 1966, S. 49–87. Vgl. u. S. 334 ff.

von Wittgenstein und Heidegger beschäftigen[7], sondern mit dem nicht übersehbaren Gegensatz zwischen der »hermeneutischen« Frage nach dem »Sinn« und der für die »analytische Philosophie« konstitutiven Frage nach dem»Sinn-*Kriterium*« der Sprache: Gerade die von Heidegger aufgeworfene, hermeneutische Frage nach dem Sinn von »Sein« als dem Grundbegriff der abendländischen Ontologie provoziert eine Konfrontation mit der modernen Form der Metaphysikkritik, welche den Sinn ontologischer Fragestellungen überhaupt in Zweifel gezogen hat. Es erhebt sich die methodologische Frage, ob der Begriff möglichen Sinns von philosophisch-spekulativen Texten, wie er in der traditionellen Hermeneutik vorausgesetzt ist, durch die sprachanalytischen Versuche einer a priori gültigen Begrenzung möglichen Sinns von Sätzen etwa grundsätzlich überholt ist. Bereits die philosophischen Traditionen, aus denen her einerseits die »hermeneutische« und andererseits die »sprachanalytische« Frage nach dem »Sinn« sich ergaben, sind in der Tat sehr verschieden – so verschieden, daß eben darin die vielbeklagte, gegenseitige Entfremdung der »Hauptströmungen der Philosophie« in der ersten Hälfte dieses Jahrhunderts eine ihrer Wurzeln haben dürfte. Es empfiehlt sich daher, der aktuellen Konfrontation von Hermeneutik und Sinnkritik einige Hinweise auf die Vorgeschichte dieser beiden philosophischen Fragestellungen vorauszuschicken.

II. Historische Einleitung: Die Tradition der Hermeneutik und die Tradition der Sinnkritik

»Hermeneutik« ist als Terminus ebenso wie »Ontologie«, »Semiotik«, »System« u. a. eine gräzisierende Neubildung des 17. Jahrhunderts, die insbesondere in der protestantischen Theologie an die Stelle des älteren humanistisch-lateinischen Ausdrucks »ars interpretandi« trat[8]. Der Terminus »Hermeneutik« weist indessen ebenso wie die Sache auf griechische Ursprünge zurück. M. Heidegger hat diese Ursprünge einmal folgendermaßen charakterisiert[9]:

7 Vgl. hierzu K.-O. Apel, »Wittgenstein und Heidegger«, in: *Philos. Jb.* 75. Jg. 1967, S. 56–94. Vgl. S. 225 ff.

8 Vgl. Ernst von Dobschütz, *Vom Auslegen des Neuen Testaments*, Göttingen 1927.

9 M. Heidegger, *Unterwegs zur Sprache*, Pfullingen 1959, S. 121 f.

»Der Ausdruck ›hermeneutisch‹ leitet sich vom griechischen Zeitwort ἑρμηνεύειν her. Dies bezieht sich auf das Hauptwort ἑρμηνεύς, das man mit dem Namen des Gottes Ἑρμῆς zusammenbringen kann in einem Spiel des Denkens, das verbindlicher ist als die Strenge der Wissenschaft. Hermes ist der Götterbote. Er bringt die Botschaft des Geschickes; ἑρμηνεύειν ist jenes Darlegen, das Kunde bringt, insofern es auf eine Botschaft zu hören vermag. Solches Darlegen wird zum Auslegen dessen, was schon durch die Dichter gesagt ist, die selber nach dem Wort des Sokrates in Platons Gespräch (ION, 534 e) ἑρμηνῆς εἰσιν τῶν θεῶν ›Botschafter sind der Götter‹.«

Wenn schon die Dichter selbst Darleger und Ausleger einer Botschaft sind, so sind die Rezitatoren und Interpreten der Dichter eigentlich Ausleger der Ausleger. In der Tat nennt Sokrates die Rhapsoden in dem von Heidegger zitierten Platontext »ἑρμηνέων ἑρμηνῆς« (Ion, 535 a). Platon kennt auch bereits eine ἑρμηνεύτικη (τέχνη), die, im Unterschied zu den kritischen »τέχναι«, nicht über wahr und falsch urteilt, sondern nur – wie der Herold – das von anderen Gesagte vermittelt (τὸ λεγόμενον γὰρ οἶδεν μόνον, εἰ δ'ἀληθες, οὐκ ἔμαθεν[10]).

In diesen Belegstellen ist der vorwissenschaftliche Ursprung und die mögliche Reichweite und Problematik einer Kunstlehre der »Darlegung« und »Auslegung« von Worten und Texten angedeutet. Die letztere erstreckt sich von der Kunst des Herolds und des Rhapsoden, die als solche schon von der bloßen Mitteilung und Verkündigung zur »Interpretation« durch »Rezitation« sich erweitert, über die Kunst des Dolmetschers, der die Botschaft von einem Sprachmedium ins andere »übersetzt« und insofern »interpretiert«, bis zur Kunst der »Exegese« und »Kommentierung«. Diese wirft allerdings – entgegen der klassischen Unterscheidung von »Hermeneutik« und »Kritik«, die wir soeben bei Platon vorgeprägt fanden – das bis heute umstrittene Problem auf, ob der »Interpret« das Wort des Autors auslegen kann, ohne im »Verstehen« des Gesagten auch bereits ein Wissen über dessen sachliche Wahrheit oder Falschheit vorauszusetzen.[11] Der Umstand andererseits, daß auch der Autor (bei Platon der Dichter) ursprünglich als »Interpret« (ἑρμηνεύς)

10 Platon, *Epinomis,* 975 c.

11 Vgl. besonders H.-G. Gadamer, *Wahrheit und Methode. Grundzüge einer philosophischen Hermeneutik,* Tübingen ²1965.

aufgefaßt wurde, könnte als Hinweis darauf verstanden werden, daß er seinerseits nicht nur Wahres oder Falsches über eine vorgegebene Sache zum Ausdruck bringt, sondern in der sprachlichen Formulierung (der ἑρμηνεία als »Aussage«) auch schon einen verstehbaren Sprach-Sinn mit der Auffassung der Sache zugleich neu »auslegen« muß.[12] Mit diesen Bemerkungen sei gleich zu Beginn der Horizont einer möglichen philosophischen Radikalisierung der traditionellen Idee der Hermeneutik angedeutet.

Als Kunstlehre der Dichterauslegung wurde die ἑρμηνευτική bereits in hellenistischer Zeit im engen Zusammenhang mit den übrigen τέχναι λογικαί (»Grammatik«, »Rhetorik«, »Dialektik«) ausgebildet, vor allem in der sogenannten allegorischen Methode, die es gestattete, die überlieferten Mythen mit einem philosophisch – insbesondere ethisch – aufgeklärten Bewußtsein in Einklang zu bringen. In diesem Sinne wurde die Auslegungskunst auch von den jüdischen, christlichen und islamischen Theologen übernommen und auf die *Heilige Schrift* angewandt.[13] Hinzu trat als dritter Anwendungsbereich der Hermeneutik die Interpretation des Corpus iuris canonici in der Überlieferung der Jurisprudenz. Aus diesen historischen Hinweisen ergibt sich, daß die Hermeneutik zunächst eine praktisch engagierte Technik der sprachlich-literarischen Traditionsvermittlung, insbesondere im Dienste der Buchreligionen, darstellte. Ihre theoretische Vertiefung hat die Hermeneutik in der Folgezeit immer dann erfahren, wenn das Verhältnis zur Tradition in eine Krise geriet und die Frage nach der richtigen Auslegung des Sinns überlieferter Texte ins Bewußtsein trat. Dies geschah, nach der Entstehung der »Allegorese« und nach der ebenfalls hermeneutisch relevanten Ausbildung der scholastischen »Sprachlogik« (auf die wir gleich zurückkommen werden), vor allem in der Zeit des Humanismus und der Reformation. Die Abwendung von der unhistorisch-spekulativen Lehre vom mehrfachen Schriftsinn und die Ersetzung der Autorität der Tradition durch die Autorität der *Heiligen Schrift*,

12 In der Tat ist Erkenntnis als »Konzeption« von Begriffen niemals auf eine zweistellige Subjekt-Objekt-Relation zu beschränken. Die »Konzeption« ist nicht auf »Perzeption« objektiver Daten zurückzuführen, sondern ist immer schon »Interpretation« im intersubjektiven Rahmen der Sprachgemeinschaft als »Interpretationsgemeinschaft«, wie J. Royce im Anschluß an Ch. S. Peirce sagt (vgl. J. Royce, *The Problem of Christianity*, New York 1913, Vol. II). – Diese in Deutschland noch wenig beachtete Entdeckung der hermeneutischen Dimension aller Erkenntnis ist mit Heideggers Radikalisierung der Idee der Hermeneutik, die im folgenden entwickelt werden soll, zusammenzuhalten.

13 Vgl. G. Ebeling, Art. »Hermeneutik«, in: *RGG* III, Tübingen [3]1959, Sp. 245–258.

die zur Forderung einer Auslegung der Bibel aus ihrem eigenen Zusammenhang führte, brachte eine bedeutende methodologische Verschärfung der hermeneutischen Fragestellung mit sich, so daß W. Dilthey hier erst »die endliche Konstituierung der Hermeneutik« ansetzen konnte.[14]

Der nächste Wendepunkt in der Geschichte der Hermeneutik ist durch den Namen des Theologen und Philosophen Schleiermacher gekennzeichnet: mit seinem Grundsatz, daß, strenggenommen, nicht das Verstehen, sondern das Mißverstehen das Selbstverständliche sei[15], hat er gewissermaßen den kartesischen Zweifel in die praktisch engagierte Kunstlehre der Hermeneutik hineingetragen und das »Verstehen«, unabhängig von allen dogmatischen und pragmatischen Bindungen der Bibelinterpretation, zum Thema philosophischer Erkenntnistheorie erhoben. W. Dilthey ist ihm darin gefolgt und hat darüber hinaus, unter der Herausforderung der »Logik« (der »moral sciences«) von J. St. Mill und in Anknüpfung an J. G. Droysens *Historik*, das »Verstehen« zum methodologischen Grundbegriff aller sogenannten »Geisteswissenschaften« deklariert – im Unterschied zum kausalanalytischen »Erklären« der Naturwissenschaften.[16] Sowohl Schleiermacher wie Dilthey radikalisieren mit ihrer Frage, wie Verstehen überhaupt möglich ist, jene Infragestellung des traditionsvermittelten Verstehens der Bibel und der klassischen »auctores«, die bereits die Humanisten und die Reformatoren bewegt hatte. Zugleich damit knüpfen sie an die Kantische Frage nach den Bedingungen der Möglichkeit und Gültigkeit der objektiven Erkenntnis an. Der von Schleiermacher angedeutete methodische Rückgang der Fragestellung auf ein Subjekt, das noch nicht versteht, führt indessen bei Dilthey zu der Einsicht, daß das Subjekt des Verstehens nicht, wie das Subjekt der objektiven Erkenntnis in der Naturwissenschaft, als ein reines Bewußtsein aufgefaßt werden kann, das von außen affizierende Dinge-an-sich als gesetzmäßige Erscheinungen bestimmt, sondern als das sich im »Erlebnis« und im »Ausdruck« des Erlebnisses von innen verstehende »Leben«. Um fremdes Leben zu verstehen, muß man nach Dilthey

14 Vgl. W. Dilthey, *Die Entstehung der Hermeneutik*, in: *Ges. Schriften*, Bd. V, Leipzig u. Berlin 1962, 323 ff.

15 Schleiermacher, *Hermeneutik*, §§ 15 u. 16, *Werke* I, S. 7, 29 f. Vgl. H.-G. Gadamer, *Wahrheit und Methode*, Tübingen 1960, S. 172 f.

16 Vgl. K.-O. Apel, »Das Verstehen: eine Problemgeschichte als Begriffsgeschichte«, in: *Arch. f. Begriffsgeschichte* I, S. 142–199.

immer schon sich selbst als Leben verstanden haben, was nicht ausschließt, daß das anfängliche Selbstverständnis erst durch das Verstehen des fremden Lebensausdrucks, das im kunstmäßigen Verstehen der Geisteswissenschaften hochstilisiert wird, zu einem Selbstverständnis im Sinne der Humanitas ausgebildet wird.

An diese Konzeption Diltheys, dergemäß das von innen verständliche menschliche Leben, hinter das nicht zurückgegangen werden kann, die kartesisch-kantische Subjekt-Objekt-Trennung immer schon übergreift und daher aus seinem Selbstverständnis ausgelegt werden kann, knüpft Heidegger in *Sein und Zeit* an[17]. In seiner existenzialen Hermeneutik setzt er an die Stelle des sich im hermeneutischen Zirkel von Erlebnis und Ausdruck verständlichen Lebens das menschliche »Dasein«, in dem das Sein überhaupt ein Verhältnis des Verstehens zu sich selbst gewonnen hat. Dieser Ansatz erlaubt es ihm, die platonisch-aristotelische Frage nach dem Sein des Seienden (nach dem ὄν ᾗ ὄν) als Frage nach dem »Sinn von Sein« unter der Voraussetzung zu erneuern, daß es einen Verständnishorizont für diese Frage gibt: das Dasein des Menschen nämlich, der in seinem Sein »zu sein versteht« und damit zugleich auch immer schon unausdrücklich (»vorontologisch«) das Sein alles übrigen Seienden versteht. Diesen »fundamentalontologischen« Ansatz wollen wir im folgenden als philosophische *Radikalisierung der Hermeneutik* verstehen. Sie erreicht ihr eigentliches methodologisches Selbstverständnis da, wo Heidegger die Sprache als geschichtliches Medium der Selbstauslegung des Seins im Selbst- und Weltverständnis des Menschen (im »Da-sein« als der »Lichtung des Seins«) begreift.

17 Heidegger sagt darüber in *Unterwegs zur Sprache*, Pfullingen 1959, S. 96: »Der Titel ›Hermeneutik‹ war mir aus meinem Theologiestudium her geläufig. Damals wurde ich besonders von der Frage des Verhältnisses zwischen dem Wort der Heiligen Schrift und dem theologisch-spekulativen Denken umgetrieben. Es war, wenn Sie wollen, dasselbe Verhältnis, nämlich zwischen Sprache und Sein, nur verhüllt und mir unzugänglich, so daß ich auf vielen Um- und Abwegen vergeblich nach einem Leitfaden suchte ... Ohne diese theologische Herkunft wäre ich nie auf den Weg des Denkens gelangt. Herkunft aber bleibt stets Zukunft ... Später fand ich den Titel »Hermeneutik« bei Wilhelm Dilthey in seiner Theorie der historischen Geisteswissenschaften wieder. Dilthey war die Hermeneutik aus derselben Quelle her vertraut, aus seinem Theologiestudium, insbesondere aus seiner Beschäftigung mit Schleiermacher.« – Vgl. auch O. Pöggeler, *Der Denkweg Martin Heideggers*, Pfullingen 1963, Kap. II, über die Periode zwischen 1919 und 1923, in der Heidegger vorübergehend die – scholastisch-theologische – Frage nach dem Sein durch die von Dilthey und Kierkegaard inspirierte Frage nach der »Faktizität des Lebens« ersetzt, um erst über diese Frage vermittelt zu seiner neuen – »hermeneutischen« – Frage nach dem Sein zu kommen.

Wie kam es demgegenüber zu der Frage nach dem »Sinnkriterium« der Sprache, welche die »analytische Philosophie« unserer Tage weitgehend beherrscht?

Wir können auch hier noch einmal bei dem griechischen Wort ἑρμηνεία ansetzen, diesmal jedoch nicht bei der ἑρμηνεία der Dichter bzw. ihrer Ausleger, die in der theologischen und geisteswissenschaftlichen Hermeneutik methodisch hochstilisiert wurde, sondern bei der ἑρμηνεία als »Aussage«, wie sie von Aristoteles im 1. Teil seines sogenannten »Organon« untersucht wird. Hier wird die ἑρμηνεία nicht primär als ein Vorgang der Interpretation aufgefaßt, der eine intersubjektive Vermittlung von Sinn in der Weise der »Tradition« zu leisten hat, sondern als eine onto-logisch bedingte Struktur der Sprache, welche die Bedingung der Möglichkeit von Bedeutung bzw. Sinn ein für allemal festlegt. Die Frage nach dem Sinn ist damit aus der Pragmatik des Gesprächs herausgelöst und – wenigstens im Ansatz und in der Tendenz – einer »logischen Syntax« und »Semantik« unterstellt.[18] Schon bei Aristoteles ist dieser Anfang einer Sprach-Logik verknüpft mit Ansätzen zur Sprach-Kritik: in der Lehre »Von den sophistischen Trugschlüssen«. Hier begegnet auch zum erstenmal der Gedanke einer formalisierten Sprache, welche die Worte als »Rechensteine« verwenden würde, so daß in der logischen Verknüpfung der Worte die notwendige Verknüpfung der bezeichneten Tatsachen abgebildet würde. Er wird von Aristoteles eben wegen der notwendigen Vieldeutigkeit der Sprache abgelehnt: »denn die Worte und die Menge der Reden sind begrenzt, die Dinge aber sind der Zahl nach unbegrenzt. Es ist aber notwendig, daß eine Rede und (daß ein Wort) vieles bedeute.«[19]

Mit diesen Ansätzen des Aristoteles ist im Grunde bereits die Fragestellung einer »sprach-analytischen« Philosophie bezeichnet: Es geht darum, einerseits jene Fehlerquellen des menschlichen Denkens aufzuspüren und zu entlarven, die auf dem Mißverständnis der Sprach-

18 Die Abstraktion von der pragmatischen Dimension der Rede kommt zum Ausdruck in der Abspaltung der Rhetorik und Poetik von der Sprachlogik. Vgl. dazu die folgende Stelle bei dem Kommentator Ammonius: »Da die Rede eine zweifache Beziehung hat – wie Theophrast gezeigt hat –: eine zu den Hörern, für welche sie etwas bedeutet, die andere zu den Dingen, von welchen der Sprecher den Hörenden berichtet, entstehen im Hinblick auf die Beziehung zu den Hörern die Poetik und die Rhetorik ... im Hinblick aber auf die Beziehung der Rede zu den Dingen wird der Philosoph dafür Sorge tragen, das Falsche zu widerlegen und das Wahre zu beweisen« (*De int. Comm.*, S. 65, 31–66, 9).

19 Aristoteles, *Soph. El.* 1, S. 165a 2–13.

funktion beruhen, andererseits eben diese Sprachfunktion (die syntaktischen und semantischen Regeln des Zeichengebrauchs) soweit zu erforschen, daß die Vieldeutigkeit der Alltagssprache der wissenschaftlichen Verständigung keine Hindernisse mehr in den Weg stellt. Beide Aufgaben wurden bereits im Mittelalter, das als traditionsgebundene »Tochterkultur« (Toynbee) in extremem Maße auf Textinterpretation angewiesen war, mit großer Energie in Angriff genommen. Es entstanden jene umfangreichen und scharfsinnigen Traktate »De proprietatibus terminorum« (in ihrem Zusammenhang vor allem die Suppositionstheorie) und »De modis significandi« (auch »spekulative Grammatik« genannt), welche in unseren Tagen als unmittelbare Vorläufer der logischen Syntax und Semantik neu gewürdigt werden. Bereits im Mittelalter ergab sich aber schon – innerhalb der Artistenfakultät – eine Spannung zwischen den Sprachlogikern, die über den möglichen Sinn der »auctores« aufgrund ewig gültiger, in voraussetzungsloser Analyse zu ermittelnder Kriterien zu entscheiden beanspruchten, und jenen Vertretern der »Grammatik« und »Rhetorik«, welche die individuellen Sinnintentionen der Texte mit Hilfe einer historisch-philologisch orientierten Erforschung der selbst schon als individuell und geschichtlich aufgefaßten Sprachen zu interpretieren suchten. Während die letztere Bewegung ihren eigentlichen Durchbruch im sogenannten »Humanismus« der Renaissance erlebte und über Vico mit der Begründung der hermeneutischen Geisteswissenschaften im 19. Jahrhundert in zumindest faktischer Verbindung steht[20], traten die aristotelischen Motive der Sprach-Logik am Ende des Mittelalters und vollends in der »instauratio magna scientiarum« des 17. Jahrhunderts nach zwei Polen hin auseinander:

Im Nominalismus Ockhams und seiner Nachfolger, der den britischen Empirismus insbesondere in seiner semiotischen Tradition vorbereitet, erhielt die Sprach-Kritik ihr positives Fundament in der Voraussetzung einer sprachfreien »Intuition« der Sinnesdaten, in deren Bezeichnung die Bedeutung der »Termini« ihr reales Fundament haben soll. In Bacons *Novum Organon* treten konsequenterweise die »idola fori«, d. h. die von der überlieferten Sprache hervorgerufenen Trugbilder, welche die Tatsachen der Sinneserfahrung verdecken, an die Stelle der sprachbedingten Trugschlüsse im aristo-

20 Vgl. K.-O. Apel, »Die Idee der Sprache in der Tradition des Humanismus von Dante bis Vico«, in: *Arch. f. Begriffsgeschichte*, Bd. 8, Bonn 1963.

telischen Organon. Bei Berkeley ist es der »Schleier der Worte«, der uns die Natursprache, in der Gott mit uns redet: die assoziative Zeichenverweisung der Sinnesdaten verstellt. Und noch bei B. Russell beruht die Möglichkeit sprachlicher Kommunikation darauf, daß wir die »Bedeutung« der zu kombinierenden Namen gemäß dem »principle of acquaintance« auf uns schon zuvor bekannte Sinnesdaten zurückführen können. Hier zeigt sich der Ursprung des im 20. Jahrhundert so genannten »empirischen Sinnkriteriums« der Sprache. Der zugehörige Sinnlosigkeitsverdacht wurde schon von D. Hume in seinem *Inquiry concerning human understanding* formuliert: »Wenn wir ... den Verdacht haben, ein philosophischer Terminus sei ohne jeden Sinn oder Vorstellungsgehalt gebraucht (wie es allzu häufig geschieht), so haben wir nur zu untersuchen, von welchem Sinneseindruck (impression) die angebliche Vorstellung (idea) herstammt? Und sollte es unmöglich sein, einen solchen nachzuweisen, so wird das unseren Verdacht bekräftigen.[21]«
Auf der anderen Seite wurde im Zeitalter der »mathesis universalis«, vor allem von Leibniz, der von Aristoteles beiseite geschobene Gedanke einer Kalkülsprache wieder aufgegriffen. Leitend war jetzt der neue heuristische Gesichtspunkt, daß eine Formalisierung der Sprache dann möglich sein müßte, wenn man nicht von der in ihrer Bedeutungsfunktion undurchschaubaren Umgangssprache, sondern von einer eigens konstruierten Kunstsprache ausginge. Deren Wortbedeutungen sollten durch vollständige »analytische Definition« auf einfache Ideen (»simplices«) zurückführbar bzw. durch »Kombinatorik« aus den einfachen Ideen konstruierbar sein. Leibniz verband mit diesem Programm, das den Ursprung der später so genannten »Logistik« bezeichnet, die Idee einer Revolutionierung menschlicher Verständigung zumindest im Bereich der Wissenschaft: Statt in endlosem, unfruchtbarem Wortstreit sich zu verlieren, würden die Wissenschaftler eines Tages nur noch beschließen: »Calculemus«[22]. Es versteht sich, daß die – rationalistische – Voraussetzung

21 D. Hume, *Enquiries*, ed. Selby-Bigge, Abschnitt II, S. 22.

22 In einem Kalkülprogramm von 1677 schreibt Leibniz: »... wenn man Charaktere oder Zeichen finden könnte, welche geeignet sind, all' unsere Gedanken ebenso schön und exakt auszudrücken wie die Arithmetik die Zahlen ausdrückt ..., dann könnte man auf allen Gebieten, in dem Maße wie sie dem Räsonnement unterworfen sind, alles das machen, was man in der Arithmetik und Geometrie machen kann. Denn alle Untersuchungen, welche vom Räsonnement abhängen, würden sich durch Transposition auf diese Charaktere und durch eine Art Kalkül durchführen lassen ... Darüber hinaus würde man jedermann soweit bringen, über das, was man gefunden oder erschlossen hat, übereinzustim-

dieser logistischen Utopie darin liegt, daß eine »lingua philosophica« gedacht und schließlich auch konstruiert werden kann, bei der die Semantik ohne Rückgriff auf individuelle Erfahrung, rein aufgrund der »logischen Syntax« der Sprache, a priori festgelegt ist, so daß die Wissenschaftler, welche sich der »lingua universalis« als eines »calculus ratiocinator« bedienen, ohne ›intuitiven‹ Vollzug der Bedeutungsintentionen ihrer Zeichen, gleichsam »blind« und nur vom »Ariadnefaden« der logischen Form des Kalküls geleitet, sich in den Problemlabyrinthen der Philosophie zurechtfinden würden. Hier liegt der Ursprung des Gedankens, daß die »logische Form der Sprache«, wenn sie nur recht verstanden wird, als solche schon das Kriterium an die Hand gibt, das sinnvolle und sinnlose Rede zu unterscheiden erlaubt.

Der Ursprung der »sprach-analytischen Philosphie« unseres Jahrhunderts scheint mir dadurch charakterisiert zu sein, daß der von Leibniz herkommende Ansatz bei der »logischen Form der Sprache«, der insbesondere von G. Frege erneuert wurde, mit der nominalistisch-empiristischen Sprachkritik zur Synthese gebracht wurde. Dies geschah mit Hilfe der Logik der Wahrheitsfunktionen im System des sog. »Logischen Atomismus« bei B. Russell und dem jungen Wittgenstein, dessen »Tractatus logico-philosophicus« den Ausgangspunkt der sprachanalytischen Philosophie bildet. Der junge Wittgenstein trennt scharf die Frage nach der Wahrheit von der Frage nach dem möglichen Sinn eines Satzes. Die erstere Frage kann letztlich nur durch einen Vergleich der Elementarsätze mit den elementaren Tatsachen der Welt beantwortet werden[23]. Dagegen läßt sich die Frage nach dem Sinn eines Satzes unabhängig von der Beantwortung der Wahrheitsfrage durch Analyse der logischen Form des Satzes beantworten. Durch Reduktion des Satzes auf die in ihm enthaltenen Elementarsätze mit Hilfe der Logik der Wahrheitsfunktionen muß sich nämlich in einer Sprache, welche in ihrer logischen Struktur die möglichen »Sachverhalte« der Welt abbildet,

men, da ja eine Verifikation des Kalküls leicht sein würde ... wenn jemand an dem, was ich vorgebracht, zweifelte, so würde ich zu ihm sagen: rechnen wir es aus, mein Herr ... Nun werden die Charaktere, welche all unsere Gedanken ausdrücken, eine neue Sprache bilden ... Diese Sprache wird eine wunderbare Eigenschaft besitzen, die darin besteht, daß sie allen Ignoranten den Mund schließt. Denn man wird in dieser Sprache nicht mehr über das, was man nicht versteht, schreiben können ...« (*Opuscules et Fragments inédits de Leibniz*, ed. L. Couturat, Paris 1903, S. 153 ff.).

23 L. Wittgenstein, *Tractatus logico-philosophicus*, § 2.223, in: *Schriften*, Frankfurt 1960, S. 16.

zeigen lassen, welche Sachverhalte tatsächlich bestehen müssen, wenn der Satz wahr ist:

»Einen Satz verstehen, heißt, wissen, was der Fall ist, wenn er wahr ist.

(Man kann ihn also verstehen, ohne zu wissen, ob er wahr ist.)

Man versteht ihn, wenn man seine Bestandteile versteht.«[24]

Wittgenstein hat damit ein logisches Sinnkriterium der Sprache festgelegt, in dem zugleich das empirische Sinnkriterium zur Geltung gebracht wird, sofern vorausgesetzt werden kann, daß allen »Namen«, von denen die Sprache Gebrauch macht, gegenständliche Bedeutungen zugeordnet sind und die Sätze nur die Funktion haben, durch Kombination der Namen neue Sachlagen »probeweise« zusammenzustellen.[25] Wittgenstein räumt ein, daß es »menschenunmöglich« ist, die von ihm postulierte »Sprachlogik« aus der Umgangssprache »unmittelbar zu entnehmen«. Aber er sieht darin keinen Grund, an der Geltung des von ihm festgelegten Sinnkriteriums zu zweifeln. Denn die »äußere Form des Kleides« der Alltagssprache ist »nach ganz anderen Zwecken gebildet . . . , als danach, die Form des Körpers (sc. die logische Struktur der theoretisch relevanten Weltabbildung) erkennen zu lassen«[26]. Wohl aber sieht Wittgenstein in dem Umstand, daß die äußere Form der Sprache die innere, logische Form »verkleidet«, den Grund für die philosophischen Mißverständnisse der Sprachform, ja für die unauflösbaren Rätsel der Philosophie überhaupt. Und er kommt von hier aus zu seinem berühmten Unsinnigkeitsverdacht, der zusammen mit dem Postulat eines Sinnkriteriums der Sprache das zentrale Motiv der sprachanalytischen Philosophie ausmacht:

»Die meisten Sätze und Fragen, welche über philosophische Dinge geschrieben worden sind, sind nicht falsch, sondern unsinnig. Wir können daher Fragen dieser Art überhaupt nicht beantworten, sondern nur ihre Unsinnigkeit feststellen. Die meisten Fragen und Sätze der Philosophen beruhen darauf, daß wir unsere Sprachlogik nicht verstehen.

(Sie sind von der Art der Frage, ob das Gute mehr oder weniger identisch sei als das Schöne.)

24 Wittgenstein, a.a.O., § 4.024, a.a.O., S. 28.

25 Wittgenstein, a.a.O., § 4.031, a.a.O., S. 28; vgl. 4.026 ff. a.a.O., S. 28.

26 Wittgenstein, a.a.O., § 4.002, a.a.O., S. 25.

Und es ist nicht verwunderlich, daß die tiefsten Probleme eigentlich *keine* Probleme sind.«[27]

Nimmt man hinzu, daß nach Wittgensteins *Tractatus* die a priori gültigen Sätze der Logik und Mathematik zwar nicht »unsinnig«, aber – als »Tautologien« – »sinnlos« sind und die Philosophie selbst, die dies alles einsieht und zur Geltung bringt, die »Sprachkritik«[28], nicht als mögliche Theorie, sondern als »Tätigkeit« der Gedankenklärung[29] verstanden wird, so ergibt sich die Grundkonstellation der sprachanalytischen Philosophie im engeren Sinn, die in der Folgezeit besonders durch die Metaphysikkritik des sogenannten »Logischen Positivismus«, der sich auf Wittgensteins *Tractatus* berief, bekanntgeworden ist.

Im Vorblick auf die weitere Entwicklung der sprachanalytischen Philosophie, insbesondere auf die »Sprachspiel-Theorie« des späten Wittgenstein und die Semiotik von Ch. Morris, welche die neopositivistische Frage nach dem Sinnkriterium durch die Einführung der pragmatischen Zeichendimension ergänzt, sei jedoch neben der semantischen Synthese von logischem und empirischem Sinnkriterium noch ein dritter Ansatz erwähnt, der auf den Begründer des amerikanischen »Pragmatismus«, Ch. S. Peirce, zurückzuführen ist[30].

In kritischer Auseinandersetzung mit dem britischen Empirismus, der den Sinn der wissenschaftlichen Allgemeinbegriffe durch die Forderung einer Reduktion ihrer Bedeutung auf Sinnesdaten in Frage stellte, kam Peirce in seiner Berkeley-Rezension von 1871 zu dem folgenden Vorschlag eines pragmatischen Sinnkriteriums der Sprache:

»Eine bessere Regel, um die Täuschungen der Sprache zu vermeiden, ist diese: erfüllen die Dinge dieselbe Funktion in der Praxis? Dann laß sie durch dasselbe Wort bezeichnet sein. Tun sie das nicht? Dann laß sie unterschieden sein. Wenn ich eine Formel in einem Kauderwelsch gelernt habe, die sich in jeder Weise auf mein Gedächtnis so auswirkt, daß sie mich in jedem einzelnen Fall in den Stand setzt zu handeln, als ob ich eine allgemeine Idee hätte: was für einen möglichen Nutzen hätte es dann, zwischen Kauderwelsch, Formel und allgemeiner Idee zu unterscheiden? Warum sollte ich den Ter-

27 Wittgenstein, a.a.O., § 4.003, a.a.O., S. 26.

28 Wittgenstein, a.a.O., § 4.003, a.a.O., S. 26.

29 Wittgenstein, a.a.O., § 4.112, a.a.O., S. 31.

30 Vgl. meine Text-Ausgabe und Einführung in: Ch. S. Peirce, *Schriften* I, Frankfurt 1967.

minus *allgemeine Idee* in solchem Sinne gebrauchen, daß dadurch Dinge getrennt werden, die für alle erfahrungsmäßigen Zwecke dieselben sind.«[31] 1878 schreibt Peirce in dem berühmten Aufsatz »How to make our ideas clear«: »Um die Bedeutung eines Gedankens zu entwickeln, haben wir ... einfach nur zu bestimmen, welche Verhaltensweisen er erzeugt, denn was ein Gegenstand bedeutet, besteht einfach in den Verhaltensweisen, die er involviert.«[32]

Diesen noch vagen und weiten Ansatz präzisierte Peirce 1905 im Hinblick auf den Sprachgebrauch der experimentellen Wissenschaften folgendermaßen: »... welche Behauptung man auch immer aufstellen mag: er (sc. der typische experimentelle Wissenschaftler) wird als Bedeutung derselben entweder diese verstehen: daß, wenn eine bestimmte Vorschrift für ein Experiment möglich ist und ausgeführt wird, dann eine bestimmt umschriebene Erfahrung folgen wird, oder er wird überhaupt keinen Sinn in dem, was man sagt, erkennen.«[33]

In demselben Kontext äußert Peirce den Verdacht, »daß nahezu jeder Satz der ontologischen Metaphysik entweder bedeutungsloses Kauderwelsch ... oder schlechthin absurd ist«[34].

31 Peirce, *Coll. Papers*, Vol. VIII (ed. A. W. Burks, Cambridge, Mass. 1958) § 33.

32 Peirce, *Coll. Papers*, Vol. V (ed. Ch. Hartshorne and P. Weiss, Cambridge, Mass. 1931/35) § 400.

33 Peirce, a.a.O., Vol. V, § 411.

34 Peirce, a.a.O., Vol. V, § 423. – Peirce hat schon vor Wittgenstein die Pointe des Übergangs der Metaphysikkritik von der – empiristischen und transzendentalen – Erkenntniskritik zur Sinnkritik reflektiert. So betont er gegen Kants Versuch, durch die Unterscheidung von Noumena und Phainomena die Erkenntnis auf den Bereich möglicher Erfahrung einzuschränken, daß bereits das *Meinenkönnen* des Menschen – d. h. der sinnvolle Zeichengebrauch – auf mögliche Erfahrung bezogen ist und die Unterscheidung immanenten und transzendenten (»überschwenglichen«) Vernunftgebrauchs daher keinen Sinn habe:

»I hold for instance, that man is so completely hemmed in by the bounds of his possible practical experience, his mind is so restricted to being the instrument of his needs, that he cannot in the least *mean* anything, that transcends those limits. The strict consequence of this is, that it is all nonsense to tell him that he must not think in this or that way because to do so would be to transcend the limits of a possible experience« (a.a.O., Vol. V, § 536).

Entsprechend kommentiert Peirce A. Comtes Verbot metaphysischer Hypothesen, d. h. solcher Hypothesen, die keine Konsequenzen im Sinne möglicher Erfahrung haben:

»... such (a) thing as a hypothesis which is either wholly or partially metaphysical (im Sinne Comtes) cannot be constructed ... A metaphysical proposition in Comte's sense would, therefore, be a grammatical arrangement of words simulating a proposition, but in fact, not a proposition, because destitute of meaning« (a.a.O., Vol. VII, § 204).

Die Konsequenz dieser radikalen Sinnkritik liegt nun für Peirce gerade darin, daß der »Flug der Phantasie« durch die »pragmatische Maxime« der Sinnklärung keineswegs ein-

Im gleichen Jahr erschien Albert Einsteins »spezielle Relativitätstheorie«, in der zum erstenmal ein Grundbegriff der Physik, die »Gleichzeitigkeit« von Ereignissen, in der von Peirce vorgeschlagenen Weise, nämlich als operative Vorschrift für mögliche Messungen, definiert wurde. Diese »semantische Revolution« (Ph. Frank) wurde von Bridgeman, anscheinend ohne Kenntnis der Vorläuferschaft Peirces, zur Logik des sog. »Operationalismus« verallgemeinert. Zur gleichen Zeit wurde Peirces Pragmatismus von W. James, J. Dewey und anderen, nicht immer in Übereinstimmung mit Peirce, auf das Verhältnis von Sinn und Lebenspraxis überhaupt ausgedehnt. Seit 1934 endlich hat Ch. Morris die Ansätze Peirces zu einer pragmatistischen Semiotik systematisch auszuarbeiten versucht[35], wobei er freilich, in Anpassung an die Wissenschaftstheorie des Neopositivismus, eine behavioristische Reduktion des Peirceschen Ansatzes vornahm.

III. Vorläufige Konfrontation von Seinshermeneutik und analytischer Sinnkritik

Vergleicht man die Grundhaltung der sprachanalytischen Philosophie mit der zuvor skizzierten Fragestellung der Hermeneutik, so fällt zunächst auf, daß auf beiden Seiten die Problematik von »Sinn« und »Verstehen« zentral ist, daß jedoch in der Sprachkritik das Verhältnis zwischen Sinn und Verstehen gewissermaßen umpolarisiert ist:

In der Hermeneutik richtete sich bei aller reflexiven Verallgemeinerung und Radikalisierung ihrer leitenden Idee der kritische Impuls stets auf die Methode des Verstehens. Von Luther bis Schleiermacher wurde das *Verstehen* immer radikaler in Frage gestellt, während der *Sinn* der auszulegenden Texte niemals grundsätzlich bezweifelt wurde. Dies änderte sich auch nicht, als im Zeichen des Diltheyschen Historismus die auszulegenden metaphysisch-theologischen Dokumente ihre normative Funktion verloren und nur mehr

geschränkt wird und daher eine Metaphysik möglich sein muß, welche der empirischen Bewährung »in the long run« unterliegt. – Vgl. hierzu unsere abschließende Konfrontation von Seinshermeneutik und Sinnkritik, unten S. 324 ff.

35 Vgl. K.-O. Apel in: *Philos. Rdsch.* 7. Jg., 1959, S. 161–184. (Oben S. 138 ff.)

als »Ausdruck« der unendlichen Vielseitigkeit des Lebens verstanden werden sollten. Heidegger vollends bezweifelt bei seiner Frage nach dem »Sinn von Sein« nicht, daß das Wort »Sein«, so wie es die Philosophen verwenden, einen Sinn hat, sondern daß dieser Sinn in der traditionellen Metaphysik in angemessener Weise verstanden worden ist, glaubt er doch, daß gerade die Probleme, die durch das geschichtliche Denken der Philosophie seit Hegel und Dilthey aufgeworfen wurden und die traditionelle Ontologie sprengten, indem sie ihre »Kategorien« im Rahmen einer Geist- bzw. Lebens-Philosophie relativierten, ihre angemessene Entfaltung im Rahmen einer »Hermeneutik« finden, welche das Sein selbst von der Geschichtlichkeit des menschlichen Daseins her versteht. Das *Sein* ist also bei Heidegger nicht länger als abstrakter Begriff – in Analogie zum Allgemeinen einer Gattung –, sondern eher in Analogie zu dem sich selbst biographisch oder weltgeschichtlich auslegenden *Leben* Diltheys gedacht. Was Heidegger von Hegel und Dilthey unterscheidet, ist allerdings der Umstand, daß das *Leben* alias *Sein* nicht primär ex post – als das, was seine Bedeutsamkeitsartikulation schon gewonnen hat –, sondern zuvor als das, was »nach vorwärts gelebt werden« muß (Kierkegaard), »verstanden wird«. In diesem Verständnis des Seins als »Worumwillen der Sorge«, aus dem her auch die sogenannte »Vergangenheit« als »immer noch bevorstehend« ihren Sinn erhält, liegt die spezifisch »existenzialontologische« Radikalisierung der Idee der Hermeneutik. Diese kommt jedoch mit der Hermeneutik Diltheys in der Akzentuierung des Ad-hoc-Verstehens sprachlicher Texte überein. Deren Sinn ist nicht primär nach generalisierbaren Kriterien einer immer gültigen Sprachlogik[35a] zu beurteilen, sondern aus der Anstrengung des geschichtlichen Denkens, das in jeder Weltsituation erneut das Vorlaufen in die Möglichkeiten des Daseins mit der Aneignung der Überlieferung zur Synthese zu bringen hat.

Demgegenüber ist der Akzent in der sprachanalytischen Philosophie, wie schon ihre Herkunft zeigte, gerade durch die Infragestellung sprachlichen Sinns – insbesondere bei theologischen und metaphysischen Texten – bestimmt. Der Anspruch des Verstehenkönnens ist dagegen beim frühen Wittgenstein durch die Logik der

35a Vor seiner hermeneutischen Wendung hatte Heidegger selbst den Weg der Sprachlogik erprobt. Vgl. insbesondere: *Die Kategorien- und Bedeutungslehre des Duns Scotus*. Tübingen 1916.

Sprache gewissermaßen garantiert (sie schreibt der Welt den möglichen Sinn vor). Freilich ist auch bei Wittgenstein der letzte Grund für die Entstehung unsinniger Sätze (und zuvor schon unsinniger Fragen, scheinbarer »Rätsel« der Metaphysik) in einem faktisch unzulänglichen Verstehen begründet: in dem Nicht-verstehen eben der »logischen Form« der Sprache, welche – als a priori gültige Form der beschreibbaren und insofern erfahrbaren Welt – den Anspruch des Verstehenkönnens begründet. Wir werden auf diese Voraussetzung der Wittgensteinschen Sprachkritik, auf das Problem der Bedingungen der Möglichkeit und Gültigkeit der sprachanalytischen Philosophie überhaupt, noch zurückkommen müssen. Zunächst wollen wir das Verhältnis Heideggers zur analytischen Sinnkritik an einem exemplarischen Problem, das für beide Seiten zentral ist, zu verdeutlichen versuchen.

Heideggers Philosophie legt eine Konfrontation von Hermeneutik und sprachanalytischer Sinnkritik insofern nahe, als sie die Grundfrage der abendländischen Metaphysik, die Frage nach dem Sein des Seienden (dem ὄν ᾗ ὄν), wieder aufgreift, indem sie die Frage nach dem *Sinn* von Sein stellt[36]. Heidegger hält die Grundfrage der Metaphysik für zweideutig und hegt den Verdacht, daß die traditionelle Metaphysik diese Zweideutigkeit nicht verstanden hat. Das Mißverständnis der traditionellen Metaphysik läßt sich nach Heidegger z. B. an der Form der metaphysischen Grundfrage aufweisen, in der diese von Leibniz gestellt wurde. Sie lautet: Warum ist überhaupt Seiendes und nicht vielmehr nichts? (Pourquoi il y a plutôt quelque chose que rien?[37]) Diese Frage entspringt dem Staunen darüber, daß Seiendes ist, sie bringt den Menschen vor das Seiende im ganzen, indem sie über das Seiende hinausfragt. Indem sie jedoch über das Seiende hinausfragt, fragt sie doch wieder nach einem Seienden, das als oberste Ursache alles Seienden postuliert wird[38]. Mit anderen Worten: Leibniz fragt nicht nach dem *Sein*, das der Mensch irgendwie verstanden haben muß, um über das Seiende als solches zu staunen, sondern er fragt nach dem Seienden im ganzen so, wie man nach einem bestimmten Seienden fragt, dessen Vorkom-

36 In *Sein und Zeit* (1 u. 5) schreibt Heidegger sogar verschiedentlich Sinn von »Sein«, womit die Nähe zur sprachanalytischen Fragestellung sich noch deutlicher zum Ausdruck bringt.

37 Leibniz, *Principes de la nature et de la grâce* (Opp. ed Gerh. tom. VI, S. 602, n. 7). Vgl. Heidegger, Was ist Metaphysik? Einleitung zur 5. Aufl., S. 20.

38 Vgl. Einleitung zu »Was ist Metaphysik?«, S. 20 f.

men nach Naturgesetzen erklärt werden soll. Darin bekundet sich nach Heidegger die »onto-theologische« Verfassung der traditionellen Metaphysik, welche das Sein im Unterschied zum Seienden (die »ontisch-ontologische Differenz«) nicht zu denken vermag und statt dessen Gott als das höchste Seiende und als Ursache alles Seienden zu beweisen sucht[39].

An dieser Stelle läßt sich eine Beziehung zwischen Heidegger und der sprachanalytischen Metaphysikkritik relativ leicht herstellen – eine Beziehung, die zeigt, daß sowohl Heideggers Hermeneutik des Seins wie die sprachanalytische Philosophie die traditionelle Metaphysik qua Ontologie kritisch transzendieren, wenn auch in verschiedener Weise:

Die Frage »Warum ist überhaupt Seiendes und nicht vielmehr nichts?« ist nach Wittgensteins *Tractatus* deshalb »unsinnig«, weil sie voraussetzt, man könnte sinnvoll sagen: »Es gibt Seiendes«, oder »Diesda ist ein Seiendes«. Diese beiden »Scheinsätze« kommen jedoch nach Wittgenstein dadurch zustande, daß man »formale Begriffe«, die lediglich die »logische Form« der Sprache und der beschreibbaren Welt zum Ausdruck bringen, mit echten, sachhaltigen Begriffen verwechselt, unter die etwas subsumiert werden kann[40]. Man versteht die beiden »ontologischen« Sätze nach dem Muster von Sätzen, wie »Es gibt schwarze Schwäne« oder »Diesda ist ein schwarzer Schwan«, die erkennen lassen, was der Fall sein muß, wenn sie wahr sind.

R. Carnap hat die von Wittgenstein intendierte Unterscheidung 1950 noch einmal in seinem Aufsatz »Empirism, Semantics and Ontology«[41] durch die Unterscheidung von »internen« und »externen« Fragen mit Bezug auf semantische Systeme präzisiert: Die »internen« Fragen (z. B. die Frage: »Gibt es eine größte Primzahl?«) sind sinnvoll, sofern sie ein semantisches System (ein »framework«) als Verifikationsbasis voraussetzen, die »externen« Fragen dagegen (z. B.: »Gibt es überhaupt Zahlen?«) sind, solange man sie als theoretische Fragen versteht, sinnlos. Ihr Sinn kann nach Carnap allenfalls darin liegen, das »praktische« Problem aufzuwerfen, ob man ein bestimmtes semantisches System akzeptieren will oder nicht.

39 Vgl. dazu besonders: *Der Satz vom Grund*, Pfullingen 1957.

40 Vgl. *Tractatus*, § 4.126–4.1274, a.a.O., S. 34–37.

41 R. Carnap in: *Revue Internationale de Philosophie* 11, 1950 (wieder abgedruckt in: L. Linsky, *Semantics and the Philosophy of Language*, Urbana 1952).

Die bisherige Konfrontation des hermeneutischen und des sinnkritischen Ansatzes zeigt bereits deutlich den Unterschied des heuristischen Vorverständnisses beider Richtungen: Wo bei Wittgenstein und Carnap der Sinnlosigkeitsverdacht leitend ist, da geht Heidegger von dem Verdacht des Selbstmißverständnisses einer tiefen und berechtigten Frage aus. Doch läßt sich gerade von dem hermeneutischen Gesichtspunkt des Mißverständnisses, der ja auch bei den Sprachanalytikern nicht völlig fehlt, zwischen den bisherigen Resultaten der Konfrontation noch einmal eine Vermittlung herstellen: Nicht nur wird die klassische Ontologie sowohl von Heidegger wie von Wittgenstein und Carnap kritisch distanziert: auch der Versuch, das legitime Problem der Ontologie zu rekonstruieren, führt in beiden Lagern noch eine Strecke weit in dieselbe Richtung: Auch Heidegger versteht die Philosophie nicht als eine theoretische Wissenschaft, welche empirisch verifizierbare oder analytisch beweisbare Sätze aufstellt, sondern eher als den ausdrücklichen Entwurf des Seinsverständnisses. Durch diesen – die Ankunft des Seins im Denken vollbringenden – Entwurf schickt sich nach Heidegger das geschichtliche Sein in jenes Haus der Sprache, durch das in der Weise des unausdrücklichen (»vorontologischen«) Seinsverständnisses immer schon die a priori gültige »Form der Welt« (Wittgenstein) weitgehend festgelegt ist. Insofern kann auch Heidegger damit übereinstimmen, daß die alte Frage nach dem *Sein* des Seienden ihrem wahren Sinn nach eher nach den Bedingungen der Möglichkeit der *Rede* vom Seienden als nach einem – notwendigerweise »innerweltlich vorkommenden« – *Seienden* (oder gar All des Seienden) fragt. Sowohl die kritische Sprachanalyse wie auch Heideggers Seinshermeneutik sind in dieser Hinsicht von Kants Transzendentalphilosophie, insbesondere von dem »obersten Grundsatz der synthetischen Urteile«, bestimmt. (Die synthetischen Urteile a priori freilich werden in der sprachanalytischen Philosophie für entbehrlich gehalten. Ihre Funktion wird faktisch von dem Entwurf des semantischen Systems übernommen, durch das die Möglichkeit synthetischer und analytischer Urteile festgelegt wird[42]. Mit anderen Worten: Die »kopernikanische Wendung« Kants wird von der konstruktiven Semantik nicht spekulativ behauptet, sondern praktiziert.)

42 Schon im *Tractatus* tritt bei Wittgenstein an die Stelle synthetischer Urteile a priori, z. B. über das sog. »Kausalgesetz« oder die »Struktur der Farbe«, die »Einsicht a priori

Indessen: Heidegger führt die alte Frage nach dem *Sein* des Seienden nicht deshalb auf die Frage nach dem *Seinsverständnis* zurück, um die Ontologie durch eine transzendentale »Ontosemantik« zu ersetzen[43], sondern um das Seinsverständnis als Seinsweise des sich zu seinem Sein verhaltenden menschlichen Daseins sich selbst – und darin das geschichtlich sich zeitigende Sein selbst – auslegen zu lassen. Mit anderen Worten: Heidegger versucht die moderne Reduktion der Seinsfrage auf die Frage nach der Sprache ebenso wie die Kantische Reduktion der Seinsfrage auf die Frage nach dem transzendentalen Bewußtsein (seiner »Setzung« der Gegenständlichkeit mit Bezug auf mögliche Sinneserfahrung[44]) gewissermaßen »aufzuheben« in der Frage nach dem Sein, das im menschlichen Dasein als »In-der-Welt-Sein« ein Selbstverständnis und eine sprachliche Artikulation dieses Verständnisses gewinnt. In dieser Rückführung der Frage nach dem Sinn von Sein auf ein Problem der – geschichtlich und sprachlich-kommunikativ vermittelten – Selbstverständigung des Menschen mit sich selbst über das Sein, das er zu sein hat, scheint mir wiederum der hermeneutische Charakter der Heideggerschen Philosophie sich auszudrücken.

Indem aber Heidegger das sprachlich artikulierte Vorverständnis der Weltstruktur, durch das die Setzung möglicher Gegenstände der Erfahrung a priori bedingt ist, selbst wieder als seiend – ja als Ereig-

über die mögliche Formgebung der Sätze der Wissenschaft« (§ 6.34, vgl. 6.32–6.33, ferner 6.35–6.361, 6.362, 6.37, 6.3751). Daß hier von »möglicher Formgebung« die Rede ist, weist auf die Praktizierung der kopernikanischen Wendung in der konstruktiven Semantik vor, daß Wittgenstein in diesem Zusammenhang aber zugleich von »Einsicht a priori« spricht, verrät den inneren Zusammenhang seiner »Kritik der reinen Sprache« (E. Stenius) mit Kants »Kritik der reinen Vernunft« und deutet auf ein philosophisches Metaproblem der konstruktiven Semantik, das der späte Wittgenstein noch einmal berührt, wenn er (in den »Bemerkungen zu den Grundlagen der Mathematik« I, § 74) über die Ersetzung von Wesenseinsichten durch Sprachkonventionen das folgende anmerkt: »Und da möchte man doch entgegnen: es gibt nichts Verschiedeneres als ein Satz über die Tiefe des Wesens und einer – über eine bloße Übereinkunft. Wie aber, wenn ich antworte: der *Tiefe* des Wesens entspricht das *tiefe* Bedürfnis nach Übereinkunft.« – Sollte es eine Wesenserfahrung geben, die ihren Niederschlag nicht unmittelbar in Sätzen, sondern in der Festlegung der Bedingungen der Möglichkeiten von Sätzen, in der Einführung oder Veränderung eines »Sprachspiels«, hat?

43 Eine solche Lösung, die sich bereits aus Wittgensteins *Tractatus* und aus Carnaps Aufsatz über »Empirism, Semantics and Ontology« herauslesen läßt, wurde zuerst von G. Jánoska in seinem Buch über *Die sprachlichen Grundlagen der Philosophie*, Graz 1962, und neuerdings von E. K. Specht in *Sprache und Sein. Untersuchungen zur sprachanalytischen Grundlegung der Ontologie*, Berlin 1967, entwickelt.

44 Vgl. dazu Heidegger, *Kants These über das Sein*, Frankfurt 1963. Wir zitieren im folgenden den Abdruck in *Wegmarken*, Frankfurt 1967, S. 273 ff.

nis des in unserem Sein-können sich uns zuschickenden Seins – versteht, ist er genötigt, von *dem Sein* zu reden, es selbst sprachlich zu setzen, als ob es ein seiender Gegenstand wäre – oder ein Prädikat, das einem Gegenstand beigelegt werden kann.[45]

An dieser Stelle spitzt sich die Auseinandersetzung zwischen Seinshermeneutik und sprachanalytischer Philosophie zu, indem Heideggers Sprache selbst unmittelbar zum Gegenstand der Sinnkritik gemacht werden kann:

Heidegger könnte zwar Wittgenstein zugeben, daß der Satz »Es gibt Seiendes« oder »Seiendes existiert« irreführend ist, da er suggeriert, daß »Seiendes« ein Gattungsbegriff sei, was schon Aristoteles verneint hat; und er könnte weiterhin mit Wittgenstein darin übereinstimmen, daß der Satz »Diesda ist ein Seiendes« entweder, aus dem gleichen Grund, irreführend oder aber, wenn man ihn recht versteht, tautologisch und daher nichtssagend ist. Aber er besteht darauf, daß »einzig der Mensch unter allem Seienden« – weil er zu-sein-versteht – »angerufen von der Stimme des Seins, das Wunder aller Wunder (erfährt): daß Seiendes ist«.[46] – Meint das nicht doch, daß der Anlaß zum Staunen in der Feststellung liegt, »daß es Seiendes gibt«, die wiederum zu der metaphysischen Frage führt, warum es denn Seiendes gibt und nicht vielmehr nichts? – Keineswegs! Heidegger staunt nicht darüber, daß es Seiendes gibt oder daß dies oder jenes da ein Seiendes ist, sondern darüber, »daß Seiendes *ist*«, z. B. darüber, daß »dieser Stein da *ist*«[47].

Um so schlimmer – könnte ein Sprachanalytiker sagen: Da der Satz »Dieser Stein da *ist*« Evidenz beansprucht, also nicht mit einer aller-

45 Heidegger reflektiert selbst auf diesen Umstand, wenn er in der Einleitung zu »Was ist Metaphysik« schreibt: »Der Versuch, vom Vorstellen des Seienden als solchen in das Denken an die Wahrheit des Seins überzugehen, muß, von jenem Vorstellen ausgehend, in gewisser Weise auch die Wahrheit des Seins noch vorstellen, so daß dieses Vorstellen notwendig anderer Art ist und schließlich als Vorstellen dem Zu-denkenden ungemäß bleibt.« – Das sprachliche Problem, das in dieser Überschreitung des gegenständlichen Vorstellens liegt, verdeutlicht Heidegger folgendermaßen: »Das Schwierige liegt in der Sprache. Unsere abendländischen Sprachen sind in je verschiedener Weise Sprachen des metaphysischen Denkens. Ob das Wesen der abendländischen Sprachen in sich nur metaphysisch und darum endgültig durch die Onto-Logik geprägt ist, oder ob diese Sprachen andere Möglichkeiten des Sagens und d. h. zugleich des sagenden Nichtsagens gewähren, muß offen bleiben« (*Identität und Differenz*, Pfullingen 1957, S. 72).

In dieser Reflexion ist in gewisser Weise Heideggers eigene Antwort auf die sprachanalytische Sinnkritik enthalten. Vgl. dazu unsere Ausführungen über das Sinnkriterium der geschichtlichen Praxis (unten S. 332 f.).

46 Heidegger, Nachwort zur 5. Aufl. von *Was ist Metaphysik?*, S. 42.

47 Vgl. Heidegger, *Kants These über das Sein*, S. 280.

erst noch zu verifizierenden Existenzaussage (wie z. B.: »Der Stein, von dem wir sprachen, existiert«) gleichgesetzt werden kann, da er andererseits auch keine nichtssagende Tautologie, sondern Ausdruck tiefsten Staunens sein soll, so muß man, wie es scheint, annehmen, Heidegger wolle das »ist« im Sinne eines Vollverbums verstehen; und das bedeutet offenbar, daß Heidegger jenem alten Mißverständnis der Sprachfunktion zum Opfer fällt, das nach Kant dem ontologischen Gottesbeweis zugrunde liegt. Er scheint das »Sein« als »reales Prädikat« zu verstehen, das zu dem Begriffe eines Dinges hinzukommen könnte.[48]

Indessen: Heidegger verneint ausdrücklich, daß er das Sein als reales Prädikat versteht und erklärt in seiner Auseinandersetzung mit *Kants These über das Sein:*

»Um ›Sein‹ und ›ist‹ zu denken, bedarf es ... eines anderen Blickes, der nicht vom ausschließlichen Betrachten der Dinge und vom Rechnen mit ihnen geleitet ist. Wir können einen uns vorliegenden Stein, der offenkundig ›ist‹, nach allen Richtungen absuchen und untersuchen, wir werden daran niemals das ›ist‹ finden. Und doch ›ist‹ dieser Stein.«[49]

Angesichts einer derartigen These bleibt der sprachanalytischen Philosophie, wie sie bislang entwickelt worden ist, nur der Sinnlosigkeitsverdacht übrig, denn der Satz Heideggers scheint keinem der überhaupt möglichen Sinnkriterien der Sprache zu genügen:

1. Er genügt dem Sinnkriterium der »logischen Form« der Sprache nicht, da er weder den Status einer Existenzaussage hat, in der lediglich einem »Begriff« (Kant) bzw. einer prädikativen »Satzfunktion« (B. Russell) ein Gegenstand zugesprochen wird, noch den einer Aussage, in der einem Gegenstand ein »reales Prädikat« zugesprochen wird.

2. Der Satz Heideggers genügt auch den in der Sprachlogik B. Russells, des frühen Wittgenstein und der konstruktiven Semantik Carnaps vorgesehenen empirischen Sinnkriterien nicht; denn er will als evidenter Satz mehr aussagen als eine bloße Existenzbehauptung, stellt aber doch nicht etwa eine Verifikation einer Existenzbehauptung dar (wie z. B. der Satz »Diesda ist ein Stein« oder »Diesda ist der

48 Vgl. Kant, *Kr. d. r. V.* (A 598, B 626). – In diesem Sinne – d. h. als erweiterter, platonischer Universalienrealismus, der letzten Endes alles Sosein des Seienden als »Teilhabe« am Sein erklärt – wird Heideggers Philosophie von Stegmüller (*Hauptströmungen ...*, a.a.O., S. 190 ff.) u. Specht (a.a.O.) interpretiert.

49 Heidegger, *Kants These über das Sein*, a.a.O.

Stein, von dem wir sprachen«). Und seine behauptete Evidenz kann jedenfalls nicht in einem fixierbaren Sinnesdatum fundiert sein.
3. Der Satz Heideggers genügt, wie es scheint, auch dem zuerst von Peirce angegebenen pragmatischen oder operativen Sinnkriterium nicht. Denn man kann sich nicht vorstellen, durch welche Experimente oder Operationen, die zu Sinnesdaten führen würden, der Sinngehalt des »ist«, dem ja eben kein Sachgehalt entspricht, als praktisch bedeutsam erwiesen werden könnte. Als »Information« im Sinne der Ermöglichung erfolgskontrollierten Verhaltens und damit einer Anpassung eines Lebewesens an seine besondere Umwelt scheint der Satz, der das Staunen über das Sein des Seienden ausdrücken will, jedenfalls keine Funktion zu haben.
Heidegger würde die Nichtanwendbarkeit der aufgeführten Sinnkriterien vermutlich ohne weiteres bestätigen. Aber er würde den Grund dafür nicht in der Sinnlosigkeit seines Staunens über das *Sein* des Seienden erblicken, sondern in den philosophischen Voraussetzungen der logischen, empirischen und pragmatischen Sinnkriterien. Diese Sinnkriterien liegen, von Heidegger her gesehen, alle im Denkbereich der »Metaphysik«, mögen sie auch – als Instrumente der Metaphysikkritik – das Bedenken ihrer eigenen metaphysischen Voraussetzungen gerade als sinnlos erweisen. Sie entziehen gewissermaßen ihre eigenen Voraussetzungen, gerade indem sie deren Erörterung als sinnlos erweisen, einem kritisch hermeneutischen Verstehen, das – als Verstehen – notwendigerweise das Verstandene geschichtlich transzendiert. Die Sinnkritik, deren Maßstäbe wir im bisherigen vorführten, hält sich nach Heidegger im Bereich eines Denkens, das sich von vornherein selbst auf technisch-instrumentelle Verfügbarmachung des innerweltlich vorfindbaren Seienden beschränkt hat und das schließlich auch den Menschen, in dessen Dienst die Verfügbarmachung geschieht, nur als verfügbaren Gegenstand begreifen kann. Demgegenüber will die Hermeneutik des Seins die Differenz zwischen dem, was logisch, empirisch und pragmatisch verfügbar gemacht werden kann, und dem, was unverfügbar ist, denken und das Unverfügbare, das »Worumwillen« aller Verfügbarmachung, das durch diese hindurch zu vollbringende Sein, als das freigeben, was unser Sinnverstehen – in der zwischenmenschlichen Verständigung über das »Worumwillen« des Daseins – in Anspruch nimmt.
Warum Heidegger von seinen Voraussetzungen her den Satz »Dieser Stein da *ist*« für sinnvoll halten muß, wird verständlicher, wenn

man an den Ansatz der »Existenzial-Ontologie« in *Sein und Zeit* zurückdenkt. Hier wurde ja gerade jener Terminus, der bei Kant »bloß die Position eines Dinges«[50] bezeichnet, durch die »nichts zum Dinge hinzu, sondern das Ding selbst zum Begriffe« hinzugetan wird[51], von Heidegger – über Schelling und Kierkegaard vermittelt – zur Bezeichnung der Seinsweise, ja des »Wesens« des menschlichen Daseins herangezogen[52].

Heidegger schreibt darüber im *Brief über den Humanismus*, der seine Verwendung des Terminus »Existenz« und damit zugleich seinen philosophischen Ansatz von Sartres »Existentialismus« distanzieren soll:

»Der Satz ›Der Mensch ek-sistiert‹ antwortet nicht auf die Frage, ob der Mensch wirklich sei oder nicht, sondern antwortet auf die Frage nach dem ›Wesen‹ des Menschen.« Der Satz sagt: »Der Mensch west so, daß er das ›Da‹, das heißt die Lichtung des Seins, ist.« Dieses »Sein« des Da, und nur dieses, hat den Grundzug der Ek-sistenz, das heißt des »ekstatischen Innestehens in der Wahrheit des Seins«[53].

Durch die Seinsweise der Ek-sistenz ist der Mensch vom Sein alles nicht menschlichen Seienden unterschieden, so daß Heidegger sagen kann:

»Das Seiende, das in der Weise der Existenz ist, ist der Mensch. Der Mensch allein existiert. Der Fels ist, aber er existiert nicht. Der Baum ist, aber er existiert nicht. Das Pferd ist, aber es existiert nicht ...«[54]

Hier scheint sich noch einmal ein Ansatzpunkt für die sprachanalytische Sinnkritik zu ergeben: Wenn der Mensch durch sein Sein vom Sein alles nichtmenschlichen Seienden unterschieden ist, so daß man in jedem Fall das Prädikat »ist« verwenden kann und doch etwas Verschiedenes meint, so scheint sich doch zu ergeben, daß Heidegger – entgegen seiner Versicherung – das Wort »ist« (und entsprechend »existiert«) als reales Prädikat verwendet.

Indessen: Heidegger würde dem sinnkritischen Verdacht der Sprach-

50 Kant, *Kr. d. r. V.* (A 598, B 626). Vgl. Heidegger, a.a.O., S. 274.

51 Kant, *WW* (Akad. Ausg. XVIII, n. 6276). Vgl. Heidegger, a.a.O., S. 282.

52 Heidegger, *Sein und Zeit*, a.a.O., S. 42: »Das ›Wesen‹ des Daseins liegt in seiner Existenz.«

53 Heidegger, *Platons Lehre von der Wahrheit. Mit einem Brief über den ›Humanismus‹*, Bern 1947, S. 69 ff.

54 Heidegger, Einleitung zur 5. Aufl. von *Was ist Metaphysik?*, S. 14 f.

analytiker einen solchen im Sinne der Hermeneutik entgegensetzen: Er würde bestreiten, daß die von ihm unterschiedenen Weisen des Seins unter den Begriff der »realitas« (Sachheit) subsumiert werden können, der noch bei Kant sehr deutlich in dem Begriff des »realen Prädikats« vorausgesetzt ist. Die Begriffe »Realität« und »reales Prädikat« sind mit allem, was sie umfassen sollen, für Heidegger letztlich an der Seinsweise nur der »vorhandenen Dinge« (und auch an dieser nur, soweit die Dinge zu »Gegenständen« wissenschaftlicher Theoriebildung gemacht werden können) abgelesen. Bereits der Seinsweise von Pflanze und Tier (die Heidegger in *Sein und Zeit* in »privativer Reduktion« von der menschlichen Existenz her zu verstehen versuchte[55]) werden die Kategorien der »realitas« nicht gerecht, geschweige denn dem Sein des Menschen, der »Seiendes als ein solches vorstellen und vom Vorgestellten ein Bewußtsein haben kann«[56]. Nun ist aber nach Heidegger auch die Sprachlogik und die von ihr abhängige Grammatik seit Aristoteles immer schon an den Kategorien der »Sachheit«, der »realitas«, orientiert; ihre a priori mögliche Differenzierung des Weltverständnisses in der Zusprechung von Prädikaten setzt das vorgestellte Verhältnis eines Dinges und seiner Eigenschaften (Substanz und Akzidenz) immer schon onto-semantisch voraus[57]. So vermag die onto-logisch orientierte Philosophie auch vom Menschen nur gemäß den »Kategorien« der vorhandenen Dinge zu sprechen und stößt dabei auf die Schwierigkeit, daß der Mensch sich der objektiven Verfügbarmachung entzieht[58].
Angesichts dieser Situation (die der späte Heidegger seinsgeschichtlich, und d. h. seinshermeneutisch, zu verstehen sucht) lag die eigentliche Entdeckung in *Sein und Zeit* darin, daß die mögliche Differenzierung des Weltverständnisses nicht erst bei den »realen Prädikaten« einsetzt, die der Mensch durch die sog. »Copula« einem gegenständlich vorhandenen Seienden zusprechen kann, sondern bereits bei dem »ist«, das noch nicht die Funktion der Existenzaussage oder

55 Heidegger, *Sein u. Zeit*, a.a.O., S. 50. Vgl. *Brief über den Humanismus*, a.a.O., S. 69.
56 Heidegger: Einleitung zur 5. Aufl. von *Was ist Metaphysik?*, S. 14 f.
57 Spätere Auffassungen der Klassen- und der Relationslogik ändern an der onto-semantischen Voraussetzung der »realitas« nichts Wesentliches, sie entsprechen nach Heidegger eher der fortschreitenden technisch-szientifischen Verfügbarmachung des immer schon gegenständlich-dinghaft verstandenen Seienden.
58 In den »Humanwissenschaften« – um nicht mehr von »Geisteswissenschaften« zu reden – führt dies immer wieder zu dialektischen Ansätzen, welche die Identität und zugleich Nichtidentität des objektivierten Menschen mit dem forschenden Subjekt der Wissenschaft in totaler geschichtlicher Reflexion zu denken versuchen.

der Copula in der Prädikation (im Sinne der Onto-Semantik) übernommen hat. Der Mensch ist, diesem hermeneutischen »Seinsverständnis« zufolge, nicht erst darin vom anorganischen Ding oder vom Lebewesen unterschieden, daß ihm durch die Copula andere – neue Eigenschaften hinzubringende – reale Prädikate als Wesensprädikate zugewiesen werden müssen (z. B. das Prädikat »animal rationale«), sondern bereits durch die Weise seines *Seins*[59]. Diese ist nach Heidegger als freies Sich-zum-Sein-Verhaltenkönnen[60] nicht nur der »Grund« dafür, daß dem Menschen Seiendes begegnen kann (daß er »Bewußtsein« hat), sondern – genauer – auch dafür, daß dem Menschen Seiendes »als etwas« (in einer Sinnbewandtnis) aufgehen kann (in der »hermeneutischen Synthesis«, welche der »prädikativen Synthesis«, die den Sinngehalt der Prädikate bereits als konstituiert voraussetzt, sinngenetisch vorangehen muß[61]). Ja, man muß an dieser Stelle noch einen Schritt über die traditionelle Onto-Semantik hinaustun, um den ungewöhnlichen Sprachgebrauch Heideggers aus den Voraussetzungen seiner Philosophie rechtfertigen zu können: Wenn der Mensch in seinem Sein dadurch charakterisiert ist, daß er sich frei zum Sein verhält, so wird verständlich, daß er staunend festzustellen vermag, daß Seiendes *ist* – ohne bereits darüber zu entscheiden, *was* (wie, in welcher Relation usw.) es ist. Diese letztere Entscheidung, die durch die Zusprechung eines Prädikats (oder besser eines »Prädikators«, um alles, was sich von »Gegenständen« aussagen läßt, zusammenzufassen[62]) geschieht, kann vielleicht nur deshalb in theoretischer Freiheit – aufgrund von Erkenntnis – vorgenommen werden, weil der Mensch bei der Feststellung des »ist« anhalten und verweilen kann und nicht – wie das Tier, das in eine Umwelt von instinktbezogenen Bedeutungscharakteren eingepaßt ist – das Seiende stets *etwas* (mit einer »Bewandtnis«) sein lassen *muß*.

59 Bei dieser Gelegenheit mag an die Fruchtbarkeit einer entsprechenden Auffassung des Unterschiedes von Mensch und Tier bei Herder, H. Plessner und A. Gehlen erinnert werden.

60 Anthropobiologen sprechen vom »Hiatus« der Abkoppelung der Verhaltensreaktionen von den »Auslöser-Reizen«, der menschliches »Handeln« und »Bewußtsein« möglich und notwendig macht.

61 Dieser Gedanke bereitet erfahrungsgemäß aller Sprachlogik die größten Schwierigkeiten; dabei hält er sich durchaus im Denkbereich der »transzendentalen Synthesis der Apperzeption« Kants, die auch nicht auf das »Zusprechen von Prädikaten« zurückgeführt werden kann.

62 Vgl. W. Kamlah und P. Lorenzen, *Logische Propädeutik*, Mannheim 1967, Kap. I

Der vorstehende Versuch einer Rechtfertigung des Heideggerschen Sprachgebrauchs aus den Voraussetzungen seiner Philosophie mag selbst im Zusammenhang der vorliegenden Untersuchung als Beispiel des Sich-einlassens auf das Ad-hoc-Verstehen sogenannter »spekulativer« Philosophie figurieren. Als ein solches Beispiel ist er in seiner Begrenzung (die z. B. die für das Seins-Verständnis Heideggers so wichtige Problematik der Zeitlichkeit unberücksichtigt ließ) notwendig unzulänglich; denn ein hermeneutisches Verstehen setzt seiner Natur nach die – im Zirkel von »Vorgriff« und Korrektur des Vorgriffs aus dem Text zu leistende – Eruierung des gesamten Kontextes einer Stelle voraus, ja darüber hinaus des gesamten geschichtlichen Kontextes, in dem ein philosophischer Text seinen Ort hat. Solcher hermeneutischen Zumutung steht entgegen die sprach- bzw. sinnkritische Voreinstellung der »analytischen Philosophie«, welche – zumindest im Anfang – davon ausging, daß es Kriterien dafür gibt, von vornherein und nicht ad hoc darüber zu entscheiden, ob ein Satz sinnvoll sein kann. Dies setzt voraus, daß man die Kriterien, nach denen sinnvolle und sinnlose Sätze zu unterscheiden sind, selbst durch eine Philosophie begründen kann, welche den von ihr aufgestellten Sinnkriterien genügt. Unter diesem Gesichtspunkt wollen wir im folgenden die Frage nach dem Sinnkriterium der Sprache in der sprachanalytischen Philosophie auf ihre Voraussetzungen hin überprüfen. Wir entsprechen damit zugleich der von Heidegger her aufgeworfenen Frage, ob nicht am Ende diejenige Sinnkritik, welche Metaphysik schlechthin für sinnlos erklärt, ihre eignen metaphysischen Voraussetzungen unsichtbar macht und dergestalt jeder möglichen Kritik entzieht[63].

IV. Die Frage nach den Voraussetzungen der Sinnkritik: Von der Metaphysik der Metaphysikkritik zum offenen Pragmatismus

Die Bedeutung der sprachanalytischen Philosophie unseres Jahrhunderts liegt unter anderem darin, daß sie die im vorigen erwähnten

63 Es ist bemerkenswert, daß K. Popper, der zunächst der neopositivistischen Metaphysikkritik zumindest nahestand, zuletzt das Kriterium sinnvoller Metaphysik in ihrer »Kritisierbarkeit« zu sehen scheint. Vgl. hierzu G. Jánoska, Popper und das Problem der Metaphysik, in: Kantstudien, 58. Jg., 1967, S. 158–172.

drei geschichtlichen Ansätze der Frage nach dem Sinnkriterium der Sprache – den sprachlogischen, den empiristischen und den pragmatistischen – zusammengebracht hat. Im Grund war diese Synthese schon in der »Semiotik« von Ch. S. Peirce vorgesehen, der 1867 in Anknüpfung an die scholastische Sprachlogik zwischen »spekulativer Grammatik«, »kritischer Logik« und »spekulativer Rhetorik« unterschied[64]. In der zuletzt genannten dritten Dimension vollzog sich dann in der Folgezeit Peirces Grundlegung des Pragmatismus[65], die gewissermaßen die von Theophrast (s. oben Anm. 18) der Zuständigkeit der Philosophie entzogene und der ›Rhetorik‹ überlassene Dimension des »menschlichen Sprachgebrauchs« (in der Situation des »Senders« oder des »Empfängers«) erstmals der Sprachlogik zugänglich machte. Die Entwicklung der sprachanalytischen Philosophie im 20. Jahrhundert ist nun dadurch gekennzeichnet, daß sie in drei aufeinanderfolgenden Phasen zuerst die »logische Syntax«, dann die »logische Semantik« und schließlich die sogenannte »Pragmatik« der Sprache zum Leitfaden der Analyse wählte. Entsprechend verschob sich auch der Schwerpunkt in der Frage nach dem Sinnkriterium. Zwar vollzogen schon B. Russell und der junge Wittgenstein in ihrer Konzeption des »Logischen Atomismus« (vgl. oben S. 285 f.) eine Synthese des logischen und des empirischen Sinnkriteriums, aber der Umstand, daß diese Synthese nur in der Weise einer »Metaphysik« (der Weltabbildung durch die Sprache gemäß der für Sprache und Welt identischen »logischen Form«) postuliert werden konnte, hatte zur Folge, daß der »Logische Positivismus« (vor allem R. Carnap) die Synthese zunächst wieder auflöste, um die Kriterien der »logischen Form« und des »empirischen Sinns« der Sprache ohne metaphysische Voraussetzungen aus sich selbst heraus und gerade mit dem Ziel einer Eliminierung aller Metaphysik zur Geltung zu bringen[66].

An diesem Punkt der Entwicklung setzt unsere Frage nach den Voraussetzungen der analytischen Sinnkritik zweckmäßigerweise an; sie läßt sich jetzt folgendermaßen präzisieren:

64 Vgl. Peirce, *Coll. Papers* I, § 559.

65 Vgl. John J. Fitzgerald, *Peirce's Theory of Signs as Foundation for Pragmatism*, Den Haag/Paris 1966.

66 Ihren polemischen Höhepunkt erreichte diese 2. Phase der sprachanalytischen Philosophie in R. Carnaps *Scheinprobleme in der Philosophie*, Berlin 1928, neu abgedruckt nach der 2. Aufl. in der Reihe »Theoria 1«, Frankfurt 1966, mit Nachwort von G. Patzig, und »Überwindung der Metaphysik durch logische Analyse der Sprache«, in: *Erkenntnis* 2,

1. Hat der »Logische Positivismus« als 2. Phase der sprachanalytischen Philosophie sich von den metaphysischen Voraussetzungen der 1. Phase (des »Logischen Atomismus«) befreien können und, wenn ja, auf welche letzten Voraussetzungen hat er faktisch die Frage nach dem Sinnkriterium zurückgeführt?
2. Welche Bedeutung kommt in diesem Zusammenhang der Entwicklung einer 3. Phase der sprachanalytischen Philosophie (in der Schule des späten Wittgenstein und bei Ch. Morris) zu, welche die Pragmatik des menschlichen Sprachgebrauchs in den Vordergrund der Betrachtung rückte?

1. Die Metaphysik des Logischen Atomismus

Kehren wir zur Beantwortung dieser Fragen noch einmal zum Ausgangspunkt der sprachanalytischen Bewegung im 20. Jahrhundert zurück: Die Philosophie des »Logischen Atomismus«[67], in der zum erstenmal das empiristische und das sprachlogische Sinnkriterium vereinigt wurden, entsprach ziemlich genau der von Heidegger in *Sein und Zeit* als Kontrastfolie seines eigenen Ansatzes charakterisierten Ontologie einer puren »Vorhandenheit« des Vorhandenen. Bei Heidegger wird gezeigt, daß die bloße »Vorhandenheit« von Dingen einem »defizienten Modus des Seinsverständnisses« entspricht, bei dem das »Verstehen« der »Bedeutsamkeit« dem bloßen »Anstarren« eines Weltelements, das aus seinem Bewandtniszusammenhang gelöst ist, weichen mußte. Der Rückgang der Sprachanalyse auf bloß vorhandene Elemente als Gegenstände der Bezeichnung kommt also nach Heidegger dem Rückgang auf das hermeneutisch Sinnlose gleich; und es versteht sich, daß, unter der Voraussetzung dieses Grenzfalles des menschlichen In-der-Welt-Seins, die Konstitution von so etwas wie »Sinn« nach Heidegger nicht mehr zu begreifen ist. Bei B. Russell und in L. Wittgensteins »Tractatus« dagegen wird vorausgesetzt, daß der Mensch zunächst einmal die vorhandene Welt in ihren Elementen kennt (»Principle of Acquaintance«), diese dann eindeutig bezeichnet (nach dem Prinzip »unum nomen, unum nominatum«) und schließlich durch Kombination der

1931/32, S. 219–41, in der vor allem M. Heideggers Gebrauch des Wortes »Nichts« in *Was ist Metaphysik?* kritisiert wurde.
67 Vgl. J. O. Urmson, *Philosophical Analysis*, Oxford 1956.

Namen in Sätzen und der Elementarsätze in komplexen Sätzen zu Theoriebildungen über die Welt aufsteigt. Die Konstitution von »Sinn« soll also hier aus der bloßen Benennnung der bekannten Weltelemente (diese »Gegenstände« sind nach Russell und Wittgenstein die »Bedeutungen« der »Namen«) und der (logischen) Kombination der Namen heraus begreiflich gemacht werden. Das damit projektierte Sprachsystem, dessen Sätze garantiert »sinnvoll« sein sollen, könnte schließlich auch noch von Menschen zu menschlichen Zwecken gebraucht werden, ohne daß dieser Gebrauch irgend etwas mit der Konstitution der Wortbedeutungen und des möglichen Satzsinns der Sprache zu tun hätte.

Es versteht sich, daß auch die zum Sprachgebrauch gehörige intersubjektive Verständigung der Menschen unter diesen Voraussetzungen nicht etwa für die Konstitution der Wortbedeutungen und des möglichen Satzsinnes vorausgesetzt, sondern umgekehrt durch die Funktion des idealen onto-semantischen Systems garantiert wäre – sofern man sich nur über die den Weltelementen zuzuordnenden Namen erst einmal verständigt hätte. Auf diesen – in der Geschichte der Sprachphilosophie seit Platons *Kratylos* altbekannten – aporetischen Punkt würde sich im System des »Logischen Atomismus« die Notwendigkeit des hermeneutischen Verstehens von Sinnintentionen reduzieren; denn alle übrigen Anwendungen der Sprache (das probeweise Zusammenstellen von möglichen Sachlagen durch Namenkombinationen) ließen sich nach der Sprachbegründung (ihrer Befestigung sozusagen an »der« Realität) auch durch einsame Individuen bewerkstelligen. Diese könnten zwar – zusätzlich – ihre Sinnintentionen (d. h. ihre Meinung darüber, was der Fall ist oder sein könnte) auch anderen mitteilen; aber sie würden solche Kommunikation nicht zur Entscheidung über den Sinn dessen, was der Fall ist, wenn ihre Sätze wahr sind, voraussetzen (und natürlich auch nicht zur Entscheidung darüber, ob die Sätze als wahr gelten können). Wenn einmal die »gegenständlichen Bedeutungen« in der Sprache festgelegt sind, würde der »Ariadnefaden« der »logischen Form der Sprache« (Leibniz) die Benutzer der Wissenschaftssprache sowohl von der Auffassung des Seienden »als etwas« wie auch von der Verständigung mit den anderen in dem Sinn entlasten, daß nur noch neue Tatsachen (d. h. neue Verhältnisse von bekannten Gegenständen) mitgeteilt werden brauchten. Von jeder über solche »Information« hinausgehenden »Kommunikation« wären die Benutzer der

Wissenschaftssprache nicht nur unabhängig: sie müßten auch den Sinn solcher Kommunikation prinzipiell in Frage stellen, wozu sie allerdings wiederum sprachlich nicht mehr in der Lage wären. Solche Sätze, die etwa zur Verständigung über das Sprachsystem im ganzen dienen sollten, müßten von vornherein sinnlos sein, da sie ja nicht – vermittels der Logik der Wahrheitsfunktionen – aus den Elementarsätzen des Systems hergeleitet werden können (in der Tat könnte aus diesem Grund überhaupt kein Satz über den Sinn von Sätzen sinnvoll sein!)[68].

Nun haben aber nicht nur die Sätze der traditionellen Philosophie, die dem Unsinnigkeitsverdacht unterliegen, sondern auch die Sätze der Philosophie, die den »Logischen Atomismus« vertritt und die Sprache der Wissenschaft in seinem Sinne zu rekonstruieren versucht, den Charakter von Sätzen über den Sinn von Sätzen, ja sogar – im Gegensatz zu den empirisch-hermeneutischen Wissenschaften – den Charakter von Sätzen über den Sinn aller möglichen Sätze der Sprache. Gerade diese Sätze müssen, dem »logischen Atomismus« zufolge, sinnlos sein, da sie – als metasprachliche Sätze – dem Sinnkriterium der durch sie zu regelnden bzw. zu rechtfertigenden Sprache a priori nicht entsprechen können. Diese Aporie zeigte sich schon bei B. Russell, der alle Sätze über alle Sätze durch seine »Typentheorie« als sinnlos disqualifizieren wollte, dies aber (wie schon die Wendung »alle Sätze über alle Sätze« zeigt) nur durch philosophische Sätze tun konnte, welche der Typentheorie nicht gehorchen[69]. Der junge Wittgenstein brachte eben diese Aporie im *Tractatus* mit paradoxer Konsequenz zum Vorschein und beschloß sein Werk mit den Sätzen:

»Meine Sätze erläutern dadurch, daß sie der, welcher mich versteht, am Ende als unsinnig erkennt, wenn er durch sie – auf ihnen – über sie hinausgestiegen ist.« (Er muß sozusagen die *Leiter* wegwerfen, nachdem er auf ihr hinaufgestiegen ist.)

Er muß diese Sätze überwinden, dann sieht er die Welt richtig.

»Wovon man nicht sprechen kann, darüber muß man schweigen.[70]«

68 Vgl. über die Aporie der »intensionalen« Sätze im »Logischen Atomismus« meine Studie über die »Entfaltung der ›sprachanalytischen‹ Philosophie und das Problem der ›Geisteswissenschaften‹«, a.a.O.

69 Vgl. hierzu M. Black, *Language and Philosophy*, Ithaca, N.Y. 1949, S. 114 ff.

70 Wittgenstein, *Tractatus*, § 6.54 und 7, a.a.O., S. 83.

Diese berühmte Konsequenz des »Logischen Atomismus« verweist alle Sprachreflexion in den Bereich des eigentlich Unsinnigen. Radikaler gesagt: alle spezifisch menschliche Kommunikation, die – als Verständigung über den Sinn von Sätzen – nicht nur, wie auch die sogenannte Bienensprache, Informationen über Sachverhalte vermittelt, sondern immer zugleich das Selbstverständnis der sprechenden und handelnden Menschen vertieft, ist – der metaphysischen Vision des »logischen Atomismus« zufolge – etwas zumindest Vorlaufiges – etwas, das für die Misere der zwischenmenschlichen Mißverständnisse verantwortlich zu machen (was sich ja auch gar nicht leugnen läßt) und daher zu überwinden ist. – Würde aber diese Überwindung der Sinnverständigung durch das Vorverständigtsein über allen möglichen Sinn nicht auch das Ende allen Sinns und alles menschlichen Selbst- und Welt*verständnisses* bedeuten? Ist nicht die klassische Aporie der ersten Verständigung über die Namengebung, die im »Logischen Atomismus« stillschweigend in Kauf genommen wird, letztlich identisch mit der im *Tractatus* explizit gemachten Aporie der Sprachreflexion überhaupt? Gründet diese Aporie nicht in der Voraussetzung einer – onto-semantischen – Sprachphilosophie, welche nur die Subjekt-Objekt-Relation (der Wahrnehmung und Bezeichnung des »Vorhandenen«) als sinnkonstitutiv anerkennt, nicht aber die intersubjektive Dimension der Verständigung[71] über den möglichen Sinn des Seienden – d. h. nicht nur über die Benennung von vorhandenen Gegenständen, sondern primär über die Prädikation im weitesten Sinn dieses Wortes[72]?

Indessen: Auch die zuletzt gestellte Frage ist noch mißverständlich, da in der Tradition – von Platon bis Meinong und versuchsweise auch im »Logischen Atomismus« – die Prädikatoren vielfach selbst als eine Art Namen für »Gegenstände« besonderer Art aufgefaßt wurden. Eine solche platonistische Auffassung der Prädikatoren würde aber an der Grundkonzeption des »Logischen Atomismus« nichts ändern (sie würde nur die zu bezeichnenden Entitäten vermehren, wie Ockham im Gefolge des Aristoteles erkannte); sie würde in der reflexionsfreien Subjekt-Objekt-Relation verharren und nicht im mindesten verständlich machen, inwiefern schon bei der Auffassung des Seienden »als etwas in einer Welt« die intersubjektive Verständigung und, über diese vermittelt, das Selbstver-

71 Vgl. hierzu oben Anm. 12.
72 Im Sinne der Einführung von »Prädikatoren« bei Kamlah-Lorenzen; vgl. oben Anm. 62.

ständnis des Menschen beteiligt sein müssen – wenn die menschliche Sprache nicht, gleich der Bienensprache, als geschichtslose und reflexionsfreie »Information« verstanden werden soll. – So könnte man denn geneigt sein, mit Heidegger zu fragen: Muß nicht die sprachliche Auslegung der Welt, die zugleich den Worten der Sprache ihre Bedeutung verschafft, als ein Geschehen verstanden werden, in dem die von Kant postulierte »transzendentale Synthesis der Apperzeption«, d. h. die Einheit des Selbstbewußtseins und des Gegenstandsbewußtseins, durch eine »hermeneutische Synthesis« – als Einheit von menschlichem Selbstverständnis im »Miteinander-zu-sein-verstehen« und »Seinlassen« der Dinge in einer »Bewandtnis« für das Seinkönnen – fundiert wird?

2. Die Metaphysik des Logischen Positivismus und ihre pragmatische Auflösung

Das Verdienst des jungen Wittgenstein besteht m. E. darin, die metaphysischen Voraussetzungen und Aporien der 1. Phase der sprachanalytischen Philosophie mit paradoxer Konsequenz sichtbar gemacht zu haben[73]. Der »logische Positivismus«, der sich bemühte, Wittgensteins Metaphysikkritik ohne ihre metaphysischen Voraussetzungen zu übernehmen, hat dagegen – als Ideologie – diese Voraussetzungen weniger überwunden als unsichtbar gemacht[74].

Das gilt z. B. bis heute für die offizielle Wissenschaftstheorie des Neopositivismus: die Konzeption der »Einheitswissenschaft«. Diese glaubt, durch die Ersetzung der »inhaltlichen« durch »formale« (»satzanalytische«) Redeweise, z. B. durch Ersetzung der älteren naturalistischen Reduktionen durch das Postulat der universalen »Ding-Sprache«, den metaphysischen Implikationen entronnen zu

73 Darüber hinaus enthält der *Tractatus* – wie oben Anm. 42 angedeutet – einen transzendentalphilosophischen Aspekt, der an einigen Stellen, wo der »logische Raum« der Sprache als »Netz« vorgestellt wird (vgl. § 6.341 ff.), bereits in den Konventionalismus der späteren »Sprachspiel«-Theorie (und der konstruktiven Semantik) übergeht.

74 Es dürfte philosophiehistorisch fruchtbar sein, die heutzutage auch bei Nichtpositivisten (genauer: bei Szientisten, die sich nicht einmal mehr zum Positivismus bekennen) weitverbreitete Tendenz, metaphysische Probleme um jeden Preis zu vermeiden (etwa durch abschneidende Redewendungen wie: »Neuere Untersuchungen haben gezeigt, daß es zweckmäßig ist . . .«), unter dem Popperschen Gesichtspunkt der Immunisierungsstrategie zu interpretieren. Diese Strategie wird zur Ideologie gerade dann, wenn sie mit vorphilosophischer Unschuld eingeübt ist.

sein – als ob nicht der gerade von Carnap – nach der Phase der »logischen Syntax« – betonte »onto-semantische« Charakter der »Ding-Sprache« die Metaphysik des »Physikalismus« praktisch bestätigt[75].

Am schwierigsten bewußt zu machen ist m. E. wohl der Umstand, daß bereits die für alle »Logic of Science« selbstverständliche Voraussetzung des »Objektivismus«, derzufolge die Wissenschaften es nur mit der »Beschreibung« und »Erklärung« von Raum-Zeit-Ereignissen zu tun haben können, eine metaphysische Vorentscheidung impliziert. Die kaum noch in Frage zu stellende Selbstverständlichkeit dieser Voraussetzung zeigt sich z. B. in der Annahme, daß das sogenannte »Verstehen«, von dem in der Methodologie der hermeneutischen Wissenschaften die Rede ist, keinen anderen Sinn haben kann als den einer – heuristisch-relevanten – Einfühlung (»empathy«) in objektiv vorliegendes Verhalten (»behavior«), durch welche die Auffindung von Gesetzeshypothesen für die Erklärung dieses Verhaltens erleichtert wird – als ob nicht die Konstitution der sog. »Daten« für die Naturwissenschaften selbst schon Verständigung in der »Community of Investigators« (Peirce) voraussetzte und als ob nicht diese Verständigung selbst Probleme stellte, die mit den Problemen der hermeneutischen Wissenschaften ein Kontinuum bilden[76].

Interessanter als die offizielle *Wissenschafts-Methodologie* des Neopositivismus, in der die Metaphysik der 1. Phase der sprachanalytischen Philosophie (und darin ein Cartesianismus, dessen Bewußtseinsproblematik verdrängt wurde) ungebrochen fortlebt, ist die *Methode* der neopositivistischen Sprachanalyse. Hier, wo es um die Rekonstruktion der Wissenschaftssprache geht, operiert der Neopositivismus selbst (und man darf unterstellen: auf wissenschaftliche Weise) in der Dimension der intersubjektiven Verständigung und nicht etwa, wie die »Sciences«, in der Dimension der Erklärung

75 Willard V. Quine weist in diesem Zusammenhang auf das unvermeidliche »ontological committment« jeder Sprache hin (vgl. »On What There is«, in: *From a logical of view*, 1953, S. 1–19). – Daß auch das Postulat der Reduktion der Wissenschaftssprache eine metaphysische Problematik impliziert, zeigt sich in paradoxer Form an den immer wieder erneuerten Versuchen Carnaps, die Protokollsätze, durch die physikalische Hypothesen verifiziert sein sollen, selbst als physikalisch beschreibbare Vorkommnisse an den Beobachtern aufzufassen.

76 Vgl. meinen Aufsatz im *Philos. Jb.* 75. Jg.; ferner: »Szientistik, Hermeneutik, Ideologiekritik: Entwurf einer Wissenschaftslehre in erkenntnisanthropologischer Sicht«, in: *Man and World* I, 1968, und in: Wiener Jb. f. Philos. I, 1968. Vgl. Bd. II, S. 96 ff.

von Raum-Zeit-Ereignissen. Hier also muß sich *zeigen*, ob der Neopositivismus die Frage nach den Sinnkriterien der Sprache ohne metaphysische Voraussetzungen zu beantworten vermag.

Im »Logischen Atomismus« war die »logische Syntax« der Sprache insofern das maßgebende Kriterium der Sprachanalyse, als sie den Ariadnefaden für die Reduktion aller sinnvollen Sätze auf Elementarsätze als Tatsachenprotokolle abgeben sollte. (So *mußte* es sich nach Russell und Wittgenstein verhalten, wenn eine Sprache denkbar sein sollte, die als Wort-Satz-System neue Sach-Verhalte aufgrund bekannter Wortbedeutungen würde darstellen und mitteilen können[77].) Carnap, der diese *Metaphysik* des Verifikationsprinzips vermeiden wollte, versuchte zunächst, die Kriterien der »logischen Syntax« und des Verifikationsprinzips je für sich und gewissermaßen aus eigener Kraft zur Geltung zu bringen. Dabei zeigte sich indessen, daß einerseits die »logische Syntax« als solche kein Kriterium gültiger Wissenschaftssprache abgeben konnte, da sie, als Bestandteil der Wissenschaftssprache, in der Tat eine Semantik voraussetzt[78], daß andererseits aber die Tatsachen ohne Voraussetzung sprachlicher Konventionen nicht protokollierbar sind (praktisch werden sie in den modernen Naurwissenschaften bereits unter der Voraussetzung umfassender Theoriebildungen entdeckt und beschrieben[79]): keine Sprachregelung, die nicht schon Erfahrung voraussetzt; keine Erfahrung, die nicht sprachliche Konventionen voraussetzt, um ein intersubjektiv gültiges Kriterium abzugeben.

Damit ist gewissermaßen der – ontosemantische – Spielraum abgesteckt, innerhalb dessen die Frage nach dem Sinnkriterium ihre Beantwortung finden mußte; zugleich ist aber bereits angedeutet, daß die Frage nach dem Sinnkriterium über Ontosemantik hinaus in eine neue Dimension verweisen mußte. Denn eine Sprachanalyse, welche nicht mehr – wie noch der junge Wittgenstein – über einen Leibnizschen Ariadnefaden der »logischen Form« verfügt, welcher die Befestigung der Sprache an »den« Tatsachen (aus denen die Welt besteht) garantiert, noch andererseits die Metaphysik der Tatsachen durch sprachfreie Intuition – im Sinne des sprachkritischen Empirismus seit Ockham – zu verifizieren erlaubt –, eine solche Sprach-

77 Vgl. Wittgenstein, *Tractatus*, 3.23: »Die Forderung der Möglichkeit der einfachen Zeichen ist die Forderung der Bestimmtheit des Sinnes.«

78 Vgl. R. Carnap, *Introduction to Semantics*, Cambridge, Mass. 1942, § 39.

79 Vgl. hierzu besonders K. R. Popper, *Logik der Forschung*, Wien [1]1934.

analyse muß wohl noch ein weiteres Sinnkriterium – außer der logischen Form und den Tatsachen – in Anspruch nehmen. Diese vorgreifende Rekonstruktion sei durch einige Daten aus der langwierigen und komplizierten Geschichte des Neopositivismus belegt und illustriert.

Das berühmte, von Wittgenstein im *Tractatus*[80] suggerierte und, wie heute erwiesen ist[81], auch mündlich (im Gespräch mit Waismann und Schlick) formulierte Prinzip, demzufolge als Sinnkriterium die – durch die Logik der Sprache prinzipiell angezeigte – »Methode der Verifikation« zu gelten hat, stellte die Neopositivisten zunächst vor drei relativ unterschiedene Probleme:

1. Es mußte geklärt werden, in welchem Verhältnis die wissenschaftlich sinnvollen Sätze zu den »Beobachtungssätzen« (auch »Protokollsätze« oder »Basis-Sätze« genannt) stehen. – Hier entspringt das zentrale wissenschaftstheoretische Interesse der Frage nach dem Sinn von Sätzen.

2. Es mußte geklärt werden, welchen Charakter die Beobachtungssätze selbst besitzen. – Hier lag die Gefahrenzone einer Philosophie, welche keine metaphysischen Sätze über das Verhältnis von Sprache und Welt als sinnvoll anerkennt. Und hier liegt, ganz abgesehen von dem antimetaphysischen Vorurteil des Neopositivismus, auch für eine moderne Transzendentalphilosophie, welche sich von Wittgenstein darüber hat belehren lassen, daß Sprache die Bedingung der Möglichkeit intersubjektiv gültiger Erfahrung ist, eine Schwierigkeit, die jedenfalls nicht dadurch aufgelöst werden kann, daß man von dem Verhältnis von Sprache und Welt in der »Objektsprache« – wie von einer Relation innerweltlich begegnender Dinge – redet.

3. Schließlich mußte geklärt werden, inwiefern die Logik der Sprache eigentlich in der Lage ist, den methodischen Weg zur Verifikation eines jeden sinnvollen Satzes anzuzeigen, so daß man diesen »verstehen (kann), ohne zu wissen, ob er wahr ist« (Wittgenstein). – Hier entspringt die von Wittgenstein ausgehende, spezifisch sprachanalytische Aufgabe, deren Auflösung überhaupt erst zeigen kann, daß es so etwas wie ein *Sinnkriterium der Sprache* gibt.

80 Vgl. besonders *Tractatus*, § 4.024, a.a.O., S. 28.

81 Vgl. L. Wittgenstein, *Schriften III, Ludwig Wittgenstein und der Wiener Kreis*, Frankfurt 1967, S. 243 ff. Dort findet sich auch die von Waismann und Schlick zuerst öffentlich gebrauchte Formel: »Der Sinn eines Satzes ist die Art seiner Verifikation. Die Methode der Verifikation ist nicht ein Mittel, ein Vehikel, sondern der Sinn selbst.«

Und man bemerkt sogleich, daß eben diese Problemstellung es von vornherein verbietet, bei der Antwort auf die Frage nach der Geltung der Beobachtungssätze in der Weise einer deduktiven Begründung über die Sprache hinauszugehen.

Die geschichtliche Entwicklung der Problematik[82] führte sehr bald dahin, daß man methodisch die Beantwortung der zweiten Frage mit der Beantwortung der dritten Frage identifizierte. Es zeigte sich nämlich, daß es unmöglich war, auf der Grundlage von Definitionen und Deduktionen im Medium der Umgangssprache ein Prinzip zu formulieren, das tatsächlich allen Sätzen der Wissenschaft (z. B. universalen Gesetzesaussagen) gerecht wird und alle Sätze der Metaphysik ausschließt. So schlug Carnap in *Testability and Meaning* (1936/37) als Sinnkriterium die Übersetzbarkeit in eine empiristische Kunstsprache vor, d. h. in eine Sprache, in der – aufgrund des Wortschatzes und der logischen Syntax – genau die und nur die Sätze der Naturwissenschaft gebildet werden können.

Schon hier deutet sich eine Wendung im Stil der Frage nach dem Sinnkriterium an: Zunächst möchte man meinen, Carnap wolle den gordischen Knoten des Problems durch einen Schwertstreich auflösen, indem er das zu Beweisende – die Verifizierbarkeit der und nur der naturwissenschaftlichen Sätze – einfach voraussetzt. In der Tat führt Carnap an dieser Stelle ein nicht mehr unmittelbar theoretisch zu begründendes Moment konventionalistischer Entscheidung ein, das aus der methodischen Begründung des Sinnkriteriums nicht mehr verschwinden sollte. Insofern kann man sagen, daß mit der Übergabe des Verifikationsproblems an die konstruktive Semantik die Grundlage der theoretischen Metaphysikkritik verlorenging. Andererseits ist jedoch zu bedenken, daß eine »Konvention« als »Übereinkunft« aufgrund von Argumenten aufgefaßt werden kann; sie kann daher indirekt theoretisch begründet sein, und sie kann womöglich als antizipierende Entscheidung die Beibringung der sie stützenden Argumente erleichtern. In diesem Sinne müßte das Gelingen des Versuchs, eine Präzisionssprache zu konstruieren, in der genau die und nur die Sätze der (pragmatisch bewährten) Naturwissenschaft gebildet werden können, schon als ein indirektes Argument zugunsten des sinnkritischen Vorrangs eben

82 Vgl. Carl G. Hempel, »Problems and Changes in the Empirist Criterion of Meaning«, in: L. Linsky (Hrsg.), *Semantics and the Philosophy of Language*, Urbana, Ill. 1952, S. 163–188.

dieser Sprache gewertet werden. – Freilich wäre dieses Argument nicht mehr rein logisch-empiristisch, sondern eher pragmatistisch zu nennen. Es zeigt sich hier, daß der Logische Empirismus seinen eigentlichen Charakter und damit den Anspruch theoretischer Metaphysikkritik genau in dem Moment aufgeben muß, wo er sich selbst von seinen metaphysischen Voraussetzungen frei macht. In der konstruktiven Semantik wird in der Tat das onto-semantische Fundament des *Tractatus* überschritten. Nicht mehr *die* logische Form »der« Sprache wird in Anspruch genommen, um das empirische Sinnkriterium zur Geltung zu bringen, sondern es wird *eine* logische Form der Sprache gewählt, von der man sich empirische Verifizierbarkeit der in ihr zu formulierenden Sätze verspricht.

Daß bei der konstruktiven[83] Behandlung der Frage nach dem Sinnkriterium ein Restproblem bestehenbleibt, erkannte Carnap 1936 insofern, als er die endgültige Verifikation der syntaktisch rekonstruierten Wissenschaftssprache durch Beobachtungssätze einer behavioristischen Disziplin überwies, welche das Verhalten der Beobachter als Versuchspersonen testen sollte. Aber es liegt auf der Hand, daß hier eine Scheinlösung vorliegt. Diese verwechselt – in der Terminologie der von Carnap selbst alsbald mitbegründeten Semantik ausgedrückt – das metasprachliche Problem einer Bewährung der rekonstruierten Wissenschafts*sprache* durch Beobachtungs*sätze* mit dem empirischen Problem einer Verhaltensbeschreibung, die selbst schon die Sinngeltung von Beobachtungssätzen einer Objektsprache voraussetzt. Das Kommunikationsverhältnis zwischen dem Sprachkonstrukteur und dem wissenschaftlichen Beobachter, der die rekonstruierte Sprache verwenden und bewähren soll, ist ja in dem Moment abgebrochen, wo die Sätze des Beobachters selbst als zu beobachtende Daten objektiviert werden[84]. Wir erwähnen diese beha-

83 Gemeint ist hier die Konstruktion bestimmter, axiomatischer Kalküle als möglicher idealer Wissenschaftssprachen. Ob eine »Rekonstruktion« der Wissenschaftssprache überhaupt unmittelbar in der pragmatischen Dimension des Sprachgebrauchs, wie sie von P. Lorenzen und W. Kamlah angestrebt wird, die für den Neopositivismus charakteristischen Metaprobleme vermeiden kann, ist eine andere Frage, die jedenfalls den Rahmen der hier behandelten »sprachanalytischen Philosophie« überschreitet; denn es geht bei dieser Rekonstruktion nicht mehr um die Alternative: Kalkül oder empirische Beschreibung des Sprachgebrauchs, sondern eher um eine Radikalisierung des in der dialogischen Verständigung enthaltenen Moments des »Sinnentwurfs«. Insofern scheint diese Rekonstruktion mit der »Hermeneutik« ein Kontinuum zu bilden, deren zentrales Anliegen die Vermittlung von »Geworfenheit« und »Entwurf« des Sinnverständnisses im »hermeneutischen Zirkel« ist.

84 Vgl. oben Anm. 75.

vioristische Scheinlösung nur deshalb, weil sie in der Folgezeit von Carnap immer wieder herangezogen und dazu benutzt wurde, das eigentlich neue Problem, das durch die konventionalistische Wendung der Frage nach dem Sinnkriterium gestellt war, zum Verschwinden zu bringen.

Das zeigte sich in entscheidender Weise, als Carnap, belehrt durch Tarskis berühmte Arbeit über den »Wahrheitsbegriff« in den formalisierten Sprachen«[85], den nicht bloß syntaktischen, sondern semantischen Charakter der von ihm erstrebten Rekonstruktion der Wissenschaftssprache erkannte, sehr bald aber einsehen mußte, daß eine semantische Konstruktion zwar das Problem der logischen Folgerung, die sich in der syntaktischen Ableitbarkeit von Sätzen spiegeln läßt, als ein solches der analytischen Wahrheit wissenschaftlicher Sätze behandeln kann, nicht aber die empirische Wahrheit[86] der wissenschaftlichen Sätze als deren *Verifizierbarkeit* erweisen kann. In dieser Situation, in der abermals das unaufgelöste Restproblem der konstruktiven Beantwortung der Frage nach dem Sinn-

85 Vgl. Stegmüller, *Der Wahrheitsbegriff und die Idee der Semantik*, Innsbruck 1957. Dazu die kritische Rezension von E. Tugendhat in: *Phil. Rdsch.* 8. Jg., 1960, S. 131–39.

86 Zu der heiß umstrittenen Frage nach der philosophischen Tragweite der von Tarski vorgenommenen Präzisierung des Wahrheitsbegriffes sei hier folgendes angemerkt: Eine hermeneutische Betrachtungsweise wird sehr wohl zugeben können, daß in dem Definitionsschema »Der Satz ›Die Dinge verhalten sich so und so‹ ist wahr dann und nur dann, wenn die Dinge sich so und so verhalten« (das Tarski in Wahrheitsdefinitionen für bestimmte formalisierte Sprachen überführt hat) die aristotelische Korrespondenztheorie der empirischen Wahrheit eine Präzisierung erfahren hat. Diese Präzisierung zeigt aber zugleich, daß der reine Korrespondenzbegriff der empirischen Wahrheit inhaltlich leer ist; d. h. nicht, daß er trivial ist, sondern dies: daß er nur ein regulatives Prinzip für eine in der Subjekt-Objekt-Relation betriebene empirische Wissenschaft bereitstellt, während die Verifizierbarkeit einer bestimmten Tatsachenaussage immer zugleich von der Verständigung über den Sinn einer zu beschreibenden Tatsache abhängt. – Am Beispiel: Wenn ich genau weiß, welchen Sinn der Satz »Die Zimmertemperatur beträgt 22 ° Celsius« hat, d. h. zugleich: wenn ich weiß, unter welchen Umständen, aufgrund welcher Messungen usw. wir zu der obigen Aussage berechtigt sind, dann läuft der Satz auf die Behauptung einer reinen – und d. h. absoluten! – Tatsachenwahrheit hinaus. Ich kann dann nur noch hingehen und – gemäß den, mit der Sprache zugleich eingeübten, Regeln der Verifikation – feststellen, ob die Dinge sich so verhalten, wie der Satz es behauptet. In der Alltagssprache wird nun das Verständigtsein über den Sinn einer Behauptung in vager Form immer schon vorausgesetzt (dies ist die stillschweigende Voraussetzung der aristotelischen Korrespondenz-Theorie). In der formalisierten Kunstsprache dagegen wird – in dem Augenblick, wo sie sich als Rekonstruktion der Wissenschaftssprache und ihres von Aristoteles formulierten Wahrheitsanspruchs versteht – das Verständigtsein über die mögliche Verifizierbarkeit von Aussagen in präziser Form vorausgesetzt. Gerade diese Voraussetzung kann jedoch die logische Semantik in keiner Weise selbst garantieren, da sie ja nicht, wie Wittgenstein im *Tractatus* es einfach voraussetzte, als transzendentale Semantik durch ihre Form auf die überhaupt möglichen Tatsachen gegründet ist, sondern

kriterium der Sprache sichtbar wurde, kam Ch. Morris dem Neopositivismus mit seiner Grundlegung einer dreidimensionalen Semiotik zu Hilfe[87].

Die »Syntax« als Lehre von der Formierung der Zeichen und ihrer Beziehung untereinander und die »Semantik« als Lehre von der Beziehung der Zeichen auf die Gegenstände wurden hier – mit Berufung auf Ch. S. Peirce – durch eine »Pragmatik« ergänzt, welche den Gebrauch der Zeichen durch die Menschen in der Situation der Lebenspraxis (d. h. in der Situation des Senders oder auch des Empfängers von Nachrichten) zum Thema hat. Dabei ließ Morris keinen Zweifel darüber, daß die beiden erstgenannten Disziplinen ihr Thema nur durch Abstraktion aus dem in der Pragmatik zu behandelnden Ganzen des Zeichenprozesses (»Semiosis«) gewinnen können. Die Semiosis verstand er – wiederum mit Peirce – als zeichenvermitteltes Verhalten der Menschen zu den Dingen, die zugleich durch die Zeichen erst als etwas (als »Designata«) meinbar sind. Der »Sinn« (»meaning«) der Zeichen liegt nun nicht mehr in den Dingen (wie bei Russell und dem frühen Wittgenstein), auch nicht in den Dingen, sofern sie bezeichnet sind, sondern in der »Interpretation« der Zeichen durch den menschlichen Zeichengebrauch. Und die Wahrheit der Zeichen liegt darin, daß dieser Zeichengebrauch sich in der Lebenspraxis bewährt.

Carnap übernahm nun die von Morris bereitgestellten Unterscheidungen und entschied, daß »Verifikation« im Gegensatz zu »Wahrheit« kein semantischer, sondern ein »pragmatischer« Begriff sei[88]. Indessen realisierte Carnap nicht die genuin pragmatistische Intention der Morrisschen Semiotik, derzufolge die Pragmatik, in der

lediglich eine Konstruktion darstellt. Da nun das Problem der empirischen Wahrheit eines bestimmten Satzes nur zusammen mit der Verständigung über seinen Sinn beantwortet werden kann, so muß die *Semantik* das Problem der impirischen Wahrheit zusammen mit der Frage nach dem Sinnkriterium an diejenigen delegieren, welche die Wissenschaftssprache konkret *anwenden*. Eine Möglichkeit, das aristotelische Korrespondenzprinzip der empirischen Wahrheit selbst noch als regulatives Prinzip für die sprachliche Anwendung der Wissenschaftssprache im Experiment und unter Berücksichtigung der immer erneut herzustellenden »Interpretationsgemeinschaft« der experimentierenden Wissenschaftler zu formulieren, scheint mir am ehesten Ch. S. Peirce in seiner Konsensus-Theorie der Wahrheit gezeigt zu haben. Vgl. meine »Einführung« a.a.O., S. 120 ff. über »The Fixation of Belief« und »How to make our Ideas Clear«.

87 Vgl. Charles Morris, »Foundations of the Theory of Signs«, in: *Intern. Encycl. of Unified Science* I, 2. Vgl. dazu Tugendhat, a.a.O. Ferner K.-O. Apel, in: *Philos. Rdsch.* 7. Jg., 1959, S. 161–184. (Vgl. oben S. 188 ff.)

88 Carnap, *Introduction to Semantics*, Cambridge, Mass. 1942, § 38.

über die »Interpretation« der Zeichen in der menschlichen Verhaltenssituation entschieden wird, die fundamentale Dimension ist, aus der heraus auch der zu rekonstruierende Zeichengebrauch seinen Sinn empfängt. Vielmehr versuchte Carnap, mit Hilfe der »Pragmatik« die alte Scheinlösung zu erneuern, derzufolge die Frage der Bewährung einer konstruierten Sprache durch den Sprachgebrauch als ein objektsprachliches Problem der empirischen Wissenschaft aufgefaßt werden kann, welche das Verhalten von Sprachbenutzern beschreibt. (In dieser Meinung konnte er allerdings durch die zeitgenössische amerikanische Linguistik und durch Morris selbst bestärkt werden, die sich selbst richtig zu verstehen glaubten, wenn sie den Sinn der Sprachzeichen 1. auf den *faktischen* Zeichengebrauch und 2. dessen Verständnis auf eine *Beschreibung beobachtbarer Verhaltensdaten* im Sinne des Behaviorismus zurückführten[89].) Mit der Begründung der reinen Semantik, mit der es die Philosophie zu tun hat, sollte die Pragmatik nichts zu tun haben[90].

Hier zeigte sich noch einmal die vom *Tractatus* übernommene Grundposition des Neopositivismus, derzufolge nur empirische Sätze sinnvoll sein können, welche mit den Mitteln einer zu konstruierenden Kalkülsprache der Wissenschaft abgeleitet werden können, nicht aber Sätze, die einer – nicht als Kalkülsprache konstruierten – philosophischen Metasprache angehören, die dem Konstrukteur der Kalkülsprache eine reflexive Kommunikation mit empirischen Wissenschaftlern über die mögliche pragmatische Interpretation und Bewährung seiner Konstruktion gestatten würden.

An dieser grundsätzlichen Einstellung änderte sich auch nichts, als Carnap später vorschlug, die Pragmatik selbst in das Programm der philosophischen Sprachkonstruktion einzubeziehen[91]. Denn es werden jetzt zwar erstmals pragmatische Zeichenbeziehungen (wie z.B. das Fürwahrhalten von Sätzen durch jemand) in einen Kalkül

89 Inzwischen hat der führende Vertreter der amerikanischen Linguistik, N. Chomsky, die behavioristischen Voraussetzungen der Bloomfieldschule durchschlagend kritisiert und die *Kommunikation* mit dem »kompetenten Sprecher« als Bedingung der Möglichkeit einer Verifikation linguistischer Theorien herausgestellt. (Vgl. »Review of B. F. Skinner, Verbal Behavior«, in: *Language* 35, p. 26–58); dazu J. Habermas, »Zur Logik der Sozialwissenschaften« (*Sonderheft der Philos. Rdsch.*, Tübingen 1967) II, 4.4 u. III, 7.4. Vgl. ferner K.-O. Apel, »N. Chomskys Sprachtheorie und die Philosophie der Gegenwart«, hier, Bd. II, S. 264 ff.

90 Vgl. Carnap, a.a.O., § 5, vgl. § 39.

91 Vgl. Carnap, »On Some Concepts of Pragmatics«, in: *Philos. Studies* VI (1955) S. 85–91. Eine Ausarbeitung dieses Programms versuchte R. M. Martin in: *Towards a Systematic Pragmatics*, Amsterdam 1959.

axiomatisch eingeführt; dies hat jedoch nur den Sinn, die rekonstruierte Objektsprache der empirischen Naturwissenschaft derart zu erweitern, daß die formalisierten pragmatischen Beziehungen durch Zuordnung zu behavioristischen Daten an Versuchspersonen interpretiert werden können. Das hier entstehende Restproblem der sprachlichen Kommunikation mit denjenigen Personen, welche darüber entscheiden sollen, ob das Verhalten der Versuchspersonen im Sinne der formalisierten Pragmatik interpretiert werden kann, zeigt deutlich genug, daß die alte Verwechslung von objektsprachlicher und metasprachlicher Problematik vorliegt. Obwohl pragmatische Relationen in die Kalkülsprache aufgenommen werden, wird diese dadurch nicht um *ihre* pragmatische Dimension erweitert, sondern bleibt im Grunde semantisch, da die pragmatischen Relationen ja gewissermaßen als zu bezeichnende Ding-Relationen verifiziert werden sollen[92] – durch menschliche Interpreten, die ihrerseits völlig außerhalb der Reichweite der »systematischen Pragmatik« schlechthin naiv vorausgesetzt sind.

Die eigentliche, systematische Funktion der »Pragmatik« hinsichtlich der konstruktiven Semantik selbst: die Funktion nämlich einer Rückbeziehung des objektsprachlichen Systems auf die Menschen, welche *dieses* konstruierte Zeichensystem zu interpretieren und in der Lebenspraxis zu bewähren haben, wird also im Neopositivismus nur in aporetischer Form sichtbar. An der ausdrücklichen Reflexion dieser Problematik hindert den Neopositivismus das ontosemantische Fundament seiner vom »Tractatus« übernommenen, aber verdrängten »Metaphysik«.

Carnap hat indessen das Überschreiten der ontosemantischen Grundlagen der Frage nach dem Sinnkriterium zugunsten eines nicht objektivistisch-empiristisch reduzierbaren Pragmatismus gerade da implizit bestätigt, wo er die onto-semantische Funktion der Rekonstruktion der Wissenschaftssprache erstmals bewußt zur Geltung bringt: in dem bereits erwähnten Aufsatz »Empirism, Semantics and Ontology«[93]. Die Möglichkeit einer Verifikation im Sinne des vom »Tractatus« übernommenen ontosemantischen Rahmens wird hier

92 Noch 1954 hat Carnap in seinem Aufsatz »On belief sentences«, in: *Philosophy and Analysis*, Oxford 1954, S. 129 ff. die Relationen des Meinens und Interpretierens auf von außen beschreibbare Stimulus-Response-Phänomene zu reduzieren versucht. Vgl. dazu die durchschlagende Kritik von H. Skjervheim in: *Objectivism and the Study of Man*, Oslo 1959.

93 Vgl. oben Anm. 41.

ja auf das jeweils gewählte »semantical framework« eingeschränkt, das zugleich mit der Einführung der fundamentalen »Entitäten« (z. B. Dinge, Sachverhalte, Propositionen, Ereignisse, Zahlen oder dgl.) die Verifikationsbasis für Existenzaussagen liefert. Das »framework« selbst aber wird gewählt in der Erwartung, daß es selbst – durch geeignete Interpretation, welche den schon verstehbaren Sinn einer noch nicht im Kalkül präzisierten Metasprache in Anspruch nimmt – als brauchbare Präzisierung der Wissenschaftssprache erwiesen werden kann.

Damit ist das eigentliche Problem des Sinnkriteriums »der« Sprache aus dem ontosemantisch (aufgrund einer sprachlich fixierten Verifikationsbasis) umgrenzten Bereich der Verifikation in den gewissermaßen offenen Raum der pragmatischen Bewährung eines sprachlichen Systems verlagert.

Die Dimension eines offenen Pragmatismus charakterisiert auch die übrigen Positionen, die man als Endresultate der neopositivistischen Frage nach dem Sinnkriterium der Sprache bezeichnen könnte:

So etwa die Ersetzung der Forderung der Reduzierbarkeit empirischer Sätze auf Beobachtungssätze durch die Forderung der – unter Umständen sehr indirekten – Überprüfbarkeit. Dies bedeutet u. a., daß die entscheidenden »theoretischen Begriffe« der Naturwissenschaft (wie z. B. »Elektron«, »ψ-Funktion« und dgl.) nicht mehr auf Beobachtungsprädikate zurückgeführt werden können, sondern nur mehr »prognostische Relevanz« besitzen im Rahmen einer »theoretischen Sprache«, die ihrerseits – mit Hilfe von »Korrespondenzregeln« – partiell durch eine Beobachtungssprache interpretiert werden kann[94]. Für die Frage nach dem Sinnkriterium der Sprache ist dieses Resultat besonders deshalb bedeutsam, weil es jener archaischen Vorstellung des »Logischen Atomismus«, wonach wir zuerst die elementaren Gegenstände kennen, diese dann – möglichst eindeutig – bezeichnen und schließlich durch logische Verknüpfung der Bezeichnungen Theorien über komplexe Sachverhalte der Wirklichkeit aufstellen[95], eine Absage erteilt. Statt dessen wird die Vermutung nahegelegt, daß der Mensch mit der Sprache zugleich immer schon spekulative Voraussetzungen als Apriori an die Natur heranträgt und sie im Lichte dieses Aprioris allererst »als etwas« erschließt. Die theoretische Naturwissenschaft, welche dieses Prinzip, demgemäß der »Verstand der Natur das Gesetz vorschreibt« (Kant),

94 Vgl. Stegmüller, *Hauptströmungen*, a.a.O., S. 461 ff.

95 Vgl. oben S. 303 ff.

gewissermaßen hochstilisiert, zeigt jedoch gleichzeitig – insbesondere durch die von Popper hervorgehobenen Falsifikationsversuche durch experimenta crucis –, daß die Formgebung a priori, welche mit der Sprache an die Natur herangetragen wird, letzten Endes doch auf Bewährung an den durch sie mitbedingten Erfahrungsdaten angewiesen ist. Indem sie aus hochspekulativen Theoriebildungen solche – riskante – Prognosen herleitet, welche möglichst unabhängig von einer Ad-hoc-Interpretation der Erfahrungsdaten bestätigt oder falsifiziert werden können, spielt sie, methodisch bewußt, gewissermaßen dem Votum der Natur die Entscheidung nicht nur über die Wahrheit von Hypothesen oder Theorien, sondern über die Anwendbarkeit einer sprachlichen Interpretationsform als Bedingung der Möglichkeit der Erfahrung zu.

Das entscheidende Problem, das hier entspringt, scheint mir darin zu bestehen, wie, aufgrund negativer und positiver Erfahrungsevidenz, die immer schon durch ein sprachliches Formapriori mitermöglicht ist, das Bedürfnis nach einer geschichtlichen Veränderung des sprachlichen Formaprioris entstehen kann (das »tiefe Bedürfnis nach einer Konvention«, von dem der späte Wittgenstein spricht[96]). Ein Teilaspekt dieses Problems spitzt sich – im Rahmen des Neopositivismus – zu der Frage nach dem Charakter der Beobachtungssätze zu, die als »Basissätze« von Theorien dienen. Nach allem bisher Gesagten können diese Sätze weder allein durch die Sprachform[97] noch allein durch außersprachliche Tatsachen bestimmt sein; sie können aber auch nicht – wie die postulierten »Elementarsätze« der Metaphysik des Logischen Atomismus – durch eine prästabilierte Harmonie zwischen Tatsachen und logischer Form der Sprache bestimmt sein; denn dieses ontosemantische Modell entspricht nicht nur nicht der praktischen Situation menschlicher Sinneserfahrung; es würde auch nicht verständlich machen, wie der von Auslöserreizen abgekoppelte, zum Handeln im Ungewissen gezwungene Mensch zugleich mit der Weltauslegung ein Selbstverständnis erwirbt[98].

96 Vgl. oben Anm. 42.

97 Dabei ist zu bemerken, daß wissenschaftliche Beobachtungen allerdings in weit höherem Maße durch das Apriori der Sprachform und der zugehörigen – mit der Regel des Sprachspiels zugleich miteingeübten – operativen Verfahrensweisen bestimmt sind als etwa die seltenen echten »Wahrnehmungen« von Menschen, die an der »Physiognomie« der Welt interessiert sind. Vgl. hierzu K.-O. Apel, »Technognomie – eine erkenntnisanthropologische Kategorie«, in: *Konkrete Vernunft (Festschr. f. E. Rothacker)*, Bonn 1958, S. 61–79.

98 Vgl. oben S. 305 ff.

Aus dieser Problemsituation heraus wird es verständlich, daß der Neopositivismus in der Frage der Basissätze ebenso wie in allen übrigen quaestiones crucis zu einer konventionalistischen Lösung gelangt ist. Dabei werden die Basissätze nicht zu willkürlichen Beschlüssen, sondern in die sprachlichen Festsetzungen der »anerkannten Wissenschaftler unseres Kulturkreises«[99] geht ein mehr oder weniger hoher Grad an Bestätigung durch wiederholbare experimentelle Beobachtung ein. Welcher Grad an Bestätigung dabei freilich als hoch genug angesehen wird, um einen Basissatz im wissenschaftlichen Sprachgebrauch gelten zu lassen: eben dies läßt sich weder empirisch feststellen noch logisch ableiten, sondern nur durch Übereinkunft der Sachverständigen praktisch entscheiden. Für die kommunikative Übereinkunft der Sachverständigen wird es jedoch – wie für jede menschliche Übereinkunft – Kriterien geben, die dem Situationskontext, den Zwecken und Bedürfnissen entnommen sind, die dem Forschungsbetrieb jeweils zugrunde liegen[99a].

3. *Die pragmatische Sinnkritik des späten Wittgenstein*

Mit dieser Transformation des Verifikationsprinzips in das Kriterium der praktisch zureichenden Bestätigung ist aber nun der ontosemantische Horizont des Neopositivismus in der Frage nach dem Sinnkriterium der Sprache endgültig überschritten. Pointiert gesagt: Die Neopositivisten haben zuletzt zugeben müssen, daß man nicht den sinnvollen Sprachgebrauch durch das empiristisch-semantische Kriterium der Tatsachenprotokolle sicherstellen kann, sondern die Frage, was Tatsachenprotokolle sind, wann sie vorliegen und wann nicht, ihrerseits durch den pragmatisch sinnvollen Sprachgebrauch entscheiden muß. Philosophen werden jedoch auch mit diesem Bescheid nicht zufrieden sein, sondern sogleich die Frage stellen: Worin besteht der *pragmatisch* sinnvolle Sprachgebrauch, welches sind seine Kriterien und Bedingungen? Und sollte es etwa möglich sein, mit Berufung auf den pragmatisch sinnvollen Sprachgebrauch Sinn und

99 So Carnap in: »Erkenntnis«, III, S. 180.

99a Wissenschaftshistorische Illustrationen dieser Situation mit der ausdrücklichen Intention, das Zustandekommen neuer wissenschaftlicher Sprachspiele aufgrund neuer »Paradigmata« des theoretischen Fragens und der experimentellen Praxis verständlich zu machen, bietet Th. S. Kuhn, *The Structure of Scientific Revolutions,* Chigaco 1962, dtsch. Frankfurt 1967.

Unsinn zu unterscheiden und das alte Ziel der sprachanalytischen Philosophie, die unbeantwortbaren Fragen der traditionellen Metaphysik als sinnlos zu erweisen, doch noch zu erreichen? – Diese Fragestellung etwa scheint mir die letzte Transformation der Frage nach dem Sinnkriterium der Sprache in der sprachanalytischen Philosophie zu bezeichnen. Sie wurde durch den späten Wittgenstein vollzogen und durch die Konzeption des »Sprachspiels« – besser der Sprachspiele – begründet.

Ein Sprachspiel kann in unserem Zusammenhang vorläufig definiert werden als eine als »Lebensform« funktionierende Einheit von Sprachgebrauch, leibhaftem Ausdruck, Verhaltenspraxis und Welterschließung. Alles Sinnverstehen der Menschen – und insofern auch: alles selbstverständliche Verhalten – gehört nach W. in den Zusammenhang eines Sprachspiels. Der Mensch, sofern er sich vom Tier unterscheidet, lebt in der Weise, daß er an Sprachspielen teilnimmt, d. h. im Sozialisierungsprozeß – der sich in den Institutionen des Wissenschaftsbetriebs fortsetzt – immer schon bestimmte Weisen des Sprachgebrauchs zugleich mit praktischen Verhaltensweisen und Weisen des Weltverstehens eingeübt hat. – Mit Bezug auf die pragmatische Funktionseinheit des jeweiligen Sprachspiels muß nun nach W. auch die Frage nach Sinn oder Unsinn einer Aussage entschieden werden: »Einen Satz verstehen – sagt Wittgenstein jetzt[100] – heißt, eine Sprache verstehen. Eine Sprache verstehen heißt, eine Technik beherrschen.« (Im Vortext heißt es: »Einer Regel folgen, eine Mitteilung machen, einen Befehl geben, eine Schachpartie spielen sind *Gepflogenheiten* [Gebräuche, Institutionen].«) Fragt jemand z. B. nach den Bestandteilen eines Sessels[101], so läßt sich diese Frage nur aus dem Kontext des zugehörigen Sprachspiels verstehen. Dieses kann etwa das von Möbeltransporteuren sein, die den Sessel fachgerecht zerlegen wollen, oder ein solches von Holz- oder Kunststoffexperten, die sich für die Zusammensetzung des Sessels interessieren. Atomphysiker werden sich im allgemeinen nicht für die Bestandteile eines Sessels interessieren; aber auch ihre Frage nach den Bestand-

100 Wittgenstein, *Philosophische Untersuchungen*, I, § 199. – Vgl. hierzu *Tractatus*, § 4.024, a.a.O., S. 28. (Vgl. oben S. 286.)

101 Vgl. *Philos. Unters.* I, §§ 46 ff. – Wittgenstein kritisiert in diesen Paragraphen die metaphysischen Voraussetzungen des Logischen Atomismus, von denen er selbst im »Tractatus« ausgegangen war. Für einen Vergleich dieser Kritik mit Heideggers Kritik an der Ontologie der »Vorhandenheit« vgl. meine Arbeit im *Philos. Jb.* 75. Jg., S. 77 ff. (Vgl. oben S. 263.)

teilen des Sessels kann selbstverständlich sinnvoll sein; auch sie erfolgt im Kontext eines funktionierenden Sprachspiels. Nur die Frage nach den Bestandteilen des Sessels überhaupt (und d. h. also die Frage der 2. Antinomie in Kants »transzendentaler Dialektik«) ist schlechterdings sinnlos.

Damit erneuert der späte Wittgenstein den Sinnlosigkeitsverdacht des *Tractatus* gegen alle spekulative Philosophie in der radikalsten Form. Denn alle sogenannten ontologischen Fragen sind jetzt offenbar aus demselben Grund sinnlos, aus dem die Frage nach Bestandteilen des Sessels oder gar der Welt überhaupt sinnlos ist. So etwa die Fragen: Gibt es Seiendes? Wie viele Gegenstände gibt es in der Welt u. dgl. Diese Fragen gelten jetzt nicht deshalb als sinnlos, weil sie einer philosophischen (logischen) Klarheitsforderung nicht entsprechen, auch nicht deshalb, weil sie nicht durch »Tatsachen überhaupt« bestätigt werden können, sondern einfach deshalb, weil sie nicht in ein praktisch funktionierendes Sprachspiel hineinpassen. Wittgenstein formuliert das neue Programm seiner Sprachkritik folgendermaßen:

»Wir wollen nicht das Regelsystem für die Verwendung unserer Worte in unerhörter Weise verfeinern oder vervollständigen. Denn die Klarheit, die wir anstreben, ist allerdings eine vollkommene. Aber das heißt nur, daß die philosophischen Probleme vollkommen verschwinden sollen.«[102]

»Die Ergebnisse der Philosophie sind die Entdeckung irgendeines schlichten Unsinns und Beulen, die sich der Verstand beim Anrennen an die Grenze der Sprache geholt hat. Sie, die Beulen, lassen uns den Wert jener Entdeckung erkennen.«[103]

Was Wittgenstein hier meint, ist, etwas weniger paradox ausgedrückt, etwa dies: Die Klarheitsansprüche der früheren Phasen der Sprachkritik beruhten immer noch auf einem metaphysischen Maßstab des Analysators. Dieser nahm für sich selbst in Anspruch, dahintergekommen zu sein, nämlich: hinter das Sprachspiel als unzerreißbare Einheit von Sprachgebrauch, Lebenspraxis und Situationserschließung; sei es, daß er – wie die logischen Atomisten – glaubte, die »logische Form der Sprache« endgültig festlegen zu können, sei es, daß ihm ein Kriterium für die Berührung der Sprache mit den »Tatsachen-an-sich« vorschwebte – wie den Logischen Empiristen. Auf ein solches Sinnkriterium außerhalb des Sprachspiels möchte

102 *Philos. Unters.* I, § 133. 103 Ebda. § 119.

Wittgenstein nun vollständig verzichten und gerade durch diesen Verzicht »der Fliege den Ausweg aus dem Fliegenglas zeigen[104], d. h. die philosophischen Probleme zum Verschwinden bringen.

Nun bemerken wir aber an dem Pathos der vorgetragenen Stelle, daß Wittgenstein doch irgendwie dahintergekommen ist; tatsächlich nimmt Wittgenstein auch expressis verbis in Anspruch, eine entscheidende philosophische »Entdeckung« gemacht zu haben: »Die eigentliche Entdeckung ist die, die mich fähig macht, das Philosophieren abzubrechen, wann ich will.«[105] – Welche Entdeckung befähigt ihn dazu? – Die Antwort kann – im Hinblick auf das gesamte Spätwerk – nur lauten: Wittgenstein glaubt zu wissen, wann und warum die philosophischen Probleme entstehen: Sie entstehen dann, wenn ein Sprachspiel, als Einheit von Sprachgebrauch, Lebenspraxis und Situationserschließung, nicht mehr funktioniert, wenn es »leer läuft.«[106] Darin steckt aber – positiv gewendet – die Inanspruchnahme eines neuen, eines pragmatischen[107] Sinnkriteriums für sprachliche Äußerungen. Wie der Schritt aus dem funktionierenden Sprachgebrauch in den metaphysischen Leerlauf etwa zu denken ist, macht Wittgenstein an folgendem Beispiel deutlich:

Augustinus fragt sich in den *Confessiones* (XI, 14): »Quid est ergo tempus?« und bemerkt dazu: »Si nemo ex me querat scio; sie quaerenti explicare velim nescio.«

104 Ebda. § 309.

105 Eda. § 133.

106 Wittgenstein, *Philos. Unters.* I, § 132. – Genau entsprechend der Kritik Heideggers an einem Seinsverständnis, das am »Nur-noch-Anstarren« des Vorhandenen orientiert ist, illustriert der späte Wittgenstein den Leerlauf des Sprachspiels im traditionellen Problem einer ursprünglichen Bezeichnung der vorhandenen Weltelemente: »Das Benennen erscheint als eine seltsame Verbindung eines Wortes mit einem Gegenstand. – Und so eine seltsame Verbindung hat wirklich stattgefunden, wenn nämlich der Philosoph, um herauszubringen, was die Beziehung zwischen Namen und Benanntem ist, auf einen Gegenstand vor sich starrt und dabei unzählige Male einen Namen wiederholt, oder auch das Wort ›dieses‹. Denn die philosophischen Probleme entstehen, wenn die Sprache *feiert*, und da können wir uns allerdings einbilden, das Benennen sei irgendein merkwürdiger seelischer Akt, quasi eine Taufe eines Gegenstandes« (*Philos. Unters.* I, § 309).

107 Diese Kennzeichnung scheint mir angemessener und tiefer als die, freilich auch von Wittgenstein inspirierte, zeitweilige Auffassung der sogenannten Oxford-Schule, nach der die Möglichkeit einer Übersetzung in die »ordinary language« das Sinnkriterum der Sprache darstellt. Die Berufung auf den Sprachgebrauch ist für Wittgenstein nur ein heuristischer Kunstgriff, der den Philosophen daran erinnern soll, wie er selbst und diejenigen, die ihn verstehen sollen, den Gebrauch der Wörter im Kontext einer Lebenssituation gelernt haben. Eine Modifikation des Sprachgebrauchs, welche an den bestehenden Sprachgebrauch in kontrollierbarer Weise anknüpft und sich praktisch bewährt, wird von Wittgenstein nicht ausgeschlossen.

Hier stellt sich – meint Wittgenstein – beim Philosophen leicht die scheinbare Notwendigkeit ein, die Zeit, über die er zuvor durchaus im Kontext der praktischen Situation vernünftig hat reden können, müsse – der Frage nach dem »was« entsprechend – ein »etwas«, eine Substanz mit einem bestimmten Wesen sein. In diesem Moment entsteht nach Wittgenstein das metaphysische Scheinproblem; denn das einzige, was der Philosoph als Antwort auf die ihn beunruhigende Frage tun sollte, ist dies: daß er sich die normale Verwendungsweise des Wortes Zeit in Erinnerung bringt. Darin besteht gewissermaßen nach Wittgenstein die Wahrheit der platonischen Anamnesis-Lehre, die zugleich geeignet ist, den »tiefen Unsinn« aller Wesensmetaphysik zu entlarven.

Dieselbe Verwirrung wie im Falle der Frage »Was ist die Zeit?« entsteht z. B. bei der berühmten Frage des Descartes: »Was ist das Denken?«, auf die ja Descartes die Antwort gab: »Eine res bzw. substantia cogitans«. Wittgenstein bemerkt dazu: »Wo unsere Sprache uns einen Körper vermuten läßt, und kein Körper ist, dort, möchten wir sagen, sei ein Geist.«[108] So kommt es zum »philosophischen Problem der seelischen Vorgänge und Zustände« bzw. andererseits »des Behaviorismus«:

»Der erste Schritt ist der ganz zufällige. Wir reden von Vorgängen und Zuständen, und lassen ihre Natur unentschieden! Wir werden vielleicht einmal mehr über sie wissen – meinen wir. Aber eben dadurch haben wir uns auf eine bestimmte Betrachtungsweise festgelegt. Denn wir haben einen bestimmten Begriff davon, was es heißt: einen Vorgang näher kennenzulernen. Der entscheidende Schritt im Taschenspielerkunststück ist getan, und gerade er schien uns unschuldig.« Indem wir nun tiefer in das Problem hineingeraten, werden wir kritisch: »Und nun zerfällt der Vergleich, der uns unsere Gedanken hätte begreiflich machen sollen.« Und wir fallen nun – in der naturalistisch-behavioristischen Philosophie nämlich – in die entgegengesetzte Aporie: »Wir müssen also den noch unverstandenen Prozeß im noch unerforschten Medium leugnen. Und so scheinen wir also die geistigen Vorgänge geleugnet zu haben. Und wollen sie doch natürlich nicht leugnen.«[109]

In all diesen Fällen bewirkt nach Wittgenstein »ein Gleichnis, das in die Formen unserer Sprache aufgenommen ist, . . . einen falschen

108 a.a.O., § 36.
109 a.a.O., § 308.

Schein; der beunruhigt uns: Es ist doch nicht *so*! – sagen wir. ›Aber es muß doch *so sein*‹!«[110] »Ein philosophisches Problem hat die Form: ›Ich kenne mich nicht aus‹.«[111]

Und wie löst sich nun für Wittgenstein diese Verwirrung durch den semantisch-metaphorischen Schein auf?

»Wenn die Philosophen ein Wort gebrauchen – ›Wissen‹, ›Sein‹, ›Gegenstand‹, ›Ich‹, ›Satz‹, ›Name‹ und das *Wesen* des Dinges zu erfassen trachten, muß man sich immer fragen: wird denn dieses Wort in der Sprache, in der es seine Heimat hat, je tatsächlich so gebraucht? – Wir führen die Wörter von ihrer metaphysischen wieder auf ihre alltägliche Verwendung zurück[112].«

v. Abschliessende Konfrontation von Seinshermeneutik und analytischer Sinnkritik

An dieser Stelle – so scheint mir – muß eine kritische Würdigung der Sprachkritik des späten Wittgenstein einsetzen: Daß metaphysische Scheinprobleme dadurch entstehen *können*, daß – etwa durch Hypostasierungen, die schon in der ontologischen »Was«-Frage angelegt sind – die normale Funktion der Wörter im Sprachspiel verkannt wird, läßt sich wohl kaum leugnen. Es läßt sich hier auch eine weitgehende Übereinstimmung zwischen Wittgensteins Sprachanalyse und Heideggers Phänomenologie feststellen.

Diese Übereinstimmung betrifft z. B. alle jene für die sog. Erkenntniskritik der Neuzeit charakteristischen Scheinprobleme, welche durch die cartesische Hypostasierung des Bewußtseins als eines Quasi-Behälters (eines »receptaculum«) auf die Bahn gebracht wurden. Fragen wie diese: Gibt es überhaupt etwas außerhalb des Bewußtseins, oder ist alles nur im Bewußtsein? Und wenn es etwas außerhalb des Bewußtseins gibt, wie kommt es ins Bewußtsein hinein? Oder wie kommt unsere Erkenntnis zu den Dingen außerhalb des Bewußtseins?[113] Es ist auch gewiß ein durch »metaphorischen Schein« bedingter Irrtum, anzunehmen, unsere Erkenntnis sperre

110 a.a.O., § 112.
111 a.a.O., § 123.
112 a.a.O., § 116.
113 Vgl. dazu die großartige Karikatur dieser Probleme durch Heidegger in: *Sein und Zeit*, § 13.

uns sozusagen durch den Vorgang der Erkenntnis von den »Dingen-an-sich«, ab, so daß wir bloß bis zu den »Erscheinungen« vordringen könnten[114]. Zu den unverlierbaren Errungenschaften der Sinnkritik des späten Wittgenstein gehört ferner, wie mir scheint, die Widerlegung des – ebenfalls von Descartes wesentlich mitbestimmten – »methodischen Solipsismus« der Neuzeit durch den Nachweis, daß die Annahme einer »Privatsprache« sinnlos ist[115]. Auch hier läßt sich m. E. zwischen Wittgenstein (und den pragmatistischen Kommunikationsphilosophen Peirce, Royce, G. H. Mead[116]) und einer hermeneutischen Philosophie, welche von der »Verständigung« (und damit von der Existenz einer Verständigungsgemeinschaft) als Apriori jeder Philosophie ausgeht[116a], relativ leicht eine Übereinstimmung erzielen. Dabei kann gar nicht eindringlich genug betont werden, daß mit der allgemeinen Anerkennung einer Vereinbarkeit der sprachanalytischen und hermeneutischen Philosophie in den erwähnten Problemen noch wenig getan ist. Die Leistungen der vom späten Wittgenstein ausgehenden Sinnkritik liegen in minutiösen Detailuntersuchungen über mögliche Verwechslungen der »tiefengrammatischen« Kategorien des »Seinsverständnisses«, wie sie durch den metaphorischen Schein der philosophischen Bildungssprache immer wieder suggeriert werden. Durch das Fegefeuer dieser Detailuntersuchungen wird die moderne Philosophie insgesamt hindurchgehen müssen, um ein neues sprachkritisch vermitteltes Problembewußtsein zu gewinnen.

Indessen läßt sich doch fragen, ob nicht dieselben metaphorischen Hypostasierungen, die immer wieder zum Anlaß ontologischer Scheinprobleme geworden sind, andererseits für die progressive Erweiterung des menschlichen Bewußtseins in der Geistesgeschichte unentbehrlich waren, z. B. nicht zuletzt für die Heuristik der wissen-

114 Daß wir nur unter endlich-menschlichen Bedingungen erkennen können (z. B. perspektivisch im weitesten Sinne), wird dadurch nicht bestritten. Vgl. für eine Auseinandersetzung mit Kant meine »Einführung« in Peirces »sinnkritischen Realismus«, in: Ch. S. Peirce, *Schriften* I, a.a.O., S. 43 ff.

115 Aus der umfangreichen angelsächsischen Literatur über dieses Kernstück der *Philosophischen ,Untersuchungen* vgl. besonders N. Malcolm, »Wittgenstein's Philosophical Investigations«, in: *Philosophical Review*, Vol. 63, 1954, S. 530–559. Ferner: R. Albritton, »On Wittgenstein's Use of the Term ›Criterion‹«, in: *The Journal of Philosophy*, Vol. 56, 1959, S. 845–857.

116 Vgl. G. H. Mead, *Self, Mind and Society*, Chicago 1934, dt. Frankfurt 1968.

116a Vgl. K.-O. Apel, »Die erkenntnisanthropologische Funktion der Kommunikationsgemeinschaft und die Grundlage der Hermeneutik«, in: S. Moser (Hrsg.), *Information und Kommunikation*, München/Wien 1968, S. 163–171.

schaftlichen Fragestellungen und Modelle[117]. Waren nicht alle spekulativen Metaphern – um mit Heidegger zu reden – »entdeckend – verdeckend zumal«? Und kann man Metaphern nicht auch so verstehen, daß man den »metaphorischen Schein« durchschaut?

Konfrontieren wir an dieser Stelle noch einmal die Sinnkritik mit der philosophisch-hermeneutischen Frage nach dem *Sinn von Sein*. Wir haben im vorigen mehrfach den Heideggerschen Terminus des »Seinsverständnisses« (insbesondere des unausdrücklichen »vorontologischen« Seinsverständnisses) zur Charakterisierung einer Bedingung der Möglichkeit von Erfahrung verwandt, die Wittgenstein als Funktion einer sog. »Tiefengrammatik« versteht[118]. Man bemerkt, daß es sich hier um die sprachanalytische bzw. sprachhermeneutische Transformation des Problems der Kantischen Transzendentalphilosophie handelt. Freilich würde Wittgenstein hier weder von »Transzendentalphilosophie« noch von »Seinsverständnis« *reden*, und schon gar nicht von »dem Sein«, das sich im sprachlich artikulierten Seinsverständnis menschlichen Da-seins oder In-der-Welt-Seins gewissermaßen selbst auslegt. Aber warum soll die Rede vom Sein und vom Seinsverständnis irreführend sein?

Dem Vorwurf, daß die Rede von »dem Sein« als syntaktische Metapher, die sie zweifellos ist, auf die Hypostasierung eines Pseudogegenstandes hinausläuft, begegnet gerade die Seins-Hermeneutik dadurch, daß sie – in dem Prinzip der »ontisch-ontologischen Differenz« – für den Gebrauch des Wortes »Sein« eine andere Regel festlegt als für den Gebrauch des Wortes »Seiendes«. Dieser Sprachgebrauch mag seine eigenen Gefahren der Problemverdeckung mit

117 Vgl. hierzu immer noch Br. Snell, *Die Entdeckung des Geistes*, Hamburg ²1948.

118 Vgl. Wittgenstein, *Philos. Untersuchungen* I, § 664: »Man könnte im Gebrauch eines Wortes eine ›Oberflächengrammatik‹ von einer ›Tiefengrammatik‹ unterscheiden. Das, was sich uns am Gebrauch eines Wortes unmittelbar einprägt, ist seine Verwendungsweise im *Satzbau*, der Teil seines Gebrauchs – könnte man sagen – den man mit dem Ohr erfassen kann. – Und nun vergleiche die Tiefengrammatik, des Wortes ›meinen‹ etwa, mit dem, was seine Oberflächengrammatik uns würde vermuten lassen. Kein Wunder, wenn man es schwer findet, sich auszukennen.« – Die »Oberflächengrammatik« würde suggerieren, daß das Wort »meinen« in »er meint den Hund« ebenso – in derselben Bedeutungskategorie – verwendet wird wie das Wort »prügeln« in »er prügelt den Hund«. Aber man kann nicht fragen, »wie lange hat er den Hund gemeint?« Dieses Sprachexperiment macht etwas von Tiefengrammatik von »meinen« sichtbar. Diese »Tiefengrammatik«, in der Sprachgebrauch, Verhaltenspraxis und Weltverständnis »verwoben« sind, meint Wittgenstein, wenn er sagt: »Das Wesen ist in der Grammatik ausgesprochen« (a.a.O., § 371) und wenn er die a priori gültigen Sätze als »grammatische Sätze« versteht (vgl. §§ 251, 252, 359, 360, 458).

sich bringen, dafür schließt er jedoch einen Phänomenbereich auf, dessen Nichtbeachtung oder »Reduzierung« in weit größere Schwierigkeiten führt. Das zeigt sich sogleich bei dem Versuch, die Funktion der Festlegung eines a priori gültigen Weltvorverständnisses, die Wittgenstein mit der Tiefengrammatik eines Sprachspiels verknüpft, ohne den Begriff des Seinsverständnisses zum Ausdruck zu bringen. Da es sich bei dem Weltvorverständnis nicht um das empirische Verständnis von etwas als etwas, sondern um seine Bedingungen der Möglichkeit handelt, so könnte man versucht sein, zu behaupten: das Sein des Seienden, das dem a priori gültigen Seinsverständnis entsprechen soll, ist *nichts weiter als* die »tiefengrammatische« Regelung des Sprachgebrauchs. Indessen: diese Antwort entspräche keineswegs der Wittgensteinschen Sinnkritik, sondern einer nominalistischen Metaphysik, die selbst der Sinnkritik Wittgensteins unterliegt. Denn alle Argumente, welche das Allgemeine (sei es das Allgemeine der Gattungsbegriffe, sei es das der »Kategorien«, sei es schließlich das »transzendentale« Sein des Seienden) auf *bloß* der Sprache zugehörige Faktoren (Begriffe, Bedeutungen, semantische Regeln) *reduzieren,* widersprechen sich selbst: sie sprechen dem Sprachgebrauch gerade jene Funktion des Weltvorverständnisses ab, die sie bei ihrer Reduktion des Seins auf Sprache selbst noch in Anspruch nehmen. (Ihre Konsequenz würde sein, daß man das Sein der Sprache wieder auf Sprache reduzieren müßte usf. ad infinitum.) Anders gesagt: Jede Reduktion des Seins des Seienden auf *nichts als* sprachliche Konventionen, Fiktionen, Konstruktionen oder dgl. versucht, sich über die Sprache als Bedingung der Möglichkeit der Konstitution von etwas als etwas hinwegzusetzen und eine An-sich-Wirklichkeit zu denken, über die man nicht sprechen kann[118a].
Wittgenstein selbst sucht in seinem Spätwerk dieser Problematik auszuweichen, indem er vorgibt, gar keine ontologischen Theorien aufzustellen, sondern nur von Fall zu Fall die Philosophie »zur

118a Da wir – wie gerade der späte Wittgenstein gezeigt hat – nur in der Sprache etwas als etwas (und sei es als Ding-an-sich) denken können, so ist Sprache Bedingung der Möglichkeit des *Seinsverständnisses* und nicht etwa einer nominalistisch verstandenen Fiktion des Seins. Selbst noch der – dem abendländischen Nominalismus zugrunde liegende – Gedanke der schlechthin individuellen Realität (Gottes bzw. seiner Geschöpfe) muß über den allgemeinen Begriff des Seins vermittelt sein, soll in ihm etwas gedacht werden.
Angesichts eines Portraits von van Eyck oder Roger van der Weyden, jener Maler aus dem Geiste des siegreichen Nominalismus, pflegt es noch heute dem Abendländer einzuleuchten, daß der Gattungsbegriff des Menschen als des *animal rationale* dem persönlichen Du des Mitmenschen gegenüber versagt, daß er das Wesentliche der menschlichen Persön-

Ruhe« zu bringen[119] – »wie eine Krankheit«[120]. Dabei kann er jedoch nicht vermeiden, den philosophischen Patienten, dem er die Entstehung seiner Scheinprobleme klarmachen will, aufgrund einer tieferen Einsicht in das Verhältnis von Sprachgebrauch, Lebensform und Weltverständnis überzeugen zu wollen. Eben diese Einsicht ist in der Konzeption der »Sprachspiele« deutlich genug zum Ausdruck gebracht, um den Eindruck einer neuen ontologischen Theorie zu erwecken. Indem ich von »ontologischer Theorie« spreche, fühle ich mich freilich sogleich zu einer Korrektur veranlaßt: Wittgensteins Sprachspieltheorie, derzufolge die Menschen mit dem Erziehungs- und Sozialisierungsprozeß zugleich bestimmte Weisen des Sprachgebrauchs, des Handelns und des Weltverständnisses gleichsam wie »Techniken« einüben, so daß die eingespielten Verhaltensweisen als öffentliche »Gepflogenheiten‹ oder »Institutionen« funktionieren – diese Konzeption einheitlicher »Lebensformen« transzendiert zweifellos das klassische Modell der »Ontologie«, das sein sprachphilosophisches Korrelat in der »Ontosemantik« hat. Wir haben im vorigen zu zeigen versucht, wie schon im Neopositivismus durch das Moment der konventionalen Praxis – der Einigung über semantische Systeme – die Onto-semantik in Richtung auf einen offenen Pragmatismus überschritten wird. Eben dieser Übergang zum Pragmatismus scheint in Wittgensteins Sprachspieltheorie explizit stattzufinden. Im Rückblick auf den »Logischen Atomismus« seiner Frühzeit verabschiedet der späte Wittgenstein in seinen Philosophischen Untersuchungen das Ideal der präzisen Onto-Logik mit den Worten:

lichkeit verfehlt. Indessen: Worauf beruht dieses Einleuchten, das sich bei Naturdingen, auch noch bei Tieren, nicht mit derselben Überzeugungskraft einstellt? Beruht es darauf, daß ich dem Mitmenschen einen Eigennamen beilegen kann? – Dieser Umstand mag einen wichtigen Hinweis enthalten, aber dieser Hinweis läßt sich wiederum nicht als philosophisches Argument auswerten, wenn die tiefengrammatische Unterscheidung zwischen Eigenname und Allgemeinname nicht selbst noch als solche des Seinsverständnisses begriffen wird. Der Eigenname als bloßer Name ist ein bloßes Etikett, das nichts über das Benannte aussagt. Seine Funktion im Sprachspiel ist nur dann philosophisch relevant, wenn sie als Hinweis darauf verstanden wird, wie eine Person im Unterschied zu einer Sache von uns immer schon gedacht wird. Gerade dies nun – das »vorontologische Seinsverständnis« der individuellen Person – scheint Heidegger in seiner »Existenzialontologie« in den Begriff gehoben zu haben: die individuelle Person, das Paradigma des nominalistischen Wirklichkeitsbegriffs, ist nur insofern von uns *denkbar* – und nicht nur aufzeigbar oder durch einen Eigennamen benennbar –, wenn zugleich das Sein, das jeden Gattungsbegriff transzendiert, verstehbar ist: »das Sein, das je ich bin und zu sein habe« (Heidegger).

119 Wittgenstein, *Philos. Untersuchungen* I, § 133.
120 Wittgenstein, a.a.O., § 255.

»Das Vorurteil der Kristallreinheit (gemeint ist das absolute, mit einer vorgegebenen metaphysischen Struktur des Seienden rechnende Exaktheitsideal der Logistik im Sinne Russells) kann nur so beseitigt werden, daß wir unsere ganze Betrachtung drehen ... aber um unser eigentliches Bedürfnis als Angelpunkt[121].«

Man könnte hier versucht sein, Wittgensteins obersten Maßstab für das Funktionieren eines Sprachspiels als Lebensform mit Heideggers Konzeption des »Worumwillens« der »Sorge« zusammenzubringen, die ja in *Sein und Zeit* den obersten Maßstab alles Verstehens, Einschätzens und Messens des Seienden gemäß seiner »Bedeutsamkeit« oder »Bewandtnis« in der Situation des In-der-Welt-Seins festlegt. Und die Nähe eines offenen Pragmatismus der »Lebensformen« zu einer Hermeneutik des In-der-Welt-Seins scheint noch deutlicher zu werden, wenn man bedenkt, daß in den Grundkonventionen der Sprachspiele, die nach Wittgenstein einem »tiefen Bedürfnis« entsprechen[122], jeweils eine *Verständigung* der Menschen über das Worumwillen ihres In-der-Welt-Seins impliziert ist. Indessen: der radikale Unterschied zwischen Wittgensteins Pragmatismus der Sprachspiele und Heideggers Seinshermeneutik wird gerade an diesem Punkt sichtbar. Denn Wittgenstein setzt jene Verständigung über das »Worumwillen des Daseins«, die Heideggers Philosophie in Atem hält und sie zu einer Hermeneutik des *Seins* werden ließ, in Gestalt der Tiefengrammatik verschiedener Sprachspiele oder Lebensformen immer schon voraus – ebenso wie er das »Sein zum Seinkönnen«, in dem bei Heidegger das reflexive Verhältnis des zum Sein stellungnehmenden Bewußtseins existenzial-ontologisch ausgedrückt ist, immer schon zum »Können« im Sinne einer erlernten »Technik« verfestigt hat[123].

Es ist zwar richtig, daß Wittgensteins »Sprachspiele« nicht als genau geregelte »Kalküle«, sondern als »Institutionen« gedacht sind, die dem Entstehen und Vergehen ausgesetzt sind[124]; gleichwohl hat Wittgenstein das Problem der *offenen Verständigung* zwischen Menschen, wie sie in den Sprachspielen immer schon »objektiviert« und

121 Wittgenstein, a.a.O., § 108.

122 Vgl. oben, Anm. 42.

123 Vgl. *Philos. Unters.* I, § 150 ff. – Diese technische Reduktion der Reflexivität des Verstehens wird neuerdings von W. Schulz in seinem Buch *Wittgenstein – die Negation der Philosophie*, Pfullingen 1967, besonders energisch herausgearbeitet.

124 Dies betont besonders W. Stegmüller in seiner Wittgenstein-Interpretation in *Hauptströmungen*, a.a.O., S. 594.

– dialektisch gedacht – auch »entäußert« und »sich selbst entfremdet« ist, kaum zu Gesicht bekommen. Der Umstand, daß Menschen mit der Erlernung *eines* Sprachspiels und *einer* Lebensform zugleich ein Sprach- und Seinsverständnis überhaupt erwerben, das sie zur reflexiven Distanzierung des jeweiligen Sprachspiels und der je eigenen Lebensform prinzipiell in den Stand setzt[125], läßt sich zumindest mit der sinnkritischen These, daß bestimmte Sprachspiele die Möglichkeiten des Verstehens begrenzen und die philosophischen Probleme insgesamt auf Verwechslungen von Sprachspielen zurückgeführt werden können, nicht vereinbaren. Wittgenstein scheint hier, im ganzen gesehen, die Konzeption des späten Carnap, derzufolge die onto-semantische Systematik zwar durch Konventionen differenziert, nicht aber durch Verständigung reflektiert und dialektisch begründet werden kann, nicht wesentlich zu überschreiten. Seine »Sprachspiele« haben trotz aller Verwobenheit mit »Lebensformen«, die zur »menschlichen Naturgeschichte« gehören, noch sehr viel Ähnlichkeit mit den »semantical frameworks« des späten Carnap. Wie diese unterliegen sie noch weitgehend der Alternative, entweder konstruiert oder – als Sprachgebrauch – von außen beschrieben zu werden. Selbst wenn man die behavioristischen Aspekte in den *Philosophischen Untersuchungen* völlig beiseite läßt und – mit P. Winch[126] – die Pointe Wittgensteins gerade umgekehrt darin erblickt, daß alles menschliche Verhalten nicht von außen beschrieben, sondern nur im Rahmen eines Sprachspiels kommunikativ verstanden werden kann, bleibt die spezifisch hermeneutische Problematik außerhalb der Reichweite Wittgensteins: die Frage nämlich; wie es möglich ist, unter der Voraussetzung eines eingeübten Sprachspiels, ein fremdes Sprachspiel und eine fremde Lebensform zu verstehen[127].

Diese Frage nun ist letzten Endes identisch mit der Frage nach den Bedingungen der Möglichkeit von Wittgensteins eigener Sprach- und Sinnkritik. Daß sie mit dem berühmten Diktum Wittgensteins: »Die Philosophie ... läßt alles, wie es ist«[128], nicht beantwortet ist, erhellt schon aus dem Widerspruch dieser Bemerkung zu der Inten-

125 Vgl. J. Habermas, *Zur Logik der Sozialwissenschaften,* a.a.O., S. 150.

126 Vgl. P. Winch, *Die Idee der Sozialwissenschaft und ihr Verhältnis zur Philosophie,* Frankfurt 1966.

127 Vgl. meine Konfrontation Wittgensteins und Diltheys in: *Wittgenstein und das Problem des hermeneutischen Verstehens,* a.a.O., 4. Abschnitt. (Vgl. unten S. 334 ff.)

128 Wittgenstein, *Philos. Unters.* I, § 124.

tion therapeutischer Metaphysikkritik. Sollte Wittgenstein aber damit meinen, daß die Philosophie als Metaphysikkritik alle Versuche des spekulativen Denkens *rückgängig macht*, welche den öffentlichen Sprachgebrauch und das zugehörige Lebens- und Weltverständnis der Umgangssprache (des »Man« im Sinne Heideggers) transzendieren und revolutionieren wollen, dann könnte diese Zielsetzung am Ende wirklich den Effekt haben, jenes fruchtbare Gespräch der abendländischen Geistesgeschichte zu beenden, in dem bisher noch alle verfestigten Sprachspiele und Lebensformen als dogmatische Entfremdungen *der* menschlichen Verständigung über das »Worumwillen des Daseins« kritisch reflektiert wurden[129].

Ich möchte von dieser gewiß seinshermeneutisch relevanten Interpretation im gegenwärtigen Problemzusammenhang absehen, da sie der Notwendigkeit und der möglichen Fruchtbarkeit der Wittgensteinschen Sinnkritik kaum gerecht werden dürfte. Auch eine dialektische Philosophie, welche die kritisch reflexive und die schöpferisch-revolutionäre Funktion der spekulativen Philosophie verteidigt, wird mit Wittgenstein den Unsinn etwa der Konzeption einer »Privatsprache« durchschauen können; und gerade sie wird voraussetzen müssen, daß nicht »einer allein und nur einmal« einer Regel folgen kann[130]; denn der schöpferische Einzeldenker und revolutionäre Neuerer würde in der Tat seine gesellschaftliche Funktion verlieren, wenn er nicht immer schon damit rechnen könnte, daß die neuen Regeln des Handelns und Verstehens, die *er* befolgt, prinzipiell an die bereits öffentlich befolgten Regeln so angeknüpft werden können, daß sie von jedermann kontrolliert und – gegebenenfalls – befolgt werden können. Ich möchte daher die Frage nach den Bedingungen der Möglichkeit und Gültigkeit der von Wittgenstein geleisteten und m. E. verbindlichen Sinnkritik erneut stellen.

Die Antwort, die Wittgenstein, seinen Voraussetzungen zufolge, auf diese Frage geben könnte, ist m. E. im Spätwerk noch immer dieselbe, die er schon am Ende des »Tractatus« gegeben hat. Soll seine Philosophie nicht als spekulative Theoriebildung, sondern nur als therapeutische »Tätigkeit« der Sprachkritik von Fall zu Fall aufgefaßt werden, so können seine philosophischen Sätze nur die Funk-

129 Auf dieser Linie bewegt sich die Kritik H. Marcuses an der von Wittgenstein ausgehenden »Ordinary Language Philosophy« in seinem Buch *Der eindimensionale Mensch*, Neuwied u. Berlin 1967, Kap. 7: »Der Triumph des positiven Denkens: eindimensionale Philosophie«.

130 Wittgenstein, *Philos. Unters.* I, §§ 197 ff.

tion einer »Leiter« haben, die man nach dem Gebrauch wegwerfen muß. Diese Erzmetapher Wittgensteins ist indessen als Antwort auf die Frage nach dem Sinn der *Philosophischen Untersuchungen* nicht mehr so paradox wie angesichts der Systematik des *Tractatus logico-philosophicus*. Sie enthält in der Tat einen Hinweis darauf, wie man die Frage nach dem Sinnkriterium der spekulativen Sprache beantworten könnte. Diese Sprache, die – wie gerade Wittgenstein gezeigt hat – selbst aus metaphorischen Hypostasierungen, wie »das Sein«, »das Bewußtsein«, »das Ich« usw., besteht, gewinnt ja, wie wir im vorigen schon andeuteten, ihre praktische Funktion nicht im Rahmen von institutionalisierten Sprachspielen, in denen Sendung und Empfang von Nachrichten, Sprachgebrauch und zugehörige Verhaltenspraxis in der Weise einer überschaubaren und generell beschreibbaren Funktionseinheit aufeinander bezogen wären. Vielmehr entspricht das philosophische »Sprachspiel« dem stets noch unabgeschlossenen Kontinuum des menschlichen Gesprächs – einer *Metainstitution*, durch die alle institutionalisierten Sprachspiele und Lebensformen allererst ihre Rechtfertigung – oder ihre revolutionäre Neubegründung – erhalten sollten[130a]. In diesem Sprachspiel der menschlichen Geschichte, das nicht aus wiederholbaren Verhaltensexperimenten besteht, sondern ein einziges unabgeschlossenes Experiment darstellt, gewinnt auch das Sinnkriterium der Bewährung in der Lebenspraxis einen anderen Charakter als den, welchen es üblicherweise im Pragmatismus hat. Formulierung eines Gedankens und Interpretation des Gedankens durch bewährende Praxis sind hier nicht in wiederholbarer und kontrollierbarer Weise aufeinander bezogen, sondern womöglich durch Jahrtausende voneinander getrennt. (Die großen Denker der Vergangenheit stehen uns immer noch bevor, lautet ein Postulat der Seinshermeneutik Heideggers.) So wird man denn für die Sprache der Philosophie, deren Bewährungsprobe das unwiederholbare Experiment der Geschichte ist, ein *erweitertes Sinnkriterium der Praxis* gelten lassen müssen, das jeden Sprachgebrauch rechtfertigt, der – vielleicht – als Leiter des schöpferischen Denkens und der über dieses vermittelten Praxis fungieren könnte. – Diesem erweiterten Sinnkriterium der Praxis unterliegt das kritisch-antispekulative Philosophieren Wittgensteins am Ende ebenso wie das ekstatisch-spekulative Denken seines großen Antipoden Martin Heidegger.

130a Vgl. oben S. 218 ff. meine Kritik von A. Gehlens »Philosophie der Institutionen«.

Welche praktischen Konsequenzen hätten wir indessen aus diesen Überlegungen für unsere Konfrontation einer philosophisch radikalisierten Hermeneutik mit der Frage nach dem Sinnkriterium der Sprache zu ziehen?

Die von uns gestellte Frage, ob die sprachanalytische Philosophie ihren Sinnlosigkeitsverdacht gegen alle Metaphysik durch ein Sinnkriterium der Sprache bestätigen konnte, das selbst keine metaphysischen Voraussetzungen in Anspruch nimmt, scheint mir negativ beantwortet zu sein. Soweit und solange das Sinnkriterium in präziser theoretischer Form angegeben wurde, entsprach es selbst metaphysischen Voraussetzungen, die es selbst nicht als sinnvoll zu rechtfertigen vermochte (so das Kriterium der »logischen Form« der Sprache und das Kriterium der zu protokollierenden »Tatsachen«). In dem Maße aber, wie das Sinnkriterium dem Horizont seines offenen Pragmatismus entnommen wurde, in dem Maße wurde seine Anwendbarkeit von dem hermeneutischen Kontext der zu beurteilenden Sprachäußerungen abhängig: Faßt man die »Sprachspiele« Wittgensteins als festumgrenzte Kontexte für möglichen Sinn und Unsinn auf, so geht die pluralistische Modellbildung Wittgensteins in eine monadologische Metaphysik über, die sich selbst nicht als sinnvoll rechtfertigen kann. Entschränkt man dagegen die Sprachspielhorizonte zugunsten reflexiver Selbsttranszendierung der Sprachspiele im zukunftsoffenen Kontext eines geschichtlichen Gesprächs der Menschheit, so fällt schließlich die Anwendung der Sinnkritik mit dem kritischen Ad-hoc-Verstehen der radikalisierten Hermeneutik zusammen. – Damit soll nicht gesagt sein, daß die sprachanalytische Philosophie keine Gesichtspunkte erarbeitet habe, nach denen man im einzelnen Fall Sätze der sog. Metaphysik und auch der dogmatischen Theologie als sinnlos entlarven könnte. Aber die Entscheidung darüber fällt m. E. dem Ad-hoc-Verstehen der »Hermeneutik«, zu, die sich der sprachanalytischen »Sinnkritik« gewissermaßen als einer Hilfswissenschaft zu bedienen hat; ähnlich wie sich das historisch-soziologische Verstehen der geistigen Überlieferung heutzutage durch »Ideologie-Kritik« vermitteln muß[131].

131 Vgl. K.-O. Apel, *Szientistik, Hermeneutik, Ideologiekritik*, a.a.O.

Wittgenstein und das Problem des hermeneutischen Verstehens[1]

I. Die Problemstellung und ihr geschichtlicher Hintergrund: »Sinn« und »Verstehen« in der Tradition der »Hermeneutik« einerseits, der »Sprachlogik« andererseits

Die folgende Untersuchung ist dem Versuch gewidmet, eine Beziehung herauszustellen zwischen der für die deutsche Philosophie seit Schleiermacher, Droysen und Dilthey charakteristischen Problematik des »hermeneutischen« oder »geisteswissenschaftlichen« Verstehens und der für Wittgenstein und die von ihm mitbegründete »sprachanalytische« Philosophie zentralen Problematik des Verstehens von Sinn. Daß eine solche Beziehung aufzufinden sein muß, wird allein schon durch die für beide Traditionen zentralen Termini »Verstehen« und »Sinn« nahegelegt. Andererseits muß es aber doch zu denken geben, daß die beiden philosophischen Traditionen bis in die jüngste Zeit nahezu ohne jeden Kontakt geblieben sind. Das wird einigermaßen verständlich, wenn man sich die geschichtlichen Hintergründe der Problementstehung in beiden Fällen vergegenwärtigt.

Im Falle der Diltheyschen Problematik des hermeneutischen oder geisteswissenschaftlichen Verstehens handelt es sich um die erkenntnistheoretische Verallgemeinerung einer methodologischen Problematik, die zuvor schon in den philologisch-historischen Einzelwissenschaften, in der Jurisprudenz und vor allem in der protestantischen Theologie ausgearbeitet worden war. Der lebenspraktische Ausgangspunkt dieser methodologischen Tradition war die Sorge um das angemessene Verständnis kanonischer oder – im Falle der humanistischen Philologie – klassischer Texte. Der kritische Impuls dieser hermeneutischen Tradition richtete sich seit Luthers Bibelverständnis und seit der humanistischen Erneuerung des Studiums der Alten gegen die aus der historischen Distanz zu den Quellen erwachsenden Tendenzen zum Mißverständnis des ursprünglichen Textsinns. Genau dieser Impuls führt in der philosophischen Verallgemeinerung der hermeneutischen Problematik durch *Schleier-*

1 Erweiterte Fassung eines Vortrags, der am 28. Oktober 1965 auf der Tagung der Alten Marburger in Höchst/Odenwald gehalten wurde.

macher zu dem Grundsatz, daß sich, strenggenommen, nicht das Verstehen, sondern das Mißverstehen von selbst ergibt[2]. Es genügt deshalb für Schleiermacher nicht mehr, die Regeln der Hermeneutik immer dann zur Geltung zu bringen, wenn sich Schwierigkeiten der Auslegung eines Textes ergeben, sondern es wird gefordert, von vornherein alle positiven Bedingungen des Verstehens philosophisch aufzuklären und dementsprechend praktisch zu berücksichtigen. Diese positiven Bedingungen der Möglichkeit und Gültigkeit des Verstehens überhaupt will schließlich Dilthey im Stile einer »Kritik der historischen Vernunft« analog zur Kantischen *Kritik der reinen Vernunft* auseinanderlegen.

Der für *Dilthey* programmatische Arbeitstitel »Kritik der historischen Vernunft« deutet schon an, in welcher Richtung die philosophische Hermeneutik des 19. Jahrhunderts die positiven Bedingungen des Verstehens in erster Linie suchte: Es geht darum, sich durch »historisches Verstehen« der Zeithintergründe mit dem zu verstehenden Autor gleichzeitig zu machen. Dieser Weg der »historischen Schule« der deutschen Geisteswissenschaften hat den älteren, humanistischen Weg des »grammatischen Verstehens« der Sprache des Autors in sich aufzuheben versucht, wie es im sprachgeschichtlichen Zweig der historischen Schule (etwa bei Jakob Grimm) am deutlichsten sich zeigt. Charakteristischer noch als diese historische Aufhebung des Sprachverstehens ist für Schleiermacher (zumindest für den Schleiermacher, der auf die Nachwelt gewirkt hat[3]) und für Dilthey die Überbietung des historischen und des grammatischen Verstehens durch das quasipsychologische Sich-hinein-Versetzen in den Autor, das vom »Lebensausdruck« zu seinem Quellpunkt zurückgehende und von diesem her das Werk rekonstruierende »Nacherleben«.

Eine selbstverständliche Voraussetzung dieser philosophischen Hermeneutik liegt von Anfang an und bis zuletzt darin, daß die großen Texte der religiösen, philosophischen und literarischen Tradition einen unersetzlichen, lebenswichtigen Sinn besitzen, den es, unter Ausnutzung aller Mittel und Wege philologischer Kritik, für die

2 Schleiermacher, *Hermeneutik*, §§ 15 und 16 (*Werke* I/7, 1838, S. 29 f.). Vgl. H.-G. Gadamer, *Wahrheit und Methode*, 1960, S. 172 f.

3 Vgl. hierzu jetzt die Rekonstruktion der Entwicklungsgeschichte der Hermeneutik Schleiermachers durch H. Kimmerle, *Die Hermeneutik Schleiermachers im Zusammenhang seines spekulativen Denkens* (Phil. Diss. Heidelberg), 1957 (Masch.).

Gegenwart zu bewahren bzw. neu freizulegen gilt. Zwar wird dieser Sinn im 19. Jahrhundert seiner dogmatisch-normativen Wahrheitsansprüche entkleidet, er wird historisch und erlebnispsychologisch relativiert. Aber das besagt niemals, daß der Sinn der Dokumente selbst angezweifelt wird. Im Grunde wird noch nicht einmal der Wahrheitsanspruch der religiös-metaphysischen Dokumente von Dilthey in Frage gestellt; er wird lediglich als »Ausdruck« auf die Mehrseitigkeit des Lebens zurückgeführt. Insofern bleibt von Luther bis Dilthey der Sinn- und Wahrheitsanspruch der auszulegenden Werke selbst Maßstab alles hermeneutischen Verstehens und damit auch der philosophischen Problematik der Bedingungen der Möglichkeit des hermeneutischen Verstehens.

Aus völlig anderen Motiven und Voraussetzungen ergab sich das Problem des Sinnverstehens bei *Ludwig Wittgenstein*, dem gelernten Flugzeugingenieur, der in den Jahren vor dem ersten Weltkrieg bei B. Russell die symbolische Technik und die philosophischen Implikationen der mathematischen Logik studierte[4]. Nicht als ob Wittgenstein ohne alle geistesgeschichtlichen Voraussetzungen in die Philosophie eingetreten wäre. Diese Voraussetzungen mochten dem Verfasser des *Tractatus Logico-Philosophicus*[5] unwesentlich erscheinen[6]; sie haben gleichwohl sein Denken zutiefst geformt, was der spätere Wittgenstein auch klar erkannt hat. Es sind im wesentlichen die Voraussetzungen des sog. »logischen Atomismus«, der Philosophie des jungen B. Russell[6a].

Im Hinblick auf unser Problem des Sinnverstehens lassen sich diese Voraussetzungen in aller Kürze etwa so kennzeichnen: bei Russell und seinem Schüler Wittgenstein traf die von Leibniz ausgehende Bewegung der logistischen Konstruktion einer philosophischen Präzisionssprache mit der von Ockham ausgehenden nominalistisch-empiristischen Tradition der Kritik der Sprache (der Metaphysik) zusammen.

4 Vgl. G. H. v. Wrights, »Biographische Betrachtung«, in: *»Beiheft« zu L. Wittgenstein, Schriften* I, 1960, S. 82–99.

5 Der *Tractatus* erschien zuerst 1921 im letzten Band von Ostwalds *Annalen der Naturphilosophie*, dann 1922 in einer deutsch-englischen Ausgabe in London. Im folgenden zitieren wir nach der Wittgensteinschen Dezimalnotation der Sätze.

6 Vgl. das Vorwort zum *Tractatus*.

6a Dabei sehe ich allerdings von einem, wohl über Schopenhauer und Heinrich Hertz vermittelten, Kantianismus ab, der schon den jungen Wittgenstein von Russell charakteristisch unterscheidet und der auch im Spätwerk noch so deutliche Spuren hinterlassen hat, daß

Will man diese philosophische Tradition mit der hinter der Hermeneutik stehenden historisch zusammenbringen, so muß man ziemlich weit in der abendländischen Geistesgeschichte zurückgehen[7]: hinter den Humanismus der Renaissance nämlich zum mittelalterlichen System der »septem artes liberales«. Hier bildete (im sog. »Trivium«) in der Tat die »Logik« zusammen mit der »Grammatik« und der »Rhetorik« die obligatorische Einführung des Studenten in die Problematik des Sinnverstehens, die für eine traditionsabhängige »Tochterkultur«, wie das christliche Abendland, von vitaler Bedeutung sein mußte. Aber schon damals bestand eine Spannung zwischen den Vertretern einer grammatisch-stilistischen Textinterpretation und den Verfechtern einer historisch voraussetzungslosen Sprachlogik oder »spekulativen Grammatik«; und es ist nicht allzu schwer, diesen Gegensatz der später so genannten Humanisten und der Sprachlogiker bis in die gegenwärtige Konstellation der Philosophie zu verfolgen. Die moderne logistische Semiotik (seit Boole, Peirce, Frege und Russell) erscheint unter diesem historischen Gesichtspunkt als eine neue Blütezeit der spekulativen Sprachlogik, die das metaphysikkritische Motiv des Nominalismus in sich aufgenommen hat.

II. Das Verfehlen der hermeneutischen Problematik in der »transzendentalen Semantik« des frühen Wittgenstein

Aus den angedeuteten historischen Voraussetzungen ergibt sich bei dem frühen Wittgenstein zunächst einmal eine wesentlich andere Bedeutung der Termini »Sinn« und »Verstehen« als in der hermeneutischen Tradition: Der sprachliche Sinn, um dessen Verständnis es im »Tractatus« geht, ist nicht der Totalsinn eines geschichtlich-individuellen Textes oder die bewußt-unbewußte Intention des Autors, die sich – nach hermeneutischer Voraussetzung – in jedem einzelnen Satz ausdrücken müssen: Unter »Sinn« versteht der frühe Wittgenstein den Informationsgehalt von sprachlichen Sätzen.

Die positiven Bedingungen der Möglichkeit dieses Sinns und seines Verständnisses reduzieren sich für Wittgenstein gemäß der angedeu-

die Wittgensteininterpretation und Nachfolge (Stenius, Maslow, P. Winch, St. Cavell u. a.) mehr und mehr transzendentalphilosophische Wege einschlagen mußte.

7 Vgl. zum folgenden K.-O. Apel, *Die Idee der Sprache in der Tradition des Humanismus von Dante bis Vico* (Archiv f. Begriffsgesch. 8), 1963.

teten Synthese von Logistik und empiristischer Tradition auf zwei postulierte absolute Voraussetzungen: 1. die Sprache und Welt gemeinsame »logische Form«, welche die syntaktische Kombination der sprachlichen Zeichen regelt und zugleich den zu beschreibenden Tatsachen der Welt die kategoriale Form vorschreibt[8]; 2. die »Gegenstände«, welche als »Bedeutung« der »Namen«, d. h. der kombinierbaren Elemente des Satzes, die formale »Substanz« der Welt[9] bilden.

Von diesen Bedingungen der Möglichkeit des Sinns von Sätzen sind scharf zu unterscheiden die Bedingungen der Möglichkeit der Wahrheit von Sätzen. Auch diese zerfallen in solche der »logischen Form« der Sprache und in solche der sprachlich abzubildenden erfahrbaren Welt: Damit ein Satz wahr sein kann, muß er entweder selbst ein »Elementarsatz« sein, der eine weltkonstitutive »Tatsache« abbildet, oder er muß sich – als komplexer Satz – durch die Logik der Wahrheitsfunktionen auf wahre Elementarsätze zurückführen lassen.

Die den wahren Elementarsätzen entsprechenden »elementaren Tatsachen« bilden – im Gegensatz zu den »Gegenständen«, welche, wie oben angedeutet, die formale Bedeutungssubstanz der Welt ausmachen – gewissermaßen die materiale Wahrheitssubstanz der Welt. Dies drückt Wittgenstein in den berühmten Eingangssätzen des *Tractatus* aus: (1) »Die Welt ist alles, was der Fall ist« und (I. 1) »Die Welt ist die Gesamtheit der Tatsachen, nicht der Dinge.« Nur durch die Feststellung einer Tatsache kann über die »Gegenstände« der Welt etwas Materiales ausgesagt werden. Die Gegenstände selbst können, wiewohl sie als Bedeutungselemente für die Möglichkeit des Satzes vorausgesetzt sind, unabhängig von ihrer Konfiguration im

8 Unter dem Titel der »logischen Form« der Sprache und zugleich der Welt tritt bei Wittgenstein erneut das Kantische Problem einer »transzendentalen Logik« der erfahrbaren Welt auf. Freilich geht es jetzt nicht primär um die logisch-psychologischen Bedingungen der Möglichkeit der Vorstellbarkeit von Gegenständen bzw. Ereignissen in Raum und Zeit, sondern um die sprachlogischen Bedingungen der eindeutigen Darstellung *möglicher* Tatsachen. Durch diese Bedingungen ist, nach Wittgenstein, zugleich über die apriorische Form der Gegenstände bzw. Ereignisse in Raum und Zeit vorentschieden, ohne daß es nötig bzw. erlaubt wäre, a priori wahre objektive Erkenntnisse (synthetische Urteile a priori) anzunehmen. Allein der Umstand, daß »Gegenstände« nur in einem »Sachverhalt«, d. h. vermittelt durch »Sätze«, »denkbar« sind, macht den »logischen Raum« sprachlicher Sinnfügung zum Apriori auch der möglichen raum-zeitlichen Erfahrung (vgl. *Tractatus*, 2.011–2.0141). Damit ist freilich nur die Möglichkeit, nicht aber die Notwendigkeit bestimmter *Kategorien* als Bedingungen der Möglichkeit beschreibbarer raum-zeitlicher Erfahrungen begründet, da der Zusammenhang zwischen Sprache und Sinnlichkeit in der Er-

Satz die materiellen Eigenschaften der Welt nicht bestimmen; sie sind »farblos« (2.0232).

Die Pointe der Wittgensteinschen Unterscheidung der Bedingungen des Sinns von den Bedingungen der Wahrheit von Sätzen erweist sich beim Vergleich der Feststellung des Sinns mit der Feststellung der Wahrheit: Um festzustellen, ob z. B. ein komplexer Satz wie »Alle Deutschen sind musikalisch« wahr ist, muß ich nicht nur die Logik der Wahrheitsfunktionen berücksichtigen, d. h. den komplexen Satz in die Elementarsätze »Müller ist musikalisch«, »Schmitz ist musikalisch« usw. auflösen, sondern darüber hinaus die einzelnen Elementarsätze mit den Tatsachen vergleichen[10]. Ich muß also über das bloße Verständnis der logischen Form hinausgehen. Das ist nach Wittgenstein nicht erforderlich, um den Sinn von Sätzen zu verstehen, obgleich auch der Sinn der Sätze, wie wir hörten, nicht nur von ihrer logischen Form, sondern auch von den außersprachlichen Gegenständen, welche die Bedeutung der Worte bilden, abhängt.

fahrung nicht transzendentalphilosophisch thematisiert werden kann; er bleibt der Psychologie überlassen. Der Schritt von Leibniz' Logik möglicher Welten zur transzendentalen Logik möglicher Erfahrung erfolgt bei Wittgenstein nicht durch Rekurs auf ein »Bewußtsein überhaupt«, sondern durch Rekurs auf die »Sprache überhaupt«: »Man sagte einmal, daß Gott alles schaffen könne, nur nichts, was den logischen Gesetzen zuwider wäre. – Wir könnten nämlich von einer ›unlogischen‹ Welt nicht *sagen*, wie sie aussähe.« (3.031) An die Stelle synthetischer Urteile a priori, z. B. über das sog. »Kausalgesetz« oder die »Struktur der Farbe«, tritt bei Wittgenstein die »Einsicht a priori über die mögliche Formgebung der Sätze der Wissenschaft« (6.34, vgl. 6.32–6.33, ferner 6.35–6.361, 6.362, 6.3751). Vgl. als Alternative zu dieser rein semantischen Transformation der Transzendentalphilosophie die semiotisch-pragmatische Transformation derselben bei Ch. S. Peirce (s. Bd. II, S. 157 ff.). Die Sprachspiel-Konzeption des späten Wittgenstein scheint mir allerdings ebenfalls eine transzendentalpragmatische Kanttransformation nahezulegen. Vgl. Bd. II, S. 220 ff.

9 Vgl. *Tractatus,* 2.021–2.0232. Die »Gegenstände« sind von der »logischen Form« der Welt sowohl abhängig wie auch unabhängig. Abhängig sind sie erstens insofern, als sie nur im »Sachverhalt« denkbar sind, zweitens insofern, als nicht jeder Gegenstand in jedem Sachverhalt denkbar ist (z. B. kann ein Ton oder ein Gefühl nicht im geometrischen Raum sich befinden oder eine Farbe haben); jeder Gegenstand impliziert vielmehr – und darin besteht seine »interne« (= kategoriale) Struktur – bestimmte mögliche Sachverhalte als seinen unabdingbaren »logischen Raum« (vgl. 2.011–2.0141). Darüber hinaus aber bilden die Gegenstände die von der logischen Form der Sachverhalte unabhängige »Substanz der Welt«, die vorausgesetzt ist, damit durch Kombination der die »Gegenstände bezeichnenden »Namen« im Satz ein »neuer Sinn« mitgeteilt werden kann (vgl. 3.23, 4.026–4.031).

10 Vgl. *Tractatus,* 2.223. Unser Beispiel vernachlässigt, im Interesse einer möglichen Illustration, den Umstand, daß weder die Tatsachen noch die Gegenstände« der Alltagssprache bei Wittgenstein als Kandidaten für elementare Sachverhalte bzw. Gegenstände in Betracht kommen. Vgl. zu diesem Problem E. Stenius, *Wittgenstein's Tractatus. A Critical Exposition of its Lines of Thought,* Oxford 1960. Ferner W. Stegmüller, *Hauptströmungen der Gegenwartsphilosophie,* 1965[3], S. 531 f.

Der Unterschied zwischen Verständnisproblem und Wahrheitsproblem liegt nach Wittgenstein darin, daß wir bei einer logisch einwandfrei konstruierten Sprache voraussetzen müssen, daß wir den Worten Gegenstände als ihre Bedeutung zugeordnet haben; wir dürfen aber nicht a priori voraussetzen, daß den Sätzen der Sprache Tatsachen zugeordnet sind; nur dies müssen wir wieder a priori voraussetzen, daß den Sätzen kraft ihrer logischen Form mögliche Tatsachen, d. h. Sachverhalte im logischen Raum zugeordnet sind. Darin gerade besteht nach dem »Tractatus« die operative Pointe der Sprache als eines Wort-Satz-Systems, daß wir unter der a priori garantierten Voraussetzung gegenständlicher Wortbedeutungen, durch Kombination derselben nach logischen Regeln eine mögliche Sachlage gewissermaßen »probeweise« im Geiste »zusammenstellen« können[11], – eine mögliche Sachlage, d. h. einen »Sachverhalt« im »logischen Raum«, dem möglicherweise eine »Tatsache« entspricht, dann nämlich, wenn unser Satz wahr ist.
Wittgenstein hat das soeben angedeutete Verhältnis der Bedingungen des Sinnverstehens zu den Bedingungen der Wahrheitsfeststellung in der folgenden, ebenso subtilen wie folgenreichen Formulierung zusammengefaßt:

»Einen Satz verstehen, heißt, wissen was der Fall ist, wenn er wahr ist.
(Man kann ihn also verstehen ohne zu wissen, ob er wahr ist.)
Man versteht ihn, wenn man seine Bestandteile versteht.« 4.024; (vgl. die folgenden Sätze bis 4.031)

Dieser Satz ist subtil und folgenreich deshalb, weil er außer dem Unterschied zwischen der Frage nach dem Sinn und der Frage nach der Wahrheit noch eine positive Beziehung zwischen der Feststellung des Sinns und der Feststellung der Wahrheit erkennen läßt: Wenn ich allein aus der logischen Form des Satzes muß erkennen können, was der Fall ist, wenn er wahr ist[12], dann besagt dies, daß ein Verständnis der logischen Form der Sprache ein Wissen darüber einschließt, wie ich feststellen kann, ob der Satz wahr ist. Einen Satz verstehen heißt also, die sprachlogische Methode seiner möglichen Verifikation angeben können[13].

11 *Tractatus*, 4.031; vgl. 4.021 ff.

12 Vgl. auch *Tractatus*, 4.022: »Der Satz zeigt seinen Sinn. Der Satz *zeigt*, wie es sich verhält, *wenn* er wahr ist. Und er sagt, *daß* es sich so verhält.«

13 Insofern ist es durchaus möglich, daß Wittgenstein sogar diese von M. Schlick als »Verifikationsprinzip« propagierte Formulierung zuerst gebraucht hat. Dafür spricht G. E. Moores Bericht über »Wittgenstein's Lectures in 1930–33« (Mind 63, Nr. 249, 1954,

Aus diesem von den Neopositivisten so genannten Verifikationsprinzip als Sinnkriterium der Sprache läßt sich aber sogleich noch eine kritische Konsequenz für eine Theorie des Sinnverstehens ziehen: Wenn ein sprachlicher Satz durch seine logische Form nicht »zeigt«, was der Fall ist, wenn er wahr ist, dann hat er keinen Sinn

S. 1–15), 14 sowie eine Äußerung des späten Wittgenstein (vgl. J. Hartnack, *Wittgenstein und die moderne Philosophie*, 1962, Anm. 54). (Diese Vermutung wurde inzwischen bestätigt; vgl. oben S. 310, Anm. 81).

Wittgensteins Kriterium für die Unterscheidung von Sinn und Unsinn darf zwar nicht mit dem neopositivistischen Verifikationsprinzip schlechthin gleichgesetzt werden, wohl aber muß die Notwendigkeit einer historischen und auch sachlichen Herleitung des letzteren aus der Philosophie des »Tractatus« betont werden. Erst durch ihn wurden die Wiener Neopositivisten auf den Gedanken gebracht, durch »logische Analyse der Sprache« (Schlick, Carnap) im vorhinein zu entscheiden, ob ein Satz entweder logisch oder mathematisch »beweisbar« (Wittgenstein spricht hier von »sinnloser Tautologie«) oder »verifizierbar« (d. h. nach Wittgenstein: durch die Logik der Wahrheitsfunktionen auf einen mit der Wirklichkeit vergleichbaren Satz reduzierbar) oder aber völlig »sinnlos« (Wittgenstein: »unsinnig«) ist. Freilich hat Wittgenstein kein »empirisches Kriterium« für die mit der Wirklichkeit vergleichbaren Elementarsätze angegeben, sondern die Existenz solcher Sätze und der ihnen zugeordneten »Sachverhalte« lediglich als Basis der Verständlichkeit sinnvoller Sätze *postuliert* (vgl. besonders 4.2211). Die Suche der Neopositivisten nach »Protokollsätzen« als »Basissätzen« aller wissenschaftlichen Theorien läuft demgegenüber auf den Versuch einer Verifikation eben der Wittgensteinschen Sätze über die »transzendentale« Struktur der Sprache und der Welt hinaus. Man wollte dies von Wittgenstein postulierte Abbildverhältnis zwischen Elementarsätzen und Tatsachen selbst noch empirisch bestätigen, d. h. aber – im Sinne des *Tractatus* – das, was sich in bzw. an der Sprachfunktion als deren transzendentale Bedingung der Möglichkeit »zeigt«, wie ein innerweltliches Verhältnis zwischen Gegenständen beschreiben – so als ob man das Verhältnis von Sprache und Welt von einem dritten Ort außerhalb desselben betrachten könnte (vgl. 4.12). Diese Verwechslung dessen, was sich »zeigt«, mit dem, was man in »sinnvollen« (d. h. laut sprachlogischer Definition: verifizierbaren) Sätzen »aussagen« kann, bildet nun allerdings nach Wittgenstein das πρῶτον ψεῦδος der traditionellen Metaphysik, den Kern ihres Mißverständnisses der Sprachlogik, auf dem ihre Unsinnigkeit beruht (vgl. 4.003).

Man wird m. E. zugeben müssen, daß die Aporetik der neopositivistischen Versuche, dem »Verifikationsprinzip« durch Formulierung eines »empirischen Sinnkriteriums« zu genügen (vgl. Stegmüller, a.a.O., S. 380 ff, S. 445 ff.), die Tiefe der Wittgensteinschen Konzeption des Sinnkriteriums bestätigt. Am Schluß dieser Entwicklung steht der Zerfall des Neopositivismus selbst in »konstruktive Semantik« und »empirische Pragmatik« des Sprachgebrauchs, d. h. aber das Zugeständnis, daß Wittgensteins sprachrelativer Ansatz in der Frage des Sinnkriteriums der einzig mögliche war. Freilich handelt es sich jetzt nicht mehr um die eine, ideale, logisch-ontologische Sprache des *Tractatus*, sondern entweder um rein konventionelle Regelsysteme oder um solche, die sich, als »Sprachspiele« im Sinne des späten Wittgenstein, aus dem praktisch bewährten Sprachgebrauch der Umgangssprache herausdestillieren lassen. – Auf die »Tiefengrammatik« dieser Sprachspiele bezogen versteht der späte Wittgenstein das Verifikationsprinzip immer noch so, wie er es als sprachlogisches Prinzip im »Tractatus« bereits suggeriert hat. Vgl. etwa Philos. Untersuchungen I, § 353: »Die Frage nach der Art und Möglichkeit der Verifikation eines Satzes ist nur eine besondere Form der Frage ›Wie meinst du das?‹ Die Antwort ist ein Beitrag zur Grammatik des Satzes.« M. a. W.: Soviele Sprachspiele, soviele Möglichkeiten der Verifikation (vgl. hierzu unten Anm. 31).

oder wir haben seinen eventuell durch die äußere Form der Umgangssprache verborgenen Sinn (vgl. 4.002) noch nicht verstanden. Hier deutet sich der kritische Impuls der Wittgensteinschen Verstehenstheorie an, der ebenso wie das Postulat eines sprachlogischen Sinnkriteriums in einer suggestiven Formulierung des *Tractatus* zum Ausdruck kommt:

»Die meisten Sätze und Fragen, welche über philosophische Dinge geschrieben worden sind, sind nicht falsch, sondern unsinnig. Wir können daher Fragen dieser Art überhaupt nicht beantworten, sondern nur ihre Unsinnigkeit feststellen. Die meisten Fragen und Sätze der Philosophen beruhen darauf, daß wir unsere Sprachlogik nicht verstehen. (Sie sind von der Art der Frage, ob das Gute mehr oder weniger identisch sei als das Schöne.) Und es ist nicht verwunderlich, daß die tiefsten Probleme eigentlich *keine* Probleme sind.« (4.003)

Dieser berühmte Unsinnigkeitsverdacht gegen die traditionelle Metaphysik bildet nun offenbar den Kontrapunkt schlechthin zum Geiste einer hermeneutischen Philosophie und ihrer Theorie des Sinnverstehens: Die Hermeneutik Schleiermachers und Diltheys ging von dem unmittelbaren Betroffensein durch den Ausdruck einer lebendigen, individuellen Intention aus, welche unter allen Umständen, d. h. bei logisch mangelhafter Form gegebenenfalls durch historische und psychologische Rekonstruktion des lebendigen Motivs hinter der Sprache, freigelegt werden muß. Wittgenstein hat diese psychologische Problematik des Verstehens zusammen mit der traditionellen »Erkenntnistheorie« überhaupt als philosophisch unwesentlich erklärt[14]. Sein kritischer Impuls richtet sich nicht in erster Linie gegen mangelhafte Disposition des Interpreten (etwa mangelhafte Phantasie der Einfühlung, mangelnde historische Kenntnis der Situationsumstände), sondern weit eher gegen den Sinnanspruch des Textes selbst. Maßstab des Sinnverstehens ist ihm nicht eine menschliche (bewußte oder unbewußte) Intention, sondern allein die logische Form der zu verstehenden Sprache.

So verhält es sich jedenfalls mit der Verstehenstheorie des frühen Wittgenstein. Der späte Wittgenstein der *Philosophischen Untersuchungen* hat den Maßstab der einen »logischen Form« der weltabbildenden Präzisionssprache ausdrücklich aufgegeben und an seine Stelle die Regelvielfalt möglicher Sprachspiele gesetzt, deren Funktion wesentlich durch den »Situationskontext« und die menschliche »Lebensform« mitbedingt ist.

Es unterliegt keinem Zweifel, daß für eine nähere Auseinanderset-

14 Vgl. *Tractatus*, 4.1121.

zung mit Wittgenstein vom hermeneutischen Standpunkt in erster Linie die Spätphilosophie einen Ansatzpunkt bietet. Es hieße jedoch den inneren Zusammenhang der Wittgensteinschen Philosophie, der im *sprachanalytischen* Ansatz begründet ist, unterschätzen, wollte man den *Tractatus* bei einer Auseinandersetzung mit dem Spätwerk völlig beiseite lassen. Gerade die extreme Einseitigkeit der Verstehenstheorie des *Tractatus* gibt ein Modell an die Hand, das nicht nur von dem späten Wittgenstein, sondern mehr noch von dem Selbstverständnis einer philosophischen Hermeneutik als Gegensatzfolie vorausgesetzt wird. Nur dann, wenn man sich den Gegensatz zwischen dem *Erkenntnisinteresse* Wittgensteins und dem einer hermeneutischen Theorie des Sinnverstehens anhand des *Tractatus* völlig klargemacht hat, wird man m. E. imstande sein, den Beitrag der *Philosophischen Untersuchungen* zum Problem des hermeneutischen Verstehens aufzufinden und kritisch zu beurteilen.

Ich möchte deshalb zunächst noch einmal auf den *Tractatus* zurückkommen, und zwar auf eine Stelle, an der Wittgenstein selbst nicht umhin kann, zum Problem des Verstehens menschlicher Sinnintentionen Stellung zu nehmen, und zwar deshalb, weil es in der Sprache Sätze von der Form »A glaubt, daß p«, »A denkt p«, »A sagt p« gibt. Das Problem, das diese Sätze für Wittgenstein stellen, besteht darin, daß hier, wie es scheint, ein Urteil in einem anderen Urteil enthalten ist, aber nicht als Wahrheitsbedingung des komplexen Satzes, wie das im »logischen Atomismus« Russells und Wittgensteins einzig vorgesehen war. Der Satz beispielsweise »Hans glaubt, daß Gott existiert« ist offenbar keine Wahrheitsfunktion des Satzes »Gott existiert«; er kann – nach den Gesetzen der Logik – auch dann wahr sein, wenn Gott nicht existieren sollte. Die Pointe der sog. »Belief-Sätze«, die sprachlich noch schärfer in der Form der »indirekten Rede« zum Ausdruck kommt, liegt offenbar gerade darin, daß die Wahrheit des Geglaubten in der Schwebe bleibt und gleichwohl der Satz über das Glauben des Geglaubten wahr sein kann. Sätze von dieser Form aber sind offensichtlich eine logische Bedingung der Möglichkeit der verstehenden »Geisteswissenschaften«.

B. Russell und der junge Wittgenstein wurden durch die sog. »Belief-Sätze« vor die folgende Alternative gestellt:

1. Entweder man faßte das Meinen eines Satzsinnes durch ein menschliches Subjekt als eine Relation zwischen zwei einfachen

Gegenständen auf; dann konnte man den Belief-Satz als elementare, d. h. nicht weiter zerlegbare Tatsachenabbildung in die Philosophie des »logischen Atomismus« eingliedern. Das bedingt aber, strenggenommen, eine naturalistische Auffassung der Intentionalitätsbeziehung, die etwa durch eine behavioristische Interpretation dieses Verhältnisses suggeriert werden kann. Diesen Ausweg haben Russell selbst und später die logischen Positivisten im wesentlichen beschritten[15].

2. Konnte man sich zu dieser naturalistischen Interpretation der Intentionalitätsbeziehung nicht entschließen, so mußte man, wie es scheint, die Konzeption einer einheitlichen Wissenschaftssprache, die alle Sätze durch die Logik der Wahrheitsfunktionen auf die Abbildung von atomaren Sachverhalten in der Außenwelt zurückführt, aufgeben. Die Bedeutung der Schwierigkeiten Russells und Wittgensteins mit den Belief-Sätzen für unser Thema liegt also darin, daß hier zum ersten Mal in der sprachanalytischen Philosophie die aus intentionalen Sätzen bestehende Sprache der verstehenden Geisteswissenschaften in Konflikt gerät mit der Sprache der »Einheitswissenschaft«. Wittgensteins *Tractatus* ist ja die erste radikale Formulierung einer einheitlichen Ding-Sachverhalts-Sprache; sie gilt nach Wittgenstein für alle sinnvollen Sätze, d. h. ausdrücklich: für alle Sätze der »Naturwissenschaft« (4. 11).

Merkwürdig und für die Verstehenstheorie des »Traktatus« äußerst charakteristisch ist nun die Deutung der intentionalen Sätze, die Wittgenstein vorschlägt, um die Konzeption der einheitlichen Struktur aller sinnvollen Sätze zu retten: Über Sätze von der Form »A glaubt, daß p der Fall ist« oder »A denkt p« sagt Wittgenstein:

»Hier scheint es ... oberflächlich, als stünde der Satz p zu einem Gegenstand A in einer Art von Relation...« (5.541)

»Es ist aber klar, daß ›A glaubt, daß p‹, ›A denkt p‹, ›A sagt p‹ von der Form ›»p« sagt p‹ sind: Und hier handelt es sich nicht um eine Zuordnung von einer Tatsache und einem Gegenstand, sondern um die Zuordnung von Tatsachen durch Zuordnung ihrer Gegenstände.« (5.542)

Wie hat man diese merkwürdige Umdeutung der intentionalen Sätze zu verstehen?

Wittgenstein vollzieht hier folgende Gedankenschritte: Der Satz »A glaubt, daß p« meint soviel wie der Satz »A sagt p«, denn in

15 Über die Schwierigkeiten dieser Auffassung vgl. Hans Skjervheim, *Objectivism and the Study of Man*, Oslo 1959.

der Aussage des A wird seine Meinung präzise faßbar. Diese Aussage von A ist uns aber nur in der Weise gegeben, daß für den ausgesagten Sachverhalt der ihn repräsentierende Zeichensachverhalt eintritt, also für p selbst »p« (für den Sachverhalt, daß das Buch auf dem Tisch liegt, der Zeichensachverhalt »Das Buch liegt auf dem Tisch«). So kann Wittgenstein im Sinne seiner Weltabbildungstheorie sagen, daß eine Zuordnung von Tatsachen durch Zuordnung ihrer Gegenstände vorliegt. Er hat, kurz gesagt, das psychologische Verstehen von Sinnintentionen auf das semantische Verstehen des Sinns von Sätzen reduziert.

Dieses Verfahren ist äußerst charakteristisch für den von Wittgenstein inaugurierten Ansatz der sprachanalytischen Philosophie: Die gesamte, als psychologisch diskreditierte Problematik des »intentionalen Bewußtseins« soll ersetzt werden durch die semantische Problematik der weltabbildenden Sprache. Wir erwähnten ja bereits, daß im »Tractatus« die Kantische Frage nach der logischen Form des Gegenstandsbewußtseins in die Frage nach der logischen Form der Gegenstandsbeschreibung übersetzt wird.

Die Frage nach dem meinenden Subjekt, der Seele oder dgl. wird durch diese Ablösung der Erkenntnistheorie durch Sprachanalyse gewissermaßen überflüssig, ebenso die Voraussetzung sog. intentionaler Akte. In Satz (5.631) erklärt Wittgenstein: »Das denkende, vorstellende Subjekt gibt es nicht ...«

Von den Neopositivisten ist dieser Satz vielfach als Freibrief für eine behavioristische Interpretation des Subjekts und seiner intentionalen Akte verstanden worden. So ist er indessen bei Wittgenstein gerade nicht gemeint. Der Akzent des Satzes ruht nicht auf dem Subjekt-Komplex, sondern auf dem »gibt«. Wittgenstein will sagen – das geht aus dem Kontext klar hervor –, daß das denkende Subjekt nicht wie ein Ding in der beschreibbaren Welt vorkommt (vgl. 5.631 Fortsetzung und 5.5421). Deshalb kann er im nächsten Satz behaupten (5.632): »Das Subjekt gehört nicht zur Welt, sondern es ist eine Grenze der Welt.« Und noch deutlicher in Satz 5.641:

»Es gibt also wirklich einen Sinn, in welchem in der Philosophie nicht-psychologisch vom Ich die Rede sein kann.
Das Ich tritt in die Philosophie dadurch ein, daß die ›Welt meine Welt ist‹.
Das philosophische Ich ist nicht der Mensch, nicht der menschliche Körper, oder die menschliche Seele, von der die Psychologie handelt, sondern das metaphysische Subjekt, die Grenze – nicht ein Teil der Welt.«

Hier wird klar: die Pointe der Reduktion der Bewußtseinsproblematik auf die Sprachproblematik liegt nicht in der Leugnung von Bewußtsein, Seele, Subjekt usw., sondern in einer radikalen Transzendentalisierung, welche das metaphysische Subjekt als Grenze der Welt mit dem logischen Subjekt der Sprache überhaupt identifiziert:

»*Die Grenzen meiner Sprache* bedeuten die Grenzen meiner Welt.« (5.6)
»Daß die Welt *meine* Welt ist, das zeigt sich darin, daß die Grenzen *der* Sprache ... die Grenzen *meiner* Welt bedeuten.« (5.62)

Wie radikal die Transzendentalisierung der logischen Sprachform und damit auch des intentionalen Subjekts bei Wittgenstein gedacht ist, das bezeugt am besten die berühmt-berüchtigte Unterscheidung dessen, was sich sagen läßt, und dessen, was sich als unaussagbar bloß »zeigt«. Der zweite, transzendental-mystische Bereich umfaßt im »Tractatus« zugleich mit der logischen Form der Sprache, die zugleich die logische Form der Welt ist, auch die von Husserl sog. Weltkonstitution durch das intentionale Subjekt.

M. a. W.: Wittgenstein denkt die »transzendentale Differenz« zwischen dem Erfahrbaren (d. h. nach Wittgenstein: dem Beschreibbaren bzw. Sagbaren) und den Bedingungen der Möglichkeit der Erfahrung (nach Wittgenstein: der »logischen Form« der Sprache und zugleich der Welt) so, daß er seine eigenen Sätze, die Sätze einer transzendentalen Semantik, als solche, die das auszusagen versuchen, was die transzendentale Bedingung der Möglichkeit ihres Aussagens ist[16], für »unsinnig« erklären muß:

»Meine Sätze erläutern dadurch, daß sie der, welcher mich versteht, am Ende als unsinnig erkennt, wenn er durch sie – auf ihnen – über sie hinausgestiegen ist. (Er muß sozusagen die Leiter wegwerfen, nachdem er auf ihr hinaufgestiegen ist.) Er muß diese Sätze überwinden, dann sieht er die Welt richtig.« (6.54)

Was folgt aber aus alledem für das Problem des hermeneutischen Verstehens? Wie läßt sich die *transzendentale Semantik* des *Tractatus*, die »Kritik der reinen Sprache«, wie man sie auch genannt hat[17], zum Problem der *Hermeneutik* in ein Verhältnis setzen?

Der erste Eindruck dürfte der sein, daß der Wittgensteinsche Grundriß des Verhältnisses von Sprache und Welt für die Hermeneutik völlig unbrauchbar ist. Das hermeneutische Verstehensproblem

16 Darin, d. h. in der Konstatierung der absoluten transzendentalen Differenz, zieht sich bei Wittgenstein die semantische Seite der Typentheorie B. Russells zusammen, derzufolge kein Satz »etwas über sich selbst aussagen (kann), weil das Satzzeichen nicht in sich selbst enthalten sein kann ...« (3.332).

scheint ad absurdum geführt. Denn in der von Wittgenstein postulierten reinen Sprache des transzendentalen Subjekts, in der die weltkonstitutiven Sachverhalte aufgrund der logischen Form der Sprache abgebildet werden können, wären ja die konkreten menschlichen Subjekte immer schon über die Struktur der Welt miteinander verständigt. Das Problem des Verstehens würde sich auf die logische Interpretation von Informationen über Tatsachen beschränken. Hinsichtlich der Sinndeutung der Welt könnte dagegen – dank der *einen* Sprache – kein Verständigungsproblem zwischen den einzelnen (und zwischen Völkern, Kulturen, Religionen) entstehen. Jedes noch so private Welterlebnis wäre, da es durch die *eine* logische Form der Sprache strukturell vermittelt ist, eo ipso intersubjektiv[17a]. Wittgenstein bestätigt das ausdrücklich durch den Satz (5.64):

»Hier sieht man, daß der Solipsismus, streng durchgeführt, mit dem reinen Realismus zusammenfällt. Das Ich des Solipsismus schrumpft zum ausdehnungslosen Punkt zusammen, und es bleibt die ihm koordinierte Realität.«

Mir scheint diese »reductio ad absurdum« der *Hermeneutik* durch *transzendentale Semantik* jedoch äußerst lehrreich zu sein und genau die Gegensatzfolie zu liefern, welche die Hermeneutik für ihr philosophisches Selbstverständnis benötigt. Angesichts der extremen Modellkonstruktion Wittgensteins fällt ein neues Licht auf einen alten Vorbehalt hermeneutisch orientierter Philosophie gegen die Idee des »transzendentalen Bewußtseins«.

Schon Dilthey hatte das Bedürfnis gefühlt, das transzendentale Subjekt Kants zu verlebendigen oder zu konkretisieren, um die Analogie der geplanten *Kritik der historischen Vernunft* mit der *Kritik der reinen Vernunft* durchführen zu können[18]. Diese Situation wiederholt sich bei Heidegger, der sich genötigt sieht, das »transzendentale Bewußtsein« Husserls im Sinne der Faktizität des mensch-

17 Vgl. E. Stenius, a.a.O.

17a D. h.: es ist nicht nur virtuell anderen verständlich, weil es – in Ermangelung einer »Privatsprache« – auch dem Erlebenden nur über die öffentliche Sprache vermittelt verständlich werden kann; diese Position des späten Wittgenstein ist nicht nur mit der Hermeneutik verträglich, sondern gehört m. E. zu ihren *transzendentalhermeneutischen* Grundlagen. In der *transzendentalen Semantik* des frühen Wittgenstein aber ist die Verständigung gewissermaßen garantiert durch die a priori für alle Subjekte gleiche Struktur des Weltverständnisses.

18 Vgl. die Vorrede zur »Einleitung in die Geisteswissenschaften« (*Ges. Schr.* I, 1923², XVIII), wo es heißt: »In den Adern des erkennenden Subjekts, das Locke, Hume und Kant konstruierten, rinnt nicht wirkliches Blut, sondern der verdünnte Saft von Vernunft als bloßer Denktätigkeit.«

lichen »Daseins« oder »In-der-Welt-Seins« umzubilden. (Eine weitere Parallele zeigt die Konzeption der Monadizität im Neukantianismus bei Hönigswald und Cramer.)

Die crux all dieser Versuche besteht offenbar darin, das Bewußtsein als das der lebendigen bzw. geschichtlich existierenden und kommunizierenden Menschen zu identifizieren, ohne den Zusammenhang mit der transzendentalen Problematik der letzten Geltungsbesinnung aufzuheben zugunsten etwa einer behavioristischen Problematik, die an die Stelle des intentionalen Bewußtseins das zeichenvermittelte Verhalten der in der Welt vorkommenden Menschen setzt[19].

Die »reductio ad absurdum« des hermeneutischen Problems im *Tractatus* des frühen Wittgenstein besteht nun darin, daß er die Möglichkeit eines zugleich objektiven und subjektiven, empirischen und transzendentalen Denkansatzes radikal bestreitet, weil sie mit dem Programm einer Einheitssprache, welche nur objektive Tatsachen abbildet, unvereinbar ist. Die wichtigste Konsequenz dieser Position für die Hermeneutik liegt darin, daß Wittgenstein an die Stelle des Nachverstehens individueller Meinungen eine logische Analyse »der« Sprachform glaubt setzen zu können. Läßt sich der Sinn eines Textes, z. B. eines metaphysischen Textes, mit dem oben angedeuteten sprachlogischen Sinnkriterium (Verifikationsprinzip) nicht in Einklang bringen, so unterliegt er dem »Unsinnigkeitsverdacht«.

An diesem Punkt enthüllt sich m. E. mit einer noch nie erreichten Klarheit die Spannung, ja – zumindest in der endlichen Situation – die Unvereinbarkeit zwischen dem sprachlogischen[19a] und dem hermeneutischen Ansatz im Problem des Sinnverstehens. Dieselbe Spannung wurde auch schon im Mittelalter (in der Schule von Chartres) und von den Humanisten des Quattrocento (in ihrer Polemik gegen die »Modisten«, die Verfasser der »Tractatus de modis significandi«) registriert.

Wittgenstein gibt im *Tractatus* indirekt und unfreiwillig einen Hinweis auf die Dimension, in der die hermeneutische Problematik des Verstehens gleichsam zwischen Subjekt und Objekt der logischen Sprachform, zwischen dem, was sich objektiv beschreiben läßt, und

19 Repräsentativ: Ch. Morris, *Signs, Language and Behavior*, New York 1955.

19a Gemeint ist die Verabsolutierung der *syntaktisch-semantischen* Struktur eines eindeutigen und konsistenten *Sprach-Systems* unter Abstraktion von dem *pragmatischen* Kontext des *Sprach-Gebrauchs*, der in der *Hermeneutik* überdies als *historisch* konkretisierter Kontext vorausgesetzt werden muß.

dem, was als transzendentale Bedingung der Möglichkeit der Weltbeschreibung unaussagbar ist, anzusiedeln wäre. Er fragt (5.633):

»*Wo* in der Welt ist ein metaphysisches Subjekt zu merken?
Du sagst, es verhält sich hier ganz wie mit Auge und Gesichtsfeld. Aber das Auge siehst du wirklich *nicht*.
Und nichts *am Gesichtsfeld* läßt darauf schließen, daß es von einem Auge gesehen wird.«

Hier fühlt der hermeneutisch orientierte Philosoph sich sogleich zum Widerspruch gereizt. Er ist geneigt zu erwidern: Alles an einem konkreten Text der menschlichen Geistesgeschichte deutet darauf hin, daß er aus einer bestimmten Sehweise, von einem bestimmten Standpunkt, von einem konkreten, geschichtlichen Subjekt abgefaßt wurde. Und die Welt, die in einem solchen Text erschlossen ist, gleicht tatsächlich einem Gesichtsfeld, das perspektivisch auf das Auge des Subjekts zurückbezogen ist. Dieser Perspektivismus der hermeneutisch nachverstehbaren Welterschließung kommt z. B. in Heideggers Konzeption des In-der-Welt-Seins, das je ich bin, von vornherein zur Geltung.

Es muß jedoch hier noch ergänzt werden, daß die Welterschließungsperspektive eines Textes nicht unbedingt mit der bewußt eingenommenen Perspektive des Autors übereinzustimmen braucht. Das repräsentative Werk vermag gegenüber dem individuellen Bewußtsein des Autors, ähnlich wie nach Humboldt die Sprache[20], eine gewisse Intersubjektivität der Aussage zur Geltung zu bringen. Darin eben liegt die Basis seiner überindividuellen, unter Umständen seiner klassischen oder kanonischen Geltung. Diese relative Intersubjektivität ist jedoch niemals identisch mit der von Wittgenstein im *Tractatus* postulierten Intersubjektivität der logischen Form der Sprache. Sie bleibt dieser postulierten Intersubjektivität gegenüber geschichtlich-individuell. Sie entspricht nicht einer Intersubjektivität, die alle Verständigung unter Menschen überflüssig macht, sondern sie ist der repräsentative Ausdruck eines bestimmten Weges und eines geschichtlichen Stadiums der menschlichen Verständigung.

Der Unterschied dieser Grundsituation des hermeneutischen Ver-

20 Vgl. W. v. Humboldt, Über das vergleichende Sprachstudium (*Ges. Schr. IV*, 1905, S. 1–34, S. 27 ff.: »Indem sie (sc. die einzelne Volkssprache) dem Erkennbaren als subjektiv entgegensteht, tritt sie dem Menschen als objektiv gegenüber. Denn jede ist ein Anklang der allgemeinen Natur des Menschen, und wenn zwar auch der Inbegriff aller zu keiner Zeit ein vollständiger Abdruck der Subjektivität der Menschheit werden kann, nähern sich die Sprachen doch immerfort diesem Ziele.«

stehens zu der von Wittgenstein im *Tractatus* vorausgesetzten Situation läßt sich vielleicht am besten unter Zuhilfenahme der transzendentalpragmatischen Idee der menschlichen »Interpretationsgemeinschaft« verdeutlichen, wie sie J. Royce in Anknüpfung an Ch. S. Peirce entwickelt hat[21].

Während Wittgenstein im *Tractatus* unterstellt, daß jeder einzelne Sprachteilnehmer unmittelbar für sich aus der logischen Form der Sprache die Interpretationsregel zu entnehmen hat, die ihm »zeigt«, was der Fall ist, wenn ein Satz wahr ist, entfaltet sich diese »Interpretation« nach Peirce und Royce im Rahmen der prinzipiell unbegrenzten Gemeinschaft der geschichtlichen Menschheit. In dieser »Community of interpretation«, zu der nach Royce mindestens drei Mitglieder gehören, macht einer dem anderen verständlich, was ein dritter (der prinzipiell früher sich geäußert hat) im Hinblick auf die Wirklichkeit meint. Dabei kann er sich zur Interpretation des sachlichen Gehalts der Rede durchaus des Verifikationsprinzips (in Gestalt der »pragmatischen Maxime« von Peirce) bedienen; um jedoch dieses Interpretationsprinzip unter den Bedingungen der geschichtlichen Sprache, die selbst bei Angehörigen einer »Sprachgemeinschaft« nicht schlechthin im Sinne der formalen Logik identisch ist, zur Geltung zu bringen, bedarf es der »Interpretation« qua »Übersetzung« aus der Sprache des Einen in die Sprache des Anderen durch einen Dritten.

In Anknüpfung an ein bekanntes Bild von W. James kann man auch sagen: Wenn die sprachliche Kommunikation von Meinungen mit einem bargeldlosen Zahlungsverkehr auf Kredit verglichen wird, so darf bei dem Versuch einer Einlösung des »cash value« (d. h. bei dem Versuch einer Verifikation) das Problem des Geldwechsels solange nicht übersehen werden, als wir keine einheitliche Währung besitzen.

Die hieraus resultierende *Zweidimensionalität des Problems der Interpretation* läßt sich in Beziehung setzen zu einem alten Problem der Semantik: dem des Unterschieds von *extensionaler* und *intensionaler* Bedeutung. Wittgenstein vertritt im *Tractatus* eine *Extensionalitätsthese* der Reduktion des Sinnes von komplexen Sätzen (gemäß der Logik der Wahrheitsbedingungen) auf den Sinn elementarer Sätze. Das Problem des intensionalen Sinnes der Sätze wird durch die im vorigen referierte Reduktion der Belief-Sätze auf

21 Vgl. besonders J. Royce, *The Problem of Christianity*, New York 1913, II, 146 ff.

semantische Sätze zum Verschwinden gebracht. Dahinter stand, wie wir sahen, die Identifikation der Meinung des menschlichen Subjekts mit der logisch möglichen Meinung der Sprache überhaupt. Wird diese Identifikation rückgängig gemacht mit Rücksicht auf die Verschiedenheit der Sprachen und die geschichtliche Wandlungsfähigkeit auch jeder einzelnen Sprache, so ergibt sich, daß die von Royce herausgestellte triadische Struktur der Interpretation in der menschlichen Gemeinschaft (das Übersetzen von Sprache zu Sprache, auch innerhalb einer sog. Sprachgemeinschaft) die prinzipiell unendliche Entfaltung des intensionalen Sinns der Sätze (und darin auch der vorausgesetzten intensionalen Wortbedeutungen) darstellt. Diese Entfaltung des Sinns im Kontinuum des menschlichen Gesprächs ist offenbar das Thema des Verstehens und Auslegens im Sinne der »Hermeneutik« bzw. der hermeneutischen »Geisteswissenschaften«.

III. Das Problem des hermeneutischen Verstehens und die »Sprachspiel«-Theorie des späten Wittgenstein

Wenden wir uns nach dieser »Auseinandersetzung« mit der Verstehenstheorie des *Tractatus* dem Spätwerk Wittgensteins, den *Philosophischen Untersuchungen*[22], zu. Wir wollen dabei so vorgehen, daß wir genau die Fragen, die wir, in heuristischer Konfrontation mit der hermeneutischen Tradition, an den »Tractatus« stellten, erneut an den späten Wittgenstein herantragen.

Schon ein flüchtiger Durchblick zeigt, daß die Frage nach dem Sinn von »Sinn« und »Verstehen« tatsächlich im Mittelpunkt der Erörterungen des späten Wittgenstein steht; und zwar nimmt gerade die Auseinandersetzung mit den traditionellen Vorstellungen des

22 Die *Philosophischen Untersuchungen* wurden 1953 (zwei Jahre nach dem Tode Wittgensteins) von G. E. M. Anscombe und R. Rhees in einer deutsch-englischen Ausgabe (Oxford) zuerst veröffentlicht. Auf der Grundlage dieser Ausgabe erschien 1960 bei Suhrkamp eine deutsche Ausgabe in: L. Wittgenstein, *Schriften* I, S. 279 ff. Wir zitieren, soweit möglich, nach den Paragraphen des von Wittgenstein selbst (1945) für den Druck vorbereiteten (1.) Teils, im übrigen nach den Seitenzahlen der deutsch-englischen Originalausgabe.
Zur Charakteristik des Wittgensteinschen Spätwerks seien die folgenden Stellen aus dem Vorwort von 1945 herausgehoben: »Nach manchen mißglückten Versuchen, meine Ergebnisse zu einem ... Ganzen zusammenzuschweißen, sah ich ein, daß mir dies nie gelingen würde. Daß das beste, was ich schreiben konnte, immer nur philosophische Bemerkungen bleiben würden ... Die philosophischen Bemerkungen dieses Buches sind gleichsam eine Menge von Landschaftsskizzen, die auf ... langen und verwickelten Fahrten entstanden sind ... So ist also dieses Buch eigentlich nur ein Album.«

Verstehens von »Meinungen« oder »Intentionen«, die Wittgenstein im *Tractatus* in wenigen, ebenso apodiktischen wie dunklen Sätzen erledigt hatte, im Spätwerk den größten Raum ein.

1. Prinzipielle Schwierigkeiten bei der Feststellung der »Lehre« des späten Wittgenstein

Freilich ist es nicht ohne weiteres möglich, aus diesen sokratischen Erörterungen an Beispielen und Gedankenexperimenten so etwas wie die Lehre des späten Wittgenstein zu entnehmen. Die Schwierigkeiten, auf die ein solcher Versuch stößt, sind nicht einmal in erster Linie dadurch bedingt, daß Wittgensteins Buch, wie er selbst sagt, »nur ein Album«, bestehend aus »Landschaftsskizzen« darstellt. Viele der zumeist indirekten Mitteilungen seiner ebenso subtilen wie großenteils fragmentarischen Erörterungen sind suggestiv genug, um beim Leser eine Vorstellung von Wittgensteins neuer »Theorie« zu erwecken. Die eigentliche Schwierigkeit liegt indessen darin, daß es nach Wittgenstein so etwas gar nicht geben darf. Wenn es eine Kontinuität zwischen der Philosophie des frühen und des späten Wittgenstein gibt, dann liegt sie in der konsequenten Entfaltung des Unsinnigkeitsverdachts gegen eine Philosophie, die, in der Art der Wissenschaften, Sätze oder Theorien über die Welt aufstellen möchte:

»... Die Philosophie ist keine Lehre, sondern eine Tätigkeit.
Ein philosophisches Werk besteht wesentlich aus Erläuterungen.
Das Resultat der Philosophie sind nicht ›philosophische Sätze‹, sondern das Klarwerden von Sätzen...« (4.112)
Und: »Die richtige Methode der Philosophie wäre ... immer, wenn ein anderer etwas Metaphysisches sagen wollte, ihm nachzuweisen, daß er gewissen Zeichen in seinen Sätzen keine Bedeutung gegeben hat...« (6.53)

Diese Kernsätze des *Tractatus* (der aus ihm resultierenden sprachkritischen Philosophie) gelten uneingeschränkt auch für das Spätwerk, ja sie werden jetzt erst zum Ausgangspunkt für die methodische Einstellung: für die sog. »therapeutische« Philosophie, welche eine philosophische Frage »wie eine Krankheit« »behandelt« (§ 255). Ihr Ziel ist es, immer dann, wenn jemand sich in eine nicht im Sinne der Wissenschaft oder der Alltagspraxis zu beantwortende Frage (d. h. eine metaphysische Frage!) verwickelt, ihm nachzuweisen, daß er die Funktion der Sprache nicht richtig verstanden hat, daß er der Verführung durch ein sprachliches »Bild«, durch den metaphorischen »Schein« (§ 112) erlegen ist.

Die Verführung kann schon in der grammatischen Form der Frage stecken. Das ist z. B. der Fall bei der berühmten cartesischen Frage »*Was* ist das Denken?«, die als Antwort die Postulierung einer besonderen »Entität«, etwa einer »res (bzw. »substantia«) cogitans« oder wenigstens die Annahme »geistiger Akte« bzw. eines »Aktzentrums« suggeriert.

Speziell zu diesem Problem bemerkt Wittgenstein: »Wo unsere Sprache uns einen Körper vermuten läßt, und kein Körper ist, dort, möchten wir sagen, sei ein *Geist*.« (§ 36) So kommt es zum »philosophischen Problem der seelischen Vorgänge und Zustände« bzw. andererseits zum Behaviorismus:

»Der erste Schritt ist der ganz unauffällige. Wir reden [sc. verführt durch die Analogie zur Beschreibung des Körperlichen] von Vorgängen und Zuständen, und lassen ihre Natur unentschieden! Wir werden vielleicht einmal mehr über sie wissen – meinen wir. Aber eben dadurch haben wir uns auf eine bestimmte Betrachtungsweise festgelegt. Denn wir haben einen bestimmten Begriff davon, was es heißt: einen Vorgang näher kennen zu lernen. (Der entscheidende Schritt im Taschenspielerkunststück ist getan, und gerade er schien uns unschuldig.) – Und nun zerfällt der Vergleich, der uns unsere Gedanken hätte begreiflich machen sollen. Wir müssen also den noch unverstandenen Prozeß im noch unerforschten Medium leugnen. Und so scheinen wir also die geistigen Vorgänge geleugnet zu haben. Und wollen sie doch natürlich nicht leugnen!« (§ 308)

Ein ähnlicher, scheinbar unschuldiger Übergang von der Alltagssprache zu einer unsinnigen, metaphysischen Fragestellung vollzieht sich nach Wittgenstein (vgl. § 89) etwa in der Frage des Augustinus: »Quid est ergo tempus?« (*Conf.* XI, 14) Und Augustinus verrät, nach Wittgenstein, unbeabsichtigt, worin der Übergang zum Unsinn, zum »Leerlauf« der Sprache (§ 132) zu suchen ist, wenn er fortfährt: »Si nemo ex me quaerat scio; si quarenti explicare velim nescio.«

Die richtige Deutung dieser Bemerkung des Augustinus liegt nach Wittgenstein darin, daß wir so lange wissen, wie es sich mit der Zeit verhält, als wir das Wort »Zeit« in den praktischen Situationskontexten verwenden, innerhalb derer wir seine Funktion gelernt haben (etwa in der Frage »Hast Du heute Zeit?«, oder auch in dem wissenschaftlichen Kontext der Frage »Wie messen wir die Gleichzeitigkeit zweier Ereignisse?«). Diesem praktisch bewährten Sprachgebrauch, in dem sich das Wesen der Zeit »zeigt«, entfremden wir dieses Wesen durch die ontologische hypostasierende »Wesensfrage«: »Was ist die Zeit?«, deren scheinbarer Sinn auf der äußeren, grammatischen Analogie mit einem Sprachspiel wie dem folgenden: »Was ist das, was da liegt?« – (Antwort:) »Ein Stein!« beruht. Ebenso steht es nach Wittgenstein mit den übrigen ontologischen Wesensfragen:

»Wenn die Philosophen ein Wort gebrauchen – ›Wissen‹, ›Sein‹, ›Gegenstand‹, ›Ich‹, ‹Satz›, ›Name‹ – und das *Wesen* des Dings zu erfassen trachten, muß man sich immer fragen: Wird denn dieses Wort in der Sprache, in der es seine Heimat hat, je tatsächlich so gebraucht? – *Wir* führen die Wörter von ihrer metaphysischen, wieder auf ihre alltägliche Verwendung zurück.« (§ 116)

Die bisher angeführten Beispiele für die Entstehung unsinniger (metaphysischer) Fragen und entsprechende Theoriebildungen könnten versuchsweise noch dahin gedeutet werden, daß es letztlich nur darauf ankomme, eine bestimmte ontologische Frageweise in ihrer Beschränkung auf das Sein körperlicher Dinge zu erkennen und die analoge Behandlung geistiger Phänomene auszuschalten[23].
Wittgensteins Ablehnung der philosophischen Theoriebildung ist indessen weit radikaler. Das zeigt sich vor allem in seiner Diskussion der traditionellen Theorie des Begriffs, d. h. der seit Sokrates gestellten Frage nach dem Wasgehalt, der definierbaren »quidditas« oder »essentia« jeder beliebigen Wortbedeutung. In einer Erörterung der Frage nach dem Wesen des »Spiels« und der Frage nach dem Wesen der »Zahl« sucht Wittgenstein zu zeigen, daß die Annahme eines einheitlich fixierbaren geistigen Gehalts, einer Idee oder eines Wesens, auch wenn keine Hypostasierung dieses Wesens nach dem Vor-Bilde eines seienden Dinges beabsichtigt ist, nicht verifizierbar ist. Diese Annahme ist nach Wittgenstein auch gänzlich unnötig, um die Funktion der Wörter zu verstehen. Es genügt vollständig, daß zwischen den zahllosen durch den Situationskontext bedingten »Verwendungsweisen« eines Wortes eine »Familienähnlichkeit« besteht:

»Ich kann diese Ähnlichkeiten nicht besser charakterisieren, als durch das Wort ›Familienähnlichkeiten‹; denn so übergreifen und kreuzen sich die verschiedenen Ähnlichkeiten, die zwischen den Gliedern einer Familie bestehen: Wuchs,

23 Auf dieser Linie des Verständnisses würden sich zahlreiche Parallelen ergeben zwischen Wittgenstein (und G. Ryle, der Wittgensteins Hinweise hinsichtlich der Geist-Metaphysik in seinem Buch *The Concept of Mind* [London 1949] in einer Kritik des »cartesischen Mythos« entfaltet hat) und Heideggers *Kritik der Ontologie* der »Vorhandenheit des Vorhandenen«, die ja auch eine Descartes-Kritik impliziert.

Gesichtszüge, Augenfarbe, Gang, Temperament, etc. etc. – Und ich werde sagen: Die ›Spiele‹ bilden eine Familie.
Und ebenso bilden z. B. die Zahlenarten eine Familie. Warum nennen wir etwas ›Zahl‹? Nun etwa, weil es eine – direkte – Verwandtschaft mit manchem hat, was man bisher Zahl genannt hat; und dadurch, kann man sagen, erhält es eine indirekte Verwandtschaft zu anderem, was wir auch *so* nennen. Und wir dehnen unseren Begriff der Zahl aus, wie wir beim Spinnen eines Fadens Faser an Faser drehen. Und die Stärke des Fadens liegt nicht darin, daß irgendeine Faser durch seine ganze Länge läuft, sondern darin, daß viele Fasern einander übergreifen.« (§ 67)

Ob Wittgenstein hier nicht selbst der Suggestion eines Bildes erliegt? – So könnte man zumindest fragen; zumal wenn man darauf reflektiert, daß es Wittgenstein selbst doch irgendwie gelingt, so etwas wie eine allgemeingültige, theoretische Aussage über das Wesen der Wortbedeutung – dahingehend nämlich, daß es in der jeweiligen »Verwendung« im Sprach- und Situationskontext sich zeigt[24] – zustande zu bringen. Es handelt sich hier, wohlgemerkt, nicht darum, Wittgenstein vorzuhalten, er habe doch das Gemeinsame der Verwendungsweisen eines *bestimmten* Wortes in der Disjunktion der jeweiligen Gemeinsamkeiten (zwischen A und B, B und C, C und D usw.) erkannt. Diesen Einwand macht sich Wittgenstein selbst und entkräftet ihn durch den ironischen Vergleich: »... es läuft ein Etwas durch den ganzen Faden – nämlich das lückenlose Übergreifen dieser Fasern.« – Aber um die vermeintliche Erkenntnis dieser disjunktiven Gemeinsamkeit der Verwendungsweisen eines bestimmten Wortes geht es gar nicht in dem, was Wittgenstein als das Gemeinsame (das allgemeine Wesen) des Terminus »Wortbedeutung« (in anderem Zusammenhang: der Sprachfunktion) überhaupt erkannt zu haben beansprucht: daß es nämlich nur in der Verwendung der Wörter sich zeigt[25].
Hierin liegt nun die eigentliche Schwierigkeit der Interpretation des späten Wittgenstein, daß er leugnet (und seinen Voraussetzungen zufolge auch leugnen muß), daß er selbst, z. B. in dem neuen Begriff des »Sprachspiels«, etwas über das einheitliche Wesen der Sprache (z. B. ihrer Verflechtung mit der Verhaltenspraxis, der »Lebens-

24 Vgl. dazu die folgenden allgemeinen Thesen: »Das Wesen ist in der Grammatik ausgesprochen.« (§ 371) »Welche Art von Gegenstand etwas ist, sagt die Grammatik.« (§ 373)
25 Kann die »Hypothese« der bloßen Familienähnlichkeit der Bedeutungen eines Wortes formuliert werden, ohne – auf der Reflexions- und Allgemeinheitsstufe der Formulierung – eine Wesenseinsicht in Anspruch zu nehmen, die gerade nicht durch die Hypothese erklärt wird? – Dies scheint mir das Problem zu sein.

form« als einer gesellschaftlichen »Gepflogenheit« oder »Institution«, und mit der a priori freigegebenen Struktur der Situationswelt) theoretisch erkannt zu haben beansprucht. Ausdrücklich schneidet Wittgenstein diese Frage in § 65 der *Philosophischen Untersuchungen* an, und mit der schon im *Tractatus* bewiesenen unerbittlichen Konsequenz glaubt er auch seinen eigenen Aussagen den Status der Theorie absprechen zu müssen. Seine »Beispiele« sollen nicht etwa das Gemeinsame der »Sprachspiele« als solcher sehen lassen: »Exemplifizieren ist hier nicht ein *indirektes* Mittel der Erklärung ...« (§ 71) Die Beispiele sollen in dem Leser nur eine ad-hoc-Verwendung provozieren, d. h. sie sollen ihm helfen, von Fall zu Fall das Philosophieren zur Ruhe zu bringen, indem seine Fragestellungen sich auflösen:

»... die Klarheit, die wir anstreben, ist allerdings eine *vollkommene*. Aber das heißt nur, daß die philosophischen Probleme *vollkommen* verschwinden sollen. Die eigentliche Entdeckung ist die, die mich fähig macht, das Philosophieren abzubrechen, wann ich will. – Die die Philosophie zur Ruhe bringt, so daß sie nicht mehr von Fragen gepeitscht wird, die *sie selbst* in Frage stellen. – Sondern es wird nun an Beispielen eine Methode gezeigt, und die Reihe dieser Beispiele kann man abbrechen. – Es werden Probleme gelöst (Schwierigkeiten beseitigt), nicht *ein* Problem.«

Und nicht zufrieden mit der bisherigen Formulierung, die immerhin noch von einer Methode spricht, deren Tragweite Wittgenstein doch entdeckt haben muß, verschärft er im folgenden noch einmal seine These:

»Es gibt nicht *eine* Methode der Philosophie, wohl aber gibt es Methoden, gleichsam verschiedene Therapien.« (§ 133)

Wie aber – so muß man doch fragen – sollen diese ad-hoc-Ansätze der Sprachkritik ihre therapeutische Funktion erfüllen, d. h. das unselige Opfer metaphysischer Grübelei von dem Unsinnigen seiner Fragestellung überzeugen, ohne dabei auf eine theoretische Einsicht in das Wesen der Sprachfunktion, von »Bedeutung«, »Sinn«, »Verstehen« rekurrieren zu können, die den traditionellen Voraussetzungen an Tiefe überlegen ist? Diese Einsicht mag selbst nur mit

26 Vgl. zur Ablehnung des absoluten Exaktheitsideals die §§ 69 ff.; sie sollen offenbar die zuvor suggerierte Unmöglichkeit der philosophischen Wesensbestimmung erläutern, scheinen mir aber de facto eine These zu vertreten, die mit dem Anspruch der philosophischen Wesensbestimmung nicht unvereinbar ist.

jener »Vagheit«[26] formulierbar sein, die der konkreten Gesprächssituation entspricht, und sie mag daher prinzipiell offen sein für neue, nicht vorhersehbare Situationen der Anwendung: dies scheint mir jedoch ihren Anspruch als Wesenseinsicht nicht aufzuheben, etwa im Sinne des von Wittgenstein suggerierten Bildes der bloßen Familienähnlichkeit der gemeinten Bedeutungen.

Wir müssen die Diskussion der schon im *Tractatus* unaufgelösten Paradoxie des Wittgensteinschen Selbstverständnisses als Philosoph hier abbrechen, obwohl die darin implizierte Frage: Ist es möglich, die Sinnlosigkeit metaphysischer Fragestellungen aufzuweisen, ohne in versteckter Form selbst eine Metaphysik zu vertreten? die entscheidende Frage zu sein scheint, die Wittgenstein der zeitgenössischen Philosophie mit auf den Weg gegeben hat.

2. Die neue Grundkonzeption der »Philosophischen Untersuchungen«, verglichen mit der des »Tractatus«

Wir wenden uns im folgenden wieder der spezielleren Frage nach dem Verhältnis des späten Wittgenstein zum Problem des hermeneutischen Verstehens zu. Den notwendigen Exkurs über die prinzipiellen Schwierigkeiten der Wittgenstein-Interpretation beenden wir mit dem Entschluß, die Beispiele und »Leiter«-Sätze Wittgensteins so zu verstehen, als ob darin eine Theorie über »Sprache«, »Sinn«, »Verstehen«, die für unser Thema relevant ist, enthalten wäre. Diese Theorie wollen wir zunächst in ihrer grundlegenden Struktur mit der des *Tractatus* vergleichen.

Die wesentliche Änderung scheint mir, wie früher schon angedeutet (s. o. S. 342), darin zu bestehen, daß die Voraussetzung der *einen* Präzisionssprache, welche durch ihre »logische Form«, die sie mit der beschreibbaren Welt gemeinsam hat, aller Analyse von Sprache und Wirklichkeit das Gesetz vorschreibt, aufgegeben wird. An die Stelle dieser metaphysischen bzw. transzendentalsemantischen Voraussetzung tritt die neue Arbeitshypothese einer unbegrenzten Anzahl verschiedener, aber mehr oder weniger verwandter, geschichtlich entstehender und sich auflösender sog. »Sprachspiele«. Diese lassen sich, ihrer heuristischen Konzeption nach, wie sie in den Beispielen Wittgensteins nach und nach zutage tritt, als von einer Regel des Verhaltens konstituierte Einheiten von Sprachgebrauch, Lebensform und Welt (= Situations-)Erschließung charakterisieren.

Diese resümierende Begriffsbestimmung mag dazu dienen, die Entsprechungen im neuartigen Grundansatz des späten Wittgenstein zur Philosophie des »Tractatus« in den Blick zu bringen: Alle Funktionen, die im *Tractatus* der »logischen Form« der Sprache bzw. der sprachlich darstellbaren Welt zugeschrieben werden, fallen in den *Philosophischen Untersuchungen* der »Regel« des jeweiligen Sprachspiels zu: sie konstituiert die sog. »Tiefengrammatik« (§ 664) der Sprache, welche die Kriterien von Sinn und Unsinn enthält und zugleich der zum jeweiligen Sprachspiel gehörigen Situationswelt die apriorische Wesensstruktur vorschreibt. Die Differenzierung und Relativierung dieser im *Tractatus* als »transzendental« bezeichneten Funktionen der Sprachlogik kommt offensichtlich durch die Einbeziehung der menschlichen Verhaltenspraxis (der gesellschaftlichen »Lebensformen«, »Gepflogenheiten« oder »Institutionen«) in die Grundkonzeption des Sprachspiels zustande. Eine wesentliche Konsequenz dieser *Pragmatisierung*[27] liegt darin, daß – zugleich mit dem absoluten Exaktheitsideal – die Monopolstellung des (natur-)wissenschaftlichen Weltverhältnisses aufgegeben wird zugunsten der verschiedenen Maßstäbe des Weltverständnisses, die den jeweiligen Sprachspielen immanent sind.

Dem späten Wittgenstein zufolge würde z. B. die Redewendung »Die Sonne geht auf« im Rahmen einer modernen astronomischen Theorie nicht falsch, aber sinnlos, im Kontext eines Sprachspiels von Bauern oder Touristen dagegen sinnvoll (und verifizierbar) sein. Entsprechend erhält eine Frage wie die nach den Bestandteilen eines Sessels, an der Wittgenstein selbst seine frühere Voraussetzung des logisch-metaphysischen Atomismus ad absurdum führt (vgl. § 47), ihren Maßstab etwa durch das Sprachspiel von Transportarbeitern, die den Sessel fachgerecht zerlegen wollen. (Atomphysiker werden im allgemeinen nicht nach den Bestandteilen eines Sessels fragen.) Das entscheidende Kriterium für die Angemessenheit (z. B. zureichende Genauigkeit) des Sprachgebrauchs ist »unser Bedürfnis« als »Angelpunkt« des Sprachspiels (§ 108).

27 Eine deutliche Parallele zu der Entwicklung Wittgensteins zeigt die ebenfalls in den 30er Jahren erfolgte Einführung und Entfaltung der »pragmatischen Dimension« in der Semiotik von Ch. Morris (vgl. *Foundations of the Theory of Signs*, Chicago 1938). (Vgl. oben S. 138 ff.)

Die Berücksichtigung der praktischen »Lebensform« in der Grundkonzeption des Sprachspiels hat aber nicht nur eine Pragmatisierung der Sinnkriterien des deskriptiven bzw. informativen Sprachgebrauchs zur Folge; sie führt darüber hinaus zur Infragestellung der traditionellen Orientierung der Sprachphilosophie an der deskriptiven Sprachfunktion: Frage und Befehl z. B. sind in ihrem Sinn nicht auf Tatsachenfeststellung zu reduzieren; auch nicht in dem Sinne, daß man – wie Frege und Wittgenstein selbst im *Tractatus*[28] – von der Behauptung der »Tatsache« das »Zeigen« des »Sachverhalts« unterscheidet und letzteren als modalitätsneutralen Sinngehalt auch in Befehls- und Fragesätzen wiederfinden möchte. Denn der Modus des Satzes (Behauptung, Befehl, Frage; aber auch: Indikativ, Konjunktiv, Optativ, Irrealis und dgl.) ist es ja gerade, der die Verflechtung des Sprachgebrauchs mit dem Situationsbezug der Lebensform im Sprachspiel zum Ausdruck bringt[28a]. Dabei ist die »Tiefengrammatik« der Satzmodi keineswegs auf die in der traditionellen Grammatik unterschiedenen typischen Formen zu beschränken. Dagegen spricht schon der Umstand, daß der Satz erst im Zusammenhang einer größeren Einheit von Sprache und Lebenspraxis (eben im Zusammenhang des »Sprachspiels«) seinen Sinn erhält (vgl. § 23)[29]. Eine noch radikalere Infragestellung einer Grundorientierung der traditionellen Sprachontologie, die von Aristoteles bis zum *Tractatus* reicht[30], bewirkt das Modell des Sprachspiels in der Kritik der Voreingenommenheit der Bedeutungslehre für die sog. »Bezeichnungs-« oder »Benennungsfunktion« der Wörter (vgl. §§ 1-15). Diese Redeweise möchte Wittgenstein allenfalls als Abkürzung für die Beschreibung der Verwendungsweise der Wörter im Sprachspiel gelten lassen, solange damit nicht die Vorstellung verbunden wird, daß die Wörter tatsächlich wie Namen verwendet werden:

»Nominalisten machen den Fehler, daß sie alle Wörter als *Namen* deuten, also

28 Vgl. *Philos. Untersuchungen*, § 22. Dazu jetzt W. Stegmüller, a.a.O. (s. Anm. 10), S. 574 f.

28a Diese Tatsache läßt sich freilich, wie J. R. Searle in Anknüpfung an Austin gezeigt hat, in einer systematischen Theorie der »Sprechakte« (d. h. der »performativ-propositionalen« Doppelstruktur der »Tiefengrammatik« der sie explizierenden Sätze) mit der Unterstellung modalitätsneutraler Sinngehalte qua logischer Abstraktion vereinbaren. (Vgl. J. R. Searle, *Speech Acts*, Cambridge 1969. *Dtsch.: Sprechakte*, Frankfurt 1971.)

29 Dieser von Wittgenstein neu entdeckte Gesichtspunkt dürfte in der traditionellen »Grammatik« anläßlich ihrer abstraktiven Ablösung aus der Rhetorik verlorengegangen sein.

30 Vgl. hierzu E. K. Specht, »Die sprachphilosophischen und ontologischen Grundlagen im Spätwerk L. Wittgensteins« (*KantSt.*, Erg. Heft 84), 1963.

ihre Verwendung nicht wirklich beschreiben, sondern sozusagen nur eine papierene Anweisung auf so eine Beschreibung geben.« (§ 383)

Der Bezug auf die menschliche Verhaltenspraxis oder »Lebensform« im Modell des Sprachspiels hat indessen noch eine weitere Konsequenz, die den thematischen Bereich der Sprachphilosophie überhaupt zu sprengen scheint: An dem Katalog denkbarer Sprachspiele, den Wittgenstein in § 23 der *Philosophischen Untersuchungen* entwirft, fällt auf, daß zum Sprachspiel des Befehlens auch das Handeln nach Befehlen gehort; ferner wird erwähnt das »Herstellen eines Gegenstands nach einer Beschreibung (Zeichnung)«, »Eine Hypothese aufstellen und prüfen«, »Darstellen der Ergebnisse eines Experiments durch Tabellen und Diagramme«, »Theater spielen«, »Reigen singen«, »Ein angewandtes Rechenexempel lösen«.

Hier wird deutlich, daß nicht nur der sog. »Sprachgebrauch« im traditionellen Sinne zum »Sprachspiel« gehört, sondern schlechterdings alles Denken und Handeln, das in irgendeiner Form mit dem Sprachgebrauch »verwoben« ist. Der Kontext der *Philosophischen Untersuchungen* macht deutlich, daß dazu jedes menschliche Verhalten gehört, das ein »Verstehen« von »Sinn« einschließt und (daher) selbst »verständlich« ist. – Mit dieser Feststellung scheint mir der Ansatzpunkt für unsere thematische Auseinandersetzung mit dem Spätwerk Wittgensteins gegeben zu sein: Das Modell des Sprachspiels impliziert sowohl das unmittelbare Welt- (= Situations-)Verständnis, das im »Meinen von etwas« liegt, wie auch das im engeren Sinn »hermeneutische« Verstehen der Intentionen des unmittelbaren Weltverständnisses, die in Handlungen und Werken der Menschen zum Ausdruck kommen.

Um die Tragweite dieser Implikation zu erfassen, muß man sich an die Metaphysikkritik Wittgensteins erinnern, und in diesem Zusammenhang vor allem an die Ablehnung der Vorstellung besonderer geistig-seelischer Tätigkeiten oder Vorgänge neben den uns bekannten sichtbaren Vorgängen oder Tätigkeiten. Diese Ablehnung bezieht sich insbesondere auch auf die Identifikation des »Meinens« bzw. des »Verstehens« mit seelischen Erlebnissen oder geistigen Akten und des gemeinten bzw. verstandenen Sinns mit besonderen geistigen Inhalten. Durch den ganzen Text der *Philosophischen Untersuchungen* zieht sich der immer erneute Versuch Wittgensteins, die psychologistische Metaphysik sprachkritisch zu entlarven. Dazu das folgende, charakteristische Beispiel:

Sagt z. B. jemand, der eine schwierige mathematische Aufgabe zu lösen hat, plötzlich: »Jetzt verstehe ich«, so will er mit dem Wort »verstehe« nicht einen besonderen »seelischen Zustand«, ein Erlebnis »bezeichnen«, er will auch mit dem Satz, in dem es vorkommt, nicht eine Tatsache »beschreiben‹, eher will er sagen: »Jetzt weiß ich weiter!« (vgl. §§ 154, 179, 180, 321 ff). Wittgenstein selbst interpretiert diesen Fall so: »Eher könnte man sie (sc. die Worte) hier ein ›Signal‹ nennen; und ob es richtig angewendet war, beurteilen wir nach dem, was er weiter tut.« (§ 180) Die Frage nach dem »Sinn« von »Sinn«, »Bedeutung«, »Meinen«, »Verstehen« kann nach Wittgenstein nur so beantwortet werden, daß man zugleich die Frage nach den Kriterien[31] für den Sinn bzw. für das Verstehen des Sinns in einem bestimmten Fall beantwortet. D. h. aber: sie kann nicht durch Hinweis auf einen geheimnisvollen Vorgang in der Seele beantwortet werden, sondern allenfalls durch Hinweise auf die »Umstände« eines bestimmten Verhaltens (vgl. §§ 154, 155, 269). Bezeichnend ist auch folgendes Beispiel:

Wittgenstein fragt: »Wie kommt es, daß der Pfeil → zeigt? Scheint er nicht schon etwas außerhalb seiner selbst in sich zu tragen?« Die traditionelle Antwort lautet nach Wittgenstein: »Nein, es ist nicht der tote Strich; nur das Psychische, die Bedeutung, kann dies [sc. die Verweisungsfunktion des Zeichens konstituieren].« Wittgenstein selbst aber antwortet: »Das ist wahr und falsch. Der Pfeil zeigt nur in der Anwendung, die das Lebewesen von ihm macht.
Dieses Zeigen ist *nicht* ein Hokuspokus, welches nur die Seele vollziehen kann.« (§ 454; vgl. § 435)

Die sprachkritische Gegenprobe für die Nichtidentifizierbarkeit des »Meinens« mit einem »Erlebnis« liefert das folgende Beispiel:

»›Sag mir, was ist in dir vorgegangen, als du die Worte ... aussprachst?‹ – Darauf ist die Antwort nicht ›Ich habe gemeint ...‹!« (§ 675)

Es ist nach Wittgenstein auch nicht etwa ein von den psychischen Erlebnissen unterschiedener geistiger Akt der Intentionalität (etwa im Sinne Brentanos und Husserls), der die Meinung bzw. Bedeutung von Sätzen oder Worten konstituiert. Dazu empfiehlt Wittgenstein folgendes Gedankenexperiment:

»Wenn ich sage ›Herr Schweizer ist kein Schweizer‹, so meine ich das erste ›Schweizer‹ als Eigenname, das zweite als Gattungsname. ... Versuch, das erste ›Schweizer‹ als Gattungsnamen und das zweite als Eigennamen zu meinen! – Wie macht man das? Wenn *ich's* tue, blinzele ich mit den Augen vor Anstrengung,

31 Darin steckt die pragmatisierte Verallgemeinerung des sprachlogischen Verifikationsprinzips, vgl. oben Anm. 13.

indem ich versuche, mir bei jedem der beiden Worte die richtige Bedeutung vorzuführen. – Aber führe ich mir denn auch beim gewöhnlichen Gebrauch der Wörter ihre Bedeutung vor?« (Philosophische Untersuchungen II, a.a.O. 176)

Wittgenstein macht hier darauf aufmerksam, daß die Bedeutungsfunktion der Wörter durch den öffentlichen Sprachgebrauch in einer Weise festgelegt ist, daß das willentliche Meinen nicht nur überflüssig ist, sondern auch kaum eine Chance besitzt, *dagegen* seine Intention durchzusetzen:

»Wenn ich den Satz mit den vertauschten Bedeutungen ausspreche, so zerfällt mir der Satzsinn. – Nun, er zerfällt *mir*, aber nicht dem andern, dem ich die Mitteilung mache. Was schadet es also?« (A.a.O.)

Maßgeblich für die Bedeutung oder Meinung von sprachlichen Äußerungen ist also nach Wittgenstein nicht der Umstand, daß wir uns beim Aussprechen »Bedeutungen vorführen«, sondern der, daß die Äußerungen in einem Sprachspiel erfolgen, in dem einerseits das Meinen und andererseits das Verstehen der Meinung nach einer öffentlichen Spielregel, einer institutionellen »Gepflogenheit« festgelegt ist.

Kurz: Wittgenstein lehnt es ab, nach einer besonderen theoretischen »Erklärung« der Phänomene des Meinens und Verstehens zu suchen: Es liegt nach seiner Meinung alles offen zutage, wenn man das Sprachspiel beschreibt, in dem die fraglichen Phänomene sich zeigen:

»Unser Fehler ist, dort nach einer Erklärung zu suchen, wo wir die Tatsachen als ›Urphänomene‹ sehen sollten. D. h., wo wir sagen sollten: *dieses Sprachspiel wird gespielt.*« (§ 654)

»Nicht um die Erklärung eines Sprachspiels durch unsre Erlebnisse handelt sich's, sondern um die Feststellung eines Sprachspiels.« (§ 655)[32]

Worin besteht nun die Bedeutung dieses Ansatzes für unser Problem des hermeneutischen Verstehens? Läßt sich die traditionelle Problematik der Auslegung von Texten, der Rekonstruktion der (bewußt-unbewußten) Intentionen ihrer Autoren mit Hilfe der Sprachspiel-»Theorie« formulieren?

Da wir eine entsprechende Möglichkeit für die Sprachlogik des »Tractatus« in Abrede gestellt haben, wird es nützlich sein, die neue Situation der Auseinandersetzung in Anknüpfung an die durch den »Tractatus« bestimmte Situation zu verdeutlichen. Schon der junge Wittgenstein hatte gelehrt: Was eine »Meinung«, eine »Sinninten-

32 Nähe und Distanz zur Phänomenologie Husserlscher Observanz werden hier gleichermaßen sichtbar.

tion«, was »Verstehen« ist, das kann man nicht wie einen Naturvorgang beschreiben: es »zeigt sich« als die Bedingung der Möglichkeit der Beschreibung eines Naturvorgangs in und an der Sprachfunktion. Dieser sprachanalytische Grundansatz bleibt auch beim späten Wittgenstein erhalten, nur daß jetzt die Sprachfunktion nicht mehr durch die eine »transzendentale Logik« der Weltabbildung geregelt ist, sondern in die unbegrenzte Vielfalt faktischer »Sprachspiele« zerfällt, die Bestandteile von »Lebensformen« oder »Gepflogenheiten« sind und als solche jeweils eine bestimmte Situationswelt in ihrem Sinn a priori erschließen.

In dieser Differenzierung und Relativierung der Rahmenbedingungen und Kriterien von »Sinn« und »Sinnverstehen« auf »Lebensform« und »Situationskontext« scheint nun tatsächlich jene von der philosophischen Hermeneutik immer geforderte konkrete Vermittlung zwischen Subjekt und Objekt, zwischen Transzendentalphilosophie und historischer Empirie berücksichtigt zu sein. Die »Sprachspiele« als Modell-Einheiten von Sprachgebrauch, Lebensform und Welterschließung stellen, wie es scheint, jene lebendige Inkarnation der Funktion des Geistigen dar, die einer *Kritik der historischen Vernunft* im Sinne Diltheys eher zugrunde gelegt werden kann als die Konzeption des transzendentalen »Subjekts überhaupt«.

Freilich ist durch den Ansatz beim Sprachspiel, wie wir sahen, eine Abwendung von der psychologistischen Terminologie und Denkform bedingt, welche die übliche Vorstellung der »Hermeneutik« im Sinne Schleiermachers und Diltheys beherrscht. Wenn es weder die »Erlebnisse« noch die »geistigen Intentionen« sind, die den eigentlichen Gegenstand und die Substanz des Verstehens bilden, so kann offenbar eine Theorie des hermeneutischen Verstehens auch nicht auf das »Nacherleben« oder den geistigen Nachvollzug der schöpferischen Akte des anderen, die sich im Medium des sprachlichen Textes (oder auch des Kunstwerkes oder von Handlungen oder Institutionen) ausdrücken, gegründet werden. Was könnte – im Sinne des späten Wittgenstein – an die Stelle dieser Grundvorstellungen der traditionellen Hermeneutik treten?

Hier wird man, wir mir scheint, durch die Konzeption des Sprachspiels vor eine merkwürdige Alternative gestellt: Man könnte erstens meinen: An die Stelle des hermeneutischen Verstehens qua Nacherleben tritt das objektive »Beschreiben« des Sprachspiels, in dessen Kontext der zu verstehende Sinn, die Intention, »sich zeigt«.

Dieses methodologische Prinzip scheint Wittgensteins Empfehlungen und der von ihm selbst vorgeführten Methode unmittelbar zu folgen. Man könnte aber auch zweitens davon ausgehen, daß zum Verstehen des Sinns, der in einem Sprachspiel sich zeigt, gerade nicht ein distanziertes Beschreiben des Sprachspiels im ganzen, sondern die Teilnahme am Sprachspiel vorausgesetzt ist, gibt es doch – nach Wittgensteins sprachkritischer Grundmaxime – ein Verstehen von Sinn nur im Rahmen eines funktionierenden Sprachspiels.

3. Das hermeneutische Verstehen und das »Beschreiben« von Sprachspielen

Folgen wir versuchsweise zunächst der ersten Suggestion, die von Wittgensteins eigener Methode ausgeht. Sie entspricht auch einer weitverbreiteten Tendenz der modernen Kulturwissenschaft, der Ethnologie, Kulturanthropologie, Linguistik, Soziologie, welche an die Stelle unmittelbar einfühlender Interpretation von Dokumenten und sonstigen Lebensäußerungen einer fremden Kultur die objektive Beschreibung (und kategoriale Analyse) des gesamten Lebenszusammenhangs, insbesondere der »Institutionen«, setzt, um durch solche bewußte Verfremdung objektive Kriterien zu gewinnen, die gegen die Vorurteile und Kurzschlüsse der sich einfühlenden Phantasie ausgespielt werden können[33].

Diese methodologische Tendenz ist indessen in sich selbst zweideutig: Entweder setzt sie das Verstehen, das sie ersetzen möchte, bereits voraus und möchte es – auf dem Umweg einer objektiven Verfremdung – letztlich nur vertiefen, oder sie muß sich zu einem radikalen Behaviorismus bekennen, der tatsächlich das Verstehen durch Beschreibung eines objektiv gegebenen Vorgangs ersetzen möchte.

Vieles in den *Philosophischen Untersuchungen* Wittgensteins (und noch mehr in den verwandten Untersuchungen von G. Ryle) erweckt zunächst den Anschein, als ob Wittgenstein tatsächlich das »Ansehen« und »Beschreiben« eines objektiven Verhaltens an die Stelle des Nachvollziehens von Intentionen setzen möchte. In diesem Falle

33 Die methodologische Pointe dieser Tendenz hat insbesondere A. Gehlen in einer scharfen Polemik gegen das »Verstehen« im Sinne Diltheys zum Ausdruck gebracht. Vgl. hierzu *Der Mensch*, 1950⁴, S. 413 ff. sowie insbesondere *Urmensch und Spätkultur*, 1956, S. 9 u. ö. (Vgl. oben S. 204 f.)

würden ihn alle jene Argumente treffen, die den radikalen »physikalistischen« Behaviorismus bis jetzt als Grundlage der sog. »Geisteswissenschaften« disqualifiziert haben[34] (z. B. dies, daß eine noch so genaue Beschreibung des Verhaltens, etwa seiner statistisch relevanten Merkmale, nicht zu einer Entscheidung darüber gelangen kann, ob es sich um Sprache handelt, d. h. – mit Wittgensteins Worten – ob das Verhalten von sich aus einer Regel folgt)[35]. Vor allem wäre nicht einzusehen, wie Wittgenstein aufgrund einer bloßen Beschreibung von objektiven Gegebenheiten zu einer Sinnkritik (z. B. zu einer Entlarvung des Leerlaufs der Sprache im Falle der metaphysischen »Sprachspiele«) gelangt. Und soll man etwa annehmen, daß Wittgenstein die Differenzierung und Relativierung der transzendentalen »Logik der Sprache« in den Sprachspielen so versteht, daß nunmehr das, was sich als Bedingung der Möglichkeit aller objektiven Beschreibung »nur zeigt«, selbst dieser selben objektiven Beschreibung zugänglich wird?

Wittgenstein hat indessen den Behaviorismus mehrfach ausdrücklich von sich gewiesen[36]. Er wäre in seinen Augen ohnehin wie jeder »-ismus« nur eine philosophische Krankheit. Und zweifellos wird man seiner Rede vom »Ansehen« und »Beschreiben« der Sprachspiele (wie überhaupt der nicht zu bestreitenden Fruchtbarkeit der sog. »Verhaltensforschung« in den Kulturwissenschaften) besser gerecht, wenn man eben das Verstehen von Sinnintentionen, dessen Funktion durch die Beschreibung aufgedeckt werden soll, in der Funktion der Beschreibung selbst voraussetzt. Das Beschreiben eines Sprachspiels, in dem sowohl Meinungen geäußert als auch – sei es in Worten, sei es in Gestalt von Verhaltensantworten – verstanden werden, ist in der Tat nichts anderes als eine relative Verfremdung des eigenen Meinens und Verstehens. Alle Distanzierung und Objektivierung von Verhaltenskriterien und Institutionszusammenhängen in den modernen Kulturwissenschaften kann im Grunde nicht darüber hinwegtäuschen, daß der Einstieg in die Deskription (die Fragestellung, das Erkenntnisinteresse) einem wie immer präreflexiven Selbstverständnis[37] verdankt wird und daß der Erkenntnisgewinn der quasi-objektiven Deskription in der Vertiefung des

34 Vgl. z. B. H. Skjervheim, a.a.O. (s. Anm. 15).

35 Vgl. auch unten S. 369 f.

36 Vgl. *Philos. Untersuchungen,* §§ 197, 307, 308.

37 Daß das Selbstverständnis als ein »Sich-in-der-Situation-Verstehen« nicht mit Selbstreflexion identisch ist, hat, ausgehend von M. Heidegger, insbes. H.-G. Gadamer gezeigt.

Selbstverständnisses liegt. Was sich in dieser ganzen objektivistischen und quasi-behavioristischen Tendenz der modernen Wissenschaft und der sprachanalytischen Philosophie bezeugt, ist letztlich nur die von Hegel erkannte Umwegigkeit des menschlichen Selbstverständnisses, seine »Vermittlung« über die »Entäußerung«[38]. Und gerade Dilthey war sich dieser Struktur sehr bewußt, wenn er seinerseits gegen den introspektiven Psychologismus Nietzsches die These richtete, daß der Mensch sich selbst nur aus seiner Geschichte erkennt[39].

Versteht man nun aber die Wittgensteinsche Methode der Sprachspielbeschreibung nicht behavioristisch, sondern als Verfremdung des menschlichen Selbstverständnisses[40], so ergibt sich ein Problem, das Wittgenstein in den »Philosophischen Untersuchungen« weder als solches stellt noch beantwortet: die Frage nämlich nach der Struktur der Sprachspiele, die auf andere Sprachspiele in der Weise der Beschreibung bezogen sind, z. B. des von Wittgenstein selbst in den »Philosophischen Untersuchungen« dokumentierten sprachkritischen Sprachspiels. Wenn das Beschreiben von Sprachspielen als Einheiten von Sprachgebrauch, Lebensform und Welterschließung die Funktion des hermeneutischen Verstehens von Sinnintentionen übernehmen soll, so muß gerade der Typus des Sprachspiels, das auf andere Sprachspiele bezogen ist, zum Schlüsselproblem für eine Hermeneutik auf der Grundlage Wittgensteins werden. Man müßte dergleichen Sprachspiele konstruieren und insbesondere die Frage aufwerfen, ob und, gegebenenfalls, wie solche hermeneutischen Sprachspiele sich von den gewöhnlichen deskriptiven Sprachspielen, die es

38 Daß außerhalb der Naturwissenschaft alle objektive Beschreibung und Strukturanalyse aus dem Selbstverständnis entspringt und in dieses, durch die Verfremdung bereichert, zurückkehrt, bezeugt Wittgensteins Sprachspielanalyse durch die implizierte Sprach-(Metaphysik-)Kritik. A. Gehlens *Philosophie der Institutionen* bezeugt dasselbe durch die implizierte »Kulturkritik«; und selbst die als »Verhaltensphysiologie« etikettierte Forschung von K. Lorenz verrät durch ihre eminente Erhellung des menschlichen Situationsverständnisses (etwa durch den Vergleich mit dem »moralanalogen Verhalten« der Tiere), daß sie – im Gegensatz etwa zur Physik – eine hermeneutische Wurzel hat: daß auch hier noch menschliches Selbstverständnis investiert ist, das – auf einem weiten Umweg, mit entsprechendem Verfremdungseffekt – zu sich zurückkehrt.

39 Vgl. *Ges. Schr.* V, 1924, S. 180; VII 1927, S. 250.

40 Wittgenstein scheint uns selbst dazu zu berechtigen durch seine Bevorzugung exotischer oder im Gedankenexperiment konstruierter Beispiele, die – als Kontrastfolien zum normalen Verhalten – den Blick für die »Tiefengrammatik« unserer Sprachspiele öffnen sollen. (Diese Methode der Verfremdung befolgt er insbesondere in den *Bemerkungen über die Grundlagen der Mathematik*, Oxford 1956.)

mit der Beschreibung der außermenschlichen Natur zu tun haben, unterscheiden. Diese Frage gewinnt ihr Interesse vor allem aus dem Umstand, daß die historischen Geisteswissenschaften es mit Situationskontexten zu tun haben, die nicht in der Gegenwart mit dem eigenen Sprachspiel verwoben sind (wie etwa der Situationskontext der Beschreibung einer Landschaft), sondern zu dem erst zu rekonstruierenden Sprachspiel in der Vergangenheit gehören.

Man könnte etwa im Sinne Wittgensteins von hermeneutischen Sprachspielen sprechen im Falle des Erzählens einer erlebten oder einer überlieferten Geschichte, der Übersetzung im Rahmen eines Gesprächs, der Auslegung eines alten Textes (Exegese, Interpretation); und eingedenk des Hinweises, daß die Sprachspiele »Bestandteil einer Lebensform« sind und daß sie mit »Tätigkeiten« verwoben sind, wird man alle technischen Detailuntersuchungen, die ein Historiker anstellt, um die Quellen ausfindig zu machen und kritisch auszuwerten, alles das, was die historischen Hilfswissenschaften lehren, auch die Tätigkeiten einer archäologischen Expedition, einer Ausgrabung, zum historisch-hermeneutischen Sprachspiel hinzurechnen müssen; und andererseits auch die Tätigkeiten, in denen das hermeneutische Verstehen seine Anwendung findet: Predigt, Vorlesung, Schulunterricht, Rechtsprechung, Aufführung eines Theaterstücks oder Konzerts, Ausstellung von Werken der bildenden Kunst; und weiterhin das institutionell geregelte Verhalten des Publikums, in dem es das ausgesprochene, aufgeführte, ausgestellte Verstehen rezipiert und erst damit die Anwendung des hermeneutischen Verstehens vollendet[41].

Indem wir so versucht haben, im Geiste Wittgensteins Sprachspiele vor Augen zu stellen, die hermeneutisch auf andere Sprachspiele bezogen sind, bemerken wir indessen, daß unsere Beispiele von dem Modell der Deskription eines Sprachspiels durch ein anderes weit entfernt sind. Dieses Modell scheint eher in dem philosophischen Sprachspiel realisiert zu sein, das wir selbst[42] in versuchter Analogie zu Wittgensteins eigener Methode soeben gespielt haben und noch spielen. Die vorgestellten hermeneutischen Sprachspiele scheinen

41 Hier ergäbe sich die Möglichkeit einer Verbindung der Sprachspiel-»Theorie« einmal mit der triadischen Analyse der Interpretation bei J. Royce (vgl. oben S. 350 f.), zum anderen mit der »philosophischen Hermeneutik« von H.-G. Gadamer, die das traditionelle Problem der »Applikation« des Verstehens in den Begriff desselben qua Traditionsvermittlung zu integrieren sucht.

42 Der Referent und seine Zuhörer (Leser).

dagegen mit dem Sprachspiel, das sie interpretieren, eben durch die Interpretation eine neue Sprachspieleinheit zu bilden, die erst in der Ebene unserer philosophischen Strukturanalyse sichtbar wird[43]. In der Tat macht es einen Unterschied, ob die Struktur eines Sprachspiels (der Typus des in ihm möglichen Sinns bzw. Unsinns) philosophisch beschrieben wird oder ob der konkrete Sinngehalt eines Sprachspiels in einem hermeneutischen Sprachspiel ausgelegt wird. Im letzteren Falle muß sich zwischen den beiden Sprachspielen, auch wenn diese in weit voneinander entfernten Zeitaltern mit unterschiedlichsten Situationskontexten sich abgespielt haben, die Einheit eines Gesprächs herstellen[44]. Die Vermittlung des menschlichen Weltverständnisses und des zugehörigen Daseinsentwurfs im Kontinuum des Gesprächs, eine Vermittlung von »Lebensform« zu »Lebensform«, um halbwegs mit Wittgenstein zu reden, wäre demnach die eigentümliche Funktion des hermeneutischen Sprachspiels.

4. Das hermeneutische Verstehen und die Teilnahme an Sprachspielen

An dieser Stelle scheint es mir erforderlich, die oben erwähnte Alternative zu der bis jetzt von uns versuchten Begründung der Hermeneutik im Sinne Wittgensteins ins Spiel zu bringen: ihr zufolge setzt alles Verstehen von Sinn die *Teilnahme* an dem Sprachspiel voraus, durch dessen Kontext die Sinnstruktur einer Situation a priori freigegeben ist. Läßt sich die von uns im Ausgang von der externen Beschreibung von Sprachspielen nur mühsam aporetisch angedeutete Eigenart der hermeneutischen Sprachspiele von dem neuen Ausgangspunkt vielleicht besser verständlich machen?

43 Hier erscheint ein charakteristischer Ausschnitt dessen, was Th. Litt als »Selbstaufstufung der Sprache«, d. h. der möglichen Allgemeinheitsstufen ihrer Sinnintentionen aufgewiesen hat (gewissermaßen als dialektisches Gegenmodell zur verzweigten [semantischen] »Typentheorie« B. Russells). Vgl. *Mensch und Welt*, 1948, Kap. 13.

44 Man könnte – vom Standpunkt einer radikal geschichtlich-hermeneutisch denkenden Philosophie – zu bedenken geben, ob nicht auch die philosophische Strukturanalyse von Sprachspielen mit diesen die Einheit des Gesprächs hergestellt haben muß. Und selbstverständlich ist dies richtig in dem Sinne, daß der Philosoph nicht als Behaviorist vom andern Stern sich über die Struktur menschlicher Sprachspiele äußern kann, und zweifellos wird der Historiker (insbesondere der Sprachhistoriker) den philosophischen Abhandlungen ihre geschichtliche Anknüpfung ans Gespräch der Menschen stets ansehen können. Andererseits liegt eine nicht zu leugnende reflexive Emanzipation vom geschichtlichen Gesprächszusammenhang in dem Umstand, daß der Philosoph – auf höherer Allgemeinheitsstufe

Zunächst muß man sich m. E. klarmachen, daß man es jetzt mit der quasi-transzendentalphilosophischen Perspektive der Sprachspiel-»Theorie« zu tun hat, nachdem zunächst der quasi-behavioristische Aspekt zur Diskussion stand. Pointiert formuliert: Während es zunächst so aussah, als ob – Wittgensteins Lehre zufolge – das Verstehen vom Sinn durch das externe Beschreiben eines Verhaltens ersetzt werden sollte, scheint diese Lehre jetzt darauf hinauszulaufen, daß alles menschliche Verhalten nur im Rahmen eines Sprachspiels, d. h. als sinnvolles und verständliches Verhalten, zugänglich wird[45].

Viele der wertvollsten Errungenschaften des späten Wittgenstein lassen sich erst jetzt zur Geltung bringen. So z. B. die für alles Philosophieren wahrhaft revolutionierende Einsicht, daß eine »Privatsprache« prinzipiell unmöglich ist, bzw. anders formuliert, daß man nicht für sich allein, orientiert etwa an introspektiv zugänglichen Maßstäben, einer Regel folgen kann[46]. Jemand, der für nur ihm allein zugängliche Erfahrungsdaten (z. B. Schmerzen) eine nur ihm verständliche Sprache einführen wollte (d. h. eine solche, die nicht mit der öffentlichen Sprache regelmäßig verknüpft und daher übersetzbar wäre), würde über keine Kriterien der richtigen Sprachverwendung verfügen. Zwischen Willkür und Norm vermöchte er keinen Unterschied zu machen, da jede wirksame, Kriterien der Unterscheidung liefernde Norm dadurch mitkonstituiert ist, daß andere das Befolgen der Norm kontrollieren können. Ein anderer wiederum vermöchte seinem Verhalten äußerlich nicht anzusehen, ob es einer Regel folgt oder nicht, wenn er sich nicht zuvor mit ihm über die Regel verständigt hätte oder sich mit einem Dritten verständigen könnte, der das Verhalten des ersten aufgrund einer öffentlichen Spielregel (»Gepflogenheit«, »Institution«) kontrollieren könnte. Ohne Bezug auf diese öffentliche Kontrollinstanz könnte der andere auch zufällige (naturhaft-spontane) Bewegungen als regelgeleitetes Verhalten auffassen, da kein Verhalten denkbar ist, das Menschen nicht – von außen – nach einer ad hoc ausgedachten Regel »erklä-

der Sinnintention – die Notwendigkeit des geschichtlichen Gesprächszusammenhangs für das hermeneutische Verstehen in formaler Anzeige bewußt zu machen vermag.

45 Diesen Gesichtspunkt einer möglichen Wittgenstein-Interpretation hat m. W. zum ersten Mal P. Winch in seinem Buch *The Idea of a Social Science and its Relation to Philosophy* (London 1958) konsequent zur Geltung gebracht. Wir entnehmen dieser Interpretation im folgenden wertvolle Hinweise.

46 Vgl. *Philos. Untersuchungen*, §§ 199, 243, 257 u. ö.

ren« könnten. Der andere würde in unserem Fall vielleicht zu »verstehen« glauben, was er nur – nach einer von außen herangetragenen Regel – »erklärt«[47]. Der andere mögliche Fall wäre der, daß ein menschliches Verhalten, auch wenn es regelgeleitet und insofern verständlich ist, von anderen – mangels Teilnahme am zugehörigen Sprachspiel – als ein naturhaft spontanes Bewegungsphänomen von außen »erklärt« wird. Kurz: Verstehen und verständliches Verhalten gibt es nur unter der Voraussetzung eines Sprachspiels, d. h. einer öffentlichen »Gepflogenheit«, einer gesellschaftlichen »Institution«[48].

Erst jetzt, wo nicht der Quasi-Behaviorismus, sondern eine im Begriff des Sprachspiels konkretisierte Transzendentalphilosophie der Bedingungen der Möglichkeit und Gültigkeit des Meinens und Verstehens der neuzeitlichen Philosophie des Subjekts[49] gegenübertritt, scheint die Konfrontation Wittgensteins mit der traditionellen Hermeneutik ins Ziel zu kommen: Die Voraussetzung einer Teilnahme an einem gemeinsamen Sprachspiel tritt offenbar an die Stelle des methodischen Solipsismus der Einfühlung in den anderen; es erweist sich, daß jenes Selbstverständnis, das der methodische Solipsist als Investition der Einfühlung zum Verständnis der anderen (wenn nicht gar zum Beweis ihrer Existenz als Geistwesen) aufbieten möchte, selbst schon vermittelt ist durch die öffentliche Regel eines Sprachspiels und die mit ihm verwobene »Lebensform«.

Es ist bemerkenswert, daß W. Dilthey, nachdem er 1883 in seiner *Einleitung in die Geisteswissenschaften* noch die Meinung vertreten

47 Hier wäre dann wirklich das »Verstehen« – so, wie der Neopositivismus es vorsieht – nichts weiter als eine »Einfühlung«, die zu einer Hypothese der »Erklärung« führt. Vgl. zu dieser Auffassung Th. Abel, »The Operation called ›Verstehen‹«, in: *Readings in the Philos. of Science,* New York 1953.

48 Diese Einsicht konvergiert, bemerkenswerterweise, wiederum mit der stark von pragmatischen Ansätzen (wie z. B. G. H. Meads, *Mind Self and Society,* Chicago 1954) inspirierten Anthropologie A. Gehlens.

49 Der methodische Solipsismus der neuzeitlichen Philosophie von Descartes' *Meditationes* bis zu den *Cartesischen Meditationen* E. Husserls stößt in der Tat in der Sprachspielkonzeption Wittgensteins auf eine ähnliche Gegenposition wie in dem Ansatz M. Heideggers, wie er sich insbesondere in den §§ 26 und 31 ff. (über »Mitsein« und »Verstehen«) von *Sein und Zeit* ausprägt. – Es erhebt sich freilich, sowohl angesichts von Heidegger wie angesichts des späten Wittgenstein, die Frage, ob eine Philosophie des »ego cogito«, die sich von dem Wahn freigemacht hat, sie müßte erst die Existenz der anderen (und die einer realen Außenwelt) beweisen, nicht doch als Philosophie der verantwortlichen *Reflexion* auf die eis ipsibus intersubjektiven und sprachlich-gesellschaftlichen Grundlagen des Denkens die Funktion einer Letztbegründung und des jederzeit möglichen situationsüberlegenen Anfangenkönnens behält.

hatte, daß »ein einziges auf der Erde hinschreitendes Individuum ... bei einer für die Entwicklung zureichenden Lebensdauer diese Funktionen (sc. der Philosophie, Religion und Kunst) in völliger Einsamkeit aus sich entwickeln« würde[50], in den späten Fragmenten zum »Aufbau der geschichtlichen Welt in den Geisteswissenschaften« schreibt: »Jedes Wort, jeder Satz, jede Gebärde oder Höflichkeitsformel, jedes Kunstwerk und jede historische Tat sind nur verständlich, weil eine Gemeinsamkeit den sich in ihnen Äußernden mit dem Verstehenden verbindet; der einzelne erlebt, denkt und handelt stets in einer Sphäre von Gemeinsamkeit, und nur in einer solchen versteht er.«[51]

Unter den Beispielen, an denen Dilthey jetzt die Bedingtheit des Verstehens durch die »gemeinsame Sphäre« klarmacht, sind solche, die den von Wittgenstein vorgestellten Sprachspielen bzw. den mit ihnen verflochtenen »Lebensformen« sehr nahe kommen. Etwa die folgende Stelle: »Jeder mit Bäumen bepflanzte Platz, jedes Gemach, in dem Sitze geordnet sind, ist von Kindesbeinen ab uns verständlich, weil menschliches Zwecksetzen, Ordnen, Wertbestimmen als ein Gemeinsames jedem Platz und jedem Gegenstand im Zimmer seine Stelle angewiesen hat. Das Kind wächst heran in einer Ordnung und Sitte der Familie, die es mit deren andern Mitgliedern teilt, und die Anordnung der Mutter wird von ihm im Zusammenhang hiermit aufgenommen. Ehe es sprechen lernt, ist es schon ganz eingetaucht in das Medium von Gemeinsamkeiten. Und die Gebärden und Mienen, Bewegungen und Ausrufe, Worte und Sätze lernt es nur darum verstehen, weil sie ihm stets als dieselben und mit derselben Beziehung auf das, was sie bedeuten und ausdrücken, entgegenkommen.«[52] So versteht man Elemente von Handlungen, z. B. »das Aufheben eines Gegenstandes, das Niederfallenlassen eines Hammers, das Schneiden von Holz durch eine Säge«[53], weil der Bewandtniszusammenhang, in dem sich das alles abspielt, bekannt ist: »Der Bezug der Handlung zu dem Geistigen, das sich ... in ihr ausdrückt, ist regelmäßig und gestattet wahrscheinliche Annahmen über dieses.«[54]

Soweit läßt sich durchaus eine Übereinstimmung feststellen zwischen

50 *Ges. Schr.* I, S. 422 f.
51 *Ges. Schr.* VII, S. 146 f.
52 Ebda., S. 208 f.
53 Ebda., S. 207.
54 Ebda., S. 206.

der hermeneutischen Funktion von Wittgensteins Sprachspiel-Modell und Diltheys »gemeinsamer Sphäre«, die er mit Hegel auch die »Sphäre des objektiven Geistes« nennt. Für unser Problem interessant wird der Vergleich des späten Wittgenstein mit dem späten Dilthey aber erst durch den Umstand, daß Dilthey die bis jetzt erwähnten Beispiele gerade nicht für das »hermeneutische Verstehen«, sondern für das vorwissenschaftliche, das »elementare« oder »pragmatische« Verstehen in Anspruch nimmt: »Das Verstehen erwächst zunächst in den Interessen des praktischen Lebens. Hier sind die Personen auf den Verkehr miteinander angewiesen. Sie müssen sich gegenseitig verständlich machen. Einer muß wissen, was der andere will. So entstehen zunächst die elementaren Formen des Verstehens.«[55]

Dies sind in der Tat die Formen des Verstehens, welche die pragmatistisch-behavioristischen Grundlegungen der Soziologie und Sozialpsychologie (vor allem G. H. Mead) vor Augen haben; und sie vor allem werden auch durch die Sprachspiel-»Theorie« des späten Wittgenstein erhellt.

5. Die Grenzen des Sprachspiel-Modells angesichts des »hermeneutischen Zirkels« von Inhalt und Form des Verstehens

Das Problem des kunstmäßigen oder gar wissenschaftlichen hermeneutischen Verstehens entsteht aber nach Dilthey erst da, wo – noch im Rahmen des elementaren Verstehens – »Unsicherheiten«, »Schwierigkeiten«, »Widersprüche« auftreten[56]; z. B. da, wo eine Begegnung mit fremden Sitten, Institutionen, Lebensformen stattfindet, oder da, wo die eigenen Traditionen anfangen unverständlich zu werden. Aus der zuletzt angedeuteten Situation sind ja in der Tat die beiden großen Bewegungen entstanden, die der Hermeneutik der Neuzeit als Kunstlehre des Verstehens das Gepräge gaben: die philologische Kritik des Humanismus und die protestantische Bibelexegese. – Wie soll man diese charakteristische Ausgangssituation des hermeneutischen Verstehenwollens und Verstehenmüssens im Lichte des Sprachspielmodells analysieren?

Erinnern wir uns an dieser Stelle des Umstandes, der uns veranlaßte,

55 Ebda., S. 207.
56 Ebda., S. 210 f.

die Teilnahme an einem funktionierenden Sprachspiel als Bedingung der Möglichkeit und Gültigkeit des Verstehens ins Auge zu fassen. Dieser heuristische Gesichtspunkt einer möglichen Wittgenstein-Interpretation ergab sich in dem Moment, als der Versuch, das externe Beschreiben eines Sprachspiels als Modell (als Grenzfall der Verfremdung) hermeneutischen Verstehens aufzufassen, zu dem Ergebnis führte, daß eine Beschreibung eines Sprachspiels nur dann zu einem inhaltlichen Verständnis des Sinns, der sich in diesem »zeigt«, führen kann, wenn sie eine neue Sprachspieleinheit, die Einheit des Gesprächs, mit dem beschriebenen Sprachspiel herstellt. Nunmehr kommen wir, wie es scheint, zu einem, zumindest in der Tendenz, entgegengesetzten Resultat: Das Modell der Teilnahme an der bestehenden Regeleinheit eines Sprachspiels kann nur dann als Modell für die Situation des hermeneutischen Verstehens dienen, wenn wir die Verunsicherung und schließlich die Auflösung dieser Einheit (in das historisch objektivierte Sprachspiel und das historisch objektivierende Sprachspiel des Interpreten) ins Auge fassen.

Die Konfrontation dieser scheinbar antinomischen Resultate zeigt indessen, daß das philosophische Problem des hermeneutischen Verstehens genau zwischen den beiden Modellen liegt, die Wittgensteins Sprachspielkonzeption zumindest suggeriert: Es handelt sich hier nicht um ein »Verstehen« von der Art, wie es nach Wittgenstein durch die Regel eines bestehenden Sprachspiels (einer »Gepflogenheit«) einer bestimmten Intentionsäußerung bereits a priori zugeordnet ist, so daß Intentionsäußerung und zugehöriges Verstehen sich wechselseitig im Rahmen des Sprachspiels bestimmen und für die Beschreibung ihr »Wesen« zeigen[57]. Es handelt sich aber auch nicht um eine »objektive Verhaltensbeschreibung« von der Art, daß die zugrunde gelegte Regel von außen herangetragen wäre, so daß sie nicht auch als »Motiv« des fremden wie des eigenen Verhaltens ins Auge gefaßt werden könnte. Es handelt sich vielmehr um ein Verfahren, das genötigt ist, die quasi-transzendentale Regel des Sprachspiels, die über Sinn und Unsinn menschlichen Verhaltens entscheidet und die Struktur möglicher Gegenstände in einer Situationswelt a priori freigibt, gewissermaßen gegenständlich vor sich zu

57 Was ein Befehl ist (als Intention), ersieht man nach Wittgenstein daraus, wie er normalerweise befolgt (d. h. also verstanden) wird. Dazu bemerkt Wittgenstein: »Befehle werden manchmal nicht befolgt. Wie aber würde es aussehen, wenn Befehle *nie* befolgt würden? Der Begriff ›Befehl‹ hätte seinen Zweck verloren.« (§ 345)

bringen, und doch nur deshalb, um im Lichte dieser quasi-gegenständlichen Regel eine mögliche Motivation eigenen und fremden Verhaltens zu »verstehen«.

Nehmen wir ein Beispiel: Der Sinn der Intentionen Gottfried von Bouillons wäre – nach Wittgenstein – bedingt durch die Regeln des Sprachspiels bzw. der Lebensform der mittelalterlichen Kreuzfahrt. Diese Spielregeln, die gewissermaßen den transzendentalen Rahmen der »Lebensform« und der »Welt« Gottfrieds konstituieren, muß nun aber der moderne Historiker, der nicht mehr an dieser Lebensform teilnimmt, selbst erst aus den gegebenen Zeugnissen der Worte und Taten Gottfrieds (wie auch anderer Kreuzfahrer) rekonstruieren. Was Bedingung der Möglichkeit des verstehbaren Sinns ist, muß ihm also in dem bedingten Sinn gegenständlich werden können, aber so, daß es gleichwohl als Bedingung der Möglichkeit ähnlichen entdeckbaren Sinns, auch im Hinblick auf die eigenen Daseinsmöglichkeiten, *verstanden* wird. Noch anders formuliert: Am Gegenständlichen muß sich ein Welt-Sinnentwurf abnehmen lassen, der den bisher zugrunde gelegten Sinnentwurf, in dessen Licht das Gegenständliche zunächst seinen (befremdlichen!) Sinn erhielt, zu korrigieren vermag.

Diese Struktur zu analysieren, war das eigentliche Thema Diltheys: Das Phänomen, in dem die Regel der Lebensform, die nicht mehr selbstverständlich ist, dem Interpreten gegenständlich wird, nannte er »Ausdruck« des Lebens (später auch mit Hegel: »Objektivation des Geistes«); und die soeben beschriebene Struktur, derzufolge die im »Ausdruck« gegenständlich gewordene Regel die Regel, in deren Lichte sie gegenständlich wurde, zu korrigieren vermag, nannte er den »hermeneutischen Zirkel«. Sollen wir sagen: Dilthey hat die Struktur des hermeneutischen Sprachspiels entdeckt?

Wittgenstein hat in seinem Spätwerk die »logische Form« der Sprache, die zugleich die logische Form der beschreibbaren Welt ist, aufgelöst in die Regeln der unbegrenzten Vielfalt möglicher Sprachspiele. In dieser neuen Modellkonzeption hat er zugleich die Subjekt-Objekt-Korrelation der traditionellen Transzendentalphilosophie (einschließlich der zugehörigen »Bezeichnungstheorie« der Sprache) zur Funktionseinheit von Sprachverwendung, Lebensform und Situationswelt konkretisiert. Hat er damit auch bereits die Geschichtlichkeit von Sprache, Lebensform und Situationswelt gedacht?

Es ist wahr, daß Wittgenstein die Sprache mit einer organisch wachsenden Stadt verglichen hat[58], daß er die Sprachfunktionen zur »Naturgeschichte« des Menschen rechnete[59], daß er die Sprachspiele als etwas ansah, das nicht in der Weise eines Kalküls von einer mathematisch präzisierbaren Regel beherrscht wird, daß er mit dem Entstehen und Vergehen der Sprachspiele und der zugehörigen Lebensformen rechnete[60]. Aber gerade durch die zuletzt berührte Wendung zeigt Wittgenstein, daß die rationale Aufschlußkraft seines Sprachspielmodells nur soweit reicht wie die feste Zuordnung von Lebensform, Sprachgebrauch und Weltstruktur durch die bestehende Spielregel. Das bezeugt insbesondere seine metaphysikkritische Relativierung möglichen Sinns auf mögliche funktionierende Sprachspiele und seine Auflösung des Problems a priori wahrer Sätze durch den Begriff der sog. »grammatischen Sätze«, welche eigentlich nichts mitteilen, sondern nur die Regel des jeweiligen Sprachspiels an sog. »Mustern« oder »Paradigmata« der realen Welt verdeutlichen (z. B. »Jeder Körper hat eine Ausdehnung« oder »Der Befehl befiehlt seine Befolgung«)[61].

In diesen für Wittgenstein selbst zentralen Funktionen seiner Sprachspiel-»Theorie« scheint mir doch zugleich die Grenze dieser Modellkonzeption zum Ausdruck zu kommen: Das dualistische Schema der transzendentalen Differenz zwischen logischer Form und möglichem Inhalt der Welt, das den »Tractatus« beherrscht, ist in dem Begriff der »Sprachspiele« nicht eigentlich überwunden, sondern nur differenziert. Deshalb kann Wittgenstein das eigentlich Geschichtliche des Verstehens, die Vermittlung zwischen den zerfallenden und entstehenden Sprachspielen (das normale Phänomen der Traditionsvermittlung) und wiederum die Vermittlung über die Zeiten hinweg, die Wiederbelebung und Aneignung der Vergangenheit in die gegenwärtige Lebensform hinein, mit seinem Denkmodell nicht eigentlich fassen, sondern allenfalls von ihm her konzedieren.

58 *Philos. Untersuchungen*, § 18.

59 *Philos. Untersuchungen*, § 25.

60 W. Stegmüller (s. Anm. 10) hat in geistvoller Weise versucht, diese Angaben Wittgensteins in der Richtung einer Integration der Geschichtlichkeit in den Begriff des Sprachspiels zu ergänzen: Im Vergleich zum Schachspiel etwa sind »die Züge im Sprachspiel« nicht *geschichtsinvariant*. Die »Regeln für den Gebrauch eines Wortes« müßten daher so formuliert sein, daß u. a. auch »der vorangehende Dialog berücksichtigt wird« (a.a.O., S. 594).

61 Vgl. *Philos. Untersuchungen*, §§ 251, 252, 458. Dazu E. K. Specht, a.a.O. (s. Anm. 30), S. 127 ff.

Dilthey dagegen erreicht gerade da, wo es um die geschichtliche Vermittlung zwischen den Sprachspielen, um die Vermittlung auch zwischen der Form (der apriorischen Regel) und dem Inhalt (dem objektivierten Sinn) der menschlichen Lebensformen geht, die maximale Rationalität seines Denkens: in der Denkfigur des »hermeneutischen Zirkels«. – Diese Denkfigur dürfte freilich nur eine Chiffre sein für das offene Problem einer kritischen Erneuerung der Rationalität der Hegelschen Dialektik[62].

62 Vgl. hierzu auch K.-O. Apel, »Die Entfaltung der ›sprachanalytischen‹ Philosophie und das Problem der ›Geisteswissenschaften‹« (in: *PhJ* 72, 1964/65), bes. S. 284 ff. (Vgl. Bd. II, S. 28 ff.)

Nachweise

Einleitung: Transformation der Philosophie
Für diese Veröffentlichung geschrieben im Frühjahr 1972.

Die beiden Phasen der Phänomenologie ...
In: *Jahrbuch für Ästhetik und allg. Kunstwissenschaft*, III, 1955–57, S. 54–76.

Der philosophische Wahrheitsbegriff einer inhaltlich orientierten Sprachwissenschaft.
In: H. Gipper (Hrsg.): *Sprache – Schlüssel zur Welt, Festschr. f. L. Weisgerber*, Düsseldorf 1959, S. 11–38

Sprache und Wahrheit in der gegenwärtigen Situation der Philosophie
In: *Philos. Rundschau*, 7. Jg., (1959), S. 161–184

Sprache und Ordnung
In: *Akten des 6. Deutschen Kongresses für Philosophie*, München 1960, S. 200–225

Arnold Gehlens Philosophie der Institutionen
In: *Philos. Rundsch.*, 10. Jg., (1962), S. 1–21

Wittgenstein und Heidegger
Ausarbeitung meiner Kieler Antrittsvorlesung (1962). Zuerst in: *Philos. Jahrbuch*, 75. Jg. (1967), S. 56–94 (span. Übers. in: *Dianoìa*, XIII, Mexiko 1967; finn. Übers. in: *J. Hintikka und L. Routila*, (eds.): *Filosofian fila ja tulevaisuus*, Helsinki 1970) Neuabdruck in: O. Pöggeler (Hrsg.): *Über Heidegger*, Köln 1969.

Heideggers Radikalisierung der Hermeneutik und die Frage nach dem ›Sinnkriterium‹ der Sprache
In: O. Loretz u. W. Strolz (Hrsg.) *Die hermeneutische Frage in der Theologie*, Freiburg i. Br. 1968, S. 86–152.

Wittgenstein und das Problem des hermeneutischen Verstehens
In: *Ztschr. f. Theologie und Kirche*, 63. Jg., (1966), S. 49–87.

Karl-Otto Apel
Transformation der Philosophie
Band II
Das Apriori der Kommunikationsgemeinschaft

Inhalt

Alphabetisches Verzeichnis der suhrkamp taschenbücher wissenschaft